中国国际货代企业现状与发展趋势

宋秀峰 著

Current Situation and Development Trend of China's International Freight Forwarding Enterprises

经济管理出版社
ECONOMY & MANAGEMENT PUBLISHING HOUSE

图书在版编目（CIP）数据

中国国际货代企业现状与发展趋势 / 宋秀峰著. —北京：经济管理出版社，2016.6

ISBN 978-7-5096-4436-2

Ⅰ. ①中… Ⅱ. ①宋… Ⅲ. ①国际货运—货运代理—企业发展—研究—中国
Ⅳ. ①F752.6

中国版本图书馆 CIP 数据核字（2016）第 125385 号

组稿编辑：申桂萍
责任编辑：高　娅
责任印制：黄章平
责任校对：赵天宇

出版发行：经济管理出版社
（北京市海淀区北蜂窝 8 号中雅大厦 A 座 11 层　100038）
网　　址：www. E-mp. com. cn
电　　话：（010）51915602
印　　刷：北京九州迅驰传媒文化有限公司
经　　销：新华书店
开　　本：710mm×1000mm/16
印　　张：21
字　　数：369 千字
版　　次：2016 年 6 月第 1 版　　2016 年 6 月第 1 次印刷
书　　号：ISBN 978-7-5096-4436-2
定　　价：78.00 元

前 言

自20世纪50年代以来，世界各国经济贸易日益频繁。随着世界经济一体化发展，国际货运代理行业适应市场发展的需求蒸蒸日上。国际货代业经过半个多世纪的发展，各国的国际货运代理公司已经超过40000家，货代从业人员超过1000万人。特别是经济发达国家，每个国家都拥有国际货代公司400~600家。越来越多的中国物流企业参与到跨国经济活动中，促进了中国与世界的经济贸易往来，也满足了货物运输关系。科学技术的发展与运输工具现代化脚步逐渐加快，在一定程度上推动了国际货代业的发展。目前世界上的货物运输，超过80%为海洋运输，超过70%为集装箱运输。但是，从目前的国际货代业的发展情况来看，行业发展存在着不平衡。经济发达国家由于其国际货代业起步尚早，加之经济快速发展所形成的推动力，使得国际货代制度更为完善。进入21世纪以来，随着信息技术的崛起，网络信息服务在国际货代行业中得以应用，使得国际货代规模化发展，且在业务运行上较为发达，已经占领了世界国际货代服务市场的主导地位。相比而言，中国的国际货代企业发展存在着滞后性，主要在于没有根据国际货代运行的现实情况制定相应的制度，且从业人员的专业技术水平不够，导致世界国际货代行业市场中，中国的国际货代企业缺乏市场竞争能力。

中国自1978年改革开放以来，国际货代企业日益增多。中国处于经济持续高速发展时期，货代和物流在中国市场经济的带动下而发展起来。进入21世纪，中国的一级国际货代企业已经超过4000家，且平均每天都会诞生新的国际货代公司。中国的国际货代市场虽然在扩大，但是其中的一些从事货代业务的公司并没有取得一级代理资格。与国际货代公司相比，中国的物流企业更是多如牛毛。由于人们对于物流并没有正确认识，于是从事运输行业的企业都被冠以“物流”，包括运输公司、快递公司等。专业的运输公司，包括船运、航空、铁路以及公路运输，也将由专业服务向物流延伸，使得中国的物流企业成为一个庞大的运输群体。

中国加入世界贸易组织（WTO）后，货代市场进一步开放，除了中国的国际货代企业之外，国外的货代企业纷纷进驻中国货代市场，希望获得商机。中国政府允许外资国际货代企业控股75%，2005年后，中国货代市场全面开放，允许货代企业成立外商独资公司。至此，中国的国际货代市场非常活跃，特别是国外货代企业的进驻，将先进的管理模式也带入国内，对中国国际货代业的发展具有借鉴作用。其他国家的国际货代公司在货代运行中，还应用了信息化网络管理模式，并引进高端科学技术设备，加之占有离岸价格（FOB）优势，使其对大量的货源有所掌握，并发挥着货代行业市场的控制作用。国外货代企业进入中国市场的另一个目的是希望能够挖掘中国市场潜力，优先占领中国市场。

中国的国际货运代理行业要发展起来，就要强化国际货运代理企业备案制度，实施动态的企业运行监控制度，还要将信息管理平台建立起来，以对货代企业的运行状况实现跟踪监督，并启动应急处理措施以对各个环节施以有效控制。面对客户对货代服务的多方面要求，需要价格逐渐透明化，如果依然采用传统的货代业运行模式展开，必然会由于技术落后的弊端而难以适应市场竞争。特别是外资货代巨头对货代市场所发挥的引导作用，中国的国际货代业要持续而稳定地发展，就要向现代物流企业转型。比如，中远物流公司和中外运物流公司都已经包装上市，走专业化发展之路。但是，一些小型的货代企业由于资金不够充足、技术能力不够、管理经验不足，很难找准市场定位。对于这部分货代企业实施统一管理，建立产业链运行方式，实现各个企业间的优势互补，可以在一定程度上提高市场竞争力。

中国的国际货代企业向现代的物流方向发展，就要完善基础设施，引进先进的物流技术，为客户提供高质量的服务。国际货代企业还要根据实际运行状况，从客户的角度出发制定服务方案，对于所拥有的资源进行优化，并根据发展目标合理配置资源，以做到低成本运行、高质量服务，实现货代企业与客户双方满意。

根据对中国国际货代企业的发展现状进行分析，发现较成功国际货代企业具有精良的职业经理人队伍。在发展进程中，能够与外贸公司建立相关服务链。要促进中国国际货代业的未来发展，就要以市场为引导建立物流系统网络，为客户提供多元化网络服务，特别是综合运输服务体系的建立，可以运用信息技术与客户交互，为客户提供更周到的服务。中国国际货代企业要逐渐转向物流管理模式，就要掌握物流运行模式，还要发挥自身的优势，其中中国国际货代业产业集群的集约化管理成为中国货代企业的未来发展选择。可以说，货代公司都可以建立属于自己的海外代理网络，随着业务发展和市场竞争的需要，货代公司还要以联盟形式建立供应链运行机制，快速实现网络一体化经营，同时还要提高专业化经营程度，以促进企业之间的竞争。国际货代企业要发展，就要找准自己的市场定位，发展特色业务，走专业化道路，强化自身在行业领域中的核心竞争力。

目　录

第一章　国际货代行业的历史变迁

第一节　国际货代行业的发展历程

一、国际货运代理的定义

早在10世纪，货运代理制度就已经出现，并且随着商品的产生和发展，货运代理行业也随之得到了发展。直到今天，货代行业已经成为一个独立的行业，并对各国的经济发展产生了巨大的作用。

对于国际货运代理的定义，各国说法不一。国际货运代理协会联合会将其定义为：根据客户的指示，以客户的利益为出发点来寻找运输货物的人，并最终完成运输货物的目的，在此环节中，客户本人并不是承运人；美国《布莱克法律词典》将其定义为：接受货物，并通过装货、整箱、运输、交货等环节将零散货物集中在一起进行运输，进而从中获得一定利益，以此来帮助客户实现运输目的，也就是说，国际货代的主要业务就是接受商品和运输商品；日本的《商法典》将国际货代定义为：以自己公司为名义代办物品运送业务的行业；而在我国，根据《中华人民共和国国际货物运输代理行业管理规定》，国际货运代理就是在运营时接受送货人的委托，并以自己的公司名义代办运输及相关业务，以此来获得经济回报的行业。

二、中国国际货代行业的政策规划

国际货运代理行业是一种典型的跨国性行业，因此，国家制定出的经济政策会对其造成直接的影响，我们将在本书中向读者简要介绍一下我国货代行业的政策情况。

（一）国际货代行业的政策环境

我国目前的货代行业环境趋于良好，货代行业的制度日趋完善，货代行业的市场竞争环境相对来说也比较透明，这些情况都为货代行业的发展创造了一个良好的氛围。

1. 货代行业市场环境健康

近年来，随着我国改革进程的不断加快，对外开放政策在各个地区得以深化，这种情况致使大部分民营企业涌入货代领域，为货代行业注入了新鲜血液，这些民营企业虽然经营规模不大，但是反应灵敏、创新能力强，此外，民营企业的从业者更具备吃苦耐劳的精神，因此，这些行业内的新生力量为货代行业的发展带来了新希望。外资企业的入驻虽然对本土企业造成了一定的冲击，但是它们同样为国内市场带来了发展的动力，这些外资企业不仅带来了先进的经营理念，同时还创新性地发展了独具特色的运营方式。因此，在一定程度上，外资企业为本土企业的发展带来了活力。

2. 货代行业的制度在不断完善

2000 年，我国第一家国际货运代理协会在北京成立，此协会是一个全国性的专属货运代理行业的组织，它的成立，标志着我国的国际货运代理行业上升到了一个由国家监管和公司自律的新阶段。国际货运代理协会的成立不仅为行业发展提供了标准，同时也加强了国内企业与国外企业的竞争合作。

（二）我国国际货代企业的政策及演变历程

1. “入世”以来的政策

在刚刚加入 WTO 时，中国规定外资国际货代企业要想入驻中国必须满足以下五个条件：第一，时间限制。外资国际货代公司必须具备三年以上经验。第二，持股数。外资国际货代企业的持股数不得多于 50%，只有加入一年以后，才允许持股数增加。第三，公司规模。外资货代公司只有在加入四年后，才能够成立外商独资的子公司。第四，注资数额。中外合资企业的注册资金不得少于 100 万美元。第五，公司扩张。合资公司只有在经营满一年后才能建立分支机构，五年后可成立子公司。

2. 针对外商投资的相关政策

从 1995 年至今，在国际货代领域，我国对外商投资政策进行了多次调整，这些调整政策都体现了我国政府对于该行业的关注，其主要表现在外商投资方式、中外合资条件、经营范围、成立分公司的条件、联运条件等方面。

（1）外商投资方式。1996 年，我国商务部（原外经贸部）规定：外国企业要想在中国开设国际货代运营点，只能通过合资的方式来进行，除此之外，中方合资人出资率不能低于 50%，这也就是说，中外合资企业的大股东必须由中方担任；随后，2001 年，我国加入世界贸易组织，商务部将政策调整为允许外商独资形式的公司存在，并同时允许中外合资企业实行外商控股制度；2002 年，商务部又将政策调整为在中外合资企业中，中方控股将从 50%下降到 25%；2005 年，商务部正式允许外资独资企业加入中国国际货代行业。

（2）中外合资条件。在我国，外商申请国际货代行业投资是需要具备一定条件的。1996 年，商务部做出规定：中外合资企业中，至少需要有一家是国际货运代理企业或者是进出口额超过 5000 万美元的外贸企业，才能申请国际货代投资，对于外资合营者的规定则是：需要具有三年以上的从事国际货代运输的经营经验；2001 年，商务部将文件修改为：合资者需要具备一年以上的国际货运代理从业经验，或者是获得一年以上进出口经营权，或者是具备从事一年以上运输业务经验，此外，符合这些条件的经营者还必须是中方第一大股东，对于外资合营者则要求经营国际货运业务三年以上，并应为第一大股东；2002 年，商务部又将文件修改为：对于中方合营者来说，只需要具有国际货代从业经验、运输经验和进出口经验即可。由以上修改内容可知，商务部对于申请中外合资经营者的要求越来越宽松，这种情况从客观上促进了国际货代企业的发展。

（3）经营范围。1995 年，商务部对国际货运代理业务范围做出明确规定：国际货运代理业务范围包括：揽货、租船、订舱、包舱、包机、联运、仓储、拼箱、制单、保管、报验、保险、结算等业务；随后，在 2001 年，商务部对国际货运代理业务范围做出了适当的调整，同时增加了托运、包装、分拣、中转等环节，另外，商务部首次允许外资企业从事国际快递业务；2002 年后，商务部并未对其经营范围进行大的调整，只是提出了从事国际货代运输的外资企业需要申请邮政委托证书的要求。

（4）成立分公司的条件。2001 年，商务部规定：对于从事国际货代的外资业来说，每成立一个分公司就要增加 12 万美元的注资，并在申请时需要提交以下文件：分公司所在地外经贸部门的同意书、董事会关于分公司的决议、合同章程和修改意见、企业经营情况报告、成立分公司的可行性分析文件、企业验资报告、从业人员和经营场所的证明材料及其他；2002 年，商务部未做出修改；2005 年，商务部将注册资金减少到 50 万元人民币，并相应地减少了所要提交的申报材料的数量。由此我们可以看出，我国对于国际货代企业的要求正在逐渐降低，这些调整都为国际货代企业的快速发展提供了条件。

（5）联运条件。1996 年，商务部将国际联运限制在外商投资企业的范围内，并且并未对此种模式做出明确规定；2001 年，商务部在修改文件中明确提出了限制条件，即从事国际多式联运的货代公司需要具有三年以上的货代业务经验、成熟的国内代理网络和外经贸部所出具的提单。

3. 关税调整

2001 年中国加入世界贸易组织，自此，中国以履行世贸组织关于关税的规定为契机，开始积极调整各项关税政策；自 2002 年起，中国开始逐渐降低进口关税，并对 5300 多种商品的关税进行调整，关税总水平降至 12%；2005 年，中国继续对 900 多种商品的关税进行调整，关税总水平降至 10%，此次也是我国最后一次大幅度调整；截至 2010 年，我国先后对食品、汽车等商品关税进行了微调，至此，我国基于世贸组织层面的减免关税行动全面结束；2015 年，为了积极响应中共十八届四中全会的号召，国务院对进出口关税进行了部分调整，逐渐降低了乙烯、镍铁、机械设备零部件、电动汽车环保装备、降脂原材料、夏威夷果等商品的关税，但是此次关税调整是基于国家经济发展战略的一次调整，这次调整不仅优化了我国的贸易结构，同时也促进了我国的经济发展。

4. 审批方式转变

2004 年，国务院正式发文称，正式取消商务部对国际货运代理企业经营的审批权，并将审批制度改为注册登记制度，由政府主导，对国际货代行业进行管理。政府的这一行动不仅降低了国际货代企业的注册门槛，还取消了政府审批环节，此种行为使国际货代企业的注册更加方便。

第二节　国际货代业务范围及类型

一、国际货运代理的业务范围

国际货运代理最初是从国际商务和国际运输行业当中分化出来的，并且在经过一段时间的磨炼之后，逐渐成为了一个独立的行业。在国际贸易当中，国际运输线路往往存在线长、面广、复杂、环节多、时间久等特点，而国际贸易公司的运输能力往往有限，这就为国际货运代理公司提供了发展契机。在当今的国际经济活动中，国际货运代理公司主要从事进出口货物收发工作，并沟通承运人和经营人之间的联系，因此，被人们誉为“国际贸易桥梁”。国际货运代理公司是承运人和客户之间的纽带，它可以帮助客户与承运人建立关系，同时通过专业运输服务来降低承运人和客户的运输及风险成本。

根据《中华人民共和国国际货物运输代理业管理规定实施细则》的相关规定，国际货运代理公司的业务范围包括：揽货、订舱、运输、仓储、包装、拆箱、分拣、中转、短途运输、报关、报检、保险、教辅、多式联运、快运、集运、咨询等。在实际经营中的具体业务主要有以下几方面内容。

（一）出口商方面

在实际运输中，第一，代理商往往以发货人的指令为基础，选择适合的航线和适合的运输方式，同时帮助发货人挑选安全保险的承运人；第二，代理人向承运人提出订舱要求，并根据货物的规模来预订合理的舱位；第三，代理人与客户签订相关文件，接收货物；第四，审查客户的相关证件，研究出口国的相关政策和规则，并准备必要的单据；第五，根据出口国的相关法律和运输方式的规定将货物进行包装；第六，将货物进行称重，并测量货物的体积，同时提醒发货人购买保险；第七，将货物运送到相关港口，并安排清关，将相关文件交付给承运人；第八，支付相关费用，如有需要，应进行外币兑换；第九，向承运人索要已签发的提单并交付给发货人；第十，监管货物运输过程，确保货物能够顺利交付给收货人；第十一，如发生货物损坏现象，要标注好情况，并协助发货人向承运人索要赔偿。

（二）进口商方面

在实际运输中，第一，货运代理根据收货人的指示来监管货物运输；第二，检查并收取与货物有关的各种文件；第三，从承运人处接收货物并支付费用；第四，向海关和其他税务部门支付相应费用；第五，安排货物仓储；第六，向收货人交付货物；第七，如果发生货物遗失或损坏，代理人需协助收货人向承运人索要赔偿；第八，必要时须帮助收货人进行仓储和分配货物。

（三）特殊服务

货代公司除了提供基础的运输服务外，还可以针对客户的要求提供一些个性化服务，例如，货代公司可以运送工程货物。工程货物一般指的是大型工程公司所需要运输的重型机械设备，当这些公司在进行工程施工时，往往需要将各种重型机械设备运往施工地点，此项工程十分巨大，因此需要专业的运输公司来完成。选用货运代理公司可以提高运输效率，并能够确保及时交货，在运输设备方面，货代公司具有专业的起重机、卡车等设备，因此具有十分巨大的优势；货代公司还可以承接一些服装悬挂的任务，例如，在许多商场展销会上，许多服装需要展示，这时就需要以高挂台作为支撑，货代公司正好具备这样的机械设备；货代公司还可以为客户提供海外展销服务，并可以将参加展览的货物运往展销地点，并以展销组织的相关规定来选择运输方式和交付内容。

（四）咨询服务

国际货代公司还可以为客户提供咨询服务，在商品运输中，货代公司经过长期的发展会积累一定的运输信息，而这些运输信息往往是客户所需要的内容，因此，为了方便客户，货代公司可以向客户提供必要的信息、运输、资料、情报等咨询服务，以此来增加公司的收入。

二、国际货运代理的类型

我国现存的国际货运代理主要有以下三种类型：

第一种类型：传统国际货代业务。传统国际货代指的是将货主的货物交给承运人，以此来获得收入的一种货代方式。这种方式是国际货代的最初状态，在国际货代行业初期，传统的货代业务只是起到了中介作用。

第二种类型：国际多式联运业务。国际多式联运指的是至少通过两种不同的运输方式，将货物从一国境内运送到另一国。国际多式联运业务发展于 20 世纪 50 年代，在当时，集装箱式运输形式兴起，为多式联运业务提供了发展契机，在多式联运过程中，承运人使用的是自己或他人的运输工具完成运输任务，因此，承运人承担了货物运输全程的风险、权利、义务和责任。

第三种类型：物流业务。为了完善和发展多式联运业务，国际货代的物流业务诞生了，经过调整，物流业务把多式联运下的海、陆、空三种运输方式按照科学合理的手段整合起来，并从客户的利益出发，为客户提供最经济、最短、最方便的运输路线和运输服务，这样的运输方式既为客户降低了运营成本，又保证了客户和企业的共同利益；此外，国际货代企业突破了国际运输行业的界限，通过对供应链进行整合，建立了一个供、产、销的一体化运营模式，这种方式从整体上优化了货代企业的经营，使其工作效率更高，服务质量更好，从而实现了供货商、厂商、物流商和销售商的共赢。物流业务是一个更加系统性的业务形式，它贯穿于生产和消费的各个环节，并渗透到生产、流通和消费的全过程，因此，我们可以说，物流业务是国际货代业务的最高形式。

以上三种业务是国际货代处于不同时期所做出的表现，它们既是依次顺承的关系，同时也可以在同一时间内共同存在，但是对于当今社会来讲，国际货代行业是不断发展的，因此，国际货代行业只有从旧形式中不断发展创新，才能够在飞速发展的社会中赢得自己的地位。

第三节　中国国际货代企业的演变历程

对于我国来说，自鸦片战争起，国内就骚乱不断，这在一定程度上阻碍了我国经济的发展。在这样的时代背景下，国际货运代理业出现也较晚，我国的国际货运代理业务大致可分为五个阶段：

一、1840 年鸦片战争后至 1948 年：萌芽时期与畸形发展时期

1840 年是中国历史上最具变革意义的一年，在这一年，帝国主义凭借武力打开了中国的大门，逼迫中国与之进行贸易往来，从此，中国开始了与国际接轨的进程。随着帝国列强的不断入侵，资本主义萌芽开始出现在中国大地上，这种趋势也孕育了国际货运代理的产生。然而，由于当时中国企业基本上都是官僚阶级主办的企业，这就致使所有企业都具有买办资本主义性质，再加之中国半殖民地、半封建社会性质的束缚，使得当时的国际货运代理无法独立，只能在夹缝中求得艰难的生存。当时国际货代行业的主要机构有：官办招商局、中央信托局、英商太古、怡和洋行等，这些机构主要在内河航运长江航线进行贸易运输，其主要特点是机构设置统一、基础扎实。除此之外，大部分货代企业和报关行都是分散经营的，并没有形成统一的经营模式。

二、1949~1983 年：垄断期

1949 年，中华人民共和国迎来了独立，祖国各项事业也纷纷发展起来。新中国成立初期，由于社会依然动荡不安，各项事业百废待兴，对于国际货代行业来讲，当时的业务形式趋于单一，主要的运输形式只有铁路运输。随后，随着国内形势逐渐稳定，外贸进出口业务得到了一定的发展，国际货运代理也随之发展起来。

1949~1955 年，我国的进出口贸易及运输基本上是由沿海港口的私营进出口

商承包下来的，随后，在 1950 年，中国对外贸易运输总公司成立（中外运），国际货代开启了独立发展的进程，紧接着，中外运集团经过五年的整合期后开始逐渐发展壮大，并以国际货运总代理的身份开始承办各种进出口公司的业务，其业务范围涵盖了订舱、仓储、运输、报关、报检、保险交货、配载等内容。

1956~1984 年，国际货代业务基本上处于由中外运集团垄断的状态中，在当时，中外运集团及其分公司是我国唯一的专门从事进出口贸易的公司，其主要的运作流程是：先由各进出口公司完成交易任务，再由中外运公司按照各公司提出的要求完成进出口运输任务。在此种分工原则下，中外运主要承担的是各种进出口运输业务。

20 世纪六七十年代是我国国际货代飞速发展的时代，在当时，我国远洋船队开始迅速发展，这就使得国际货代水平随之逐渐提高，业务范围不断扩大。为了满足时代发展的要求，中外运集团开始扩充自己的业务范围。例如，开始承办各种进出口货物、援外物资、非贸易物资等业务，并开通了大陆桥、小陆桥、海、陆、空等多式联运业务。由此可见，中外运公司在我国国际货代行业中占有十分重要的地位，是我国外贸业务不可缺少的一部分。

中外运公司不仅为我国的进出口贸易提供了支撑，同时，在其发展过程中，中外运公司还不断引进国际货代行业先进的技术，同时注意吸收西方先进的经营理念，并将其融入我国货代行业当中，以此来促进我国货代行业的发展。

三、1984~1991 年：垄断瓦解期

1984 年，国务院下发了关于海洋运输管理的文件，此文件批准货、船可以交叉经营，并批准中远、中外运可以租船进行货物运输，中外运也可以经营部分船队代理业务。国务院的此种做法为货代和船代行业提供了经营市场，同时促进了货代行业的发展。1984 年，中远集团开始承接国际货代业务，自此，中外运一家独大的形式被打破，行业竞争逐渐开始。1985 年，中国大通国际运输公司成立，打破了中外运集团在航空运输中的垄断格局，进一步推动了我国国际货代行业的发展。1988 年，中国开始引入竞争机制，使得国际货代市场异常活跃，各大公司纷纷成立专属的货代公司，这为国际货代市场增添了不少活力。

这一时期是中外合营方式的活跃时期，国外船公司开始直接向客户揽货，大型货代公司开始走上中外合营道路，如日本 OCS 公司在中国开设了货代网点，并诚招中国代理商为其服务。除此之外，国际快递概念开始出现在中国货代领域，国际上一些快递巨头如 DHL、TNT 等公司开始在中国设置代理点，并以合资

的形式登陆中国市场。1986 年，中国邮政开办 EMS 业务，实现了中国快递行业零的突破。

这一时期也是我国国际货代企业疯狂学习的时期，在此时期，中国的货代巨头们开始将目光转移到国际市场，并积极向国际同行们进行深入的学习。例如，1985 年，中外运公司以会员身份加入了 FIATA 组织，并积极参与该组织举办的各种会议，以此来加强与各国国际货代龙头企业的联系，这不仅扩大了我国国际货代企业的影响力，同时也为我国货代行业的发展注入了新鲜血液。

由此可见，1984~1991 年是我国货代行业重大变革时期，在此时期，中外运的垄断地位不断受到挑战，新兴货代企业不断涌现，国际货代行业蓬勃发展。

四、1992~1999 年：承运人控制期

1992 年，国务院再一次颁布了关于海洋运输管理的文件，此文件要求国际货代企业“放开货代、船代，以竞争机制为主导，鼓励多家经营，凡经过审批的合法企业，都可从事货代、船代业务，且货主可自行选择船代、货代的代理人，任何部门不得强加干涉”。基于此，我国国际货代行业的竞争越发激烈，据统计，截至 1992 年底，我国国际货代公司已达 450 家，其中，中外合资的企业近 100 家，除中远、中外运之外的企业高达 170 多家。1993 年之前，虽然我国国际货代行业有所发展，但是实际货运代理权仍然掌握在少数巨头企业手中，1993 年之后，由于国内的市场在不断放宽，国际货代代理权发生偏移，使得其他企业也有权行使自身的代理权益，中外运和中远总公司全权包揽的代理权业务形式正式终止，国际货代业务在我国终于成为了一个真正意义上独立的行业。

除此之外，国际货代行业的控制权也开始发生了转移，并逐渐由承运人实行控制，这是因为，一方面，由于市场的繁荣，从事国际货代业务的企业数量猛增，这就成就了承运人市场，为了应对竞争形势，承运人一方开始逐渐降低佣金，使得原本固定回佣的形式发生了转变，舱位差价逐渐成为货代行业主要的付佣形式，舱位差价就是将货运代理所提供的佣金价位压低，并对不同的舱位制定不同的价格，以此来获得差额利润；另一方面，中外运、中远等大型国际货代公司纷纷成立分支机构，外资船公司也获得了货运代理机构资格，另有六家外资集运公司获得了国际货代专用发票，并取得了实际经营权。除此之外，还有一个重要原因就是，承运人开始直接向客户揽货，这种做法可以为客户降低运输成本，所以广为客户喜爱，而对于传统的货运代理来讲，则不具备这一优势，因此，在此种情形下，国际货代行业的控制权逐步转移到承运人手中，使得货运代理企业

逐渐失去了主导权。

在此时期，面对当前严峻的形势，许多货代企业都认识到了改变的重要性，因此，各家企业开始积极拓展业务，提高服务质量，在集装箱运输和航空运输蓬勃发展的背景下，货代企业开始将目光转移到国际多式联运业务、航空业务等领域，并且，货运代理公司更加注重提高服务质量，以个性化服务模式来争取客户的信赖。

五、2000 年至今：企业分化期

2000 年，对于国际货代企业来讲，是具有“分水岭”意义的一年，在这一年，国际货代企业佣金制度发生转变，中国即将加入世界贸易组织，第三方物流也随之崛起，这些事件都在一定程度上为国际货运代理行业的分化提供了动力。

佣金事件充分说明了我国货代企业的尴尬地位，同时也在一定程度上动摇了货代企业的生存基础。随着我国经济的不断发展，航运价格开始出现透明化、公开化趋势，货运代理想在中间通过差价而获得利益已经不太可能，因此，佣金制度的改变在一定程度上动摇了货代公司的获利模式。现如今的船运公司本身就已经具备货代功能，所以就没有必要再走中间代理环节，这就使得船运公司对代理公司的依赖程度降低，因此，对于代理公司而言，取消佣金制度已成为必然选择。导致佣金制度转变的第一大原因就是承运人的一体化销售制度，这种制度对货代企业的生存造成了严重的威胁，为了能够在竞争浪潮中获得一己之地，货代市场开始走向分化，货代企业要想在激烈的竞争中求得生存，就必须重新整顿，寻找新业务，探寻新目标，并且勇于突破传统、敢于挑战，只有这样，货代企业才能够在经济大潮中不被淘汰。

2001 年，中国加入世界贸易组织，中国的经济格局也因此发生改变。实际上，我国在加入世贸组织之前就已经为开放做出了许多努力。例如，我国已经准许外资企业投资到铁路当中，与铁路运输企业进行联合经营，而在这之前，外资企业是无论如何都无法触及中国的核心系统的。

2000 年以来，第三方物流的出现成为了中国货代史上的一件大事，这一年，为了适应市场的要求，中外运、中远等一大批货代企业提出了新的发展目标，并将目光转移到第三方物流业务上，这种新兴的物流模式不仅为货代企业带来丰厚的利润，还可以提升企业的市场价值。因此，第三方物流业务对于企业来说不失为一种提升竞争实力的合理手段。同时，为了适应市场的需要，货代企业应该以此为契机来更新自身的经营理念，在企业经营中逐渐摆脱承运人的控制，并以客户的利益为基础为客户提供更加优质的服务。

现如今，我国国际货代行业已经形成了自己的格局：第一，中外运等一批龙头企业下的货运代理商占据主导地位，这些企业一般会拥有雄厚的资金、丰富的人力资源、发达的网络和长期积累的经验，此外，面对着当前的竞争压力，大部分企业都陆续拓展了自己的业务，并将业务范围拓宽到集装箱租赁、船舶代理和多式联运等领域；第二，中外合资公司扮演着重要角色，此类公司基本上是由国外船公司、货代行等与国内的外贸公司、运输公司联手成立的，这些公司一般具有发达的网络资源、先进的信息技术和高素质的管理团队，此外，这些公司一般情况下走规模化经营的道路，因此竞争实力雄厚；第三，航空公司、船公司和铁路部门等机构设立的货运代理点，这些公司通常具备自己的运输工具，且具有专门的运输路线，因此在价格、航运信息等方面具有优势；第四，专业货运型货代公司成为新型货运渠道，此类公司原本经营的业务是办理仓储和运输，后经国家相关部门的审批而取得了货运代理经营权，随后，此类货运公司经过了多年磨炼而获得了许多经验，并在货代领域获得了自己的一席之地；第五，一些由原专业、工贸总公司组建的货运公司不断涌现，这些公司丰富了国际货代行业的公司形式，并为货代行业的发展提供了动力，此类公司在未成立之前，主要是在一些总公司中负责发货、订舱和仓储的部门，这些部门随着经济的发展而逐渐独立出来，形成了一个独立的产业，这些公司往往规模不大，但是在集货、拼箱领域有着丰富的经验。

第四节　国际货运代理的性质

目前，对于我国货代企业来讲，其实际经营活动具有两种身份：一种是传统业务下的代理人身份；另一种是第三方物流身份。一般情况下，当货代公司充当货运代理人时，其主要从事的业务就是传统的货代业务；而当其转变成第三方物流身份时，其从事的业务就是物流业务，下面我们将对此加以说明。

一、货运代理人身份

在国际货代行业中，货代企业具有代理人性质，这是从其服务范围上看出的。在经营中，货代企业主要是以客户的要求为基础，为客户的货物运输、仓储、保险、转运等业务提供中介服务，以此来获得利润，实际上它是一种中介机构。因此，在此种情况下，国际货运代理既代表货主的利益同承运人签订合同，完成客户的要求，又代表承运人的利益，同承运人协调工作，并为承运人提供货源，以此增加承运人的利润。在整个货物运输的交涉过程中，承运人将货代企业看成是货主的代言人，因此代表货主的利益，而货主则把货运代理人视为实际承运人，当所运货物发生问题时，货主一般情况下会找货运代理进行协商。由此可以看出，在传统的国际货代业务中，货代企业就是中间人，负责联络货主和承运人，这也就是为什么国际货代协会联合会将之称为“国际运输的组织者和设计师”。下面我们将对此问题进行细致的分析：

首先，货运代理性质的产生。在国际货代行业中，货运代理的身份是通过客户的委托而产生的。也就是说，之所以国际货运代理能够有权代表他人进行国际货物运输活动，是因为货主赋予了国际货代企业这些权利，因此，货运代理与货主之间形成了一种委托与代理的关系。在关系产生时，货主可以采取书面形式或口头形式进行委托，而代理人也可以通过书面形式或口头形式予以接受。委托书可以详细也可以简单，这些都取决于货主与代理人之间的关系。当接受委托或签订委托书时，两者之间的委托关系就已经成立，在此基础上，合作双方签订代理合同，合作关系产生。签订代理合同是整个工作流程的重要一环，它不仅能够为代理人提供运输依据，还可以为代理人提供工作标准，使之能够在合同范围之内完成任务。

其次，活动中的责任归属。在整个货运代理流程中，代理人一定要按照委托人的要求来开展业务，尽量不要超出自身的权限范围。在权限范围内，代理人可以自由发挥，通过自身专长和活动习惯来开展业务，并将活动成果交接给委托人，委托人对结果进行验收，并支付相关费用。如果在国际货运过程中代理人由于自身原因违背合同条款，或在办理业务时由于失责造成货物损失，应该承担相应的责任。

再次，责任范围与授权范围。货代企业的身份是双面的，它既可以帮助货主办理运输，还可以帮助承运人进行揽货。国际货代公司的责任范围包括：代理货主组织运输、设计运输路线、选择承运人、签订合同、支付费用以及其他客户委托的业务。在此项活动中，业务的对应方是承运人、港口、机场、海关、银行和保险等机关。代理人通过合同将双方联系在一起，使之发生运输行为，并最终促进双方得利。

最后，确定活动名义。在国际货代业务中，代理人的角色为中介人，因此，它的主要活动就是根据客户的需要而开展活动，以此来帮助客户实现经营目的，在此过程中，代理人并不是业务活动的当事人，而只是一个中介人。在代理活动中，代理人的名义将通过以下几种方式确定：第一，代理人以委托人的名义开展活动；第二，代理人以本公司的名义开展活动，并告知承运人客户身份；第三，代理人以本公司名义开展活动，但不告知承运人客户身份；第四，代理人以本公司名义开展活动，同时不对外表明任何身份。

二、第三方物流身份

我国货代企业的另外一个身份就是第三方物流。物流一词由来已久，并且在世界各个国家都普遍存在，它是伴随着商品交换的产生而产生的，在世界贸易中占有十分重要的地位。近年来，随着国际贸易的不断增长，第三方物流作为一种新兴物流形式出现在人们面前，并在国际贸易中担任着十分重要的角色。

第三方物流，国际上也称为契约物流、联盟物流或伙伴物流。这个诞生于20世纪80年代的物流形式，自出生之日起，就引起了世界各国的广泛关注。同货运代理一样，第三方物流至今尚没有统一的定义，我国《国家标准物流术语》将其定义为：一种由供方和需方以外的企业提供运输服务的物流模式。有些学者将第三方物流区分为广义与狭义两种，广义的第三方物流指的是将物流形式融入“第三方思想”，并参照商品的形式为第三方物流下定义，也就是说，第三方物流指的是除商品买卖方之外的第三方所提供的物流服务。如果此定义准确，那么我国目前存在的一切第三方运输企业都可称为第三方物流企业。此外，对于一些由交易企业所成立的物流公司来讲，由于这些公司的法人代表并不是交易企业，也就是说这类公司不隶属于任何公司，所以可以认定为，这些公司也属于第三方物流公司。狭义的第三方物流是以物流服务和物流交易为参照来定义的，其观点为：在运输过程中，除收货方和发货方之外的第三方通过合约的形式为买卖双方提供物流服务，这种物流形式就是第三方物流。

在当今社会，一些国际货代企业除了经营传统的运输业务外，还积极为客户提供更多的服务，例如，为客户提供完备的运输方案，这些方案包括：跨地域运输、运输工具的使用、流通加工服务、咨询等，其主要表现在以下几个方面：

第一，以自身的名义提供服务。有些货代企业通常以自身的名义与客户签订服务合同，并根据自身的实力和客户的需求来制订服务计划，以便可以为客户提供更加专业、更加系统的服务。

第二，依据客户的需要来提供增值服务，以此创造更多的盈利空间。对于客户来讲，许多企业都希望能够以实惠的价格来获得高质量的服务。因此，作为提供物流服务的货代企业来说，应该从客户的角度出发，制订符合客户利益需求的物流计划，同时在物流过程中加强管理，以此来提高服务质量，此外，货代企业也可以根据客户的需要来提供一些个性化服务，这样不仅能够增加客户的满意程度，还可以为公司获得更多经济回报。

第三，以构建长期合作机制为目的，努力实现双赢。货代企业应该从长远利益入手，在与客户交往过程中，建立稳定而有深度的客户关系，并通过与客户的团结协作，实现双方的共赢。

三、两种性质在货运代理行业中的意义

代理与第三方物流两种性质都存在于国际货运代理业务当中，并对货运代理产生深远的影响。

首先，在货代行业当中，货运代理企业所开设的业务形式决定其本身所具有的性质，当货代企业从事的是揽货、运输或办理相关手续时，它就是一般代理性质的企业；当货代企业不仅提供一般代理服务，还提供一些其他个性化服务时，它就属于第三方物流性质。

其次，两种性质所承担的法律责任不同。一般代理企业需要承担的是特殊商务代理责任，这种代理责任是由委托代理引发出来的，例如，在货代过程当中，当代理人以委托人的名义与收货方签订合同时，代理人就需要对自己权限范围内需要履行的义务负责，这种职责具有一定的法律地位，因此受法律保护。第三方物流需要承担的责任范围更大，在经营过程中，作为第三方物流企业的代理人会以自己的名义向客户提供相应的物流服务，因此，在整个业务流程中，第三方物流企业需要承担全程的权利和义务，在法律范畴中，第三方物流充当的是多式联运承运人的角色，因此需要承担相应的法律责任。

再次，两者经营模式不同。一般代理企业在提供代理服务时，需要为客户代办相应的手续，并向客户收取一定的佣金，以此作为自己的经营资金。而第三方物流企业所提供的是全程或分段的多式联运服务，或者针对某些环节的物流服务。此外，第三方物流企业还为客户提供方案设计和咨询等个性化服务，在这些服务结束之后，企业再向客户索取相应的运费和服务费。

最后，对于客户而言，两种性质下的货运代理的地位和功能不同。传统物流行业的客户一般只需要货代企业提供一些基本服务，此时，货运代理企业只充当辅助角色，协助客户完成物流的相关业务。但是，从佣金方面来看，因为此种业

务都是一些流程性质的业务，所以资费标准都是公开的，在这种情况下，客户所需要支付的佣金就是确定的，这就使得客户在选择代理商时，往往会从业务能力和经营时间等方面对代理企业进行筛选，所以，客户与货代企业的依赖程度不高。第三方物流企业所提供的服务往往是个性化的、根据客户需要而制定的各种物流服务，一般情况下，这种为客户“量身定制”的物流服务所耗费的资金会比较多，费用较高，但是，此种物流服务往往会为客户创造更多的利润，致使客户和货代公司实现双赢，所以此类型的货代企业一旦受到客户的认可，就会得到客户的长久支持，在这种情况下，企业与客户的依赖程度就比较高。

第五节 中国国际货代的发展方向

就目前我国的发展情况来说，国际货代仍然处于粗放式经营阶段，业务单一、资源匮乏、行业间差距明显。从总体的经营规模上看，不同经营规模的国际货代公司所具备的资源和能力是不同的。因此，所面对的客户也存在很大差别；从经营的专业化程度上看，不同背景的国际货代公司所具备的竞争实力以及专业服务领域存在不同；从企业的经营性质上看，国有企业、私营企业、合资企业所具备的服务能力差距明显。由此得知，我国国际货代企业要想实现自身的发展，必须从冷静分析内、外部环境入手，从自身的优势条件出发，趋利避害规划未来。下面笔者将从我国国际货代企业的发展方向入手，来规划出科学合理的发展战略。

一、规模化经营

在我国经济发展过程中，规模化经营是我国各项事业的发展战略，同时也是国际货代行业的基本战略，在经济学中存在着这样一个概念：规模经济，其基本内容指的是在其他生产要素都不改变的情况下，企业经理人通过对资源进行重新配置的方式来提高劳动生产率，从而使得公司成本下降，效益提升。由此可知，规模化经营是企业得以长期发展的重要保证。

在经济全球化的巨大冲击下，规模化经营是国际货代行业的必然选择。在当今世界中，经济全球化的实质就是资源配置的全球化、资本的全球化和商品的全球化，其最突出的表现特征就是世界范围内的产业结构调整，全世界各大企业通过并购、重组等形式来调整企业结构，使之能够在世界经济大潮中立于不败之地。例如，在航运领域，加拿大太平洋轮船公司在1995~2000年，先后收购了莱克斯、Contship、澳大利亚新西兰直航公司和TMM公司，而这一系列收购行动致使加拿大太平洋轮船公司的服务航线直接扩大到全世界。近几年的航运行业开始由低迷转向活跃，经营业绩也表现不俗，这些都是有原因的。一方面，世界经济的持续增长带动了运输行业的发展；另一方面是航运领域自身规模化经营的巨大效力。关于国外货代企业的发展状况和经验我们会在下文提及，在本部分将简要向读者介绍国内企业的重组之路。

中外运总公司在我国是一个颇具实力的国际货代公司，为了适应世界市场的变化，在1998年，中外运公司与专业的咨询公司合作，在经过长期的市场调查之后，制定出了能够促进集团发展的《战略纲要》，这篇纲要为该公司未来的发展指明了方向，即将中外运公司建设成一个由多物流主体组成的、按照一定服务标准和规范运作的、国际化的、综合性的大型国际货代运输公司。该公司计划在三年内完成企业的转型和升级。升级内容包括：物流核心产业的组织再造、建立以客户和市场为中心的信息系统、建立财务运作管理系统等；转型的内容包括：恰当处理企业核心资产、及时清理非核心资产和不良资产、创新产权结构等。经过一段时间的调整，中外运公司初步实现了分支机构、控股公司人权、财权和资产的重组，使得企业的经营效果明显，规模化经营初步形成。为了巩固公司已经形成的经营模式和成果，中外运公司采取了一系列具体的措施：①继续巩固第一阶段所形成的成果，避免体制回潮；②机构重组顺序自上而下进行，最终延伸到三级子公司，同时尽量避免网点重设；③在公司机构重组的同时进行资产重组；④以公司重组为基础实现公司产业转型。

规模化经营不仅是大型国际货运公司的需要，同时也是中小型货代公司发展的必然要求。由于我国企业长期受计划经济的限制，因此会体现出“大而全”、“小而全”的特点，再加之政府监管力度不够，致使中国的货代行业曾经一度出现了“随处代理”的情况。改革开放以来，随着我国国际化进程的逐步加快，一些颇具实力的外资货运代理迅速抢占中国市场，致使中国实力不足的小型企业遭到淘汰。这就引发了中国国际货代行业的反思，如果依然按照传统的老路走下去，难免会引发中国的货代行业危机。为了适应经济的发展，中国国际货代公司只能进行联合、重组，走规模化经营道路，只有这样，才能最终实现货代行业的健康发展。由此可见，推进货代行业公司的规模化经营势在必行，各大公司应该遵循市场规律，以资产和效益为纽带，打破地域、企业和行业的限制，通过空运代理、海运代理等一系列经营手段来实现货源的规模化和集约化，同时积极进行融资、不断吸纳外资来为规模化经营提供保障，此外，还需要通过提高职工福利待遇、竞争上岗等机制来提高公司的管理效率。我国货代公司通过以上措施加快企业的联合速度，以此来推动货代行业的迅速发展。

二、专业化服务

专业化服务是货代行业发展的基本要求，服务行业一直遵循着这样一句至理名言：任何服务行业要想实现发展，都需要创立出独特的品牌，并以服务质量为核心来抢占市场，这样才能赢得客户，实现发展，这就是专业化服务的精髓。对于我国货代行业而言，长期以来，散货货主的海运拼箱服务一直都存在，但是这种服务却得不到货代企业的重视，因此，海运拼箱服务行业的服务质量低下，货主怨声载道。然而，随着国际市场上小货量货运的逐渐增加，一些具有远见的货代公司瞄准了这一颇具潜力的市场，并对该行业进行了整改，使得小货运的服务质量明显提高，并由此衍生出了像上海泛成、天津环联这样的专业从事海运拼箱服务的公司。这些企业在实践当中向我们阐述了专业化经营的重要价值。

我国目前的货运代理仍然存在服务项目单一、管理水平落后等问题，这些问题致使现存的货代公司只能满足客户的部分要求，而无法为客户提供更加优质的服务。然而，随着经济的发展，市场竞争日益剧烈，客户的要求也在随之增高，为了能够向独立运输经营人的角色顺利转变，货代企业必须以提高服务功能为基础，提升员工的业务操作水平，提高企业文化效益和员工综合素质，以此来规范企业员工的行为，进而为客户提供专业化的服务，并从发展服务、成本、质量等方面提升公司的管理水平。2001 年，国家出台了《国际海运条例》，此条例的出台为多年来多式联运行业的经营提供了法律保障，使无船承运人的身份得到了认可，并为混乱的货运市场提供了规范标准。

专业化是服务行业的核心要求，也是提升企业核心竞争力的必要手段。企业的核心竞争力指的是企业最擅长的业务，其主要体现在服务、经济实力、创新、品牌等方面，并将企业的综合资源优势进行外化，从而成为企业区别于其他公司的标志。在货代行业当中，专业化是增强企业核心竞争力的主要手段，货代公司只有增强自身的专业化经营，才能够将自身的优势最大限度地表现出来，以此来获得丰厚的利润和客户的信赖，企业也才能因此而得到长久的发展。如果说货代行业的总公司可以靠网络来进行规模扩张的话，那么总公司下的分公司和子公司就需要通过专业化经营来实现盈利，进而为总公司的规模化经营提供保障。

由于货运代理行业的业务范围十分广泛，这就使得货代企业在经营过程中应该更加重视专业化服务质量，以提升企业的核心竞争力为经营目的，一方面进行业务组合分析，以此来评估企业的经营效益；另一方面进行市场分析，以此来规划出企业的经营定位。货代企业可以在空运、拼箱、租船、仓储、配送、整箱、集港等几个方面选择一两项适合企业发展的业务来进行经营，并采取密集型的营销策略来对企业的人力、物力和财力等资源进行合理配置，同时采取稳扎稳打、滚动发展的经营策略来实现企业的发展目标，最终帮助企业在行业中脱颖而出，成为行业内的领头人。目前，面对着当今激烈的竞争形势，在我国货代行业当中，有相当一部分中小型货代企业将目光瞄准到专业化发展的策略上，尽管资金、技术和人员有限，但依然获得了自己的一席之地。

三、网络化核心

在货代行业当中，核心网络化存在三层含义，这些含义主要表现在以下三点：

第一层含义指的是货运代理企业所建设的真实的国内外运营网点，货运代理是运输行业中的一项辅助性服务项目，因此，当货运代理公司发展到一定阶段时，就需要相应的网络平台为其发展提供支持，如果企业对此项内容不够重视，就会造成发展后劲缺乏，从而致使服务质量下降，进而影响企业的生存。目前，在我国货代行业当中，除了一些大型的货代公司和一些具备完备网络设施的公司之外，大部分中小型货代企业都存在一定的网络缺陷，这就是我国货代企业竞争力低下的原因之一。

第二层含义指的是货代公司的总部可以通过网络对各运营点进行统一的资源调配，进而帮助企业获得规模化的经济效益。基于此种情况，各运营点一定要保证团结统一、相互协助，并积极服从总部的指挥，配合总部的统一管理，以此形成“以总部为利润中心、以网点为成本中心”的经营模式，并最终实现公司的长远发展。此种经营模式同时也是国际上一些像 Schenker、FedEx Express 跨国公司的运营之道，这些公司能够建立起覆盖全世界的巨大经营网络，并通过总部指挥来实现区域间的资源共享，这种方式能够充分发挥出各地区的区位优势，使跨国类的货代公司获得利益最大化。就我国货代行业的现状而言，绝大多数企业的网点布置只是停留在基础层面，因此并没有实现严格意义上的资源共享，进而也就无法促进企业的飞速发展，一些大型货代运输公司认识到了这一问题的弊端，并已经开始积极学习国外的先进经验，以此来提升自身的综合能力。

第三层含义则是回答了代理点连接的问题。在互联网技术广泛普及的今天，

Internet、E-mail 等数据传输形式已经被广泛地应用到货代行业中来，货代企业可以凭借网络化手段来构建出虚拟的信息管理系统，并采用电子商务的形式进行网络化运作，以此来实现现实网点的无线连接。只有通过这种方式，企业才能够真正做到降低企业成本，提升运营效率，并实现资源共享的目的。就我国目前的货代企业而言，大部分企业的信息化仍然停留在单机商务水平，也就是说，大部分企业利用计算机仅仅是进行一些简单的资料处理和信息获取，这样的状况对企业的发展是极其不利的。中外运公司在信息系统建设时，以高速度、高效率、低成本作为指导思想，在对市场进行充分调查的基础上选购了美国的 MK LOGISTUCS 软件，并在其他项目中对信息资源进行全程跟踪，这些做法都为其赢得了不少信任，从而促进了中外运公司的发展。

总之，就目前货代行业形势而言，我国货代公司的信息化水平仍然有待提高，但由于企业的资金和技术有限，因此，为了实现自身发展，货代企业可以多多借鉴国外的成功经验，并通过与大型网络公司合作的方式或依托大型网络平台的方式进行信息化系统的构建，以此来加快自身信息化建设的步伐。

四、物流化发展

物流化发展也是货代企业发展的必然要求，它不仅能够提升我国货代企业的综合竞争力，还可以为企业营造良好的竞争环境，同时还能够提升我国对外开放的程度。在货代行业当中，物流业务是货运代理的最高形式，货代行业在开展物流业务方面具有先天的优势，它可以提供相应的资源、技术和人才支持，而尽快实现国际物流化也是货代行业发展的最终归宿。

（一）物流服务是货运代理企业的必然归宿

国际物流服务是在多式联运模式下衍生出来的必然产物，它的业务涵盖范围十分广泛，具体有进出口通关、装卸、运输、包装、保管、分拣、配送和回收等，此外还包含与之相关的信息服务。货代企业在开通国际物流业务方面具有先天的优势，它可以为物流服务提供必要的资金、资源和人才。因此，国际上的一些大型物流公司基本上是从货代行业起步的。

早在 20 世纪 80 年代，我国一些大型的国际货代公司就已经开始承办一些国际物流业务，例如，当时的中外运公司就开通了针对美国的直运业务，此项业务的主要任务就是帮助一家无锡市的服装厂运送出口到美国的服装，随后，中外运公司将此项业务又开展到了杭州、苏州等地。1982 年起，中外运公司先后承接了进口日本鲁布革水电站业务、法国二手汽车设备业务等，这些大宗进口业务为中外运公司赢得了十分丰富的经验和资源，进而使得中外运公司成为当今国际货代行业的龙头企业。

（二）我国国际中转物流的依托点

承办国际物流的一大优势就是要依托一定的国际中转站。因此，对于中国内地货代企业而言，毗邻中国香港和中国台湾就是其货代行业发展国际物流的一大优势。此外，中国香港和中国台湾也因此成为国际物流中转站的热点。

1. 中国香港

中国香港是世界著名的金融贸易中心，它处在我国珠江三角洲地区，地理位置优越、基础设施一流，同时，中国香港会聚了世界上一流的人才，这为香港地区的经济发展提供了不竭的动力，此外，由于中国香港处于珠江三角洲地区，内临祖国广阔的大陆，外临南海，水、陆、空交通便利，这些使得中国香港的集装箱吞吐量一直居于世界前列。多年来，中国香港在国际物流行业一直存在着一定的优势，在技术、管理和人才方面都有一定的积累，这些都奠定了中国香港在国际物流行业上的地位。

自中国加入世界贸易组织以来，中国香港成为了中国内地企业走向世界的窗口，许多企业迫于世界其他公司的压力而开始走上了联运之路，随后，中国香港一些货代行业的龙头企业开始与内地的货代企业联手，并开通了广、深地区的直运服务，中国内地的一些企业也借此机会入驻中国香港，2001 年，中国东方航空与国外多家航空公司联合推出夜间速递服务，这种业务使中国香港到上海的快递服务实现了隔夜送达的目的。随后，2002 年，中国香港与上海、广州和北京三地联合开通了 10AM DELIVERY 服务，提高了物流服务的速度。

2. 中国台湾

中国在加入 WTO 之初，台湾当局对大陆实行的是严格政策。因此，两岸贸易额并不高，但是，随着大陆经济的崛起，台湾当局开始逐渐修改针对大陆的政策，并在近几年逐渐开通多项服务，以此来扩大大陆和台湾地区物流贸易的发展空间，增加两岸的经济交流。

两岸贸易的发展不仅会促进两岸经济的发展，同时还会为两岸的货运带来繁荣，自 1997 年以来，台湾当局和大陆不断修改贸易政策，用以支持两岸关系的发展。2000 年开始，台湾地区放开了对大陆的禁运政策，中外运集团厦门公司立刻开通了针对台湾地区的多式联运业务，随即其他公司也纷纷开始与台湾地区商谈合作事宜，目前，大陆与台湾地区分别针对彼此设置了货运物流专线，增强了两岸地区的交流联系。

3. 保税物流

保税物流是我国物流的一种基本形式，其主要指的是在海关监管区域之内，货代企业从事货物的仓储、配送、运输、装卸、物流信息等一系列服务，在此项服务中，这些企业享受“境内关外”制度及其他方面的优惠政策。例如，美国BAX公司，此公司是戴尔计算机全球物流的配送公司，作为戴尔的全球物流伙伴，BAX公司在中国厦门设立了仓储公司，以此来作为戴尔原材料的仓储中心，这种运营方式保证了戴尔公司及时化生产方式的顺利实施。随后，厦门象屿成立了保税区，吸引了许多物流公司的入驻，这种物流模式带动了国内外物流公司的飞速发展，基于此种情况，全国各地开始纷纷效仿厦门的物流运营机制，成立保税区。保税区的建立为国际货代行业的发展提供了保障，同时也为我国经济的发展提供了动力。

（三）国际货代企业开通物流服务的三种模式

由于世界经济一直处于不断的动荡之中，致使各国的经济发展方式出现多样化趋势，国际货代行业在此基础上也呈现出了不同的发展模式，我们将在此部分中为读者简要介绍三种模式：

1. 基础物流服务

基础物流服务指的是以提高服务质量为目标来为客户提供基础性服务的一种物流方式。在此项物流服务中，包装、运输、存储、分拣是其基本环节。但是，就我国目前的基础物流服务形势而言，大部分物流环节仍处于分散状态，这就为一些物流企业提供了生存契机，基于此种情况，我国货代行业的大型公司，如中外运、中远集团等，应该抓住物流行业目前的时机，充分运用中国劳动力丰富且成本低的便利条件，并发挥出中国的区位优势，大力开发中国的基础物流服务，增加物流服务的质量，逐渐促进物流行业规范化和标准化建设，以此来抢占物流市场。

2. 个性化物流服务

个性化物流服务主要是针对中小型客户提出的一种物流形式，对于中小型客户来说，因其所经营的范围十分广泛，致使所选择的物流形式也需要具有多样性特点。因此，对于如此庞大的客户群，货代公司应该抓住优良的发展契机，依据客户的具体要求而制定出更加完善的物流服务，这种物流方式不仅可以为公司的主营业务提供支撑，同时也可以帮助公司增加收入。例如，就我国当前的经济发展形势来看，许多中小型企业如雨后春笋般拔地而起，这些企业在获得外贸经营权后，由于经验不足，需要专业的货代公司为其提供服务，这就为物流公司提供了发展契机。此外，由于国际货代业务庞杂，所涵盖的内容也十分繁杂，这就需要专业性的物流公司来完成此项流程。因此，针对以上种种情况，货代企业可以根据客户的具体要求而制定出相应的个性化物流服务，这种方式不仅能够帮助企业获得经济效益，同时还可以为企业的发展提供更多的选择渠道。

3. 系统物流服务

系统物流服务指的是以产业更新为目标的第三方物流服务，就我国目前的物流形式而言，京东、聚美等大型网络电商，基本上都是自行解决物流服务问题，这也就说明，中国的第三方物流发展仍然比较缓慢。据统计，对于国外许多大型跨国公司而言，其物流业务基本上都外包给第三方物流企业，这些物流公司会为企业制定出一套更加系统性的物流服务，以此来促进企业的发展，此外，像戴尔、宝洁这样的公司都存在着专门性的物流公司来与其合作。

第三方物流公司在物流领域是存在许多优势的，例如，第三方物流公司的服务范围广，它既可以帮助客户进行简单的运输，也可以为客户制定出一条龙的个性化服务，此外，第三方物流常常被称为“承包物流”，但是这种公司与传统上的运输公司也存在区别，比如说，第三方物流公司并不只是为客户提供运输服务，它更多的是基于信息和知识的一种专业化的物流服务公司，并能够为客户提供供应链性质的服务，这些都是普通运输公司无法企及的。

一个优秀的第三方物流公司需要具备以下几个特点：

（1）先进的信息技术。在当今社会，能否将企业的经营项目融入信息技术是企业生存的关键，物流公司要想帮助客户完成物流业务，就需要建立先进的信息技术系统，以此来提高公司的信息技术能力，只有这样，才能够为企业赢得竞争优势。

（2）拥有强有力的竞争核心。拥有一个强大的竞争核心是企业的生存根本。因此，在货代行业当中，公司至少要有一项主营业务，并将其打造成自身的经营核心，以此来提升公司的品牌效应。

（3）具有广泛的服务范围。客户为了节约成本，加快交易，往往会将公司的业务全部承包给一定的物流服务公司，这种做法就为公司提供了一定的发展机会。因此，货代公司要想实现自身的发展，就应该抓紧机会，提升自身的服务质量，拓宽自身的服务范围，并加强与客户之间的联系，帮助客户完成“成本转移”。

（4）全球化的地域范围。对于第三方物流公司来讲，制定全球化战略是十分必要的。在经济全球化的今天，越来越多的公司开始拓展海外业务，这就需要专业化的物流公司来为客户保驾护航。

（5）创建企业文化。企业文化是一个公司得以生存发展的名牌，而成功的企业文化构建往往和员工有着密切的联系。因此，第三方物流公司要想在当今社会上拥有一席之地，就需要通过提高员工素质构建出企业的独特文化。

（6）开发网络平台。随着科技的发展，互联网在物流行业得到了广泛的应用，建设完善的信息化系统和网络平台已经成为第三方物流公司的必然之选。

（四）加强人才培养

专业化人才是货代公司得以发展的必然要素之一，就我国目前的货代行业来讲，大部分公司虽然具备了完善的硬件装备，但却缺乏高素质的专业人才。对于当今社会而言，企业的竞争归根结底就是人才的竞争，而只有提升企业工作人员的素质，才能够使公司在竞争中立于不败之地。

货代企业工作人员的专业素质不高主要体现在以下两个方面：首先，在计算机时代，不少企业员工的操作技能仍然停留在初始阶段；其次，公司的相关培训也不够健全，致使员工的技能无法与时俱进。面对此种情况，货代公司应该建立健全培训机制，以此来为公司员工提供学习机会，同时增强企业员工的素质。

我国货代企业还存在一个问题就是人才流失严重。这种情况对公司造成了巨大损失，大部分选择跳槽的员工都会带走一定量的客户，这就使得公司的客户数量损失严重，除此之外，跨国公司的发展也对公司发展带来一定的挑战，许多跨国公司在中国选址时，往往会招聘许多工作人员，这些高薪工作往往能够吸引大量人才，因此加剧了我国货代企业人员流失的情况。

面对以上种种情况，货代企业应该从公司的管理入手，健全人事制度，强化激励机制，同时保证员工福利，使员工能够忠诚于企业。

第二章　国际货代企业在对外贸易中的地位与作用

第一节　国际货代的本质特征

从前文分析我们得出结论：国际货运代理行业应该属于第三方物流的范畴。

从发展形势来看，第三方物流企业发展至今大致有五种类型：主要从事运输服务的第三方物流、主要从事仓储和分销的第三方物流、主要从事金融服务的第三方物流、主要从事信息服务的第三方物流和主要从事代理的第三方物流。

由定义和相关理论得知，国际货运代理属于第三方物流。在整个货物运输过程中，货运代理是十分重要的一个环节，它接受下游客户的委托，帮助客户运输货物到指定地点，并需要对整个运输过程的物料、资金和信息都了如指掌，因此，货代企业在此项过程中发挥的作用是十分巨大的，它能够优化供应链中的各个职能和环节，从而进一步加强企业之间的合作。但是，由于目前的国际货代市场仍然存在不规范的现象，这在一定程度上影响了供应链功能最大限度的发挥。

通过分析我们得出，国际货运代理业务属于第三方物流范畴，这就使得货代企业向第三方物流发展已经成为一种趋势。在经营过程中，第三方物流能够为供应链上的各个企业提供相应的服务，以此来满足多方要求，并促进多方共赢格局的形成。但是，国际货运代理与真正的第三方物流相比，还存在一定的独特性，例如，国际货运代理企业更加关注国际贸易所需要的物流服务，尤其是在顾客交易时所需要的服务。因此，为了促进第三方物流的发展，相关企业应该对以上问题多加关注，并积极进行服务创新，从而构建以国际货运代理为基础的第三方物流。

第二节 国际货代与对外贸易

国际货代行业是随着对外贸易的发展而发展的，其在对外贸易发展过程中充当着重要的桥梁作用，并与国际贸易相结合，共同促进了国际经济的发展。因此，在我国对外贸易当中，国际货代有着不可忽视的作用。

一、对外贸易是经济发展的必然产物

众所周知，由于各个国家所处的地理位置不同，因此，国与国之间的经济水平、资源条件、生产结构和技术等方面都存在许多差异，每个国家都有自己的经济优势和劣势，在这种情况下，为了实现各国经济优势的最大化，在国与国之间就出现了相互传递和平衡的渠道，这就是我们所说的对外贸易。在对外贸易中，各国都可以实现物品和资金的转移，最终使得各国的社会再生产发展顺利。目前，随着世界经济一体化进程的不断加快，各国之间的联系也逐渐增强，这就使得国与国之间的依赖和补充程度提高，从而形成了当今的世界格局。由此可知，对外贸易是国际经济发展的必然结果，它的出现符合事物发展的规律。

二、对外贸易壁垒影响国际货代的发展

在国际货代的发展过程中，世界各方存在许多壁垒，现如今存在的主要物流壁垒有三种：市场和竞争壁垒、配送壁垒和金融壁垒。国际货代要想实现自身发展，就得想出办法克服这些壁垒，以此来促进各国之间对外贸易的平衡，从而保证多方都能获得利润。下面将对此三种壁垒进行简要描述。

（一）市场和竞争壁垒

市场和竞争壁垒是国际货代面临的主要壁垒，现如今，在国际货代行业蓬勃发展的同时，社会上存在很多阻碍因素，例如，市场进入限制、各国之间信息的不对称性以及定价和关税竞争等。这些都会在一定程度上对国际货代的发展造成影响。

首先，各国的市场进入是有一定限制的，这些限制往往是通过各种立法和司法来操作执行，并通过合法手段来制定进口商品的市场准入壁垒，例如，欧洲一些国家制定出了比较完善的市场准入制度，该制度主要实行的是实际到位制度，

也就是在以市场为基础的前提下，各制造厂商和配送设施需要在进入国内市场之前就要准备完毕，以便在进入市场之后可以直接投入到生产和工作当中。日本在市场准入方面实行“投票”制度，也就是说国外企业或零售商要想进入日本市场，就必须经过日本的“投票”统一表决。

其次，国际货代发展的又一个壁垒就是信息对称性。由于各国所处地域不同，经济发展水平不同，因此，各国的市场规模、竞争环境和人才状况也有所不同，这就加剧了各国信息的不对称性，特别是在进口业务的单证方面，信息不对称现象特别严重。但是，该种情况也会因为各地政府发布的政策不同而不同，大部分政府都存在这样的要求：如果该项运输货物与单证相关，那么在集装运输之前，必须将相关程序处理完毕，如果货物单证存在问题，那么政府有权扣押货物，或推迟货物运输时间。由此可以看出，在国际货代当中，单证是十分重要的。

最后，在市场壁垒方面，还存在定价和关税问题，这些也是市场上存在的主要壁垒。在国际货代中，汇率是影响企业定价的主要因素，它可以直接影响进出口商品的规模，从而进一步影响国际的物流量。关税增加了国际货代的复杂程度，在进口国外商品时，关税往往被看成一种成本，并且，由于关税是由各国政府掌控的，因此它会随着政府政策的变化而改变，这一变化在某种程度上也会引起国际物流量的变化。由此可知，关税虽然对本国商品起到了一定的保护作用，但是在某种程度上也阻碍了国际货代的发展。除此之外，各国的政策环境和竞争环境也会对国际货代的发展造成一定影响。

（二）配送壁垒

配送壁垒也是国际货代面临的主要堡垒，配送壁垒主要涉及的问题是基础结构标准化和贸易协定问题，基础结构标准化主要表现在运输设备方面，国际货代公司在运输材料设备、仓库设备以及港口设备方面都存在一定的差异性，这就造成了基础结构标准化不相称的局面。近年来，尽管各国集装箱标准化程度都已经有了明显的提高，但是从全球运输设备来看，依然存在运输能力、运输重量、运输工具的尺度和规格方面的差异，如果这些设备没有统一的标准，就会在一定程度上延长物流时间，进而影响企业的正常经营。

在国际货代中，贸易限制壁垒也会影响企业的运输和配送。例如，各国为了维护本国商品所设置的关税制度，该制度在一定程度上降低了各国的进口量，从而使得进口商为了减少运输、节约成本，不得不通过增加库存的方法来保证货物的数量，这些做法虽然减少了关税成本和运输成本，但是在一定程度上也增加了国际货代行业的复杂性。

（三）金融壁垒

随着各国经济的发展，国际金融环境体现出了明显的不确定性，这无疑会给国际货代造成金融壁垒。众所周知，预测金融的发展趋势是十分不易的，在经济全球化的环境下预测金融发展趋势更难。这是因为如今的经济环境中，无论是消费者消费趋势、竞争行为，还是国际金融的季节性波动，都存在很大的不确定性。除此之外，在国际货代中，银行、保险、法律和承运人都存在一定差异，这也导致了金融壁垒的产生。正是由于金融环境的不确定因素，导致企业在规划产品和财务时，无法做出精准的判断，致使一些企业为了公司利益，不得不延长存货和运输时间，这也就导致了全球金融资源的增加。

三、国际货代系统是对外贸易的重要保证

对外贸易的发展促成了国际货代行业的诞生，但是自诞生之日起，国际货代就开始了自己的发展，并且，在日益激烈的竞争形势下，国际货代行业凭借自身的顽强生命力不断发展壮大，进而成为当今社会上不可或缺的产业。

在各国不断的贸易交往过程中，国际货代的发展与国际物流量的增加是相辅相成的，国际货代贸易量的提升势必会引起物流量的提升，在此种情况下，各国要想顺利实现国与国之间的物流交往，就必须具备先进的运输、装卸、信息传输和仓储设备。在现代国际货代行业当中，许多公司都采用先进的科技手段来进行信息传递和反馈，并依据客户的需要来提供服务，这种方式不仅提高了服务质量，而且还刺激了消费者的需求，并使企业得到了发展。此外，提高国际货代的科技水平还可以实现企业之间的资源共享，并大大提高物品的配送和流通速度，从而带动整个行业的发展。现如今，大部分国际货代企业实现了物流渠道、功能、流通环节和制造环节的集成化，这能够有效促进国际货代的系统化和集约化发展，此外，这些企业还能够通过规范作业的行为，降低企业送、交货和货物损坏的风险。

国际货物的转移对国际货代提出了更高的要求。在运输过程中，国际货代涉及的环节多、路程长、情况复杂，这就增加了国际货代企业承担的风险。国际货代的运输方式主要有海运、陆运、空运、管道和多式联运。这些运输方式线路多，情况复杂，在某种程度上会增加货代运输的风险。因此，企业应该将多种运输方式放在一起进行对比，并根据客户和货物的需要来选择最佳的运输方式，这样才能够对整个运输活动进行有效管理。在整个过程中，由于运输的路线较长，

一般会经过不同的国家，还要交换不同的运输工具，这就需要跟各国的中间代理人进行接洽。此外，各国的法律政策有所不同，致使运输过程中的不可控因素增多，一旦其中一个环节出现问题，就会对整个运输过程造成影响。所以，各国际货代企业一定要发挥出货代的巨大作用，并争取实现迅速、安全、准确、节省的运输。

随着世界经济一体化进程的不断加快，各国消费者的关注点已经从产品价格转移到产品质量上来，因此，为了争取更大的消费市场，许多生产商都将目光转移到如何提升产品质量以满足客户需要上来，在这样的发展形势中，国际货代公司也遵循同样的原则。国际货代企业为了赢得市场地位，不断将自己的服务和产品引上多样化和定制化的发展道路，这种发展模式满足了当今客户的需要，因而得到了企业和客户的肯定。

国际货代的高效运行不仅能够带动各国经济的增长，同时还能够为对外贸易提供有力支持，这种形势促使许多非贸易产品变成了贸易产品。为了降低生产成本，许多企业利用各国的区位优势，在劳动力成本低的国家加工产品，在原材料丰富的国家收集原材料，并将生产出来的零部件进行整合，最后形成成品后销往世界各地。现如今，随着经济的不断发展，跨国公司的比重正在逐年增加，这些企业掌握着世界上大部分的贸易额，并承担了促进世界经济发展的重任。在这种经济形势下，为了扩大自己的经济实力，许多企业走向了联合发展的道路。一个产品的出现，不仅有生产商的功劳，同时还需要供应商、贸易商、代理商和零售商的参与，由此可知，当今世界要想实现社会进步、经济发展，就需要建立一个功能强大的产业供应链，只有这样，世界各地的优势资源才能被有效整合，世界经济才能够快速发展。

第三节 当今国际货代面临的贸易环境

一、当今国际货代面临的经济环境

（一）经济全球化

当今世界的经济出现了一些新的趋势，这不仅是经济全球化的继承，更是经济全球化的发展。经济全球化指的是各国贸易交流不断增加，使各国经济呈现出了全球化的趋势。经济全球化是社会生产力发展的必然结果。自20世纪90年代以来，经济全球化进程随着经济的发展在不断加快，各国在经济、贸易、投资和金融领域都表现出了相互融合的趋势。加之在WTO的多边贸易制度下，各国之间的贸易阻碍正在不断减弱，在这种趋势下，世界经济不可逆转地融合成了统一的整体。经济全球化的主要表现为：各国之间的生产分工、贸易方式和经营范围发生了变化。世界性的生产分工形势致使世界各国的生产不再局限于一国之内，而是成为了世界商品生产的其中一环。这种国际化生产分工形势不仅能够提高产品的质量，而且还能够丰富产品的种类和规格，此外，此种生产方式可以大大缩短产品生产的周期，因此，该种生产模式必将促进世界产业结构的调整和经济的发展。

在经济全球化的格局下，大量跨国公司不断出现，并成为了推动和引领经济全球化的重要力量。据统计，截至2007年，全球跨国公司已经超过8万家，这些跨国公司为世界贡献了大部分的GDP，因此为世界经济的发展做出了巨大的贡献。在这些跨国公司中，许多公司都采取直接投资的形式来开展业务，这不仅促进了东道国的经济发展，还带动了这些国家的进出口贸易，同时为东道国带去了大量的人才、技术、管理经验和销售模式，东道国在这种发展形势下，不仅可以引进外资，还可以利用当今形势发展对外贸易，从而将自身融入经济全球化的产业链当中。跨国公司的经营战略就是充分利用本国和成员国的区位优势，将全球资源进行合理整合，并通过产品的全球流动而获得最大经济效益。

（二）电子商务的发展

为了适应当今时代互联网的飞速发展，对外贸易领域出现了电子商务，并且随着经济的不断发展，电子商务不可逆转地占据了整个对外贸易领域。特别是在美国、欧洲和日本等国的不断推进下，电子商务已经成为当今社会最具发展前途的经济模式。

现如今，网络成为了推动电子商务发展的主要动力，它可以超越时空的限制，为企业提供一个最为全面的全球市场，并使企业得以迅速发展，进而壮大自己的竞争力。自2000年以来，大型的跨国公司都将电子商务作为自己的发展目标，例如，美国福特和通用公司在互联网时代基本上都通过网络进行原材料采购，这种采购方式可以有效降低企业的生产成本，增加企业的经营收益。英国有关专家也预言：如果企业在经营过程中无视电子商务的存在，那么它将会在五年之内灭亡。美国福利斯特公司通过调查发现，当今的美国公司基本上已经全部开通网上销售和采购业务，这为美国企业节省了大量的生产成本。

在传统的贸易结构中，对外贸易企业需要花费大量的时间来进行信息搜索和合同订立，这无疑增加了企业的生产成本，在电子商务时代，可以完全不用担心这些问题，网络时代的好处就是能够为企业提供挖掘信息的便捷通道，使企业在处理相关业务时可以减少时间、降低成本，从而获得更高的经济收益。据调查，电子商务可以帮助企业节省 5%~10%的成本，这对企业来说，具有极大的诱惑力。

（三）环境问题越来越突出

现如今，随着各国工业化步伐的加快，世界的能源消耗量迅速增加，这种情形致使全世界都出现了各种环境问题，这些问题不仅对人们的日常生活造成影响，还会使地球上可用的资源大量减少，从而威胁到人类的可持续发展。

因此，在 21 世纪，人们越来越意识到环境问题的严重性，各国政府为了解决环境问题，相继出台了许多关于环境的政策，在对外贸易领域，许多企业也提出了“低消耗、低污染、低排放”的可持续发展模式，在这种形势下，“绿色消费”诞生了。“绿色消费”指的是人们在购买消费品时，尽量购买对自己身体健康有益的、能够保护环境的产品。“绿色消费”带动了“绿色市场”的产生和发展。“绿色市场”不仅改变了各大跨国公司的生产方式，同时还改变了对外贸易的市场结构。在经营过程中，环境是跨国公司选择建厂的主要依据，如果东道国的环境问题严重，将不利于本国对外贸易的发展。此外，各国为了保证本国的经济利益和环境利益，相继出台了一些关于环境问题的法律法规和国家政策，这些政策标准虽然在一定程度上保护了本国的长远利益，但是也形成了绿色贸易壁垒，现如今，绿色贸易壁垒已经成为一种主要的贸易壁垒形式，因此，各国要想在经济全球化的趋势下促进本国经济发展，就需要借助“绿色市场”的发展契机，克服绿色贸易壁垒带来的阻碍，使自己融入经济全球化的发展进程中。

二、当今对外贸易环境对国际货代企业的影响

（一）经济全球化对国际货代的影响

在经济全球化的发展趋势下，各国为了促进本国对外贸易的发展，在实际贸易中不断加强与他国之间的合作，并降低贸易壁垒，以此吸引跨国公司的注意。随着全球经济的不断发展，发达国家之间已经实现了资金、技术、服务和市场的高度融合，发达国家与发展中国家的关系也在不断增强，各国采用对外贸易方式来衡量本国的对外开放程度。这些对外贸易行业的发展不仅可以促进各国在管理

和技术上的融合，还有助于降低各国的贸易壁垒，促进各国的经济繁荣。

经济全球化不仅促进了各国经济的发展，同时也促进了人才创新观念的普及。首先，随着各国经济交往规模的增大，国际上出现了“大物流”理念，也就是说，一国要想实现本国的经济发展，就必须考虑将国内货代与国际货代相结合，从而形成一种“大物流”的运行模式；其次，在经济全球化不断发展的趋势下，各国货代公司的物流管理、物流服务标准、物流技术等概念都得到一定程度的更新。现如今，越来越多的货代公司支持物流行业形成统一的服务标准，并自觉服从这些标准，如果哪个公司不遵循这些标准，那么也就意味着这个公司需要花费更多的精力去完成经营目标。

当然，经济全球化为国际货代行业的发展带来了如此之多的便利，但它同时也为其带来了一些挑战。例如，国际货代行业要想发展就需要突破语言、文化、法律法规和政策的限制。在经济全球化的大背景下，各国货代行业开展的业务都是遍布世界各地的，随着货代行业的产业链在全球范围内不断延伸，货代行业的每一个业务环节都得以在世界范围内操作执行。在这个执行过程中，货代企业不得不与当地的文化习俗打交道，同时也需要遵从当地的政策法规，因此，为了实现发展目标，各国货代企业在经营过程中一定要遵循各国的相关政策，以此为自己赢得经营优势，从而促进自身的长远发展。

（二）电子商务的发展对国际货代产生的影响

电子商务的发展对国际货代产生了深远的影响，其主要表现在以下几个方面：

1. 电子商务的发展改变了国际货代的运作方式

虽然传统的物流活动也存在计算机控制物流的情况，但是此种控制仅仅是针对单一的运作方式来进行的。比如说，国际货代企业在物流中心和仓库管理时，会选用计算机技术对这些关系问题进行处理，然而这些物流管理方式往往都是以企业自身为中心的，这就体现出一定的单一性。但是在电子商务时代，货代行业的网络控制主要是针对整个物流体系来进行的，这就使得传统的物流运作方式转变成了一种由各体系相互协同的运作方式。

2. 电子商务改变了国际货代的组织管理方式

传统国际货代企业的组织管理方式基本上都是围绕企业自身开展实施的，但是在电子商务时代下，国际货代企业需要从全球角度出发对企业自身实施管理，这种管理方式打破了企业之间的分散状态，致使各国货代企业在国际物流中，不仅需要考虑本国内的组织管理模式，还要考虑全球的物流管理体系。

3. 电子商务改变了国际货代的竞争形态

传统的国际货代行业也存在一定的竞争情况，但是这种竞争往往是以提供优质服务、降低物流成本来作为主要竞争方式的，因此具有一定的片面性。在电子商务时代下，国际货代企业的竞争更加激烈，这种竞争突破了传统竞争的限制，并集合了电子商务的特点，使当今的竞争越来越趋于全球化。在竞争全球化的模式下，各国国际货代企业应该相互联合起来，形成一种既联合又竞争的状态，这样就有助于货代企业实现物流的合理化、高效化和系统化。

4. 电子商务对国际货代人才提出了更高的要求

在电子商务时代下，各国际货代企业的工作人员不仅需要具有较高的管理水平，还需要具备较高的电子商务知识，同时在实际工作中，工作人员需要将两者结合在一起，以此提升企业的管理效率和经济收益。

（三）绿色化对国际货代的影响

自 20 世纪 90 年代起，国际上兴起了一股“绿色浪潮”，这种“绿色浪潮”以可持续发展的形式走进国际货代行业当中，并掀起了一场轰轰烈烈的“绿色革命”，在这种形势下，“绿色运动”渗透到了货代行业的各个领域。

由于绿色化对国际货代的影响，当今社会产生了许多绿色物流形式，笔者将从以下几点向读者做简要介绍：

1. 绿色包装

国际货代行业存在许多包装作业，这些包装作业会产生大量的固体废弃物，这就对环境造成了一定的影响。现如今，绿色包装观念兴起，这种观念要求各货代企业在包装时尽量选择能够节约资源、降低废弃物的包装方式，并在选择包装材料时，尽量选择绿色的、可降解的包装材料，以此降低国际货代的固体废弃物污染。

2. 绿色运输

运输是国际货代最主要的活动之一，在国际货代企业经营过程中，运输成本占据了企业运营总成本的一半，因此，选择绿色运输已经成为当今货代企业的必然选择。绿色运输是一种以节约能源、降低排放物为主要目的的运输方式，在当今时代下，国际货代企业可以选择环保型运输工具来进行货物运输，同时提高运输网络的绿色化和组织经营模式的绿色化。

3. 绿色加工

加工工具具有较强的生产特性，因此很容易对环境造成污染。在绿色加工模式下，国际货代企业选择专业化和集中化的加工方式，以此提高加工作业的资源利用率，此外，绿色加工方式还能够对加工废料进行集中处理，这样就能够降低加工废料对环境的污染。

4. 绿色仓储

绿色仓库对现代的货代企业提出了新要求：绿色仓库需要采取合理的布局，以此减少运输里程、降低运输成本。在仓库建设之前，货代企业需要对仓库环境进行综合测评，并充分考虑仓库运营是否会对当地环境带来不利影响。

三、国际货代企业在此种环境下的发展趋势

（一）物流服务趋向集约化和协同化

在国际货代行业发展初期，由于当时的物流技术含量不高，致使行业壁垒较低，这就使得大部分企业进入货代行业比较轻松，在这种形势下，各货代公司提供的服务模式大同小异，难分上下。除此之外，大部分货代企业在当时也没有形成规范的经营理念，这使得货代企业的发展存在不稳定因素，大部分企业都将抢占市场份额作为自己的主要竞争方式。然而，随着经济的发展，国际货代行业发展越加成熟，国际物流越来越表现出标准化、集约化和规范化的趋势，在这样的发展趋势下，大量货代企业走上了重组、联合的道路，使得货代行业得到了一定的发展壮大。

在经济全球化的影响下，各货代企业出现了既联合又竞争的趋势，因此，为了提高企业的市场竞争力，各企业不仅要提高自己的服务质量，还要扩大自己的经营规模，只有这样，货代企业才能够在市场上占有自己的一席之地。国际货代企业的经营规模扩大主要表现在两个方面：

首先，各货代企业不断加强兼并与合作。自进入 21 世纪以来，各货代企业为了提高自己的竞争力，纷纷走上并购重组的道路。这种趋势不仅可以进一步推动货代行业的全球化，而且还能够促进各国货代行业的融合。例如，随着国际贸易的发展，美国与欧洲一些大型国际货代公司纷纷走上了并购重组的道路，这些货代公司在并购之后，不仅获得了更大的市场份额，而且还拓宽了自己的经营渠道，最终使得企业自身获得了长足的发展。美国 USP 公司于 2005 年收购 Overnite 公司，在 2005 年 7 月，USP 公司又再一次收购英国 Lynx Express 公司，自这一系列收购之后，USP 的市场份额大幅度增加，并成为了货代行业内的佼佼者。

其次，各货代企业形成了战略联盟。在国际贸易发展过程中，货代行业的业务流程是极其复杂的，任何一家公司都无法凭借一己之力为客户提供低成本、高

质量的服务，在这种情形下，为了解决资金问题和应对市场压力，各货代企业之间不断加强联系，并通过结盟措施来为客户提供“一站式”服务，以此增加客户的满意程度。对国际货代企业而言，结盟不仅可以降低企业经营成本、扩大业务范围，还可以提升企业的市场份额和竞争力，因此成为了各大企业的必然选择。

（二）物流服务趋向全球化和优质化

现如今，随着消费水平的提高，人们的消费观念越来越趋向多样化和多元化，当今市场上的商品已经无法满足消费者的需求，因此，越来越多的人将目光投向了海外市场，希望能从海外市场来获得自己想要的商品。在这种情况下，人们对国际货代和物流的要求也随之增加，人们已经不再片面追求低廉的物流成本，而是将目光转移到服务质量上来。因此，提高企业的服务质量成为各大货代企业的首要目标。如今的货代行业存在这样一个标准，即 5 个“Right”，也就是把“Right Product”在“Right Time”、“Right Place”，以“Right Quantity”、“Right Price”提供给客户。这 5 个“Right”成为当今货代企业提高服务质量的共同准则。

21 世纪，世界进入了经济更加发达、竞争更加激烈的时代，在这样的环境中，如何为客户提供更加个性化的服务成为各大货代企业在发展过程中亟待解决的问题。现如今，货代企业的单一化服务已经无法满足客户的需求，人们迫切需要货代企业提供多样化的服务。因此，如何提高供应链的管理和优化企业服务已经成为企业的核心问题，在这种模式下，货代企业与客户已经不再是对立关系，而成为了共同承担风险的同盟关系。

此外，随着合同化的建立和发展，货代市场的服务标准也更加规范化。在国际货代行业发展初期，由于当时市场缺乏统一管理，致使货代企业的服务标准也千差万别，这种情况在某种程度上阻碍了当时货代行业的发展。随着世界经济的不断发展，国际市场出现了合同化的发展方式，这为国际货代行业规范化提供了发展契机，因此，在合同化的促进下，国际货代行业的服务质量不断提高，货代市场的服务标准越加规范。

全球化是国际货代发展的又一主要趋势，目前，许多大型货代公司都走向了“跨国发展”的道路，这条道路主要是将供应链上的所有服务商统一起来，并通过网络来加强各国服务商的联系，以此为客户提供“一站式”服务。“一站式”服务需要功能强大、极其灵活的供应链，在这样的形势下，各国际货代企业不得不改变自己的服务策略，努力制定出符合客户需求的服务产品，这些服务产品为客户提供了极大方便。

（三）信息化趋势

20 世纪 80 年代后期，国际货代行业开始进入信息时代。信息时代是一个不可逆转的时代，在这个形势下，货代公司要想实现自己的经营目标，就必须依托先进的信息系统来提高经营效率，因为只有高效的信息系统，才能够提供更加方便快捷的物流服务，也才能够获得客户的信任。货代公司可以建立相应的准时制生产系统和信息回馈系统，准时制生产系统可以制定出令客户满意的服务产品，以此来满足客户的需要，信息回馈系统可以从零售商处及时获得关于商品的反馈信息，通过这两个系统，货代公司既可以实现内部的信息化管理，又可以获得配送货物的相关信息，这样就可以提高货代企业的服务水平，并进一步降低物流成本，提高经济实力。此外，当今的网络技术也改变了传统的经营模式和商业模式。在互联网的促进下，货代企业优化了自身的物流手段，并改造了物流工具、提高了物流水平。互联网不仅为货代企业提供了整合物流资源的相关技术，还促使企业在提高物流效率的同时降低物流成本，并使得货代企业成为促进世界经济增长的又一中坚力量。

近年来，随着货代行业的不断发展，信息化物流得到了人们的广泛关注。早在 2000 年，UPS 将信息化引入国际货代企业，促使国际货代企业得到了快速发展。该信息化系统是一套综合性的全套管理服务系统。UPS 公司利用自己先进的信息技术，与合作伙伴加强合作，并将物流服务和信息化相融合，以此为客户提供更加全套的末端管理服务。现如今，几乎全部国际货代公司都实现了信息化的物流管理，同时也实现了业务单据的标准化和服务的多样化。

（四）国际货代行业的“绿色物流”模式

在现代社会中，国际货代行业的发展虽然在一定程度上促进了各国经济的发展，但是它也带来了一些环境问题。例如，国际货代行业会产生大量的固体废弃物，国际货代行业的运输工具也会造成空气和噪声污染，此外，这些运输工具还会造成交通拥堵等问题的产生。为了解决国际货代行业带来的环境问题，各国政府对货代行业提出了新要求，这就是我们所说的“绿色物流”。“绿色物流”的含义主要包括两个方面：第一，国际货代行业需要对物流系统产生的污染进行控制，也就是说在运输过程中，货代企业尽量选择对环境污染小的方案，比如选择绿色环保型交通工具、尽量选择在夜间配送、尽量选择近距离配送等。第二，货代企业还需要建立绿色环保的工业废料处理系统，这就是我们所说的“逆向物流”。“逆向物流”指的是一种与供应链相反的物流体系，这种体系主要是对原材料、中间库存和最终产品的相关信息进行处理，使之最终实现有效流动。“逆向物流”包括退货和回收两种。到目前为止，许多大型货代公司已经将目光投到“逆向物流”领域，并在该领域得到了一定的发展。例如，IBM 公司、雅诗兰黛公司、通用汽车公司等，都将自己的业务范围延伸到“逆向物流”领域，在这个领域当中，这些公司不断进行开发探索，因而发现了许多新的经营点。此外，一些大型的卖场和零售店也通过“逆向物流”来吸引客户，并通过无理由退货等方式来提高客户的满意度。由此可知，“逆向物流”在企业经营过程中是十分重要的，它不仅可以帮助企业清洁经营渠道，还可以使企业重新获得回收价值，并进一步保证了企业的长远利益。现如今，当今的货代企业与“绿色物流”还存在一定差距，因此，各国都应该肩负起推动“绿色物流”的责任，以此促进各国经济的可持续发展。

（五）国际货代行业的外协物流模式

随着经济的不断发展，国际货代行业又出现了另外一种发展趋势，这就是外协物流的发展趋势。外协物流，顾名思义，就是货代企业通过利用社会外部物流资源来获得利润的一种物流形式。现如今，为了促进自身经济的发展，越来越多的企业趋向于使用外部物流服务来扩充自身的经济实力，在这种形式下，物流行业不仅出现了第三方物流，而且还出现了第四方物流，第三方物流我们已经在前文有过表述，本部分不再赘述。下面笔者将向读者简要介绍第四方物流模式。

随着互联网和第三方物流的不断发展，当今社会逐渐衍生出了一种新型的物流形式，这就是第四方物流。在第四方物流模式下，传统的货代公司依据先进的信息技术与客户进行联系，为客户提供服务，并对客户的供应链业务实施管理。第四方物流是一种集第三方物流与咨询管理于一身的物流形式，它比第三方物流具有更专业的服务态度，并能够为客户提供更加专业的物流方案。第四方物流最初是由著名的埃森哲公司提出的，事实证明，第四方物流不但具有卓越的经营策略和技术水平，而且具有强大的供应链，这为国际货代行业的发展提供了强有力的保障。

第四节　国际货代企业在对外贸易中的地位和作用

现如今，各国都通过商品所有权的转移和使用价值的过渡来促进本国经济的发展，并通过此种方式进一步增加本国的外汇储备。然而，各国的这一经济活动并不是凭空出现的，它是建立在一定的国际货代基础之上的经济行为，因此，各国要想发展本国经济，必须以先进的国际货代为依托，这样才能够实现本国经济的长远增长。国际货代的出口商品从出口国离开国境，到进入进口国国境，中间会经历一个很长的过程，这一过程会为国家创造出大量的价值财富，因此，国际货代是国际经济增长的重要保证。“二战”之后，世界回归平静，这为各国经济发展营造了良好环境，同时，在这一时期，信息技术也得到了一定发展，这为各国贸易和货代的迅速发展提供了发展契机。这一形势的出现，不仅促进了货物信息的大规模流动和交换，同时也促进了世界贸易和经济的发展。

一、国际货代企业可以为客户提供集成创新服务

（一）第三方物流发展对国际货代集成创新服务的启示

由前文分析得知，国际货代企业实际上是一种以货运代理业务为主的第三方物流企业。但是，在新经济发展形势下，传统的货运代理公司应该不断扩大自己的业务范围，以此来满足新时期客户的要求。因此，作为一种服务行业，国际货代公司应该根据自身的具体情况来进行业务拓展。

现如今，在国际货代领域，满足客户的需要不仅是企业运营的使命，同时也是企业不断进行业务创新的动力。例如，由于第三方物流可以控制从产品生产到客户购买的全过程，因此，有些第三方物流公司为了实现自身的经济发展，在物流运营当中，依据第三方物流的这种优势，创造出了许多新的业务，并在这些业务领域取得了一定的成功。有些企业利用第三方物流的优势，为客户提供采购质量管理，这样能够帮助企业降低质量控制成本，进而为整个供应链创造新的盈利点。第三方物流的这一优势，还有助于企业对整个供应链进行综合管理，从而通过物流服务和管理为客户提供集成服务，并进一步帮助企业和客户实现盈利目的。因此，在这种情况下，集成服务就成为了各大货代企业的服务产品。

此外，随着信息技术的不断发展，第三方物流企业对整个供应链的物料控制

得以不断增强，在这样的形势下，许多货代企业为了提高自己的竞争力，纷纷向客户提供物流运输的跟踪服务，这种服务不仅能够提高客户的满意程度，还能够有效降低物流运输与需求不匹配的风险。实验证明，该种服务在应用之初，就获得了货代企业和客户的信赖，因而成为了企业竞争最有利的因素。

（二）货代企业利用信息系统为客户提供集成创新服务

现如今，随着世界经济一体化进程的不断加快，为了实现企业的长远发展，各国际货代企业纷纷走上了联合的道路，因此，当前的竞争已经从企业与企业之间的竞争演变为供应链与供应链之间的竞争，在此种形势下，企业要想增强自身的核心竞争力，就需要通过构建全程的供应链管理系统来加强对供应商和客户的管理，同时通过信息整合来提高自身的竞争力，只有这样，各大国际货代企业才能够与供应链上的其他企业实现真正的联合，并从中获得技术、信息和人才的优势。整个供应链的运作包含生产、流通和销售的全过程，这些生产和流通的过程不仅超越了企业的范围，而且还超越了国家的范围，并贯穿了从批发、零售到客户的整个过程。由此可以看出，供应链的运作过程不仅是一个社会再生产的过程，同时也是一个社会再流通的过程。在供应链的运作过程中，供应链的主体包括设计、管理、组合、调整和优化，其内涵主要是通过信息技术和网络手段来优化物流的运作流程，并促使货代企业实现用最低的成本提供最优质的服务，从而获得最大经济利益的经营目标。

在供应链管理过程当中，对资源进行整合的目的是为了实现供应链企业的最优化，因为，国际货代的供应链具有很多环节，这就致使供应链的管理是极其复杂的，因此，在整个供应链当中，一个企业的优秀并不代表整个供应链的优秀，只有实现整个供应链的优秀，供应链的各个环节才能够实现最大的经济效益。供应链的最优物流系统主要是为供应链创造一个相互协作、相互融合的物流体系，以此为整个供应链上的企业提供发展的有利条件。目前，许多货代企业都采用MIS系统对企业内部实施管理，这种系统可以对企业的管理内容进行集成，并以此形成强大的信息服务网络，在这一网络下，各国际货代企业不仅能够实现最大范围的资源共享，而且还能够为客户提供更加优质的服务。

现如今，在信息化管理的模式下，有效的信息管理就是将正确的信息在正确的时候传递给正确的人，在这种信息传递模式下，信息处理系统可以将信息资源汇集在一起进行整合，从而实现供应链上下游企业的共赢。在整个供应链信息管理系统中，各个企业可以通过该系统进行资源共享，并获得自身所需的关于经销商、供应商和零售商的相关信息，以致整个供应链的各个企业能够达成长期合作的战略伙伴关系。这种信息管理系统并不是仅仅将客户的信息储存起来，它更多的是将这些信息汇总到一起，以此实现整个供应链的信息共享。此外，该信息管理系统还能够为客户提供咨询式服务，以此提高企业与客户的互动，并进一步提升客户的满意程度。

目前，许多企业都采用基于互联网的信息管理平台对企业进行管理，这种平台不仅能够为供应链之内的企业提供交流场所，同时还可以为供应链外的客户提供沟通渠道，这样，就可以扩大供应链的影响力，使越来越多的客户了解到供应链的强大优势。首先，供应链的核心企业需要以互联网为依托来建造一个管理中心，并通过互联网来管理供应链内的制造资源计划和企业资源计划；其次，核心企业还需要以互联网为依托来对整个供应链信息实施计划、构建以及日常的处理，同时还要对整个供应链平台实施监控。除此之外，构建信息管理平台还能够为供应链内的其他成员企业提供信息共享和交流的平台，通过互联网，客户与企业能够实现实时交流，企业与企业之间也可以实现无障碍交流。在整个供应链当中，国际货代企业处于中间位置，它既是供应商的下游环节，又是零售商的上游环节，因此，它在这个供应链当中具有十分重要的作用，只有货代企业能够将自身的信息资源进行有效整合和共享，整个供应链才能获得发展。因此，在实际经营过程中，我们必须利用好企业内外部的各种资源，并通过供应链上的各个环节实现资源的整合和共享，从而使整个供应链上的企业获得共赢。

二、国际货代可以促进物流行业与金融的融合

目前，我国大部分国际货代企业仍然遵循传统的盈利办法，也就是在运输和仓储等方面来获得企业的利润，这无疑会对货代企业的发展产生一定的阻碍，现如今，随着经济的不断发展，国际货代企业迫切需要寻找一条新的出路，也就是通过提供一体化和全方位的服务来赢得客户的关注。此外，国内的许多国际货代企业都存在资金不足、信用不健全的情况，这些问题严重阻碍了货代企业的发展。国内的货代企业要想成为真正意义上的第三方物流企业，就必须加强业务创新能力，并在生产经营时不断提高自身的服务质量、降低运营成本，以此缩短资本运转的周期，从而为企业获得更高的经济利润。因此，在新形势下，将国际货代企业与金融相融合已成为货代企业发展的必然趋势，这种方式不仅能够促进货代企业的发展，同时也能够促进金融行业的发展。在货代企业与金融相结合的形势下进行业务创新，既可以实现金融与货代的完美融合，又可以促进物流金融模式的形成，因此，在新时代下，物流金融已经成为我国经济发展的又

一大增长点。但是，由于我国各项制度的不健全，导致物流金融在我国仍然处于初始阶段。

此外，随着我国对外贸易额的不断增加，我国正面临着日益严峻的对外贸易风险，这些风险在一定程度上阻碍了我国物流金融的发展。一方面，在改革开放之后，中国的国际贸易无论是在经验方面还是在金融信用方面，都远远落后于西方发达国家。在企业方面，由于中国长年设置了进出口贸易的限制，致使许多企业在进入对外贸易领域之后，都面临着更大的风险。另一方面，我国传统的国际贸易结算方式基本上都是信用结算或单据结算，这样就缺乏对国际贸易潜在风险的控制，因而会对企业的经营造成影响。为了应对国际货代行业的这些风险，一种新型的金融模式诞生了，这就是我们所说的物流金融。下面笔者将向读者简要介绍物流金融模式的相关内容:

（一）物流金融的概念

物流金融指的是在货代企业提供物流服务的过程中，整个物流的资金、保险和信贷等费用全部由大型货代公司或金融机构垫付，这种支付方式可以有效降低企业的运营压力，从而进一步实现物流与金融的一体化。在物流领域当中，物流金融已经成为一种高端的创新业务，它不仅能够带动银行参与货代行业，还能够使物流与金融紧密结合，从而促使金融体制顺利进行改革。现如今，物流金融已经成为物流行业和金融行业一项重要的增值业务，并且在实际运行当中，物流金融也为我国经济增长贡献了巨大的力量。

（二）物流金融的分类

在国际货代行业中，当今的物流金融大致可以分为结算金融、仓单金融和授信金融三种。

1. 结算金融

结算金融指的是利用各种结算方式为企业融资的一种金融模式。目前，银行内主要存在垫付货款、代收货款和承兑汇票等几种形式来为企业和客户进行融资。

垫付货款指的是在物流运输过程中，国际货代公司为客户垫付一半的货款，当交接货物之后再进行货款结算。但是在这种模式下，垫付货款会占用公司的部分资金，致使公司经营存在一定的压力，因此，为了解决这一困难，市场上又出现了另外一种垫付模式，即发货人将货权转交给银行，由银行按照一定的比例进行资金垫付，当收货人接到货物之后再进行偿还。在此种物流模式下，国际货代公司就由原本的信用主体转变成了只承担运输任务的配角。从物流整体角度看，在该种模式下，厂商获得了资金支持，银行获得了利息，货代公司获得了运输利润。因此，该种模式目前已经成为货代行业的主要融资形式。

代收货款指的是货代企业在运输货物的同时，帮助货物供应商代收货款，然后在转交货款时收取一定的费用。代收货款模式在货代发展过程当中仍然处于初级阶段，它的主要目的是为厂家和消费者提供方便的支付服务，因此，它的直接利润属于货代公司。

承兑汇票业务实际上是一种保兑仓业务，在物流运输之前，卖方、买方、运输公司和银行要签订相应的《保兑仓协议》，并由货代企业提供承兑担保，买卖双方提供反担保，对于需要采购材料的企业而言，这些企业需要向银行提交承兑汇票申请，并上交一定的保证金，随后，银行依据企业的申请开具承兑汇票，企业凭借该汇票进行货物采购，并交给货代公司进行评估，之后进行入库存储，此外，金融机构在承兑汇票到期后进行兑现，将货款返还给供应商，货代企业再依据相关协议将货物交给供应商。在此过程中，如果借款公司发生违约现象，那么货物就可以由货代公司或供应商进行回购。在这种模式中，买方企业凭借承兑汇票获得间接融资，供应方在承兑汇票兑现后可获得银行的支付，银行凭借该业务获得一定的业务收入，货代企业在存储过程中收取一定的费用。

2. 仓单金融

仓单金融实际上是一种通商金融，该金融的主要运作模式是：生产企业以原材料或产品做担保，并将其存入融通仓，以此获得银行贷款，然后在销售过程中再进行分期还款。在这一过程中，货代公司充当的是保管抵押物、评估价值和信用担保等角色，此外，货代企业还为银行与企业的沟通建立了一座桥梁。仓单金融的实质就是将企业的原材料或成品等抵押物转变为银行可以接受的抵押物，以此来帮助企业获得银行贷款。在这一金融模式中，供应方可以获得银行贷款，银行可以凭借企业的贷款获得利息收入，货代公司在存储货物的同时收取一定的管理费用和评估业务费用。

现如今，随着经济的发展，仓单金融业出现了许多新模式，当今具有代表性的主要有多物流中心仓单模式和反向担保模式两种。多物流中心仓单模式主要表现在地理位置方面，在该种模式下，货代企业可以依据客户地理位置的不同来整合仓库资源，从而选择离客户最近的仓库进行存储，这种存储方式可以降低客户的抵押成本。反向担保模式主要表现在抵押主体方面，在该种模式下，企业可以不用将抵押物交付给银行，而直接交给货代公司，这样就可以简化办理程序，从而降低交易成本，提高交易效率。

3. 授信金融

授信金融指的是金融机构会根据货代企业的经营规模、运营状况、资产负债等情况来赋予企业一定的信用额度，货代企业可以凭借自身的信用额度向银行申请贷款业务。在这一过程中，货代企业是贷款业务的控制主体，金融机构不参与货代企业贷款业务的具体运作。这种模式可以为企业融资提供方便，并能够减少抵押过程的一些琐碎环节，进一步提高银行对抵押流程的控制力，从而提高整个贷款服务的效率。在该种金融模式下，银行不参与整个抵押流程的运作，因此，贷款由货代公司代放，企业在该过程中获得贷款，货代公司在该过程中收取一定的办理费用和仓储费用。该模式不仅具有较高的灵活性，而且还能够大大减少企业和货代公司的交易费用。

三、国际货代可以促进信息系统和科学技术的发展

（一）国际货代行业现存的物流信息技术

1. 条形码技术和射频识别技术

在现代货代企业中，大部分企业都采用条形码技术和射频识别技术来开展业务，这两项技术的应用不但能够帮助企业提高信息采集的准确性，还能够提高信息采集的效率。此外，货代企业还会采用 Web EDI 技术进行业务信息的传输，这种传输方式实现了企业订单录入、跟踪、处理和结算的无纸化管理。

2. 仓库管理系统和运输管理系统

现如今，广大货代企业都采用先进的仓库管理系统和运输管理系统对仓库和运输过程进行管理。例如，有些企业会在运输工具和运输仓库上安装全球定位系统，这样，企业就能够对运输工具的位置和运行线路进行跟踪，从而对运输流程一目了然。

3. 与供应商和客户实现信息共享，使全球货代供应链更加透明化

大部分货代企业都能够通过 JIT、SMI、CPFR 等技术来实现与供应链上其他供应商的协同合作，并以此为依据来实现供应链的透明化，从而进一步降低货代公司的经营成本，提高供应链企业的经济效益。例如，DELL 公司通过网络向供应链上的其他供应商提供物品的信息数据，以便供应商在了解货物的库存和客户需求的基础上，根据客户的需求组织商品配送。在该种配送模式下，DELL 公司基本上可以实现五分钟下订单、36 小时上车配送的服务。

（二）国际货代信息化的特点

现如今，任何企业要想进入国际货代领域，就必须具备相应的仓储、运输和

互联网通信能力，当今的国际货代企业信息化具有以下几个特点：

第一，国际货代的基本内容主要包括发送发货通知、订单跟踪查询、货物跟踪、运行绩效监测、签收反馈、查询库存状态和管理报告等。例如，知名企业APLL公司的See Change系统可以对船公司的集装箱流程和存货流程进行全程跟踪，同时也可以对商品从供应到消费全程跟踪。UPS、SCS的供应商可以为客户提供UPS系统查询服务，使客户能够对海外的订单状态进行在线追踪。这些信息服务已经成为货代行业的重要组成部分。

第二，国际货代企业在管理客户信息、数据、财务和库存等方面承担着巨大的责任和义务，因此，在供应链管理中，国际货代企业发挥着重要的作用。在物流服务外包行业中，影响供应链管理高效性的最大因素就是对客户数据的管理，因为在数据管理中，能否采用国际货代公司与供应链其他企业都承认的方式来维护和提取数据，已经成为国际货代供应链的重要课题。在这一进程当中，货代企业不仅需要大量的资金投入和技术投入，同时也需要具有持续改进和有效管理的能力。所以，为了提高企业自身的竞争力，各大货代公司都从技术、人才和信息方面加大了资金和技术的投入，这已经成为货代公司得以立足的重要手段。例如，UPS公司每年都需要在信息技术方面投入大量资金，以保证企业信息系统的正常运行，由此，UPS公司还获得了美国“CIO100强”的称号。

第三，随着客户对货代行业一体化服务流程的要求不断提高，国际货代行业信息服务能力得到了进一步增强，在这样的形势下，一种新型的物流形式诞生了，这就是我们所说的第四方物流。第四方物流是一种基于物流信息平台来整合和管理自身资源、技术和能力的物流形式。

第四，在物流信息化方面，大多数货代企业都是采用客户自主开发的方式来进行物流信息系统运行管理的。这主要是因为：首先，一般大型物流软件开发成本高，价格昂贵，因此，常常被企业弃之不用，这就造成了资源浪费，所以货代企业在运营过程中，可以依据客户的需求先制定出总体规划，然后再依据实际情况研制相关软件，这样不仅可以降低企业经营成本，还能够有效提高企业经营效率。其次，货代企业开发信息系统的目的是为了满足客户多方面的需求，因此，在开发软件时，虽然许多软件的基本功能是一样的，都是从事数据、运输和仓库管理，但是企业在设计软件时都会在软件中融入自身的特色和创意，正是由于企业软件的这一特性，导致各软件之间存在一定差异。

（三）国际货代对信息系统建设的影响

1. 国际货代公司对信息系统的设计

国际货代公司在进行信息系统设计时，应该以信息技术的发展为契机，以此来完善货代企业的内部管理，同时改善企业与企业、企业与客户的交流方式，并为企业进入金融、贸易网络打下基础。国际货代公司在进行信息系统设计时需要遵循以下原则：

（1）可得性。可得性就是以客户的反应为依据来调整设计方案，改进管理决策，该原则可以有效减少系统设计的不确定性。

（2）精确性。精确性就是将物流信息、系统报告和客户状况放在一起进行整理，并为信息软件的设计提供指导，使软件设计具有一定的精确性。

（3）及时性。及时性指的是物流信息必须具备高效、及时的特点，从而实现管理的及时反馈。

（4）灵活性。灵活性能够满足客户和企业多方面的需求。

2. 国际货代公司对信息系统建设的要求

国际货代公司对信息系统的建设要求主要体现在：

（1）改善公司与公司之间的交流方式。改善公司与公司之间的交流方式能够帮助企业有效实现信息资源的共享，从而使得企业信息发挥出巨大的效力。

（2）提高物流的自动化程度。提高物流的自动化程度可以有效减少信息的重复录入情况，从而提高企业经营效率，降低企业管理成本。

（3）加强对物流业务的跟踪监控。加强跟踪服务可以使企业管理者快速掌握物流的相关信息，从而了解业务的具体情况，进一步加强对物流业务的掌控。

（4）加强对公司员工的管理。企业领导可以在加强对员工管理的基础上有效掌握员工的相关资料和业务水平，从而实现人力资源的有效分配，进一步提升企业的管理水平。

第三章　国际货代企业在中国的发展现状

第一节　中国国际货代企业发展概况

中国国际货代企业相较于世界其他国家起步较晚，发展历史相对短暂，但在我国市场经济飞速发展的影响下，发展速度快，到当今社会已经发展成为具有一定国际影响力的行业。据研究统计，目前我国进出口货物中空运的 90%，海运、陆运的 80%以及几乎达到 100%的国际商务单据运输都与国际货代企业相关联。而中国国际货代企业作为我国国际贸易运输工作的主要承担者，对我国国际贸易事业的发展产生着极其重要的影响，为我国国民经济的进一步发展做出了巨大的贡献。

一、中国国际货代市场的现状

（一）入行企业增多带动了货代和物流的发展

20 世纪 80 年代，中国经济领域只出现了一家具有国际性质的货代企业——中外运，而步入 21 世纪，进入到行业内的企业逐渐增多，到 2003 年 11 月，我国经过商务部统一批准而设立的企业已经达到 4000 多家，并且保持着每月 100 家的速度持续增长。在我国国际货代行业市场上，仍然存在一大批尚未在政府工商管理部门取得一级货运代理资格，但是在实质上已经开始从事国际货代业务的企业。据相关调查研究显示，包括个体户在内，现在我国货代企业已经超过 3 万家。在货代行业的发展中，物流企业发展更为迅速，在市场上占据着相当大的份额。由于物流是货代行业中较为新颖的概念，所以众多的货代企业为了迎合市场需要纷纷将原有企业名称冠以物流字样；海陆空等货代承运载体也开始延伸自身业务范围，向着货运代理和物流行业发展；制造企业以及具有较强商品流通性的企业也为了现代化建设和控制成本纷纷成立物流部门，为本企业商品提供相应的物流服务；甚至在较为偏远的地区，一些对物流行业完全不了解的个体户也在市场的催化下建设物流组织，对物流行业的健康发展产生着相应的不良影响。在这样的社会背景下，中国物流行业得到了迅速的发展，在现代社会形成了较为庞大的发展规模。到如今，中国经济社会的物流企业已经发展到 20 多万家，对中国乃至世界的货代行业产生着极其重要的影响。

（二）政府在货代行业管理中存在秩序缺位的弊端

中国市场经济体制的贯彻落实以及深化发展受到我国传统计划经济的影响，在现代化建设事业中存在着一定的发展局限，国际货代和物流行业也是如此。现阶段，我国政府对国际货代和物流行业所实施的行政管理行为已经在发展中出现了一系列的弊端，如行政管理中主管部门条块化，市场竞争和利益趋于部门化，行政管理部门的自身利益则表现出法规化的发展倾向，这种表现在经济研究界中被统一定位为市场经营管理秩序缺位。一般情况下，中国政府在国际货代和物流中实施的管理行为具有多头管理、盘根错节以及条块分割的性质，管理工作所涉及的政府部门也相对较多，如商务部、交通运输部、邮政总局等。各部门之间都存在独立的管理市场以及相关业务，在行政管理活动中，各部门要维护和保障本部门经济社会效益，就应该针对各项工作情况合理设置相关行政立法对自身业务和工作实施强制性保护。这在一定程度上导致市场秩序缺位现象，十分不利于企业的建设和发展，其中最典型的案例就是我国政府行政管理部门在国际快递以及相应的无船承运人等重要问题上出现了管理不协调的现象，不仅限制了相关企业的现代化建设和发展，也给国际货代行业的整体性发展带来了剧烈的冲击。值得注意的是，我国政府高度关注国际货代行业的发展，在行政管理中已经逐渐认识到市场秩序缺位对行业发展的不利影响，并结合我国国际货代行业的发展实际，积极研究和探索了一系列措施，希望能够理顺各部门之间在货代行业管理中的内部关系，推进行业发展。近几年，国务院结合我国国情积极开展了机构改革工作，已经在改革发展中将货代和物流行业的行政管理明文规定纳入政府部门的管理范围中，并且明确规定这一管理工作任务主要由商务部承担。如此，政府通过微观调控政策在国家建设发展层面上实现了市场管理秩序的“到位”，商务部也在承接工作任务后积极协调相关主管部门，就现阶段国际货代和物流行业内出现的问题进行全面系统的调研和协商，主张通过国家立法形式对行业内部的行政管理关系进行有效调解，使当前我国国际货代行业得到持续健康发展。

（三）中国货代物流企业缺乏市场核心竞争力

从上文论述中可以看出，我国物流企业在现代化建设发展进程中数量急剧增多，在行业市场中占据着一定的地位，但是由于我国国际货代和物流行业起步较晚，相关经济理论发展尚未成熟，物流企业的整体发展实力以及经营管理水平与世界其他发达国家企业相比还存在一定的差距，也无法满足世界经济一体化、企业效益最大化以及市场经济竞争化的发展目标，行业整体存在小、弱、差的表现倾向。也就是说，首先，我国大部分国际货代企业发展规模相对较小，工作人员、企业资产以及营业额在行业市场上占有的份额偏低。其次，企业所能提供的国际货代服务功能少，一般局限于较为传统的单项服务，同质化发展趋势明显。再次，由于企业现代化建设发展中高素质专业人才稀缺，直接对货代和物流业务的组织能力产生影响，甚至一部分企业缺乏对现代化综合性物流业务的正确认识，所制定的现代化综合性物流业务方案科学性和合理性相对较低，在一定程度上致使货代物流成本过高。最后，管理水平偏低。现阶段，我国绝大部分货代企业由于创建时间相对较晚，发展建设还不够规范，甚至从世界性国际货代行业的发展周期来看，中国经济领域的货代和物流行业在这十几年的发展进程中仍然处于初始阶段。因此，我国国际货代行业中相关企业在工作人员、市场营销、信息化建设、网络化建设方面的实际管理还有待加强，行业市场竞争力也有待进一步提升。

（四）外资货代企业迅速抢占中国市场

在我国正式加入到世界贸易组织后，政府按照承诺对世界各国开放货代市场，并逐渐扩大允许外资控股的力度，到当今社会已经实现允许外资完全控股。外资货代企业可以通过四种方式进入中国货代市场中，即寻找中国货代公司进行业务代理；设立相应的办事处；与中国企业联合设立中国合资公司；建立外资独资公司。可以预测，即使中国已经在经济领域实现了全面对外开放，外资企业在中国国际货代市场中的四种发展方式也必将存在，并且这些企业会根据自身业务规模适当调整进入中国市场的方式。现阶段，世界各国外资企业在中国货代市场中发展迅速，随着国外投资方对厂址的合理设点，外资企业已经能够凭借海外市场与自身经营管理优势在行业市场中掌控相当大的货源，抢占了中国国际货代市场份额。

二、中国国际货代企业运营环境分析

（一）宏观经济环境发展良好

2008 年的国际金融危机对我国企业带来的负面影响已经基本消除，我国对外贸易也基本回升到正常的发展水平。据国家统计局的相关报告显示，2012 年、2013 年、2014 年我国对外贸易总额的增长幅度分别为 6%、7.6%、2.3%。2012 年，我国对外贸易的货物贸易进出口经济总体增速发展趋势出现了相应的转变，同比 2011 年回落了 16.3 个百分点。从 2012 年全年的货物贸易进出口发展进程看，进出口贸易增速已经开始呈现出缓中有稳的发展态势，进出口贸易规模也表现出逐季环比增长趋势，并且环比增速在经过三个季度的探底后明显回升。2014 年四个季度中，我国进出口贸易总值分别为 5.9 万亿元、6.5 万亿元、7 万亿元、7 万亿元人民币，同比增速分别为下降 3.8%、增长 1.7%、增长 7.1%、增长 4%。另外，2014 年甘肃地区进出口贸易总值为 42.21 亿美元，增长了 10.24%，高于同年全国进出口贸易总体增速 7.94 个百分点；而江西、云南地区的进出口贸易总额则分别为 208.7 亿美元、296.2 亿美元，分别增长了 15%和 16.2%，高于同年全国进出口贸易总体增速 12.7 个和 13.9 个百分点。从这些客观数据可以看出，我国贸易顺差在逐渐缩减，而贸易总额伴随着经济发展却保持着相对稳定的增长趋势，世界经济一体化进程逐渐加深。同时，我国中西部地区贸易进出口业务呈现出显著增长的发展趋势，对我国国际货代企业的网络分布提出新的建设发展要求。

（二）电子商务的出现促使交易行为趋于透明化

随着网络信息技术的进一步发展，在网络贸易平台中出现了一系列预定车、船的网站，如较为著名的中国物流招标网、三山国际物流网以及物通网等。在网络平台中发货人可以直接通过客户端登录到网络平台中获取所预定的车船信息，并按照自身要求科学选定承运单位。同样，承运单位也可以在网络上直接与发货人沟通，实现船、货、人之间的直接性对面，促进交易行为透明化，在一定程度上缩减了我国传统国际货代企业以差价或订舱金额为主要经营利润来源的生存发展空间。

（三）中国国际货代行业进一步对外开放

中国国际货代行业入门门槛相对较高，政府对自然人所设立的直接性国际货代一直都没有真正实现对外开放。加入世界贸易组织后，中国经济领域的各个行业都根据自身发展状况不断加大对外开放的深度，到 2005 年，中国对外贸易中的进出口经营权已经实现全面性的对外开放，凡注册资本超过 100 万元人民币的货代物流企业都可以根据自身发展战略目标选择进出口资格申请，政府在核准制的约束下对企业资格进行核准。有关专家预测，在未来建设发展中我国政府流通管理部门必将对国际货代企业的发展采取一定的对内开放措施。到当今社会，政府货代管理部门已经深入研究和探讨了允许自然人直接对国际货代企业进行控股的可行性，可以预见，一旦中国政府允许自然人控股国际货代物流企业，民营国际货代市场必将迎来新的发展局面。

三、我国国际货运代理业的发展现状

相关研究数据显示，随着改革开放事业的深入发展，我国国际货代物流企业的发展速度也随之加强，截至 2014 年，在我国政府工商管理部门备案的国际货代企业就已经超过 3 万家，行业从业人员的增速也较为明显，在一定程度上推进了我国国际货代物流企业在现代社会的进一步发展。但是从我国货代行业的整体发展上看，我国尚未成熟的货代企业与世界主要发达国家已经发展成熟的企业相比，企业规模相对较小，货代、物流服务功能也相对分散，经营管理模式落后，专业服务能力偏低，持续健康发展存在一定的局限性。

在这众多企业中，国有货运代理企业占整体的 45%，外商投资企业占整体的 25%，而民营国际货代企业则占整体的 30%（见图 3-1）。同时，按地区划分，沿海地区企业占整体的 70%，内陆则只占 30%。这些企业遍布于我国各省市地区，分布于 30 多个行业部门和经济领域之中，多种经济成分并存，已经逐渐发展成为我国国际贸易运输行业的重要建设发展力量。现阶段，我国经济发展中 80%以上的进出口贸易运输和相关货物中转业务以及 90%以上的航空运输货代业务都是由我国国际货代企业提供相关业务服务的。

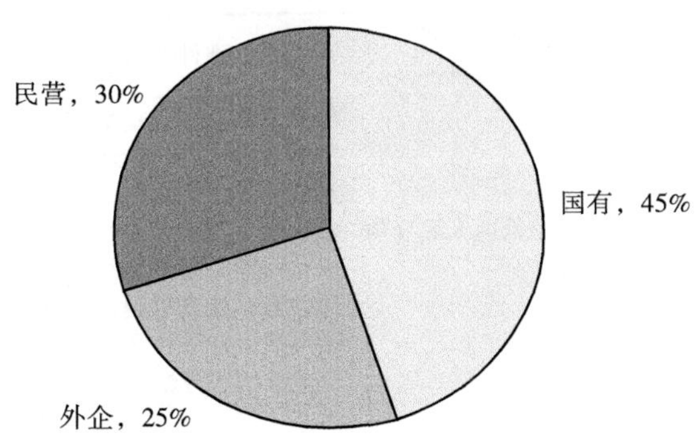

图 3-1 中国国际货代企业性质分布

近几年，受世界经济危机的影响，我国国际贸易总额增长速度相对缓慢，在国际市场货代业务订单出现断档的情况下，整个国际货代行业呈现出长期不景气的发展趋势，在一定程度上导致企业出现整体性亏损现象。经过调查研究发现，2010 年，我国国际货代行业中就有 70%以上的企业出现亏损，2011 年和 2012 年分别增加到 82%和 91%，并且在发展中还呈现出逐年递增的趋势。中远国际货运代理公司在 2012 年一年中出现的亏损就超过 100 亿元，企业为了维持发展甚至需要变卖部分资产来提升财务报表质量。但是，从 2013 年下半年开始，全球经济开始出现复苏，国际货代行业也迎来了新的发展机遇。我国民营国际货代企业在经济复苏过程中强势崛起，保持着强盛的发展态势，对行业整体发展产生着重要的推动作用。2014 年评选出的民营国际货代企业营业额前五名的分析如图 3–2 和表 3–1 所示。

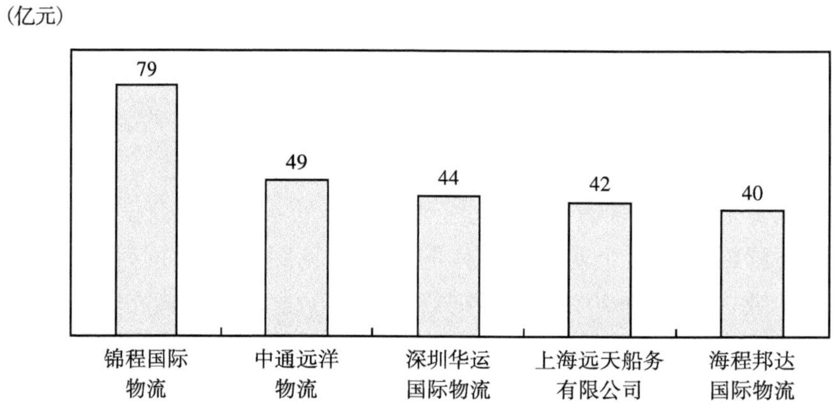

图 3–2　2014 年我国民营国际货代企业营业额前五名企业营业额对比

表 3–1　2014 年我国民营国际货代企业营业额前五名企业对比分析

公司名（成立时间）	企业注册资本	企业资质及身份	软硬件实力	主营货代业务
锦程国际物流（1990 年）	6000 万元	无船承运人综合物流企业	在我国各主要港口城市以及众多内陆城市设置了 200 多家分支企业，与国际上诸多大型航空和船公司共同建立了战略合作伙伴关系，在发展建设中逐渐形成了涵盖主要货代物流业务的服务性网络	承接互联网与现实相结合的专业性货代物流服务，有效降低货代物流成本，提升货代企业行业市场竞争能力

续表

公司名（成立时间）	企业注册资本	企业资质及身份	软硬件实力	主营货代业务
中通远洋物流（2004 年）	2300 万元	综合货代物流企业	企业在建设发展中逐渐拥有了杂货船、特种船以及集装箱船、散货船等，总承运能力超过 100 万吨	为相关客户提供更为全面、系统的海、陆、空等国际货物运输业务，如租船、订舱、中转以及结算咨询等，国际船舶运输代理、管理、监造和海员业务服务等
深圳华运国际物流（1995 年）	1300 万元	国家一级船代无船承运人综合货代物流企业	在全世界较为主要的中心城市设立了多家分支性企业和机构，具有由 700 多名高素质工作人员组成的专业货代队伍以及遍及全球 300 多个港口城市的货代合作代理，具有明显的价格优势	企业可承接的业务较多，主营业务主要有无船承运、船务代理、仓储和配送、国际海运、代理报关报检、贸易咨询以及第三方物流业务等，业务服务较为全面、系统，服务质量较高
上海远天船务有限公司（2002 年）	1600 万元	无船承运企业	在全球范围内具有相当广泛的货运代理服务网络，在美国和中国香港等国家和地区设置了相应的分支企业，在上海拥有 2 万平方米的集装箱堆场以及 6000 平方米的仓库、60 多辆重磅集装箱运输卡车	专业承办我国进出口贸易货物的海运相关业务，具体包括订舱、集装箱中转、专业报关报检以及保险等相关运输和咨询服务
海程邦达国际物流（1993 年）	500 万元	无船承运人综合货代物流企业	与全世界 200 多家货运代理企业保持着长期合作关系，服务网络遍及我国 70 多家港口和大部分内陆城市，是综合性质较强的货代物流业务服务提供企业	承接海运和空运业务，提供通关服务，主营业务范围重点包括保税物流、工程物流、仓储管理、物流配送及增值服务、资金流业务以及相应的供应链管理业务

第二节　中国国际货代企业在中国的区域性发展

中国国际货代行业随着经济社会的进一步发展表现出强劲的发展趋势，虽然在现阶段还存在一定的问题，但是受我国各地区地理优势和经济政策优势的影响，在未来必将呈现出更广阔的发展空间。以福州、宁波、长沙、南通四个货代行业发展较好的地区为例，这四个地区在国际货代行业方面均具有一定的发展优势，并且经过近几年的发展已经取得了相应的成果，但是由于我国国际货代行业起步相对较晚，行业管理理念相对落后，在一定程度上导致各地区国际货代企业的进一步发展受到局限，对行业的持续健康发展产生着相应的不良影响。

一、福州地区货代行业发展现状

福州国际货代行业在现代社会得到了一定的发展，但是受我国国际货代行业整体市场的影响仍然存在一定的问题，如行业内部乱收费现象频繁出现、高低运价保持并存的发展态势、行业市场竞争越加激烈、企业所提供的业务相对单一并且质量较差、服务网络存在缺陷等，这一系列的问题对福州地区国际货代行业的发展产生了严重影响，受到中国货代行业的广泛关注。

（一）福州地区国际货代行业发展现状

随着我国改革开放事业的深化发展，我国国际货运代理行业正处于方兴未艾的发展阶段，已经逐渐成为我国初具经济规模的服务产业。而福州的国际货运代理企业在经营发展中逐步实现了从中外运一家企业单一的经营转变为国有、外企、民营等多种类型企业参与市场竞争的发展局面。所提供的业务也由单一的货运代理服务转变为集运输、咨询等服务为一体的专业化综合服务体系。然而，虽然在福州地区的国际货代行业现代社会建设中取得了相应的成绩，但是地区内的国际货代企业不论是对货物运输的供应能力，还是所能提供的服务质量都不能真正与我国市场经济发展速度相适应，在现代经济形势下的进一步发展遭遇瓶颈。

（二）福州地区国际货代行业发展存在的主要问题

1. 福州国际货代行业收费相对混乱，缺乏统一的收费标准

福州地区国际货代行业收费混乱现象发生的原因主要分为两个重要方面，首先，由于国际货代行业中的船公司可以根据自身需要自行决定费用价格，并可以针对行业市场中的供求信息变化对运费价格进行适当的调整，造成货代行业费用标准无法实现统一。其次，由于我国货代企业发展起步较晚，一部分企业还没有形成正确的经营管理理念，为了实现自身利益最大化的发展目标，罔顾市场秩序，制定了双重收费标准，对一些大客户降低运价标准，并适当予以回扣；而对一些对航运市场了解程度偏低的小客户，则巧立名目增加收费项目，造成相关业务收费混乱。

2. 企业数量增多对市场秩序产生不良影响

近几年，福州地区货运代理企业数量急剧增多，并且随着独资外企的进入，行业内部市场竞争越加激烈，同时由于合法与非法并存，特色代理业务已经在全

世界范围内开展，对福州地区国际经济贸易的发展以及货运代理行业运输费用的降低、货物流转效率的提升产生着相应的积极影响。到 2006 年 11 月，经过我国商务部批准或者在我国各地工商管理部门进行登记的国际货运代理企业就已经发展到 300 多家，并呈现出逐年增长的趋势。同时，外企独资国际货代企业凭借自身管理优势、全球网络定位能力以及资本优势等，纷纷在政府的允许下进入到福州市场以求得进一步发展，这无疑造成了福州地区国际货代行业市场竞争加剧。

而随着福州地区外向型经济的深入发展，不少企业和个人钻政府监管能力有限的空子，无视政府制定的国际货代企业代理人必须在各地工商管理部门登记的规定，私自设置办公场所，开展货代工作，直接导致行业内部皮包货代企业和个体货代企业在市场内部泛滥，对行业整体性发展产生不利影响。一般情况下，我国非法性国际货代主要有以下几种类型：其一，以企业或个人名义持有营业执照，但已经明显超越国际货代经营权限而发展经营的货代。其二，企业或个人没有在政府工商行政管理部门办理任何注册手续，进行无照经营，借助福州地区在货代方面的地缘优势，与某些货主进行特殊性货代交易活动。并且这些企业或个人一般在一些具有一定国际货代经营权限的一级货代企业名下挂靠，向客户收取各项业务费用。其三，外国国际货代企业常驻机构或者外地企业驻福州办事处在行业市场中从事具有经营形式的货代活动。

3. 福州国际货代企业规模较小，缺乏市场竞争力

福州地区大部分国际货代企业发展时间都相对较晚，基本上行业整体处于初始发展阶段，除中外运所属货代企业已经开展网络经营业务外，行业内绝大部分企业的网络代理业务还处于空白发展时期。企业经营规模相对较小，在市场中所占的份额有限，服务能力差，行业市场竞争能力偏低，对福州国际货代行业的整体性发展产生了不良影响。

同时，福州地区多数货运代理企业自身经营服务范围仍然局限于向客户提供相应的揽货、订舱以及报检和报关等具有中介形式的劳动服务，企业代理服务理念相对传统，一般不具有较为先进的增值服务能力，在人力、物力、财力方面的投入有所欠缺，难以在市场中形成核心竞争实力。而该地区行业内一些实力较强的企业和船公司等部门利用自身管理优势对货代货运进行垄断，纷纷在企业内设立附属货代企业，并设置船贷一体的联合式服务模式，在推进行业进步的同时，也对福州地区其他基础性货代企业产生了剧烈的冲击。

4. 佣金下调对货代行业的经营发展产生不利影响

福州地区的国际货代业务服务主要包含两种形式，即货运代理以及无船承运业务，基本业务收入一般包含以货物代理委托代理人的身份向船东获取一定的佣金以及以货代承运人的身份，应用“背靠背”手段吃货主代理运输差价。可以说，国际货代企业本身就具有一定的中介性质，采取相应手段获取佣金是其主要营业收入。但是随着福州地区国际货代行业内部竞争越加激烈，船东为了自身利益不断降低佣金金额，甚至取消了一部分近洋航线的货代费用，使部分企业的主营业额下降甚至部分营业额趋于零，对福州地区中小国际货代企业的发展产生了极为不利的影响。国际货代企业的另一项收入来源就是对无船承运差价的赚取，但是由于现阶段我国航运市场上的运费已经逐渐呈现出透明化的发展趋势，一些老客户对相关航线和集装箱运费情况了如指掌，在一定程度上增加了货代企业赚取差价的难度，甚至危及企业的生存和发展。

5. 福州地区服务网络不完善，经营管理秩序有待规范

福州地区国际货代行业整体性服务网络不完善，缺乏高素质的专业技术人员，所提供的相关业务服务质量相对较差，市场经营秩序也有待规范。福州地区绝大部分国际货代企业在发展建设中没有形成相对完善的国内外业务网络。并且由于企业自身等级偏低，行业内没有相对统一的管理规范，整体服务质量相对较差。一般情况下，货代企业在提供货代服务的过程中应该帮助和指导货主合理选择承运人员，但是目前福州地区一些货代企业往往出于自身利益的需要选择价位低廉的承运人员，并在后期将差价作为自身盈利，虽然能够促进企业发展，但是对货主的利益产生了一定的损害。也有一些货代企业根据市场需求适当地开办了拼箱业务，也就是说，如果本航次中所承接的货运总量不足以拼箱，其就会将这些货物留在当地发货港，直到在某一航次中凑足拼箱货物为止，对货代业务的工作效率产生一定的不良影响。此外，福州地区的政府相关部门虽然多次强制性清理了地区内的一些不良国际货代企业，对行业市场秩序进行了科学的整顿和规范，但是受种种原因影响，整个地区行业内的国际货代市场秩序仍然不够规范，不利于行业的持续健康发展。

二、宁波地区货代行业发展现状

自 20 世纪 90 年代开始，浙江省外贸经济就得到了高速发展，宁波港也在浙江省外贸经济发展的推动下逐渐崛起，为宁波地区国际货代行业创造了极其重要的发展机遇。但是面对宁波地区国际货代行业的飞速发展形势，宁波货代人在加

强行业建设的同时，也面对着来自社会各界的严峻挑战。

（一）宁波地区国际货代行业发展现状

1. 宁波地区国际货代企业数量急剧增多

宁波是一个具有天然港口属性的城市，宁波港更是我国长江三角洲地区最重要的商业贸易港口之一，拥有天然的经济发展优势。按照国家经济规划，在我国集装箱运输系统的构建方面，长江三角洲地区的集装箱系统建设主要以上海港和宁波港为关键点。而宁波港作为具有天然货运优势的贸易港，随着国家重视以及自身基础设施建设强度的逐渐加大，其硬件设施建设方面已经具有国际先进水平，具备了成为国际性货运中转集装箱枢纽港的发展条件。近几年，随着我国经济水平的提升以及货代行业的进一步发展，宁波港的集装箱吞吐量不断攀升。在这种经济发展格局影响下，要想真正将宁波港转变为集装箱枢纽港，就必须结合实际需要对宁波地区的货运代理企业发展思路进行适当的调整，积极探索新方法，推进货代行业的现代化发展，拓展宁波港的服务范围，为宁波港的进一步发展提供充足的集中性货运资源。这一社会背景的存在在一定程度上驱使宁波地区货代企业不断增加，目前，宁波地区的货代企业已经超过 3000 家，并且各个公司都具备一定的特色和发展优势，为宁波集装箱枢纽港的建成奠定了基础。

2. 政府行业支持政策日渐健全

自从我国商务部在调查了解我国国际货代企业发展状况的基础上正式出台了《外商投资国际货物运输代理企业管理办法》后，按照该办法的相关要求，中国政府允许外商独资成立国际货代企业，并且对外商独立控股企业的注册标准与我国社会大众等同。这一政策性举动在一定程度上标志着外商在我国进行相关投资的最后一道权限设置已经被政府解除，开始允许外商独资经营管理国际货代企业。在宁波政府的大力支持下，宁波国际货代行业最终实现了对内和对外的全面开放，成为具有国际竞争性质的世界性货代市场。在此影响下，大批外商在宁波地区投建国际货代企业，宁波国际货代行业规模不断发展壮大，并且呈现出逐年增长的发展趋势。

3. 优异的宏观经济发展环境

宁波地区的宏观经济环境发展态势良好。宁波港是我国长三角经济区内的重要贸易港，在国家经济发展规划的影响下，长三角经济区将宁波港作为集装箱运输系统方面的建设重点，对宁波地区的国际货代行业发展起到一定的推动作用。同时，宁波港的建设以及宁波地区交通运输条件的提升也为宁波国际货代行业的发展创造了条件。在宁波港建设发展的推动下，宁波地区对外贸易经济迅速发展，逐渐在我国整体对外贸易中占据了一定的比重。在这种优异的宏观经济发展环境中，宁波地区在未来必将得到更好的发展，宁波地区的国际货代行业也将随着宁波港进出口贸易总额的逐渐增加而获得进一步发展。

（二）宁波地区国际货代行业发展中存在的主要问题

1. 国际货代企业市场竞争力偏低，盈利方式不科学

从宁波地区的货物运输资源主要结构看，宁波地区的货代企业，尤其是其中的中小型货代企业一般将承揽出口预付货物作为主要经营项目，营销手段也多以社会关系和降低运价为主。而对于货源结构中所占比重已经超过对外贸易 80%的制定货物，则主要被具有相应全球网络货运优势的跨国性货代企业所掌控，而中小型企业由于缺少相应的海外货运代理网络，往往无法企及。目前宁波地区的中小型货代企业在货物运输的价格以及仓位的选定方面过分依赖承运人，将货运差价的赚取以及订舱佣金作为主要经营利润来源。这些企业在发展中对分析市场需求有所忽视，造成自身货代业务具有很强的可替代性，客户稳定性相对较差，行业市场竞争能力较差。

2. 宁波地区货代企业没有设定明确的发展方向

随着我国经济贸易的进一步发展，宁波地区的国际货代企业要想紧随时代的步伐向具有现代化发展性质的物流行业转变，就必须以宁波地区的经济贸易优势为依托，科学了解和把握宁波地区货代行业的市场发展状况，利用宁波地区的港口发展优势，不断挖掘企业发展潜力，积极探索和开发具有针对性和层次性的货代物流服务。但是，在这种形势影响下，宁波地区的货运代理企业缺乏对当前行业市场经济的清醒认识，一大部分中小企业仍然沿用较为传统、落后的经营管理理念，向客户提供的业务范围也相对较小、服务方式简单僵化，更没有及时主动地对行业市场进行划分，缺乏对市场动态变化的把握和对客户需求心理的分析，在一定程度上影响了企业对自身发展的市场定位，致使企业一直处于较低层次的经济发展变化之中，无法为质量要求较高的客户提供个性化的货代物流服务，供应链组织能力建设更无从谈起。

3. 配套性基础设施相对较差，缺乏高素质专业人才

宁波地区国际货代企业进一步发展所具备的配套性基础设施相对较差：由于货运代理行业在实质上属于服务业的范畴，所以宁波地区一般性的货运代理企业规模都相对较小，如宁波地区较为著名的锦鸿国际货运代理企业基础设施部只有几台电脑和打印机等基本办公设备以及十几个员工，公司的信息化建设也往往只

有电子邮件服务、即时通信软件和办公室常用软件等，在现代化建设发展中应用计算机技术进行数据整理和处理的能力偏低，不能在经营管理中形成具有个性化特征的竞争优势。

高素质专业技术人才的相对缺乏，在一定程度上制约了宁波国际货代企业的现代化发展。尽管各个企业都为了提升员工素质设置了较为专业的货运代理服务资格培训，但是当前我国货运代理行业的从业人员仍然难以满足国际化建设发展的实际需求。据相关研究统计，宁波现有国际货运代理工作人员大约已经达到10000人，但是其中参与过专业性技术培训并取得一定进步的工作人员则寥寥无几，通过对货运代理企业从业人员的调查采访可以看出，一般情况下，从事货运代理服务的工作人员普遍只有初高中学历，并且在参与专业技能培训过程中自身进步较小，这对中国货代企业在世界范围内竞争力的提升产生了相应的不良影响。

4. 行业内市场竞争秩序不规范

由于我国政府对市场经济的控制力度偏低，导致一部分行业市场中存在非法竞争现象。宁波地区的国际货代行业中也存在着非法货运代理现象，致使宁波地区国际货代行业市场竞争秩序不规范，间接导致了国际货代企业收费混乱的现状。也正因如此，一些企业想要在越加激烈的市场竞争中获得生存和发展，选择使用不当竞争方式，在抢占发展空间的同时，造成其他相关企业生存空间逐渐减少，不利于宁波地区整体货代行业的进一步发展。

5. 收费混乱，以价格战方式应对市场竞争

由于我国宁波地区的船公司可以根据自身发展需要独立设置相关费用标准，并能够及时根据行业市场的发展现状和供求关系进行适当的调整，所以造成行业内部没有形成统一的收费标准。甚至一些国际货代企业受自身不正确经营发展理念的影响，为了拉拢大客户，不惜大幅度降低货物运输价格，在竞争中使用价格战和退佣等不正当策略，对行业市场的统一管理造成影响。而对于一些相对较小的客户，则利用客户对行业市场相关货运价格了解程度偏低的状况，巧设名目，胡乱收取相关费用。

三、长沙地区货代行业发展现状

长沙市作为我国内陆地区经济较为发达的重要省会城市，随着长株潭经济区经济一体化发展进程的加快，其自身工业也得到了较为迅速的发展，在一定程度上对当地国际货代行业的现代化发展建设产生了积极的影响，推进了长沙地区国

际货代行业的整体性发展进程。

（一）长沙地区国际货代行业发展现状

1. 长沙地区国际货代行业起步晚、发展迅速

受长沙地区地缘特征的影响，长沙国际货代行业起步时间相较于沿海地区较晚，发展建设时间也较为短暂，但是从我国市场经济转型以来，长沙利用自身优势推进经济社会的飞速发展，在一定程度上带动了该地区国际货运代理企业从较为传统单一的中外运转变为现有的集国有企业、中外合资企业以及中央、地方企业于一体的多家企业竞争发展局面。各企业所能提供的货运代理服务业开始向具有专业化和综合性优势的服务体系转变，货代行业基础设施日趋完善。

2. 具有地理位置优势

长沙市位于长株潭地区，而长株潭地区地处我国中部经济带的核心位置，具有十分重要的交通位置优势。其中京广铁路线纵贯南北，浙赣铁路、湘黔铁路和湘桂铁路贯穿长株潭东西，并且该地区内河航运能力也相对较为强大。21 世纪以来，湘江地区所承接的水运集装箱总量占全省集装箱运输生成总量的 60%以上。长沙地区在货运代理方面的集装箱运输航线原有挂靠港口主要为岳阳港以及长沙港，但是随着国际货运代理行业在长沙地区的进一步发展，逐渐为集装航线挂靠增设了株洲港、湘潭港以及常德港等重要港口，不仅对长沙地区的国际货代行业发展起到重要的推动作用，还促使运输船舶在现代发展建设中逐渐向着专业化、大型化以及标准化方向发展，一批对长沙国际货代行业产生重要影响的大吨位市场需求的化学品、集装箱、石油等特种运输船舶企业应运而生，在一定程度上促进了特种运输以及江海直达运输行业在现代社会的兴起。同时，长沙地区货代物流行业的园区建设也正式开始起步，仓储配送等基础设施建设水平不断提升，区域性货代物流中心逐渐形成，长沙地区国际货代物流行业的信息化建设取得了突破性进展。

（二）长沙地区国际货代行业发展存在的主要问题

1. 长沙地区国际货代企业收费混乱，高低运价并存

一方面，长沙地区的船公司可以根据自身发展需要对货运代理费用进行自行定价，并可以以本地航运市场的供求变化情况为依据对运价进行适当的调整，导致行业内相关货代企业货代业务收费缺乏统一的标准；另一方面，由于某些货代企业自身经营管理理念的科学性和正确性偏低，在一定程度上导致企业为了争夺市场份额和货代业务货源，不惜对一部分大客户降低收费标准，而对一些对行业不了解的客户则巧立名目收费，直接导致行业内部相关服务的价格有失公平。

2. 企业经营规模相对较小，信息化和网络化程度偏低

长沙地区的国际货代企业在建设发展过程中逐渐开展了网络化经营业务，希望能够在现代社会进一步提升自身经营管理活动的规范化和规模化，进而在货代业务运价、管理、装箱、集港以及结费、签单等方面在行业内具有较强的竞争优势，也可以在进一步发展中将海外货代网络作为发展依托，提供全程性联运提单服务，为货主的报关、通关以及提货等服务提供一定的便利，提升长沙地区货代企业的行业市场竞争力。但是目前长沙地区国际货代企业的发展规模普遍相对较小，并且其中大部分企业是私人代理形式，导致各个相关企业之间信息交流存在一定难度，在与国外货代企业交流中一般也只能将相关信息以转让的方式转交到外国企业，不利于长沙地区国际货代企业的进一步发展。

3. 货代企业服务人员素质偏低

货代企业在提供货代服务的同时也应该根据货主需要为货主选择合适的承运人员，但是现阶段长沙地区的一些货代企业出于自身利益的需要往往为了赚取运价差价选择市场上运价最低的承运人，完全不考虑承运人的行业资质，对货主的利益产生着相应的危害。也有一些国际货代企业为了迎合市场需求的变化和发展开办了拼箱业务，但是由于一般情况下某些航次会出现货物不足不能拼箱的情况，企业为了拼箱需要往往会忽略货主对货代业务时效性的要求，将货物滞留在港口，直到某航次能够将拼箱货物凑足为止，对货主的利益产生危害。同时也存在一些企业在货代业务承办过程中责任心不强，在出现问题时推卸责任，对行业内企业形象的树立和诚信意识的树立产生着相应的不良影响。

4. 国际货代企业经营管理者缺乏相对科学的管理意识

长沙地区许多国际货代企业的管理都存在科学性偏低的问题，特别在客户关系管理方面缺乏有效的管理方式和先进的管理意识。受到本地区国际货代企业发展现状相对良好的影响，货代企业的经营管理者缺乏对先进管理观念的认识，满足于当前传统僵化的管理模式，缺乏相应的战略发展目标，对企业的人才培养工作也产生了相应的不良影响。从 21 世纪初开始，我国中外合资货代企业就已经出现了外资控股的雏形，到 2004 年底政府正式明文规定外商可以对国际货代企业独资经营，外资企业在中国社会的建设发展中享受国民待遇，在一定程度上导致大批外资企业在长沙货代市场上建立并发展起来，虽然对国际货代企业的发展产生了一定的冲击，但是也带来了更先进的技术和管理经验以及高素质的员工，直接导致一部分发育不良的企业在冲突中被行业市场所淘汰。

四、南通地区货代行业发展现状

南通市位于我国沿海地区中部，是我国沿海、沿江以及陇海线生产力布局轴心线的交汇处。向南与我国最大经济贸易中心上海相连，是长江三角洲经济区的重要组成部分，向东与经济较为发达的国家日本和韩国隔海相望，这种南北互动发展的经济贸易格局，为南通地区崛起成为世界性的货代基地创造了先决条件。

（一）南通地区国际货运代理企业发展概况

1. 产业环境更为优越

随着我国改革开放进程的逐渐加深，南通地区在建设发展中已经逐渐形成了以水路运输为货代物流业务主体，集公路、铁路、航空和管道运输等多种运输方式的现代化运输体系。能够为南通地区货代物流行业发展提供一定便利的苏通大桥、锡通过江通道、通常汽渡等运输过江大通道也随着经济发展以及货代行业的兴盛而基本确立；濒临沿海地区的各高速公路和干线公路网络为货代行业的进一步发展提供了相应的交通支持；而 4C 级南通兴东机场的正式建成则为南通地区的航运创造了有利条件；特别是宁启、新长、海洋等铁路的全面建成和通车，使铁路运输成为南通地区最重要的运输方式之一；此外，南通地区的内河航道网络也受南通政治、经济建设影响而十分发达，地区内主要航道就多达 300 条左右，总航道里程已经超过 3500 千米。其中中等级航道约 33 条，总航道里程约为 1200 千米。日渐完善和健全的交通运输网络为南通地区国际货代企业的持续健康发展提供了重要的交通运输基础设施保障。

2. 南通地区国际货代产业快速增长

2014 年，南通地区外贸进出口总额出现了明显的增长，仅上半年就高达 159.1 亿美元，同比增长 18.9%，增幅明显高于全省范围内 13.7 个百分点。全地区物流总量突破 5 亿吨，较上年增长了 10%左右，而全地区港口货物总吞吐量也基本突破 2 亿吨，其中集装箱实际吞吐量已经全面突破 60 万箱。以上数据证明目前南通地区国际货代产业随着经济和交通运输能力不断发展已经呈现出优良的发展态势。

3. 国际货代企业的服务功能得到进一步拓展

近几年，南通地区在国际货代产业迅速发展的影响下加强了低产业服务功能的探索和开拓，在全面建设过程中逐渐形成了以信息技术为支撑，集运输、加工、包装、仓储、配送以及最终贸易环节于一体的国际货代产业链，在一定程度上促使该地区国际货代行业产业附加值显著提升。而南通地区的制造企业在自身发展需求下，也逐渐加强了与国际货代企业的联动，与江苏省内的苏北、苏南以及上海等地的经济贸易融合度逐渐增强，最终极大地促进了这些地区内国际货代行业的协同发展。

（二）南通地区国际货代企业发展存在的主要问题

1. 管理主体呈现出多样化的发展趋势

南通地区对货代企业实行有效管理的部门主要包含政府部门中的经贸委、发改委以及工商和交通部门等，大大小小的部门综合起来大约有十几个，各部门都能够涉及国际货代企业的管理，但管理深度又普遍偏低，主管部门以及副管部门的分工有待明确，而且这些部门是否能够推动该地区国际货代行业的进一步发展也具有很大的不确定性。同时由于政出多门，造成政府对行业的管理相对分散，在整体管理方面缺乏相应的系统性和协调性，导致南通地区国际货代企业与政府以及其他企业之间缺乏相应的统筹规划，最终造成国际货代行业中各个管理部门和企业各自为战，盲目发展，对货代行业的整体发展产生了相应的不良影响。

2. 基础设施建设不完善

南通地区的国际货代基础设施建设在国家和行业的支持下已经初具规模，但是基础设施中作为货代系统关键性因素的节点和相关线路之间存在不平衡的发展关系。现代化国际货代节点建设存在一定的缺陷，地区性货代物流中心建设事业处于起步阶段，整个南通地区都缺乏国际化、现代化的综合货代物流园区。同时，该地区公路、铁路、航空港口等混带运输线路相对分散，各不同线路之间的贯通和衔接存在相当大的难度，在一定程度上导致南通地区货代运输出现脱节现象，高技术水平的现代货代运输方式难以在南通地区实现有效运作。

3. 信息化水平偏低

一方面，南通地区作为国际货代行业中提供货代服务方的企业一般很少使用相应的条形码以及射频识别技术，信息采集的准确性和采集效率受到很大影响；另一方面，作为货代服务需求方的相关工商企业对信息技术性较强的物资采购系统、企业资源管理信息系统等软件要求相对偏少，全市大约只有 50 余家企业信息技术建设较为完善，在货代业务中应用了相关信息技术系统。同时，由于南通市货代信息、资源交换、分享平台建设正处于起步阶段，缺乏高效率的电子信息技术交换能力，严重影响了企业服务效果和行业市场竞争力的顺利提升。

4. 高素质专业人才相对缺乏

现代化高素质货运代理企业相关业务人员应该具备较高的职业素质，能够准确把握和预测其所在地区经济发展建设过程中所产生的相关货运总量、货源分布范围以及关键性货种等，并应该对一般性货物的普遍包装和体积件重等具有相应的概念性了解，对地区内各运输部门的运力配备以及相关交通工具对不同货物的承载能力等情况进行分析和把握，熟悉各类物品代理运输的运费价格、报关检查部门的各项收费状况等。同时，最为关键的是国际货代业务工作人员还应该具有良好的职业道德素质，为我国国际货代形象的树立创造相应的条件。但是当前南通市国际货代企业能够满足上述要求的人才相对较少，高级货代管理人员严重稀缺的情况已经在一定程度上制约了行业的整体性发展。

综上所述，由福州、宁波、长沙、南通四地的国际货代行业发展现状可以看出，我国国际货代行业的地区性发展存在的问题相对普遍，行业收费现象混乱、外资企业的强势进入、市场发展目标定位存在偏差、基础设施建设不健全、企业规模相对较小、从业人员素质偏低等都在一定程度上制约着我国国际货代企业的地区性发展。因此，基于各地区国际货代行业发展现状和发展问题存在的相似性，在国际货代行业的现代化改革、建设、发展上，各地区可以凭借自身优势，积极探索联合管理开发模式，在促进各项资源优化配置的基础上，加强合作、互通有无，共同推进我国国际货代行业的持续健康发展。

第三节　成功国际货代企业发展案例

21 世纪以来，我国现代国际货代物流行业得到了深入发展，已经真正进入到快速发展时期。现代国际货代企业的进一步发展是世界经济一体化发展趋势的必然要求，也是世界新产业竞争和企业竞争越加激烈的具体表现。随着我国正式加入世界贸易组织，我国现代国际货代物流行业的发展已经开始对国民经济产生极其重要的影响，甚至渗透到国民经济的各个领域之中。我国经济建设发展第十个五年计划正式将现代国际货代物流行业列为需要国家和社会大力支持发展的新兴服务产业，并在 2001 年正式出台了未来五年内货代物流行业的整体性发展规划，标志着我国货代物流业的现代化建设已经全面启动。中国货代物流企业在拥有良好地理、政策环境的同时也需要面对国际货代企业发展的冲击，中国国际货代企业在与国内外竞争对手的激烈竞争中不断发展壮大。

为了迎接新挑战，我国最大的国际货代企业中远集团于 2001 年开始将发展战略由世界性货代物流承运人向世界性货代物流经营人转变，并在 2002 年正式成立了中国远洋物流公司，在此基础上又在大连地区成立了大连中远国际货运有限公司（以下简称大连中货），主营公司内的国际货运代理业务。大连中货在中国远洋物流公司的支持下，依靠地区优势，在近几年的建设发展中取得了较为显著的发展成果，对我国国际货运代理企业的现代化建设和发展产生着深远的影响。

一、大连中货发展背景以及当前发展现状

大连中货是大连地区中远集团下属的一个口岸性货运代理企业，与中远集团存在着多重隶属关系（见图 3-3），受到中远集团总体性发展的影响。中远集团成立于 1961 年，主营业务以航运、物流和船舶制造为主，是集现代物流、远洋运输、船舶修造、货运代理、金融贸易以及 IT、劳务业务于一体的世界性大型国际企业集团，是隶属于我国中央政府管理范围之内的国有骨干性运输企业。而其下属中远集运则是中国远洋运输集团设立的一个专门从事海上集装箱运输活动的分公司，中远国际货运有限公司是隶属于中远集团的大型货运以及提供班轮代理服务的企业。大连中货在经营发展中以国际货运代理为主要业务，是一个集船代、货代以及内陆各类运输于一体的大型国际货运代理企业。大连中货在建设和发展中以中远集团为坚强后盾，以中远集运自身所具备的 150 多艘现代化国际性集装箱运输船以及全球主要航运网络作为发展依托，对中远集团在东北地区的国内外海上集装箱货运代理以及船舶代理等进行统一管理，是中远集运公司世界性营销服务网络中最重要、发展最成功的组成部分之一。

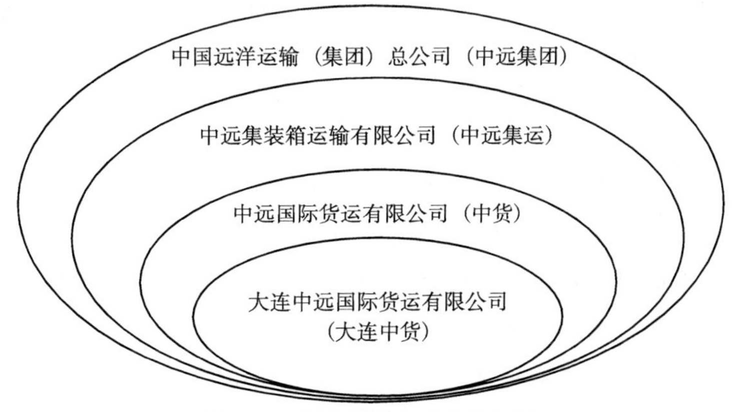

图 3-3　中远集团内部隶属关系

（一）大连中货基本情况介绍

大连中货正式成立于 1996 年 3 月，由原来的大连远洋运输货运公司、交通部北方集装箱运输公司以及大连外轮代理公司中的中远分部合并而成。大连中货以辽宁地区优越的地理位置为发展依托，在东北地区黑龙江、吉林和辽宁等地的重要经济活跃地点建立了 10 个分公司业务办理处，对东北腹地以及周边相关经济区实现了全方位覆盖，并在发展中建设起相对完善、健全的货运代理网络和相关运输系统。大连中货公司与东部地区的主要港口相连，主要经营业务包括美加线、东南亚以及台湾线、日韩线和欧地线等航线的运输，并且还承担公路和铁路方面的运输，可以为客户提供更为全面、系统的多式联运服务，与中远集运在全世界上千个货运代理分机构联合组成了规模相对庞大、服务更为快捷的世界性货代物流服务体系。同时，企业在内部管理中使用较为先进的 IRIS2 计算机网络系统，为客户提供更为快捷的报关报检、订舱等服务，到当代社会已经逐渐形成了高质量、个性化、具有一定系统性的全过程货代物流信息化网络服务。

大连中货延续中远集团货代业务发展传统，重视与客户沟通，根据客户意见和企业实际状况逐步提升自身货代服务质量，并以中远集团强大的国际竞争力以及可以俯瞰全球的货代业务完善网络为经营管理依托，已经在国际社会中通过了中国进出口商品质量认证中心以及挪威国际船级社的双重质量认证，质量管理水平与国际接轨。大连中货在经营管理中的服务宗旨是不断在国际社会上拓展货代业务的综合服务领域，满足现代社会相关客户不断变化发展的服务需求，竭尽全力为客户提供更为优质的货代服务。

大连中货在中远集团中主要承担为中远航运船队承揽业务和货物，并承担陆上运输的代理责任。它在集团内部制定管理多种业务发展建设决策，具体包含货运代理、特种运输、多式联运以及集装箱运输区域管理等，同时，还以集团控股和企业合资等方式正式介入到船舶代理业务中，对航空方面的运输业务也有所涉猎。总的来说，大连中货发展中的主营业务基本可以归纳为“一主一重一支柱”，具体分析如下：

大连中货的主营业务为货运代理，主要为国内外客户提供相应的货运代理服务，具体包括对报关、报检、货物运输、货物存储等几方面业务的代理。货运代理一直是大连中货的主营业务，也是公司经营建设的重要经济来源，并且这一业务也必将是大连中货未来十几年发展中的主营业务。

一个重点具体指多式联运业务，也就是说在承办业务的过程中，大连中货能够在客户允许的情况下将客户委托代理运输的货物从仓库中取出来，代理客户办理一切相关手续，并利用企业自身所具有的4000辆货物运输车和多条铁路转运线以及驳船运输船队等，将客户货物集中运输到适当的海港，并及时将货物按照类型和特征分装到集装箱运输船队、散货运输船队以及油轮船队上，联合公司在各地设置代理运输点，最终将货物运送到客户指定的地点，真正为客户提供“门到门”的货运代理服务。

一个支柱具体指公司所提供的内陆物流业务。大连中货向客户提供的内陆物流业务主要是为了满足货代市场上小批量客户的货运代理需求，按照客户意愿为客户提供相应的商品运输以及货运仓储管理等服务。内陆物流虽然一般为小批量的客户提供货代业务服务，但是其总成交量仍然占公司运营总额的相当一部分，这在一定程度上是大连中货所在地区的经济发展状况以及大连中货所提供的货代业务水平所导致的。

同时，由于中远集团一直以来都将货运业务作为建设发展的重点，所以其在制定整体性战略发展规划时，为旗下的货运分公司配置了大量的发展建设资源，大连中货就在中远集团的全力支持下，坚持以集装箱运输业务和货运代理业务为主营业务，并于21世纪初正式扭转了亏损的发展局面，仅在2000年就盈利300多万元。近几年，随着我国经济的迅速发展，大连中货也在我国乃至世界经济形势的影响下呈现出更为强劲的发展劲头，市场综合竞争能力得到了显著的提升，已经能够超额完成中远集团所制定的各项发展任务和目标。但是，随着大连地区外资班轮公司强势进入，大连中货在未来的行业发展中必将面临更为严峻的挑战，所以公司的高级管理层已经在这一社会背景的影响下积极探索和创新各项经营管理措施，并在实践应用中取得了优异的成果，促使大连中货在经济形势的压力下，迎难而上，持续健康发展。

此外，由于大连中货所承接的内陆物流业务一般为价值较低的散货，所以公司分布在各地的经营网点相对分散，在一定程度上致使大连中货与子公司之间的信息交流存在相应的障碍，传统形式上的电话和传真等通信方式已经无法满足总公司与分公司之间信息交流的实际需求。针对这一发展困境，大连中货在经过内部协商后及时开发了相应的内部网络，为各个分公司与总公司之间的信息交流提供网络化交流平台，也相应地推动了大连中货无纸化办公的发展，不仅进一步提升了企业员工的工作效率，也保证了各公司之间交流分享信息的真实性和准确性，对大连中货市场反应速度和能力的提升产生相应的积极影响。同时，虽然公司内部网络的组建需要在前期准备阶段投入大量的资金，但是从公司的长远发展上看，其所产生的积极影响远远高于建设投入。目前，大连中货已经可以以内部网络平台为依托，在新兴网络信息技术的支持下不断开发和探索新的信息交流功能，为公司最终实现信息化管理奠定基础。

（二）大连中货的组织结构

大连中货的基本组织结构如图 3–4 所示：

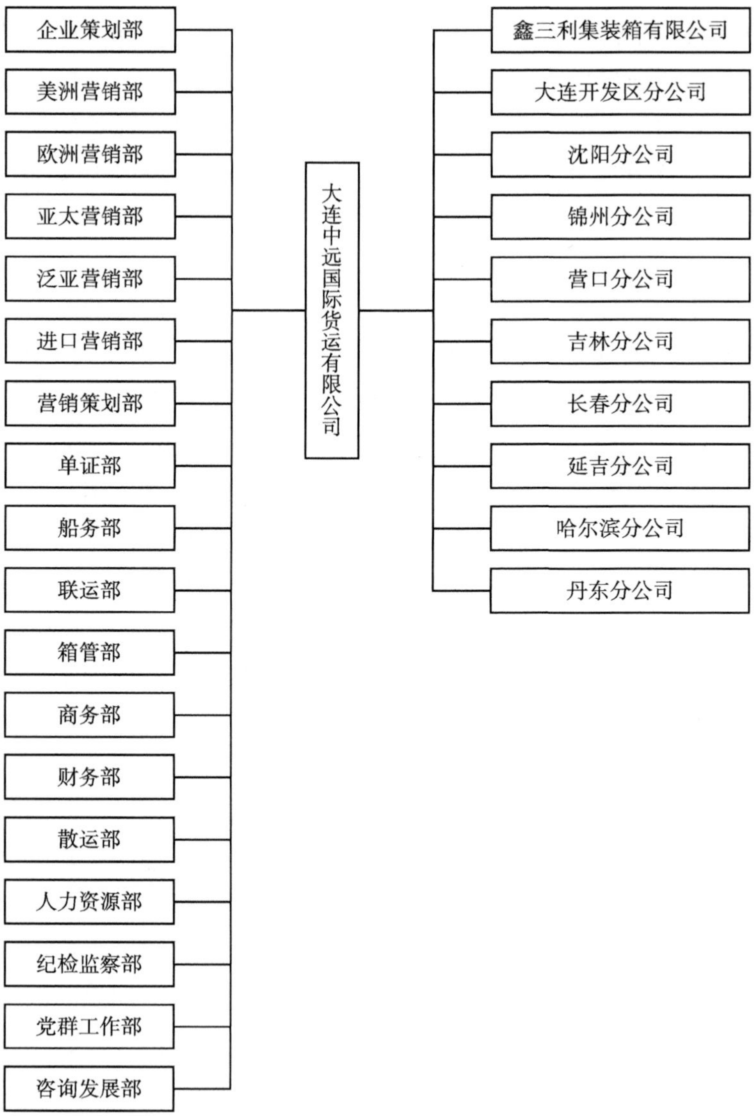

图 3–4　大连中货基本组织结构

目前，大连中货总公司旗下已经建立起 18 个部门以及 10 家分公司，对东北三省的货代业务进行引导和带领，在东北三省地区真正实现了货运代理业务管理的统一规划和决策，充分发挥出“1+1>2”的战略发展优势。下面，本书就对大连中货组织结构的主要部分进行简要介绍。

（1）企业策划部：主要对企业经营管理中的计划性工作负责，具体包括经营发展战略的制定以及相关战略部署等，总揽公司发展全局。

（2）美洲营销部、欧洲营销部、亚太营销部以及泛亚营销部：这些部门的工作性质具有相似性，具体工作可以概括地划分为两个主要部分：第一部分重点负责大连中货出口国货运代理业务，管理全球范围内一百多个国家和地区的货运代理工作。同时，由于业务量存在普遍性的差异，大连中货主要设置了五条直航线，分别是“大连—欧洲”、“大连—日本”、“大连—美加”、“大连—韩国”、“大连—台湾”，这五条直航线上的相关货代业务由上述五个部门进行统一管理。此外，根据国内经济贸易发展的需要，大连中货还开设了“大连—广东”、“大连—福建”两条航线，也由上述五个部门协同管理。而第二部分则主要对大连中货的各项营销工作负责，具体包括市场调查工作、营销方案的制定和具体实施、项目分析评定等，是大连中货在经营发展中与外界沟通的最重要窗口。

（3）进口营销部：这一部门的主要工作也可以具体划分为两个重要组成部分：第一部分是对世界范围内各国主要港口、内陆点以及国内主要港口和内陆点的货物代理运输工作负责，可以向客户提供多元化的代理运输方式，也就是集海陆空三者于一体的多式联运货代服务。大连中货凭借多年的运输经验以及高水平的技术手段，能够为客户提供高质量的特殊物品如危险品、冷藏品等物品的代理运输。第二部分同样是对公司进行科学的营销策划，积极开展项目推广等大型营销工作。需要注意的是，进口营销部的一部分业务会与上述五个营销部门的业务相重合，所以需要公司内部各部门的主管人员及时与其他部门进行沟通协调，避免进行重复工作，造成公司各项资源的浪费。

（4）船务部：船务部主要对公司货运代理过程中的船舶调动和分配负责，并对船务人员实行统一的管理。同时，船务部的主要业务还涉及船舶的保养和维修，以及船舶在运输航行过程中的各项通信工作等。

（5）箱管部：主要对集装箱运输的信息记录、集装箱相关的实际使用情况分析整理、集装箱的调度使用以及集装箱的保养和维护工作负责。

（6）财务部：主要管理公司的财务运作工作，具体包括相关会计报表的制定、经营利润的核算以及各项资金的筹集等。

（7）人力资源部：主要负责对公司的员工进行管理，具体工作包括对员工的招聘、培训以及根据员工特长合理安排员工岗位等。同时，人力资源部也对公司员工的绩效考核工作和薪酬管理工作负责。

（8）联运部：负责大连中货国际多式联运以及货运仓储工作，公司内部综合性项目运输工作的开展以及展品运输业务、重点工程、公司内部某些大型项目的开发以及其他货运增值业务、内陆网点管理和协调工作、集装箱拆拼箱业务等。此外，联运部还对出口货物的报关报检等业务开展情况负责。

大连中货的重点经营口岸主要有大连、锦州和营口口岸。这三个口岸的具体货值、客户以及货代情况如表 3–2 所示：

表 3–2　大连中货主要经营港口的相关业务和客户构成

	大连口岸	锦州口岸	营口口岸
货物实际价值	低价值货物占 60%	普遍为低价值货	低价值货物占 80%
客户构成	直接客户占 80%	直接客户占 35%	直接客户相对较少
货代	20%左右为货代货物	货代货物占 65%	90%以上为货代货物

从表 3–2 可以看出，大连、营口和锦州这三个口岸所承运的货物基本都为低价值货物，并且每个口岸受自身经营发展实际情况影响所制定的相关营销策略和战略发展规划以及货物资源占有情况也有所差异，最终导致三个口岸的货代业务量存在一定的差异，客户结构构成也呈现出明显的不同。其中，大连中货一直将大连口岸作为建设和开发工作的重点内容，但是大连中货要想将大连口岸建设成为东北亚地区航运中心就必须加强其与周边相关口岸之间的交流和联系，所以大连中货应该促进三个主要业务口岸在市场开发和相关货代业务处理中的良性互动，充分发挥联合运作优势。同时，大连中货也应该加强三个主要口岸与其他内陆分公司和货代配送网点之间的互动，及时进行信息交流和行业共享，根据各分公司的发展情况制定整体性的发展规划，最终保证大连中货能够在宏观上实现东北口岸与我国东南部口岸之间的互动，进而促使相关货代资源在整个区域之间得到优化配置。

二、大连中货外部发展环境分析

能够对一个企业经营发展战略产生影响的外部因素有很多，如政治因素、法规政策因素、经济因素、文化因素等。本书针对大连中货外部发展环境，使用 PEST 分析法进行了系统的分析，对支持大连中货在现代社会获得成功的市场竞争环境进行了具体的探讨，并采用相对科学的波特五力竞争模型对大连中货行业市场竞争环境进行更为全面的梳理。在信息筛选过程中，更侧重于货代业务相关政治因素、经济技术因素、文化因素等，力求能够对影响大连中货战略发展的外部因素进行准确把握，并清晰阐明各个相关因素之间的相互作用，最终通过对大连中货获得成功发展的外部环境进行分析，为其他货代物流企业的现代化建设和发展提供相应的借鉴。

（一）政治环境

近年来，随着我国正式加入世界贸易组织，中国市场真正开始面向全世界展开，促使中国经济进入高速发展时期。国际货代物流行业作为能够对现代经济运行产生重要影响的血液系统也随着经济发展取得了较为巨大的发展成就。我国中央和地方政府积极应对货代物流行业的发展趋势，相继结合本地国际货代行业的实际发展情况设立了进一步推进现代物流业发展的综合性市场调节机制，并出台了一系列支持现代货代物流行业发展的相关政治规划和政策法规。

2003 年 10 月，由国务院出台并下发的《关于实施东北地区等老工业基地振兴战略的若干意见》明确指出应该充分利用我国东北地区的港口条件和经济发展优势，逐步将大连市建设成为东北亚地区重要的国际航运发展中心。这对于大连的货代物流行业来说是一个极其重要的发展契机，大连国际货代行业的发展也因此获得了具有一定强制力的政策支持，港口的建设和发展随之具备了相应的政治立足点，开始立足东亚地区，面向全世界。

2004 年 8 月，国家综合参考了当前我国国际货代行业的市场发展状况，由国家发改委、海关总署、交通部、铁道部、商务部、公安部、国家税务总局、工商行政管理总局以及中国民用航空总局九部委联合制定出台了《关于促进我国现代物流业发展的意见》，强调我国应该采取相应的措施进一步推动现代货代物流业的发展，在全国范围内逐渐构建经济合理、物畅其流、客户满意的标准化、规范化、专业化现代物流业务服务体系。

2007 年 3 月，《国务院关于加快发展服务业的若干意见》（国发［2007］7 号）在探讨如何大力发展服务行业时明确指出，我国要想进一步发展服务行业，就应该优先发展运输行业，提升国际货代物流行业的整体性社会化服务质量和专业化发展进程，加强对发展第三方物流业务的重视。

2009 年 3 月，国家又针对我国物流行业发展现状，制定了物流行业的振兴和调整发展规划，明确指出当前我国货代物流业已经不再是单纯的货物代理和运输行业，而是集仓储、货代、运输以及相关信息产业等多项产业的复合型产业，是国民经济的重要构成元素。现代货代物流行业所涉及的范围相对较为广泛，能够在经营管理中吸纳数量众多的就业人员，进而促进生产、拉动消费，对经济发展方式的转变以及产业结构的调整、提升国民经济的国际市场竞争力产生重要的影响。

同时，国家和地方相关法规政策的制定和出台也对大连中货的现代化建设和发展产生了极为有利的影响，在政策后盾的支撑下，大连中货在经营发展和市场竞争中获得了一定的优势。此外，大连中货还积极研究国家和地方在货代物流行业方面的各项政策法规，及时根据政策要求适当调整自身经营理念和方式，最大限度地享有政策上的发展优惠，最终在行业内提升了自身市场竞争力，获得了成功的发展。

（二）国内外经济环境

在科学技术进一步发展的社会背景下，经济全球化的发展趋势逐渐加强。经济贸易市场的全球化发展在世界范围内促使生产要素和相关产生品出现了跨国界的转移，并且转移的便捷程度也随之得到了相应的提升。各个国家跨国企业在全国范围内展开激烈的市场竞争，并优化资源配置，对国际贸易的持续增长产生着积极的影响，也极大地拓展了服务业发展空间。同时，在世界一体化信息网络的影响下，全球范围内服务业的内涵和发展领域也发生了相应的变化，整个世界的经济正逐渐向以服务为导向的经济发展类型转变。20 世纪末期以来，世界服务性贸易的平均增长速率已经基本实现了对货物贸易增长速率的突破，服务贸易产生的经济量占世界贸易经济量的 25%以上。全球服务业总产值甚至已经在逐渐发展中突破千万亿美元，不仅在整个国际贸易中所占的比重呈现出逐渐增加的趋势，而且与制造业产生了紧密的联系，在未来经济社会的发展中具有巨大的发展潜力。

中国正式加入世界贸易组织也对世界经济一体化进程产生了实质性的推进作用。受国际上频繁出现的政治经济事件影响，在 2008 年经济危机发生后，世界经济复苏的整体进程相对较为缓慢，对中国经济发展产生着不良的影响。但是，中国经济在国家宏观调控以及市场经济体制的作用下，虽然受到经济危机的冲击，发展速度有所降低，但是近几年仍然保持着高位增长的发展趋势。可以预测，在 21 世纪的前 20 年中，中国经济的整体增长率必将达到 7.3%，而在已经过去的前 10 年中，GDP 年均增长了 7.9%，即使后 10 年在经济危机的影响下增长速度有所放缓，也仍然保持着年均增长 6.6 个百分点的趋势。按照世界银行对我国对外贸易行业的预测，到 2020 年，我国对外贸易在世界贸易额中所占比例将达到10%以上，并有望成为继日本之后的世界第二大贸易国。而按照国际贸易行业的估算，在未来几年时间内，中国的能源工业以及相应的基础原材料工业将保持适度的速率逐渐增长，以医药、汽车和新兴技术产业为代表的相关产业也将保持迅速增长的发展态势。

现代国际货代行业作为国际服务业中的重要组成部分，随着市场的需要逐渐衍生出现代物流业务，并在科学融合信息流、资金流的基础上，行业内的服务深度和广度都得到了适当的强化，在逐步增加企业的经济社会效益，提升国家国民经济的整体运行效率，推动世界经济贸易的整体性发展方面发挥着至关重要的作用。甚至可以看出，经济全球化进程的加快以及中国国际市场地位的显著提升对我国现当代货代物流行业的发展提出了更为迫切的需求。

（三）科学技术环境

1. 海运技术进步产生的影响

近几年，海运领域的相关技术水平得到了很大的提升，最明显的就是全球货物贸易呈现出集装箱化的发展趋势，并且这一趋势在未来货运贸易发展中还将得到进一步的发展。海运领域的贸易集装箱化发展态势的出现还不到半个世纪，远洋贸易运输的集装箱化也才产生35年。但贸易的集装箱化在出现之初就得到了迅速的发展，到现在世界海运货物总运量的60%以上都已经实现了集装箱运输。在工业化程度相对较高的国家和地区这一比例更高，甚至已经超过80%，现阶段，世界范围内已经有超过700万个标准集装箱投入到货运运输业务中，并大约每年都有100万个标准集装箱在定制之中。

海运领域的集装箱船舶大型化发展方兴未艾。在当前海运领域，已经投入实际运营中的最大船舶承载集装箱的数量已经明显超过0.8个标准集装箱，并且还有1万~1.2万个标准集装箱已经陆续投入到货物运输中，一般被用于“欧洲—远东”这一货运航线中。而在亚洲，经济相对发达的新加坡、中国香港、上海、大阪等港口也在为接待这种大型船舶做相应的发展规划。同样，积极引进比当前船舶航速更具优势的集装箱运输船也逐渐成为各航运公司首要考虑的任务。

此外，与当前航运船舶的大型化发展趋势相适应，国际货运口岸泊位、堆场等生产设施和集装箱运输港区面积逐渐增大，库存容量高达1/60~1/10的集装箱装卸桥也逐渐开始向着高效化和大型化的方向发展。

2. 计算机网络技术应用产生的影响

现阶段，我国电子商务行业已经获得了初步的发展，RA认证中心服务以及支付网关业务也正式启动。在互联网上进行虚拟购物、订票、招商和采购等相关电子商务活动也随着计算机网络技术的发展蓬勃兴起。企业信息化发展程度日渐成为衡量企业市场竞争能力的关键性标准。

电子数据交换技术能够为科学选址提供一定决策基础的 GIS 技术、对货物运输进行动态跟踪的全球卫星定位技术、为补充企业存货量以及确定货物数量提供相应数据参考的销售时点信息系统、语音识别技术等计算机互联网技术已经在世界性集装性运输中得到了相对广泛的应用。为了进一步推进货物代理行业集装箱运输业务的自动化和智能化发展，促使公司在各项运输业务中盈利，公司高级管理层应该加强对各项先进计算机技术的重视，通过引进更为科学的计算机技术提升企业各个相关运输环境的自动化建设水平，既为自身发展节省相应的人力资源，也适当增加客户对公司的信赖程度，使高质量货运代理业务服务成为可能，为公司的持续健康发展打下坚实的基础。在这一技术应用方面，大连中货在我国一直处于发展领先地位，已经通过对先进计算机网络技术的引进，真正实现了公司内部各项信息的交流与共享，对工作效率的提升也产生了相应的积极影响。

（四）文化自然环境

东北是我国高纬度边陲地区，白山黑水、高山密林，四季分明、冬季漫长，具有相对广袤的原野和丰富的自然资源。东北地区独特的地理自然环境优势造就了东北地区人民热情、粗犷、自然、质朴的性格。但是漫长的冬季和低温的天气必然会对区域内的公路、铁路以及水路运输产生一定的不良影响，对冬季东北地区的货代物流行业发展产生相应的阻碍。

而朴实的民风却又为大连中货的发展创造了良好的社会文化环境。大连中货受地理位置影响，主要业务集中在北方地区，公司中的各层次员工也基本以北方人为主，北方人性格中的质朴性为大连中货人力资源的管理提供了一定的便利。可见，东北地区自然文化环境对大连中货的影响具有双面性，因此，大连中货在建设发展中牢牢把握了这种双面性，利用优势应对弱势，在独特的自然文化环境中获得了相应的成功。

（五）产业环境

为了明确大连中货在发展建设中各利益相关者之间的关系，本书选用五力竞争模型对当前大连中货所处的产业供应链建设发展情况进行了细致的分析。

1. 供应商所具有的讨价还价能力

大连中货在本质上属于综合性物流企业，因此，所有采购工作也一般为大宗型采购，所采购的商品类型相对较多，具体包括飞机、船只以及所使用的相关物流工具等。大连中货的建设和发展以中远集团为依托，其货源供应单位多为国有大型制造企业，必然会受到相应的国家政治经济政策调整的影响。而大连中货作为中远集团的重要组成部分，也能够在发展中获得一定的政策法规支持。同时，一次性大宗采购工作为大连中货的谈判工作提供了相应的优势，因此，大连中货货物供应商在讨价还价方面的能力一般相对较弱。

2. 潜在的进入者威胁

对于我国大连中货公司来说，潜在的进入者威胁一般可以分为两个方面，即国际方面和国内方面。对于国际方面来说，中国在正式加入世界贸易组织后，必然要根据国际经济贸易发展的总体性规则对市场经济政策进行适当调整，提升市场的开放程度。而在此时应该明确，市场的开放在为我国经济建设吸引了诸多外资的同时，也为各个行业中的本国企业带来了相应的国际竞争对手。随着我国改革开放进程的加深以及经济发展速度的加快，越来越多的外资企业进驻中国市场，如 TNT 物流以及伯灵顿全球物流等强势企业的进入对中国货代物流市场产生了极大的冲击。而对于国内方面来说，随着我国货代物流发展体系的日趋完善，货代物流理念受到社会的广泛重视，越来越多的相关企业在对物流市场进行了适当的分析后将目光投入到市场中，在一定程度上导致我国货代物流企业不断涌现。这些新成立的物流企业受现代企业管理理念和物流理念的影响，创新意识相对较强，企业的生命力也更为旺盛，对老牌货代物流企业的发展产生着相应的冲击。

以上两种物流企业，特别是进驻到中国市场中的外资独资企业逐渐发展成为大连中货在行业内的主要竞争对手。因此，大连中货在竞争对手的压力下不断加强业内互通合作，引进更为先进的管理技术，发挥自身优势，在行业市场中逐渐占有了一席之地。由此可见，潜在进入者虽然对大连中货产生了较大的威胁，但是也促进了大连中货的发展。

3. 替代者带来的威胁

由于货代行业的利润额度相对较高，可能促使某些实力相对较强的企业将货代物流外包业务重新转换为物流自营业务。而这些企业一旦完成了物流自营业务的合理转换，就会在自身雄厚实力的支持下获得迅速发展，对现有的国际货代物流企业发展产生巨大的冲击，甚至威胁货代物流企业的生存。例如，在超市的零售企业中，许多企业为了降低经营成本会独立负责相关货物的分拣和配送业，沃尔玛公司就是其中最典型的代表之一。同时，在第三方物流行业迅速发展的基础上产生的第四方物流也已经逐渐成为货代行业的研究重点，并且第四物流行业的先进管理理念和管理技术对于整个货代物流行业的供应量把握产生着相应的积极影响。一旦大连中货在建设发展中没能充分发挥第四方物流行业的优势，其他相关企业就极有可能在与第四方物方流产业合作过程中对大连中货的发展产生极大冲击。因此，大连中货在经营发展过程中也存在着一定的替代威胁。

4. 客户在货代业务中所具备的讨价还价能力

可以对货物讨价还价能力进行衡量的一个重要标准就是客户在选择放弃此物流企业时所付出的成本量，也就是较为常见的机会成本。在货代企业中，机会成本越大，客户所具备的相关讨还价能力也就随之越弱，反之则更强。大连中货在现代社会中已经取得了一定的发展成果，自身发展速度相对较快，服务水平也较高，在行业中具有一定的客户口碑优势，这在一定程度上导致客户对公司中各项货运代理业务存在相当强的依赖性，在选择放弃此货代物流企业时必然要承担高昂的机会成本，因此，一般情况下顾客都愿意与大连中货达成长期的协作发展关系。但是，随着我国经济贸易的进一步发展，货代行业内的竞争者和潜在竞争势力逐渐增多，大连中货对客户所具有的一定议价优势正逐渐降低甚至减弱，必将对大连中货的建设发展产生一定的不良影响。

5. 行业内部竞争影响

大连市独特的自然地理环境以及竞价贸易发展潜力吸引了大量的物流货代企业，世界排名靠前的国际货代企业如法国达飞、美国总统轮船公司等都已经开始在大连货代行业市场中设立了分管公司。而这些国际货代物流公司经济实力相对雄厚，甚至拥有相对健全的货代物流信息化运作系统，能够为客户提供全过程的货代物流业务服务。同时这些外资企业在国内行业市场中一般拥有良好的口碑、丰富的经营管理思想和广阔的发展前景，能够满足当前企业的多元化经营发展需要，尤其在东北地区拥有更为优异的揽货能力，逐渐发展成为大连中货的重要竞争对手。鉴于此，大连中货在建设中与竞争对手在服务质量的提升一级业务范围的管理方面挖掘自身不足，取其精华、去其糟粕，最终探寻到了适合自身发展的货代道路。同时，通过对相关企业进行对比还可以发现，大连中货在定价策略的制定方面灵活性相对较差，且受自身货代企业运营成本的影响，定价相对较高，但是其在与相关客户的沟通管理以及货物跟踪和反馈方面具有相对较强的发展优势。此外，大连中货为了在经营管理中取得一定的经济效益，在经营管理中主要采取了直面客户的方式，重视客户对相关问题提出的意见和建议，有层次性和针对性地为不同性质的客户提供具有差异性的货代业务服务，最终促使大连国际货代行业的发展相较于竞争对手来说具有较强的稳定性。

国际上较为著名的马士基和 APL 公司在行业市场中的竞争优势是能够为客

户提供质量相对较高且安全、准确的服务，这些公司为了在市场中获得竞争优势，一般选取了低价竞争的策略，通过实施免收调箱费等措施来承揽货源，但是其主要客户来源仍然是通过货运代理获取的，客户对公司的忠诚度和相应的稳定性都相对较差。虽然面对着国内外巨大的竞争压力，但是大连中货却凭借着优秀的地理优势，在当地行业市场中所占份额呈现出逐年增多的发展趋势，这与大连中货在经营发展中所采取的营销策略和服务水平的提升有着极其密切的联系。大连中货在发展中同样选择使用降低运价的营销策略，对一些为公司做出过较大盈利贡献且信誉较好的客户采用撇脂定价法，尽量与这些客户建立长期稳定的战略合作伙伴关系。同时，积极采取相应的措施逐步提升货代业务服务水平，在市场上树立品牌形象，为货源的持续增长创造条件，进而增加市场占有份额。可以看出，大连中货在经营发展中所采取的一系列营销策略在一定程度上促使其营销能力和服务质量都得到了相应的提升，市场竞争能力也得到了明显的加强，对推进大连中货的现代化建设和发展发挥着极其重要的作用。

第四节 东北腹地经济形势对大连中货发展的积极影响

一、东北三省的经济发展形势

东北三省作为大连中货直接货源腹地具有幅员辽阔、各类资源丰富的优势，土地总面积占全国土地面积的 12.5%，区域内固定人口占全国人口总数的 8.6%。在东北地区已经被探明的矿物资源中，石油、煤炭等常规资源以及非金属矿石等十几种矿产的储量在全国范围内名列前茅。新中国成立后，经过半个世纪的建设和发展，已经逐渐形成了以石油开采、钢铁制造、机械加工、汽车制造为主体，基础设施建设相对完善的重工业体系，重工业产值在全国总重工业产值中占 20%，在全国工业发展中占据着十分重要的位置。同时，东北地区具有一定的自然地理优势，因此也是我国重要的商品粮基地、林业基地和外贸出口地，在货物生产和消化方面也存在巨大的开发潜力。

进入 20 世纪 90 年代后，东北地区的经济形势产生了一定的变化。受知识经济发展趋势的影响，东北地区不断加快产业结构调整的步伐，在保证重工业在国民经济中占主导地位的基础上，开始将经济政策向具有高技术含量、高商业附加值以及应对市场需求方面倾斜，各类商品的流通更为活跃，外向型经济在该地区获得了长足的发展，取得了相应的发展成果。到 2012 年，东北三省的国内生产总值已经突破 5 万亿元，同比增长了 10.2 个百分点，比 2002 年的 1.14 万亿元翻了两番。到 2013 年，东北地区的进出口总额也突破了 1600 亿美元，同比增长9.8%。

二、近几年东北三省的 GDP 增长情况分析

近几年，东北地区国民经济发展相对迅速，虽然在 2014 年 GDP 增速呈现出回落的趋势，但是在前几年东北三省的 GDP 增速都能够保持在 10%左右，甚至到 2012 年，东北三省 GDP 突破 5 万亿元后，虽然在 2014 年增速有所下滑，但 GDP 一直保持在 5 万亿元以上。其中，仅 2012 年，东北三省中吉林省 GDP 总额就达到了 11937.82 亿元，比 2011 年同期增长 12.0%左右，较之于全国平均增幅高出 4.2%；辽宁省 GDP 总额也达到了 24800 亿元，相较于 2011 年涨速有所回落；黑龙江省 GDP 总额为 13691.6 亿元，比 2011 年增长了 10.0%，增幅明显高于全国平均增幅 2.2 个百分点。2003~2014 年东北三省 GDP 增长情况如表 3-3 和图 3-5 所示。

表 3-3　2003~2014 年东北三省 GDP 统计

单位：亿元

年份 省份	2003	2004	2005	2006	2007	2008	2009	2010	2011	2012	2013	2014
辽宁	6002.54	6672.00	8009.01	9214.21	11164.30	13668.58	15212.49	18457.27	22226.70	24800.00	27100.00	28626.58
吉林	2522.62	3122.01	3620.27	4275.12	5284.69	6426.10	7278.75	8667.58	10568.83	11937.82	14800.00	13803.81
黑龙江	4430.00	4750.60	5511.50	6201.45	7104.00	8314.37	8587.00	10368.60	12582.00	13691.60	12981.46	15039.40

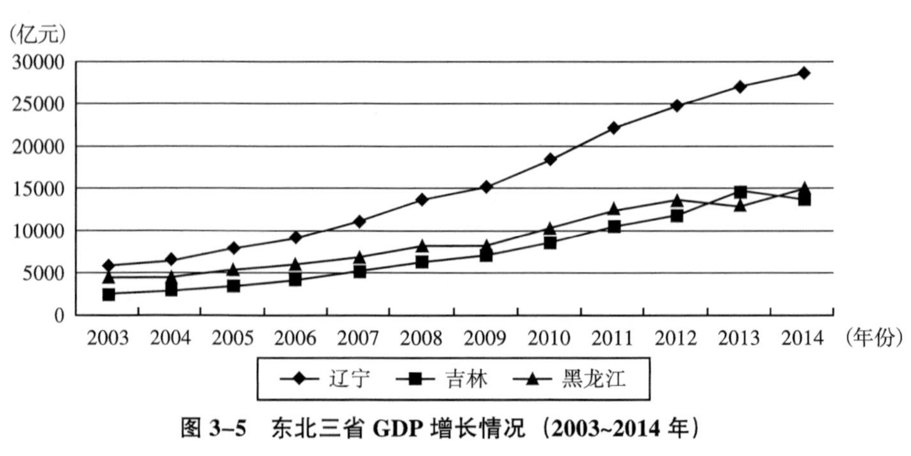

图 3-5　东北三省 GDP 增长情况（2003~2014 年）

三、东北三省进出口总额增长情况分析

近几年，东北三省的进出口贸易得到了飞速发展，进出口贸易增长呈现出逐渐上升的趋势，特别是吉林省在扩大出口政策的影响下，进出口贸易总额增长速度明显加快，带动了整个东北地区进出口贸易的发展。2013 年前 11 个月，东北三省的实际进出口总额高达 1644 亿美元，同比增长 9.8%，比全国平均增速高出 2.1 个百分点。其中，2013 前 10 个月，辽宁省进出口贸易总额为 1052 亿美元，增长了 11%；吉林省进出口贸易总额为 237 亿美元，增长了 6.2%；黑龙江省进出口总额为 355 亿美元，增长了 8.9%。东北三省的实际进口总额和出口总额分别为 832 亿美元和 812 亿美元，同比增长了 1.6%和 16.7%。

从这十几年东北三省进出口总额的增长趋势看，辽宁省进出口总额的增长速度明显高于其他两个省份，并且三个省份在 2003 年之后均呈现出快速增长的发展趋势。总体来说，现阶段，东北地区的进出口贸易发展态势仍然较为兴盛，对东北地区货运代理行业的进一步发展提供了优异的外部经济环境。

四、东北地区沿海港口基本发展形势

大连中货的主营业务基本围绕东北地区几个重要港口来开展，目前受辽宁省沿海地理优势的影响，辽宁省港口承担着东北地区绝大部分的海上货物运输以及 80%以上的外贸物资流通和几乎全部的集装箱运输。同时，东北地区受振兴东北老工业基地政策的影响，经济出现了持续复苏的景象，经济贸易投资热潮也相继涌现，港口功能在政府的建设力量支持下得到了相应的提升，具有极强的地区经济优势，对世界各国相关企业产生着相应的投资吸引力。这在一定程度上为大连中货的发展带来了巨大的发展机遇和挑战。大连中货在新时代背景下为了从各类竞争对手中脱颖而出，牢牢把握着与各个港口之间的有效互动，积极开发口岸市场，拓展货源范围，提升公司行业市场竞争能力，最终确立了公司立足于东北地区的口岸优势，取得了相应的发展成果。

（一）大连港

大连港港域辽阔，是深水不冻港，既是我国辽东半岛沿岸以及环渤海地区与世界沟通交流的最近点，也是由我国进入太平洋进而面向世界的重要海上门户。

大连港在港口范围内的自由水域约为 346 平方千米，陆地面积也超过了 15 平方千米，已建成港口内铁路运输专用铁路线 160 千米，仓储面积 30 万平方米，各类相关货运装卸机械上千台，拥有专业性运输泊位 80 多个，如集装箱专用泊

位、原油专用泊位以及成品油专用泊位等，其中达到万吨级别的泊位就超过50多个，同时还拥有全国规模最大的两个码头，原油码头和矿石码头——大连港在建设发展中已经逐渐成为国家重点建设的四大深水港口之一，对我国的经济贸易活动产生着极其重要的影响。

大连港在货运代理运输方面不仅具有相应的基础设施优势，还具有一定的货运承载优势。大连港已经完成开辟的国内外集装箱运输航线有68条，并且具有10条技术性相对较强的集装箱远洋运输干线，是我国第二大集装箱货运中转港口，集装箱转运能力最强、增速最快的经贸口岸，也是中国海上客运总量最大的开放性港口，承担着东北地区大部分的海上货物运输和集装箱运输任务，对东北地区的经济发展起到一定的拉动作用。

大连港的交通优势也相对较强，哈大铁路线与整个东北地区的铁路干线相连，并在东北地区铁路和公路网络的作用下，能够实现与俄罗斯、朝鲜的沟通，并作为欧亚大陆桥的起点与欧洲经济区相连。在航空运输方面，大连现有大型班机主要有国内外25条航线，能够与国内30多个城市，国际上与美国、日本、朝鲜、加拿大等国相沟通。而管道运输方面则具备大庆原油运输的专用运输管线，并且这一管线可以直接连通到大连港的姑鱼湾码头，具有一定原油运输优势。

现阶段，东北地区的黑龙江省95%以上的海运物资都通过大连港完成运输，吉林省和内蒙古东部地区也分别有67%和70%以上的海上货运运输需要依靠大连港来完成。辽宁省受自身地理位置的影响除部分物资会通过锦州、丹东、营口等中小港口进行运输以外，其余的海上货物运输也基本由大连港来完成。

（二）营口港

营口港是除大连港外东北地区经济贸易活动中最重要的第二大港口。营口港在发展中以营口市为依托，直接与内陆地区的沈阳经济圈相连，并且间接地与东北三省以及内蒙古东部地区的三市一盟建立相应的联系，具有一定的地理位置优势。

营口港的核心业务主要有货运、仓储、船舶物资供应、港口装卸等。同时还代理相关货物托运、非金属矿石和生铁的销售、水路运输等。其中营口港区具有9个已建成生产性泊位，年货物中转能力为130万吨。而鲅鱼圈港区是营口港中发展优势最强的港区，有生产性泊位高达20余个，并且大部分是万吨级以上的深水泊位，年货物综合中转能力为2600万吨左右，其中属于集装箱运输的有73万个标准集装箱。目前，营口港共具有生产性货物装卸器械926台，各类相关港作船舶共17艘，而鲅鱼圈港区则有其中的10艘，具体包含5艘拖轮以及5艘其他各类船舶。同时，营口港区现有陆域港区面积约 50 万平方米，鲅鱼圈港区现有陆域面积则为 509 万平方米。

（三）锦州港

锦州港作为我国环渤海地区唯一一个已经全面对外开放的国际商贸港口，是我国东北地区重点建设和区域性枢纽港口。锦州港现有可用于运营的泊位 12 个，其中一港池泊位 7 个，二港池泊位 4 个，五港池泊位 1 个。一港池的 7 个泊位中具体包含 1 个 5 万吨级油品泊位、3 个万吨级油品化工泊位以及 1 个 3 万吨级多用途杂货泊位。而对于二港池的泊位来说，则主要有 1 个 3.5 万吨级的集装箱运输专用泊位，1 个 5 万吨级的多用途散杂货泊位以及 2 个 7 万吨级的多用途散杂货泊位。五港池则包含 1 个 5000 吨级的油品化工泊位。其余泊位也在国内外经贸市场的需求下正式开始建设，港口目前已经可以承接 12 万吨级的邮轮，年货物吞吐量超过 1000 万吨，并且铁路、公路、航空、管道等在锦州港港口周围形成了相对系统的立体型交通网络。

五、大连中货发展 SWOT 分析

SWOT 分析法是通过对被分析对象自身建设发展所具有的优势、劣势、机会和威胁进行全面、系统的综合性分析和评估，来得出发展结论，并通过对被分析对象内部资源占有量和外部环境的有机结合来确定发展局限和发展优势，并对建设发展进程中所面临的机遇与挑战加以了解，从而调整自身发展战略和战术，最终实现所要达到的战略发展目标。大连中货在建设中必然具备一定的内外部优势，并且在内外部条件的联合作用下面临着相应的发展机遇和挑战。大连中货组织领导层深刻认识到自身内外部发展优势的重要性，在经营管理活动中充分发挥内部优势，完善内部劣势，把握外部发展机遇，解决潜在威胁，最终在激烈的市场竞争中取得了一定的胜利。

（一）内部优势（Strength）

1. 货代业务辐射范围相对较为广泛

大连中货在东北地区创建了 10 家全资子公司，形成了对整个东北地区以及以东北地区为中心整个辐射区域货代行业的控制。同时，由于大连中货在发展建设中积极开辟了诸多的联运线路，所以具有相当广泛的货物和客户资源，其在全国 29 个省市设置的 300 多个营业网点逐渐形成了可以覆盖全国的业务网络，对我国货代物流行业的发展产生着相应的影响。此外，大连中货还拥有相对完善的全球货运代理网络，在欧洲、日本、南非以及澳大利亚等的国际性货运代理网络已经逐步建立起来。

大连中货将中远集团作为发展建设的依托，在经营管理方面利用中远集团在世界范围内的强大货运网络全面发展自身各项业务，并逐渐建立起隶属于本公司的货代网络。需要注意的是，虽然大连中货在我国具有相对广泛的辐射优势，营业网点的分布范围也相对较大，但是受信息技术应用能力的影响，各网点之间还无法实现良性沟通，因此也无法组建真正意义上的货代网络，实施网络化管理。

2. 业务种类较为齐全

大连中货自 20 世纪 90 年代正式成立以来，经过 20 多年的发展，服务水平得到了显著的提升，所经营的业务种类也随着时代的进步而日趋增多，已经能够为国内外相关客户提供相应的海、陆、空货运代理服务，主要业务范围也开始涉及仓储和配送领域。基本能够满足客户的货代业务需求，客户对公司的满意程度也相对较高，并在合作中逐渐与大连中货形成了长期互利共赢的战略合作伙伴关系，取得了较为显著的发展成效。

3. 各项相关经营管理业务指标完成度较高

近几年，在国内外经济形势的影响下，大连中货采取了相应的稳步发展战略，及时抓住市场发展机遇，经营管理水平得到了相应的提升，公司业务范围也得到了进一步拓展，已经能够圆满完成上级公司下达的各项工作进度指标，顺利完成各项经营发展任务，能够对其未来发展产生相应的积极影响。

4. 口岸市场方面具有发展优势

大连中货所关联的口岸整体服务质量相对较好，船期准备班率稳定且一般较高，集装箱运输中转也较为充足。而东北地区以大连市为中心的环渤海运输网络也已经基本建设完成。相较于大连外货运输，大连内货运输也具有一定的地域优势，由于内货运输航程相对较短，船期也一般较为准确，在鸡蛋、牛奶等容易变质腐烂的货物运输方面具有一定的优势。同时，为了进一步提升外货运输的时效性，大连中货结合自身特色设置了专项的直航船，这一举措受到了客户的广泛欢迎。

5. 分公司自身盈利能力逐渐提升

大连中货内陆分公司盈利能力的逐渐提升对公司市场核心竞争力的提升产生着极其重要的影响，也关乎着公司对各类经营风险的有效规避。早在 2005 年，大连中货在锦州和沈阳地区分公司的自身盈利水平就已经突破了百万元。在此基础上，大连中货为加强与分公司之间的联系和对分公司实施有效的管理，逐步完善了各项规章制度，进一步明确了内陆分公司与各口岸之间的业务程序，促进总公司与子公司之间更加协调，最终使内陆分公司的盈利能力逐年上升，成为大连中货经济增量和增效的关键性来源。

6. 明显的品牌优势

大连中货属于中远集团的下设分公司，在经营发展中享有中远集团的品牌优势。中远集团是我国最早发展货代物流业务的国有企业之一，经过半个世纪的发展具有雄厚的实力。大连中货以中远集团为建设发展依托，自身品牌价值也得到了不断的提升，品牌效应更加明显。

（二）内部劣势（Weakness）

1. 基础性硬件设施趋于老化

大连中货经过 20 多年的建设和发展，船队结构已经开始老化，无法与现代货物运输的高质量要求相适应，并且随着科学技术的进一步发展，新船造价呈现出直线下降的趋势，直接导致大连中货现有老化船只大幅度贬值，虽然现有船只也能够基本满足货物运输的使用要求，但是与现代更为先进的货运船只相比工作效率相对低下，影响了公司经济效益的获取。特别是由于这些船只尚未达到使用年限，不仅废弃成本过高，购买新设备的成本也相对较高，所以受到设备的局限，大连中货必然在很长时间内都无法进行大批量新设备采购，设备老化问题对经济效益实现产生的不良影响也无法得到及时缓解。

2. “船大掉头难”

大连中货在我国是相对典型的国有企业集团，在企业经营发展建设中固定资产投资相对较大，所以在现代化转型中存在着相当大的难度。而且国有企业受自身管理层级相对较多的影响，对市场形势的变化反应速度相对较慢，面对复杂多变的行业市场环境，所采取的相应应对措施时效性偏低，对公司市场竞争能力的提升产生不良影响，并且随着客户群体需求的变化发展，这一问题所带来的弊端也会更加明显。

3. 坏账和违约现象频发

由于大连中货属于国有企业，管理层级过多且相对分散，所以对于客户和账目的管理力度偏低，直接导致了相当比例坏账的产生和客户违约现象的频繁出现。为此，公司也制定了一系列的措施解决这一问题，但是整体效果相对较差，无法从根本上避免这一问题的出现。

4. 管理机构臃肿，创新意识差

大连中货受传统经营管理理念的影响相对较大，在发展建设过程中没有设立专门的创新体系，相关高层管理人员管理能力相对较高但创新管理意识差。同时由于机构臃肿，公司内部管理层人浮于事现象较为明显，不利于公司长期效益的获取和持续健康发展，甚至会对基层员工的工作积极性产生相应的负面影响。长此以往，大连中货必然会沦落到人才短缺的尴尬发展局面。

5. 员工工作效率偏低

大连中货由于在货代行业建设起步相对较早，公司内部基础设施建设相对陈旧，对员工的工作热情产生着相应的影响，最终影响了公司的整体工作效率。同时，由于大连中货在建设发展过程中尚未形成一个统一的人力资源管理运作流程，各个相关部门之间的协调沟通能力相对较差，常常会出现指令传达不具体、延误现象，各部门之间的重复工作现象也时有发生。

6. 建设资金相对匮乏

货运代理业务的开展必然需要大量的资金支持。但是大连中货在成立之初就背负着公司合并带来的巨额债务，为大连中货常规性资金运作工作带来了相应的发展压力。特别是随着时间的推移，大连中货要想取得市场竞争就需要及时地更新设备和技术，进行产品升级，这同样需要大量的资金支持，所以大连中货在发展中面临着双重的资金压力。

7. 各项相关政策和规章不够健全

目前，大连中货在建设发展过程中已经成立了 10 个下属分公司办事处，并建成了能够覆盖东北地区的国际货代物流网络。但是由于公司内部各项规章和管理制度尚不健全，在一定程度上导致大连中货对分公司办事处的实际管理差强人意，各个相关分公司办事处之间缺乏高效统一的管理部署和战略发展规划，造成公司内部管理过程中产生了相当程度的内耗。

（三）外部机会（Opportunity）

1. 经济全球化的影响

随着世界经济、文化、教育等融合趋势的不断加强，经济全球化也必然成为世界经济的主流发展趋势。同时，由于经济发展从长远来看是一个曲折上升的系统性过程，在一定时期内必然也会出现相应的经济衰退现象，但总体来说，世界经济一直保持着高速发展的态势。随着世界经济一体化进程的加快，各国之间的贸易往来也越加频繁，货代和物流行业在这一经济环境下获得了相应的发展机遇：国际贸易的增多对国际货代物流行业的发展产生着极其重要的推动性影响，能够进一步推动货代物流行业在现代社会高速健康发展。

2. 国家相关经济政策的支持

我国各地政府为了鼓励货代物流行业的发展，结合本地经济发展的基本状况出台了一系列扶持货代物流行业的经济政策。例如，在2003年由国务院下发的《关于实施东北地区等老工业基地振兴战略的若干意见》中就明确指出应该充分发挥我国东北地区在货代物流方面的港口条件和地理优势，致力于将大连市建设成为东北亚地区重要的世界性航运中心。随着这一政策的提出，国家必然会在大连市货代基础设施建设方面投入大量的资金和技术，大连市现有货代物流企业也会得到进一步发展。

3. 贸易壁垒逐渐降低

中国正式加入世界贸易组织后，开始享受世贸组织成员国的待遇，世界主要发达国家在国际贸易中给予中国一定的优惠政策，国际市场开放程度随之增加，促进了国家进出口贸易总量的激增，对中国货代行业的发展产生着相应的积极影响。

（四）外部威胁（Threat）

1. 客户群体相对单一，高价值货源比重较小

相较于其他国际领先的货代物流企业，大连中货在经营发展中承运的高价值货源相对较少，而在货源代物流行业中正是这部分较少的高价值货运代表着企业的整体货运能力。这类高价值货源通常在离岸价（FOB）贸易条款范围中，而大连中货在国际社会上的主要营销能力还不足以支持对大范围FOB价值货源的开发。但是随着大连中货高级管理层加强对这一问题的重视，近几年，大连中货对FOB价值客户资源的开发比重呈现出逐年上升的发展趋势，客户群体不良状况已经有所好转。

2. 世界经济危机的影响

全球范围内的经济危机对当前世界经济的进一步发展产生了极其严重的影响。而由于货代物流行业可以看作是世界经济的重要发展线索，所以受到的冲击尤为明显。世界整体经济形势的倒退或迟缓，必然会使货代物流行业受到相应的打击，虽然世界经济在近几年的发展中已经表现出相对良好的态势，但是货代物流行业仍然应该提高警惕，采取相应的应对危机措施。

3. 国际航运提高了对货物运输的环保性和安全性要求

随着社会大众对商品运输安全环保意识的日渐增强，货代物流企业在发展中所面临的社会压力也日趋增大，客户在货物的代理运输过程中，对代理企业提出的安全环保要求也随之提升。例如，海鲜类易腐食品的运输，就对货运代理公司

的运输时效提出了相对较高的要求；而原油等商品也要求货运代理运输企业保证运输安全。因此，国际货代企业要想在市场中取得竞争优势，就必须注重运输的安全性和环保性。

4. 市场需求具有一定的不确定性

随着经济贸易的进一步发展，货代行业的客户需求也越加复杂多样，小批量需求逐渐增多，这在一定程度上是对物流企业综合服务能力的一项重大考验。因此，货代物流企业要想在市场竞争中获得生存和发展，就必须科学合理地把握客户市场需求，掌握市场动态发展方向。

5. 同行业之间的市场竞争日趋激烈

随着国家经济形势的变化和货代物流行业的发展成熟，各个国家和地区都必然加强对货代物流业巨大发展价值的重视，行业内部的市场竞争也会随之变得更加激烈。由于大连市地理位置优越，拥有独特的区位发展优势，所以必然会成为行业内各个物流企业的市场竞争阵地。

6. 行业内技术壁垒降低，货代业务的可替代性增强

众所周知，随着科学技术在当代社会的进一步发展和应用，货代物流行业的传统专业技术已经逐渐演变成为行业内的普遍技术，一些资金投入相对较小的企业也能通过对相关技术的应用承接高水平的货代业务。同时，越来越多的相关企业开始在发展中认识到货代物流行业的发展潜力，将原本外包的物流部门进行内部转化，开始自营物流业务，对货代物流企业的发展造成一定的冲击。

（五）SWOT 矩阵与相应的可选择对策、战略

根据上述分析，下面本书就使用 SWOT 矩阵来直观展示大连中货在发展中存在的内部优劣形势和外部机遇、威胁，并针对这些问题提出相应的战略对策备选方案，如表 3–4 所示。

表 3–4　大连中货内部发展 SWOT 矩阵分析

	内部优势（Strength）	内部劣势（Weakness）
	• 货代业务辐射范围相对较为广泛 • 主营业务种类齐全 • 能够顺利完成各项经营管理指标 • 口岸市场方面具备一定的发展优势 • 内陆分公司的盈利能力得到了强化 • 具有明显的品牌优势	• 硬件基础设施趋于老化 • “船大掉头难” • 管理机构臃肿，创新意识薄弱 • 客户信誉问题，坏账和违约现象频发 • 员工工作效率偏低 • 缺乏建设资金 • 各项规章制度不健全

续表

外部机遇（Opportunity） • 世界经济一体化趋势加强 • 国家政策优惠 • 贸易壁垒进一步下降	SO 增长型策略 • 把握世界经济一体化优势，扩展公司货代业务的辐射范围 • 巧妙利用公司品牌优势和高质量服务提升客户满意度 • 提升高层管理人员的创新意识和专业化决策管理水平 • 利用品牌优势加强与客户之间的合作关系	WO 扭转型策略 • 在世界经济一体化影响下寻求基础设施建设契机 • 引进先进管理理念，强化管理层的创新意识 • 引进国外成功经验和相应管理技术，精简管理机构
外部威胁（Threat） • 客户群体单一，高价值货源比重低 • 经济危机影响 • 国际货运环保和安全要求更为严格 • 货代市场需求具有不确定性 • 行业内部竞争日趋激烈 • 行业壁垒降低	ST 多种经营战略 • 利用自身业务、服务优势拓展客户范围 • 进一步挖掘我国内陆市场，应对经济动荡形势 • 加强自主创新，为客户提供多元化服务 • 提升国际货代业务的环保性以及安全性	WT 防御性战略 • 加强客户关系管理，降低公司违约率和坏账发生概率 • 把握时机对公司内相关业务进行整改 • 划分市场，发挥自身业务优势 • 寻求中远集团的全方位支持

六、大连中货发展战略的制定和具体实施

（一）战略思想以及战略目标

通过上述分析论述，可以确定大连中货在发展中制定的战略思想主要为：将创新作为发展的灵魂，将逐步提升自身为客户服务水平作为发展根本，努力完善各项业务和服务功能，增设创利增收渠道，进一步拓展业务范围和服务领域，围绕中远集团的核心优势，全面提升公司在东北地区市场、国内市场乃至世界市场中的重要地位。

大连中货的战略目标为：在公司战略发展思想的正确指导下，大连中货通过实施先进、科学的人力资源管理在建设中逐步获得丰富的人力资源储备，并且达到了人尽其才的人力资源优化配置状态；在经营管理中重视客户关系的处理，最终与重要客户达成相应的长期战略合作伙伴关系；通过实施相应的财务管理战略使其逐渐摆脱债务危机，资金储备量逐步上升；通过加强业务管理实现各项业务的综合优化，增强其在行业市场中的核心竞争能力，强化品牌效应；通过加强分公司管理，促进各分公司之间的交流合作，提升总公司业绩和价值。可见大连中货的总体性发展目标为：在经营管理中构建公司的市场核心竞争能力，进一步提升公司价值。

（二）战略的实施

针对大连中货在SWOT分析中明确指出的公司内部存在的劣势以及外部威胁，大连中货在现阶段的建设发展过程中采取了一系列的战略举措，对整个公司实施更为全面、系统的管理，最终促使大连中货在现代社会货代物流行业激烈的竞争中取得了成功，获得了一定的发展优势。

1. 人力资源管理战略

在大连中货的经营管理工作中，人力资源管理战略中所指的人力资源具体可以定义为大连中货的全体员工以及高层管理人员，甚至包含相应的利益相关者，如商品供应企业和货源客户等。在世界经济一体化发展趋势越加明显的当今社会，各个相关行业内部的竞争也越加激烈。世界各国为了应对经济全球化的发展趋势，都在国家建设中出台了一定的人才培养战略，以求能够在发展中真正实现对国内人才资源的优化配置，进而在后续建设中获得人才的持续性供应。对于当代各个行业中的企业来说，随着知识经济发展趋势的逐渐加强，人才已经逐渐发展成为决定企业在现代社会能否获得持续健康发展的关键，企业对人才的竞争也对企业之间的竞争产生着决定性影响。

由于货代物流行业在发展中所涉及的相关经济领域较为广泛，大连中货为了在激烈的行业市场竞争中取得发展优势，制定了相应的货代物流综合性高素质人才培养策略。综合性高素质人才培养策略明确指出大连中货在人才培养中不仅应该拥有本行业的高素质专业人才，同时还应该具备一定数量的金融人才、国际贸易人才以及法律人才等，也需要能够把握国际整体经济运作方式和基本形式的人才以及能够深入理解现代化企业管理的人才。公司自身的持续性发展需要要求大连中货对于各类专业人才的占有不应该仅仅局限于其中的一个方面，而是应该建立科学立体的战略人才培养库，为公司培养人才，提供丰富的人力资源储备。大连中货在人才培养战略方面基本做到了以下五点：

第一，在整体管理中突出了人才资源管理的核心地位。大连中货在整体经营管理中自觉树立人才是公司第一建设发展资源的先进理念，高度重视对综合性高素质人才的培养。大连中货在发展中逐步树立起多维的人才培养观念，客观、真实地评价和论述了公司人才流动可能会对公司发展带来的正面和负面影响。

第二，善待人才，完善公司人才管理机制。行业内企业之间狭义的人才竞争最直观的表现就是公司内部为吸引人才而制定的策略方面的竞争。而从广义上来说，企业之间人才的竞争具体包含三个方面：其一，吸引人才机制方面的竞争，也就是在竞争的初期将人才吸引到企业中；其二，人才培养机制方面的竞争，具体指如何使人才能够在竞争中获得更好的发展，最终实现互利共赢，在一定程度上涉及一部分人才培训机制方面的各项内容；其三，用人机制方面的竞争，也就是说公司在人才岗位安排上最大限度地使“人尽其才”，充分发挥人才的应用价值，获得最大发展动力。大连中货在发展中以科学的理论为支撑，建立了从吸引人才、培养人才到最终使用人才的配套性人才管理机制，充分调动了人才的工作积极性，发挥人才岗位工作优势，基本实现了人才与企业之间的互利共赢。

第三，完善人力资源企业绩效管理体系。企业绩效管理体系的质量水平是企业整体经营管理质量高低的外在表现，获得成功发展的企业必然会具备较为健全、完善的人力资源绩效管理体系，进而为企业员工的实际利益提供相应的保障，促使人才自身价值得以在企业人才管理中实现。大连中货高度关注各部门对人才的实际需求，具体探析了各部门对人才的具体需求阶段，如保健或激烈需求阶段等，通过对员工工作实施绩效考评，在满足员工自身发展保健需求的基础上，采取一定的激励措施加强对员工的激励和管理，提升员工的工作积极性，进而对公司内部工作效率的实现以及效益的获取产生相应的积极影响。

第四，重视员工身心发展。大连中货在发展中关心员工日常生活，积极采取相应的措施为员工营造优异的工作环境、生活环境。定期加强对员工的心理干预，舒缓员工工作生活压力，适当开展了相应的员工心理辅导工作。

第五，寻找适当契机进行机构整改。人浮于事、机构臃肿是我国国有企业在现代社会精英发展中的普遍社会现象，不仅会造成企业大量国有资源的浪费，也会在一定程度上对员工的工作积极性产生负面影响，对企业文化的树立产生相应的阻碍。鉴于此，大连中货针对公司内部机构臃肿的发展劣势，积极寻找发展契机，抓住机遇，及时实施机构整改工作，逐步提升了企业的工作效率、创新能力以及市场反应速度。

上述内容具体阐述了大连中货在整体经营管理活动中实施的人力资源开发战略举措，取得了相应的开发成果。但人力资源管理不仅包含着对企业管理人员和员工的管理，也包含着对企业与利益相关者各项关系的处理工作。大连中货在发展中同样重视对公司利益相关者关系的处理，最终与客户建立了长期稳定的战略合作伙伴关系。

2. 客户关系管理工作

在公司内部实施客户管理最重要的一点就是应该研究相关客户的具体信息。大连中货在客户关系管理中利用较为先进的计算机处理技术为每一个相关客户建立了相应的电子档案，具体记录了企业各个客户与公司之间达成的每一项交易内容、交易基本完成情况以及客户最终对公司货代业务的评价和相应的意见、建议等。真正做到了企业对客户相关信息情况的全面掌握，不仅能够提升企业的业务满意度，扩大货源客户范围，还能够帮助企业了解客户诚信状况，进而减少坏账和违约现象的发生。

随着知识经济时代的到来以及企业经营发展理念的转变，当代企业在发展建设中已经基本完成了从“红海战略”向“蓝海战略”的转变，国际上各个相关企业之间的相互作用关系也由最初的完全对立转变为互利共赢。大连中货在这样的经济形势下与大连乃至东北地区的其他货代物流企业寻求合作机会，逐渐与马士基、中海等具有一定实力的货代物流企业形成了相应的战略合作伙伴关系，不仅拓展了相应的业务范围，也帮助企业分担了经营发展风险。大连中货与本地区其他货代企业相联合形成了相应的货代行业联盟，在促进公司内部货代物流网络进一步完善的同时，也在一定程度上扩大了公司相关业务的货源覆盖范围。同时，大连中货为了加强与客户之间的关系，也采取相应的措施与客户建立了一定的利益共同体，在处理与大客户关系方面与客户构建了长期稳定的战略合作伙伴关系，为大客户提供更为优质廉价的货代业务服务，最终通过战略合作伙伴关系的建立实现了对这些能够为公司带来丰厚利润客户的完全占有，这对大连中货的成功发展产生着一定的积极影响。

3. 财务管理

财务管理工作的设置主要是为了帮助公司实现自身战略发展目标，在财务管理方面做出相对科学的管理举措能够进一步提升企业的经济社会效益，提高企业应收账款管理水平等。大连中货为了获得成功发展，在公司财务管理方面做到了以下几点：首先，将中远集团作为建设发展的依托，充分利用中远集团的雄厚资金优势。中远集团是我国最重要的国有大型货运企业之一，受到国家的高度重视，享有一定的政策性优惠和政府资金支持。大连中货在建设发展中重视对这一条件的利用，积极向中远集团争取建设资金来保证公司各项业务的开展质量。同时，由于大连中货在货代物流行业发展起步较早，所以其货代方面的基础设施建设相对陈旧，基于此，大连中货合理利用所筹集到的资金，逐步更新了自身设备，为公司的进步、发展创造了有利条件。其次，降低坏账和客户违约概率。大连中货在发展中对相关客户实施细致的管理和登记划分，为每一个客户建立相应的信用账户，根据客户在交易中的表现评定客户所具有的信用等级，以此为依据在合同中设置不同客户所享有的不同收款期限和附加收款条件等。尽量要求客户将具体沟通协商结果转变为书面化的形式，对信用等级低的客户采取一定的惩罚措施，严重者解除合作关系，最大限度地减少客户违约数量。

4. 业务管理

第一，在货代方面大力发展多式联运业务。大连中货为了增加公司价值，在运行管理中加强与中铁集运等重要内陆运输集团的交流合作，与其建立长期稳定的战略合作伙伴关系，最大限度地争取在运价调整以及灵活运输时间的设定方面获得中铁集运的鼎力支持，进一步巩固大连到哈尔滨、长春、延吉、营口等地的铁路专线。同时，大连中货还积极开发相应的货运客户资源，调整铁路货物代理运输的总量，充分发挥规模化发展的集中优势，争取实现对整个货运专列的承包和占有，进而获取更为低廉的价格优惠，提升自身盈利水平。此外，大连中货在经营管理活动中还注意海铁联运过程中内陆揽货可能产生的问题，尽量保证可以及时、准确地将货物按照客户要求运送到指定地点，并且合理利用列车返回式的运输空间，真正实现了货车来去都能够承载货物，避免了空载浪费现象的发生。对这一措施的应用不仅使大连中货提升了公司货代运输中集装箱和所承包列车的有效使用率，也同样帮助公司进一步完善了整个内部物流网络。

第二，加强散货业务管理并在发展中寻求突破。散货业务在大连货运中占据着较大的比重，这部分货运代理运输业务相对零散，经营发展所产生的利润值偏低，但是在东北地区地理位置优势的影响下仍然存在一定的发展优势。大连中货整体业务管理中加强对散货以及散货代理运输的统一协调管理，在充分满足客户对运输具体要求的基础上，拼箱代理运输，减少了资源的浪费。同时，大连中货还注意开发货源价值相对较高、代理运输量偏大的高价值含量客户，争取在能够保证企业具有一定的散货基础性代理运输业务的同时，也能够推进更高层次业务的发展。

第三，提升货代运输的安全性和环保性。随着时代的进步和社会的发展，人们逐渐认识到环保和安全在日常生活中的重要性，特别在国际贸易货物运输中，各国海关对相关商品的安全环保指标要求也逐渐增强，这对各国货代企业的发展都产生着一定的影响。鉴于此，大连中货作为我国重要的货代物流企业，是国际性的货运代理承运商，在各项贸易交流中必须对货物的安全性和环保性负责，并真正将相关产品运输的安全环保性上升到公司的战略管理位置。保证货物运输的安全环保是每一个货运企业应该坚持的责任，大连中货作为我国国有货代企业中的典型代表坚持以身作则，通过重视货物代理运输的安全性强化企业信誉，提升企业在国际范围上的知名度，进而扩大货源，促进企业的健康发展。

第四，发挥公司区位优势，统筹各项资源。大连中货公司位于大连市，公司将大连市作为区位发展中心，在东北三省范围内建设了10家分公司。为了寻求行业内的进一步发展，大连中货在管理中统筹现有资源，优化资源配置，最大限度地发挥自身的资源优势，以东北地区为主要业务中心，建立起了可以辐射全国甚至世界的货代物流服务网络，最终促进了公司的网络化建设和发展。

5. 价值管理

第一，强化公司的品牌效应。品牌效应是行业内部各企业之间生产竞争的结果，良好的品牌形象是大连中货在激烈的市场竞争中得以生存和发展的重要基础。大连中货在发展中进一步加强对品牌资产的建设和品牌形象的管理，切实提升公司在公司文化方面的管理质量，强调将品牌发展战略的全球化与作战技术本地化的有机结合，进而制定出面向世界、符合当地实际情况的品牌管理方案，真正增强了公司的品牌效应，使公司获得了更多高价值的客户资源。

第二，增强企业的市场核心竞争能力。大连中货为了在发展中为相关客户提供更为优质、便捷的货代业务服务，并在此基础上逐步增加服务的附加值，提升客户对公司货代业务服务的满意程度，在具体分析了当前大连中货主客观情况的基础上对公司的市场竞争能力进行了预判定，并采取了相应的措施强化这一判定，在一定程度上促进了企业可持续盈利的发展。

第三，重视加强企业文化建设。企业文化是企业内部管理的精神动力，也是一家企业获得健康稳定发展并最终走向成功的重要保障。大连中货在人力资源管理工作中帮助员工构建了相对正确的人生观和价值观，引导公司员工在发展中树立正确的价值意识和思想，重点宣扬员工的个人利益应该服从公司的集体利益。同时大连中货在企业文化建设过程中高度重视企业文化发展的持续性，以正确的文化意识对员工思想产生相应的指导，增强员工公司的归属感，缓解公司人力资源流失现状，从根本上为大连中货用人问题的解决创造了相应的条件。

（三）战略实施结果

东北地区历来形成了以重工业为主的经济发展结构，致使东北地区集装箱运输货源发展不理想，对货运代理事业的发展产生了相应的不良影响。但是自21世纪中国政府正式提出振兴东北老工业基地的政策后，东北地区集装箱货源中适箱货所占比重逐渐增加，国际航运也开始呈现出集装箱化的发展趋势，因此，东北地区以散货为主的外贸经济必将会衍生出更多的货源。在此基础上，环渤海地区作为我国现代集装箱货代运输的三大区域之一，集装箱货源的生成量可能将达到1000万个，对大连中货在现代社会的进一步发展产生着一定的积极影响，为其在货代行业中的成功发展创造了相应的有利条件。大连中货合理利用东北地区的集装箱生成模型，结合市场占有率对公司现代化建设做出了明确的发展规划，从对市场动态变化形势的基本认识，到紧抓机遇，规避风险，再到把握内部战略优势，提升企业市场竞争力，最终实现了公司盈利水平的显著提升，促使大连中货在行业竞争中取得胜利。

同时，通过战略举措的实施，大连中货经营管理活动中员工的工作热情、工作积极性、危机意识以及专业素质等都得到了相应的提升，公司建设中人力资源基础更为坚实，甚至帮助公司从根本上解决了后续用人问题。而通过合理处理供应链中公司与相关客户之间的关系，实现对客户的细化管理，逐渐与客户建立了长期稳定的战略合作伙伴关系，使企业在现代社会的进一步发展具备了持续性的稳定货源。同时，大连中货在建设发展中实施相应的财务管理战略，逐渐帮助公司摆脱了债务危机，并在中远集团的支持下迅速获得了一定的资金储备，有效提升了公司货代业务的工作效率，促使大连中货最终表现出成功的发展趋势。在此基础上，大连中货的公司品牌效应也得到相应的提升，在资金支持下软硬件设施的更新使公司逐步建立起现代化的货代物流网络，为公司内外部经营管理信息的及时传达和获取提供了相应的保障。这些措施的合理使用，最终使大连中货基本实现了现代化管理，公司业务逐渐呈现出精简化和稳定发展趋势，公司的经营管理业绩越加突出，成为大连中货获得成功发展的外在表现。

大连中货的成功发展对我国其他国际货代公司的经营管理以及发展战略的制定提供了一定的借鉴和参考，有助于我国相关国际货代企业借鉴大连中货的成功发展经验，进一步加强自身人力资源管理、业务管理、价值管理等，进而在市场竞争中取得优势，获得最终的成功，推动货代物流行业的整体性发展。

第四章　国外国际货代企业成功经验的借鉴

随着经济全球化的发展，世界经济一体化进程在不断加剧，世界经济一体化进程的目的就是为了实现货物在全球范围内的流通，而货代企业则在全球货物流通当中发挥着重要作用。货代行业作为经济发展的第三产业，被称为一国经济发展的“助推器”，对经济的发展起着巨大的推动作用，是国民经济发展的基础，一国货代行业的发展水平甚至对其综合国力都会产生重要的影响。然而当前世界范围内国际货代企业的发展却出现了不太平衡的局面，受全球经济这种不平衡局面的影响，全球国际货代企业在发展中也出现了发展不平衡的现象。在当今国际货代行业的发展中，欧美是现代货代行业的起源地，并且随着时间的推移，欧美等国货代企业的发展也进一步走向成熟，能够为我们国家货代行业的发展提供一些有益借鉴。本章根据外国一些成功货代公司的发展实际，结合我国货代行业发展的实际情况，提出了一些推动我国货代行业进一步发展的建议。

第一节　欧洲国际货代企业的成功案例及其借鉴

欧洲是现代经济的起源地，伴随着欧洲经济的发展，19 世纪下半期，欧洲货代企业开始走向全球化的发展轨迹，经过 100 多年的发展，欧洲货代企业已经在全球建立起了货代网络。欧洲货代企业的发展经验值得我国货代企业学习。

一、德迅公司

（一）德迅公司的基本概况

德迅公司是欧洲比较传统的物流公司之一，其创立于 1890 年，经过 100 多年的发展，截至目前，德迅公司已经在全球的 82 个国家建立了 480 个具体的服务站点，基本上已经覆盖了全球的主要贸易地区。德迅公司最早发源于欧洲的德国，随着公司的不断发展，根据公司实际需要，目前德迅公司已经将总部迁移到瑞士的斯琴德尔雷吉。德迅公司是一家发展比较成熟的货代公司，不仅向客户提供陆上货代服务，还会向客户提供相应的海上以及空中的货代服务。根据该公司的发展现实，1997 年，该公司陆上货代运输所赚取的利润占据了近公司总利润的 42%，成为了德迅公司最主要的货代业务种类，而海上货代运输和航空货代运输却只占据了比较少的部分，前者大概占据了货代运输的 26%以上，而航空货代运输大概占据了 22%。

德迅公司将海运货代业务、航空货代业务和国际物流以及其他服务作为主要的工作。在货代业务发展过程当中，德迅公司形成了自己独特的业务特色，最显著的是德迅公司将公司业务形成一种世界性的网络系统，并不断扩展公司的服务范围，同时为客户提供多联式的货代服务业务。德迅公司在服务当中建立健全物流系统，并对物流系统进行全面管理，对于客户个别的要求，德迅公司也会具体问题具体分析，采取针对性的措施来满足客户的需求。除此之外，德迅公司还拥有比较完善的通信和情报系统，并且公司所有部门都获得了 ISO9001 国际认证。

德迅公司在发展当中坚持以“客户的需求”为出发点，根据客户的需要，开发各种各样的顾客系统。此外，德迅公司还及时关注世界局势的变化，并对世界经济发展状况进行分析，根据公司的需要制定出科学的发展战略。通过对世界经济发展格局进行分析，公司将拉美和亚太以及东欧地区作为自己发展的主要方向，并且能够根据不同地区的客户需求，制定科学的投资计划方案。

德迅公司为了建立起与客户的长期合作，斥巨资建立了技术情报中心，并及时对情报技术进行进一步的完善和升级。除此之外，企业还根据不同客户的需求，为客户制定不同的服务方案，并利用公司多种多样的服务内容为客户提供更多的服务。

（二）德迅公司值得借鉴的成功经验

1. 建立健全全球物流系统

货代企业的主要职责就是将客户的商品运送到客户指定的目的地，这些目的地可以属于不同的国家。例如，德迅公司接到中国浙江温州企业的货单，需要将做好的鞋子运送到鹿特丹港口，那么德迅公司首先需要让德迅驻中国的分公司接收客户的订单，并由中国分公司进行具体的安排，之后当货轮走到不同地区时，德迅在全球不同的分公司都可以随时为业务提供服务。通过建立全球性的物流系统，德迅公司可以接收来自全球客户的订单，这样就可以使德迅公司的经营范围覆盖到全球领域，从而能够获取比较丰富的客户资源，增加公司的业务量，为公司带来更多的利润。除此之外，一旦公司负责的业务在运输过程当中出现问题，离事故点最近的物流网点可以立马采取措施，将损失降到最低点。因此，我国货代企业在发展当中也应该学习德迅公司的成功经验，在全球范围内建立全球性的物流系统。

2. 根据世界发展大局势以及客户需求制定企业发展规划

德迅公司在发展当中坚持“具体问题具体分析”的原则，并且能够根据客户的具体需要，着手开发各种各样的适合顾客需求的系统，在此基础上，德迅公司也制订了自己公司的发展战略计划。在未来的发展当中，德迅公司将亚太地区以及拉丁美洲地区和东欧地区作为公司发展的重点区域，并且在这些区域中设置了相应的分公司，建立健全公司在这些地区的全球物流网络系统。在当前的世界经济发展当中，亚太地区对世界经济发展产生了深刻的影响，亚太地区拥有丰富的劳动力资源，其经济发展总值占据了世界经济发展总值的一半以上，尤其是制造业比较发达，其中中国被称为“世界工厂”，亚太地区以其对世界经济发展的主要作用被称为“世界经济的引擎动力”。而拉丁美洲资源比较丰富，可以为亚太地区的经济发展提供充足的原料，亚太地区生产的产品也在很大程度上被卖到欧洲等地区，无论是原料的运输环节还是产品的运输环节，都需要货代公司为企业发展提供运输服务，德迅公司根据未来经济发展的主要状况，并根据不同地区客户的具体需求，及时调整自己的业务重点，制订适合的发展计划，在很大程度上促进了企业的发展。我国货代企业在发展当中也应该借鉴德迅公司的成功经验，及时关注世界局势的变化，并对世界局势的变化做出正确的判断，在此基础上，根据不同地区客户的需求，为企业制定出科学的发展战略，促进企业的持续发展。

3. 建立健全客户信息系统中心

企业是以盈利为目的的组织，对于企业发展来说，盈利的关键在于是否能够获得更多的客户资源。德迅公司意识到了客户资源的重要性，在企业发展当中，德迅公司致力于建立长久的客户合作关系，为了达到这种目的，德迅公司建立了客户信息系统，专门对客户资源信息进行分析，及时了解到客户的需求，使公司能够与现有的客户建立长久的合作关系，与此同时，在把握好现有客户资源的同时，还能够有效地开发新的客户资源，确保客户资源的稳定性和长久性，为公司带来更多的收益。针对不同客户的需求，德迅公司利用其庞大的技术情报中心对客户的需求进行分析，为客户提供适合的服务。德迅公司对客户信息资源的重视值得我国货代企业进行学习，我国的货代企业在以后的发展当中，也应该对客户资源给予足够的重视，把握好现有的客户资源，并且及时开发出新的客户资源。

4. 重视公司国际形象

对于企业的发展来说，良好的国际形象可以为企业吸引更多的客户资源，德迅公司的所有部门都获得了 ISO9001 国际认证，在国际上树立了良好的国际形象。我国货代企业也应该借鉴德迅公司的发展经验，及时获得国际权威机构的认证，树立良好的国际形象。

二、辛克公司

（一）辛克公司的基本概况

辛克公司也是欧洲著名的国际货代公司之一，辛克公司的总部设在德国的埃森，距今已有 100 多年的历史，最早源于 1872 年。辛克公司最早的服务业务主要是混载货物，经过 100 多年的发展和壮大，目前，辛克公司的业务主要涉及海运货代以及航空货代两种，除此之外，辛克公司也会从事一些与物流相关的服务业务。目前辛克公司在全球的 54 个国家设立了将近 320 个服务点，与此同时，辛克公司还与 540 多个国家的代理商建立了合作关系，并且在 1917 年，辛克公司在美国纽约开设了第一家海外分公司。

辛克公司不断拓展自己的经营目标，并没有将自己的业务范围局限在原有的国际海运以及航运业务上，辛克公司根据自身发展的需要，考虑到国际发展的状况，及时为公司制定新的经营目标，把公司定位于可以开展综合物流服务业务的第三国运输者。

经过 100 多年的发展，公司已经取得了一些发展成就，根据公司的统计，1997 年其收入已经达到了 43 亿马克，约合 24.57 亿美元。辛克公司的职工人数已经达到了 5900 人，仓库的面积也达到了 1000 万平方英尺。

与其他国际货代公司相比，辛克公司的服务范围相对来说比较广泛，服务内容除了海空运输和货物运输之外，还包括混载、报关以及重件和特殊运输，甚至包括租赁业务、展示品运输以及仓储和货物保险等。

与德迅公司比较相似的是，辛克公司也建立了完善的情报技术服务，并且不断改进货物跟踪系统，保证对货物运输的全程跟踪，这样能够及时了解到货物运输的具体情况。除此之外，辛克公司还根据公司业务的需要，斥巨资建立了适合多国籍企业的综合物流运输系统，并且辛克公司也已经获得了 ISO9001 国际认证。

辛克公司根据国际贸易发展的需要，将交通运输要道新加坡作为公司海运以及货运的据点，并且建立了面积为 269 万平方英尺的大型物流中心，从而方便货物的装运以及储藏。公司也十分注重不同地区的发展需要，对不同地区采取不同的服务业务。例如，拉丁美洲主要是工业原料的产地，阿根廷是著名的牛肉产地，但是肉制品的保鲜期比较有限，根据这一特点，辛克公司在拉丁美洲开展了航空货代服务。巴西主要盛产咖啡豆、矿产等原材料，而这些原材料大多需要大型的运输工具进行运输，为了满足拉丁美洲发展的需要，公司在拉丁美洲也开展了海运货代运输业务。而俄罗斯市场和亚洲市场则是世界制造业的中心，因此，在这些地区辛克公司则比较注重工程货物部门的开发。最后，为了给顾客提供更多的方便，辛克公司还开展了“门到门”的服务业务。

（二）辛克公司值得借鉴的成功经验

1. 制定科学的公司经营发展目标

经营目标是企业发展的向导，对企业的发展起着重要的作用，科学合理的发展目标可以指导企业一步步走向壮大，不切合实际的发展目标很可能使企业在发展当中由于过度扩张而面临破产。辛克公司在发展当中也十分重视对企业发展目标的制定，辛克公司最开始是从事混载货物运输业务的，但是，辛克公司并没有将自己的发展目标仅仅局限于国际海运和国际航运业务当中，而是根据自身的发展实际状况，并且迎合国际发展潮流的需要，制定出适合公司发展的经营目标，将公司当前阶段的发展定义为可以开展综合物流服务业务的第三国运输者，在科学经营目标的指引下，辛克公司的业务量取得了明显的成绩，其中以海运为例，辛克公司在 1997 年的大西洋航运货代业务大概增长了一倍，就连太平洋东航货代也增长了将近 30%。我国货代企业在发展当中也应该效仿辛克公司的发展经验，根据公司发展需要，并且结合世界经济发展状况，制定出适合企业发展的经营目标。

2. 不断拓宽公司的服务内容

在进行国际贸易的过程中，货物运输往往是比较麻烦的一种业务，需要涉及各种各样的工作，例如，报关申请、保险业务、货物储存业务、租赁业务等，对于企业来说，如果通过一个货代公司就能够将所有与货物运输相关的工作做好，那么就可以为企业节省更多的开支。辛克公司正是意识到这一情况，及时开展了各种各样的其他业务，目前，辛克公司除了经营比较主要的海运货代业务和货物运输之外，还进行一些保险业务、报关业务、租赁业务、展示品运输业务以及一些特殊运输业务。我国货代企业在经营业务选择方面，也应该借鉴辛克公司的发展思路，根据客户的需要，为客户提供“一条龙”服务，在节省客户时间的同时，也能够为企业赚取更多的利润。

3. 根据不同地区需要有重点的开展业务服务

当今世界经济在发展当中呈现出全球化和一体化的发展特征，不同地区都有各自的发展特点，如果货代公司在发展当中不考虑不同地区的需求而开展业务，很容易导致公司在资源方面的浪费，并且也很难寻找到合适的客户资源。辛克公司则很好地解决了这个问题，辛克公司在公司业务开展当中，对不同地区都进行了分析，例如，根据拉丁美洲的原材料供应地的发展特征，辛克公司将海运业务和航运业务作为拉丁美洲发展的重点，而针对亚洲制造业比较发达的特点，辛克公司则借助于公司的工程货物部门对俄罗斯市场和亚洲市场进行了开发，除此之外，考虑到新加坡位于咽喉要道马六甲海峡的地域优势，辛克公司将新加坡作为公司的集结中心。在这种情况下，辛克公司的人力资源得到了合理开发和有效配置，集中各方面不同的优势有区别地开发不同地区的业务资源，从而提高了辛克公司资源的利用效率。我国货代公司在发展当中也应该借鉴辛克公司的发展经验，根据世界不同地区的发展需要，有针对性地将公司的资源布置在不同地区，并且还能够根据不同地区的需要，为客户提供相应的服务。

4. 建立大型物流中心和仓库储存设施

货代业务属于一种比较复杂的业务范围，需要考虑与货物运输相关的各种各样的问题。在国际贸易当中，货物的储存以及货物的集散和装运环节都是重要环节，会直接影响到货物运输环节的顺利进行，这就需要建立大型的物流中心和货物集散中心以及仓库。辛克公司意识到了必须解决货物运输和货物储存问题，在新加坡建立了面积为 269 万平方英尺的大型物流中心，除此之外，辛克公司还建立了面积为 1000 万平方英尺的大型仓库。基础设施建设是货物运输得以顺利进行的前提，我国货代公司在发展当中应该借鉴辛克公司的发展经验，建立大型的物流中心和仓库储备设施，扩大企业的容纳能力。

5. 寻找合适的代理商

货代公司的业务常常会涉及不同国家的不同地区，如果公司在每一个地方都建立自己的分公司，那么将会使企业的成本大大增加，为了节约企业成本，货代企业应该与当地的一些企业建立合作关系，扩大代理商的数量，除此之外，代理商通常都是本地土生土长的企业，对本地区的实际状况比较了解，可以在当地更好地开展货代业务。辛克公司与 540 多个国家的代理商建立了合作关系，使公司的服务更加适应本地区的发展需要。我国货代企业在发展当中也应该借鉴辛克公司的发展经验，寻找一些具有发展前景的代理商，并且与代理商建立良好的合作关系。

三、泛亚班拿公司

（一）泛亚班拿公司的基本概况

泛亚班拿公司也是欧洲比较古老的国际货代公司。泛亚班拿公司的总部设立在瑞士的巴塞尔，该公司成立于 1895 年，距今已经有 100 多年的发展历史，主要经营国际货代和运输业务，泛亚班拿公司已经在全球的 62 个国家建立了 268 个服务点。目前，与泛亚班拿公司建立长期合作关系的公司主要有 IBM 公司、菲利浦公司以及大众汽车公司和通用汽车公司等。

在国际货代业务方面，该公司主要为客户提供航空货物运输服务以及海运运输服务等。在公司发展过程当中，其理念主要是为客户独自提供运输工具，除此之外，根据世界发展需要，公司还承担了石油等能源资源物质的运输业务以及一些工程货架运输业务。

经过 100 多年的发展，公司的业务取得了明显成就，以 1997 年为例，首先，在全年的总利润当中，公司的总收入达到了 37.74 亿美元，其中净收入达到了 29.92 亿美元，总利润为 6.22 亿美元，净利润为 3640 万美元。除此之外，在总利润当中，航空货物运输占据了总运输量的 48%，其次，海运运输占据了总业务量的 43%以上，陆上运输并没有占据主要部分，大概占据了总业务的 6%，其他的业务量则为 3%。但是，从地区的构成比例来看，北美洲大概占据了货运总量的 25%左右，欧洲也占据了大约 25%，与北美和欧洲相差无几，亚洲也占据了大概 24%的比例，而非洲、拉丁美洲占据的比例更少，分别为 10%以及 14%左右，其中澳大利亚占据比重最少，仅仅占据了 2%。

为了获取有效的客户资源，公司还根据需要建立了情报网络系统，从而能在全球范围内寻找客户资源。公司目前大约有 10000 名员工，并且根据公司的实际发展需求，建立了 1000 万平方英尺的大型货物储备仓库。

泛亚班拿公司的发展思路是“综合运输”，从而能适应不同国家客户的需求。公司主要采取了多式联运的发展方式，并且还选择与航空公司建立一种长期的合作关系，然而，对于那些非集装箱的货物运输业务，泛亚班拿公司通常会使用本公司的船舶进行运输。

（二）泛亚班拿公司值得借鉴的成功经验

1. 开发和提供物流服务

与德迅公司、辛克公司一样，航空运输业务以及海运运输业务也是泛亚班拿公司的主要业务。随着欧洲一体化进程的发展，欧洲地区实现了区域内运输的高度自由化和一体化，不同地区之间的流通水平有了提高，这需要货代企业为客户提供物流服务。泛亚班拿公司不仅与一些大的航空公司和船舶运输公司进行合作，而且对于那些非集装箱货物，公司还会利用自己的船舶进行运输。中国货代公司在发展当中，也应该借鉴泛亚班拿公司的成功经验，不仅与国际著名的航空公司以及船舶公司建立一种长期有效的合作关系，而且还应该根据企业发展的实际状况，为客户提供物流服务，并且能够根据不同货物的具体情况，对公司的不同资源进行有效配置，当货物运输量比较大或者是运输路径比较长和复杂的情况下，可以采取与航空公司或者是船舶公司进行合作的方式，当货物运输要求比较低时，可以使用本公司的船舶进行运输，从而使公司的资源能够得到有效配置，为企业的发展带来更多的利润。

2. 形成公司发展的鲜明特色，拥有稳定的客户资源

货代公司如果在发展当中能够形成自己独特的优势，就可以吸引一些对运输专业化水平要求比较高的客户，并且能够形成比较稳定的客户资源。例如，泛亚班拿公司在发展当中可以提供石油等能源材料以及一些特殊原材料的运输服务，并形成了泛亚班拿公司在运输石油等特殊材料方面的优势，因此，在企业发展当中，泛亚班拿公司通常会有自己比较固定的客户资源。在此基础上，泛亚班拿公司还在发展当中开展比较广泛的货代业务，为公司吸引更多的客户。在我国的货代企业发展当中，也应该借鉴泛亚班拿公司的发展经验，在开展全方位货代服务的同时，形成本公司的发展优势，使企业在发展当中能够吸引一些专门的客户，掌握一些比较稳定的货代客户资源，促进公司的进一步发展。

3. 开展综合运输服务业务

在发展当中，泛亚班拿公司开展了综合性的服务业务。泛亚班拿公司的物流运输能力相对来说比较有限，然而，其采取与不同的船舶公司以及航空公司建立长久的合作关系，利用这些公司巨大的运输能力，有效避免自己公司在这些运输方面的不足之处，开展综合服务业务。通过这种方法，泛亚班拿公司在形成自己公司独特优势的同时，还开展了广泛的货代业务。我国货代公司在发展当中也应该借鉴泛亚班拿公司的成功经验，通过与航空公司以及船舶公司建立良好的合作关系，在全球范围内开展综合的运输业务，以此来提高公司的业务量。

四、Ajedgeco 公司

（一）Ajedgeco 公司的基本概况

与以上三个欧洲国际货代公司不同的是，Ajedgeco 公司是一家相对来说规模比较小的国际货代公司，根据相关统计，Ajedgeco 公司在 1998 年的营业额为 2100 万美元，并且每年的税率处在不断增加的状况中，根据资料显示，每年税率的增长率可以达到 25%。英国公司主要的集装箱出口航线大概达到了 8000 个集装箱的容纳量，而从亚洲到英国的出口航线大概有 1000 个集装箱的进口箱量。除此之外，Ajedgeco 公司还经营一些其他的陆运以及航空运输业务，这些业务的覆盖范围主要集中在欧洲地区。

Ajedgeco 公司在企业发展当中制定了适合本国企业发展的战略规划，值得注意的是，Ajedgeco 公司在企业战略定位方面具有自己的独特之处，在 Ajedgeco 公司看来，它在吸引客户资源时，可以不通过降低运输费来吸引客户，而是通过为企业提供优良的服务，从而吸引更多的客户资源。在它看来，为客户提供质量比较好的服务比为企业提供价格比较低的服务更值得它去重视。Ajedgeco 公司在发展当中，始终坚持一种“为客户提供一贯高质量服务，长时间将客户视为上帝”的工作理念，在这种工作理念的指导下，Ajedgeco 公司和客户建立了一种良好的合作关系，与此同时，Ajedgeco 公司也十分注重和承运人建立良好的合作关系。

Ajedgeco 公司以提供高质量的服务作为企业发展的重要理念，并且能够在发展当中始终坚守企业发展理念，随着企业的不断发展，Ajedgeco 公司也拥有了越来越多的客户资源。在当今的企业发展当中，Ajedgeco 公司的客户资源大多为英国本土的一些规模比较小的小型制造商。

（二）Ajedgeco 公司值得借鉴的成功经验

1. 为客户提供高质量的服务

货代公司在公司发展当中，通过为客户提供服务来获取利润，如果公司提供的服务质量比较高，就可以得到客户的信赖，从而为企业提供更多的客户，一旦企业给客户提供的质量达不到要求，那么就会丧失客户资源，更谈不上赚取利润。因此，服务质量在一个企业的发展当中起着关键作用，会直接影响到企业的发展前景。Ajedgeco 公司在企业发展当中十分注重为企业提供服务的质量，甚至将服务质量视为企业的生命，为了保证货代服务的质量，企业甚至淡化为客户提供最低价格服务的原则，始终将“为客户提供一贯高质量服务，长时间将客户视为上帝”作为经营理念。我国货代企业在发展中也应该借鉴 Ajedgeco 公司的发展经验，将服务质量作为企业发展的经营目标，在国际贸易发展当中，为客户提供优质的服务，并且通过这种方法和客户建立一种良好的合作关系，为企业的发展吸引更多的客户资源，从而在企业获得利润的同时，为企业树立一种良好的国际形象，促进企业的可持续发展，增强企业的国际竞争力。

2. 与承运人建立一种良好的合作关系

货代企业在发展当中，除了注重与客户建立一种良好的关系外，也应该与承运人建立一种良好的关系。通过这种方法，可以使承运人尽最大可能提供优质的服务，并且还可以为货代企业提供必要的优惠措施。除此之外，一旦在承运过程当中发生事故，如果货代公司与承运人具有长久合作的经验，那么货代公司就可以及时找到承运人，并且共同解决事故问题。如果货代企业选择的是不太熟悉的承运人，一旦发生事故，就会增加事故方逃逸的风险，一旦出现逃逸，就会给货代企业带来巨大的损失。

五、Exel 公司

（一）Exel 公司的基本概况

Exel 公司是一家新的合并企业，该企业的前身是 Ocean Group 和 NFC 公司，经过合并之后改名为 Exel 公司。Exel 公司属于世界级的供应链管理公司，Exel 公司经历了很长的发展时间，从小范围的业务做起，如今已经发展壮大为世界级的公司。Exel 公司的业务是从物流业比较发达的欧洲和美洲做起，如今该公司的业务已经遍及世界各地，据统计，该公司在世界上的服务经营网点已经达到了 1300 多个，并且拥有员工近 50000 名。

Exel 公司根据世界不同地区的发展状况，在世界不同地区侧重于提供不同的服务。例如，在欧洲地区，Exel 公司主要侧重于对消费品以及零售品和医疗器械等商品进行货代物流的服务，而在亚洲则注重提供消费零售品物流服务业务。Exel 公司将全公司的经营部门主要分为五大部分：欧洲部、美洲部、亚太部、开发和自动化部以及技术和管理部。

Exel 公司将总公司分为不同的子公司进行经营，这些子公司主要分为三个：Exel（前身是 NFC 公司）、Msas 全球物流公司以及 Cory Environmental 公司。其中，Msas 全球物流公司是世界上最大的货代公司之一，主要经营的业务是在全球范围内为客户提供多式联运业务、地区配送业务以及库存控制业务、增值物流业务、信息技术业务和供应链解决方案等各种各样的服务项目。然而，与 Msas 全球物流公司不同的是，Cory Environmental 公司是英国规模最大的废品处理公司。Exel 公司则是在地面供应链方面具有很强竞争力的物流公司，该公司也在发展当中形成了自己明显的优势，公司主要提供为对货物进行储藏、对货物进行运输管理的业务，除此之外，还包括以客户为中心的服务以及 JIT（Just-in-time）物流服务和在全球市场范围内展开的售后市场物流服务。Exel 公司旗下的三个不同的子公司在合作当中形成了各自的优势，并且还能够相互之间进行配合，共同促进 Exel 公司的发展。

作为世界级的顶尖货代物流公司，Exel 公司为客户提供全方位的物流服务业务，这些业务主要会涉及商品仓储服务、商品分发服务以及运输管理和运输经营、销售定位、供应链管理等全球服务。Exel 公司与世界其他货代企业相比，拥有比较丰富的项目管理经验，除此之外，企业的生产经验也是相当丰富的，基于这种原因，Exel 公司可以在新的地区成功开展新的业务，开放具有潜力的新市场。除此之外，Exel 公司充分把握信息技术发展潮流，将现今的信息技术运用到企业服务当中，有效地开发了广阔的电子商务市场。

2005 年，Exel 公司再次进行了合并重组，德国邮政以 36 亿英镑（约合 65 亿美元）收购了 Exel 公司。经过收购，德国邮政由原来的欧洲货代行业的最大公司晋级为全球最大的货代物流公司。双方的合作是通过现金加股票的混合方式将 Exel 公司进行收购的，德国邮政将其在英国的子公司敦豪环球快递公司在英国的经营权合并到 Exel 公司当中，公司的业务由 Exel 公司的主管进行打理，合并后 Exel 公司的股票不断上涨，并且超出了原来的估价。

（二）Exel 公司值得借鉴的成功经验

1. 与企业建立良好的合作关系

源源不断的客户资源是货代公司获得利润的保障，货代企业必须和生产企业建立伙伴性的合作关系，并且根据生产企业的发展不断扩大自己的业务范围。在产品生产过程当中，生产企业的产品类型也在不断地变化和发展，除此之外，产品的销售类型也在不断地变化和发展，这些都会对物流运输提出相应的要求，需要货代企业能够根据客户的需求不断提高本公司的服务质量和水平，并且拓宽自己的业务范围，从而增强企业的实力。此外，企业的物流网络也会随着变化而不断扩大。Exel 公司从最初的小范围经营已经壮大成比较大的企业，企业覆盖的业务范围也越来越广泛，当前 Exel 公司的服务范围还涉及商品仓储服务、商品分发服务、运输管理和运输经营、销售定位、供应链管理等的全球服务。我国货代企业在发展当中也应该学习 Exel 公司的成功经验，和生产企业建立比较良好的合作关系，并随着企业产品的不断升级和销售方式的发展为企业制定合理的服务方式和业务内容，从而为公司的发展吸引更多的客户资源，最终促进货代公司的发展。

2. 建立和拓宽国际货代网络系统

对于货代企业的发展来说，网络体系是货代企业发展的重要基础之一，在传统条件下，货代企业总是会采取在各地建立办事机构的方法，来拓展客户网络体系建设。然而，与传统方法不同的是，Exel 公司的方法是借助于收购各地区比较成熟的仓储公司或货物分发中心来建立自己的网络体系，通过这种方法，可以使网络在一定程度上在全球范围内得到有效扩张，但是由于要收购一些地方的仓储公司和货物分发中心，就需要公司有雄厚的资金作为支持。直接收购当地的货代仓储基地和货物分发中心，使货代公司的经济效益得到提高，这主要表现在两个方面，一方面是当地发展比较成熟的仓库储存中心和货物分散中心往往都会拥有自己比较稳定的客户资源，而且在当地也已经小有名气，能够为货代企业节省在当地进行宣传的资金；另一方面是这些仓库储存中心和货物分散中心都已经建成并投入使用，可以使企业节省前期的投资，直接就可以获得收益。我国货代企业在发展当中也应该学习 Exel 公司的经验，在扩展当中直接收购当地发展比较成熟的子公司。

3. 形成公司独特的经营理念

Exel 公司具有严格的客户供应链管理方法，依据 Exel 公司的工作原则，将客户供应链主要分为四个阶段，分别为定义阶段、设计阶段、流程分析阶段以及实施阶段。值得注意的是，每一个发展阶段都有与之相应的企业指导软件对其进行必要的支持。Exel 公司可以提供一套系统性的解决方案，随时能够解决各种各样的意外情况，从而保证企业生产的透明性。定义阶段主要指的是供应链设计小组能够对现有的物流运输流程以及市场发展前景进行有效的识别。在此基础上，公司依据客户的需要制定出符合客户以及市场拓展需求的解决方案，公司利用先进的科学技术，模拟各种技术需要，设计出最优的操作流程，从而为公司发展节省更多的成本，在此基础上，也能够为客户节省更多的时间成本。当公司将方案设计出来之后，公司相关工作人员还需要对方案当中的每一个流程进行分析，之后再确定出方案当中的每一个细节。最后，公司在将方案付诸实践的过程中，要经受实践的检验。我国货代企业在发展当中也应该根据企业发展的需要，对供应链进行管理，并且根据客户的需要为客户设计出最优方案，通过这种经营方法为企业节省更多的资金开支。

4. 进行企业之间的合并与重组

并购重组是当今一些知名的国际货代企业在发展当中遇到的问题。通过并购重组，货代企业可以壮大自己的实力，扩大自己的业务规模。在国际货代企业发展当中，Exel 公司就历经了一系列的合并重组活动，并且最终从英国一个比较小的货代公司，发展壮大为全球最大的货代公司。Exel 公司的前身是 NFC 公司，1991 年，NFC 公司并购在得克萨斯州的通用码头仓储公司，与此同时，在荷兰购买国际食品快递公司。1993 年，NFC 公司又并购了位于巴塞罗那的 Cedes Logistica。2000 年 7 月 26 日，与 Ocean Group 公司实现了合并，后更名为 Exel 公司。2005 年，德国邮政将 Exel 公司收于囊中。因此，从 Exel 公司的成功经验来看，其发展壮大历程就是一部企业的并购兼并历史。我国货代企业在发展当中也应该学习 Exel 公司的成功经验，一旦遇到合适的机会，就可以进行并购重组，使企业能够在发展当中得到不断壮大。

六、马士基公司

（一）马士基公司的基本概况

马士基公司属于全球五百强企业，全球排名第 172 位，属于全球十大国际货代公司之一，并且居全球十大名船公司首位，拥有全球最大的集装箱。1904 年，马士基公司成立于丹麦哥本哈根，目前马士基公司在全球 135 个国家设有办事处，服务网络已经遍布全球的各个地方，并且拥有员工约 89000 名。

马士基公司是世界上最大的集装箱航运公司，公司是由 Maersk Sealand 合并铁行渣华之后改组成立的货代公司，马士基公司拥有 500 多艘集装箱船，除此之外，公司还拥有 150 多万个集装箱。马士基公司的主要业务范围为集装箱码头建设和运营管理。马士基公司旗下由多个子公司构成，这些子公司分别负责不同的业务，它们分别是马士基航运公司、丹马士物流、马士基集装箱码头公司、马士基集装箱工业公司、南非航运 Safmarine、穆勒亚洲航运和 Seal Land 公司。

马士基公司注重与其他公司进行合作，其中全球著名的家居产品供应商瑞典宜家就是马士基公司重要的全球协议伙伴。马士基公司承担着宜家在全世界 29 个国家的运输业务、2000 多家供应商以及 164 家专卖店的 10000 多种家具的运输业务。除了宜家之外，马士基公司还与耐克、米其林轮胎、阿迪达斯等公司建立了有效的合作关系。马士基公司在发展当中十分注重环保建设。

（二）马士基公司值得借鉴的成功经验

1. 寻找合适的合作伙伴，并建立长久的合作关系

对于货代企业来说，稳定的合作伙伴可以为企业发展提供源源不断的利润，当然，企业在寻找合作伙伴时也需要进行选择，通常情况下需要选择那些具有良好效益的品牌，并且这些企业都需要进行跨国运输。马士基公司在发展当中选择宜家、耐克、米其林轮胎、阿迪达斯等公司作为自己的合作伙伴，并与它们建立了良好的合作关系，这些企业通常都是一些大型的跨国公司，都需要大量的运输工作，这些企业能够为马士基公司提供众多的运输机会，保证马士基公司能够获取源源不断的利润。我国货代企业在发展当中也应该效仿马士基公司，在国际上寻找一些大型的跨国公司作为自己的客户，并且与这些公司建立长期的合作关系。通过这种方法，一方面有助于其国内货代企业提高自己在国际上的影响力，另一方面可以为货代企业的发展提供一些固定的客户，能够使企业获取稳定的收益。当然，我国企业在发展的初步阶段可以先选择一些国内的企业，当企业形成一定规模之后，可以选择与一些国际上的大企业建立合作关系。

2. 使企业形成统一的品牌

合并重组是货代企业在发展进程中会遇到的问题，通常情况下，企业在合并重组之后往往会面临企业品牌问题，而马士基公司在企业合并重组中也面临着企业品牌问题，马士基公司选择统一企业品牌对问题进行解决，例如，在货柜班轮业务当中不仅将铁行渣华航运的名字从船舶、货柜、货单等涉及企业名称的业务范围当中彻底去掉，除此之外，还将旧有与 Maersk SeaLand 相关的标识从商标中除去，并且采用了全新的名称——Maersk Line。除此之外，马士基公司在经营当中表现得十分低调，然而，在统一企业品牌的过程当中，马士基公司则改变了以往低调的作风，对统一后的品牌进行了大规模宣传活动。统一的企业品牌不仅有利于企业形成良好的国际形象，与此同时还方便了企业的管理工作，有利于提高企业的经营效益。我国货代企业在发展当中也应该向马士基公司进行学习，首先，企业应该讲求品牌效益，在发展当中注重树立良好的企业品牌。其次，在企业的并购重组当中，企业也应该注重形成统一的企业品牌，从而使企业在经营管理和对外业务方面得到统一。

3. 在管理当中具备一定的政治敏锐性

国际贸易与国内贸易具有很大的区别，在国家贸易发展当中，企业应该时刻关注国际社会的变化，并分析对公司可能会造成的影响。例如，《丹麦报章》早前刊登了一条侮辱伊斯兰教先知穆罕默德的漫画，从而引发了伊斯兰教浓厚的世界

性反丹麦情绪，并且还导致了一系列的暴力事件。由于马士基公司属于丹麦，因此，马士基公司高层担心可能会影响到马士基公司的声誉，在这种情况下就取消了原本计划的品牌宣传战略，从而为公司避免了一些不必要的损失。因此，我国货代企业在发展当中应该充分意识到国际事件对企业发展的影响，时刻关注国际社会的发展状况，并且及时采取正确的措施避免一些不必要的损失。除此之外，在国际贸易发展当中，还应该尊重不同地区人民的风俗习惯以及宗教信仰，在这种条件下，就可以使企业避免一些不必要的损失。

4. 必须具备灵敏的国际政治嗅觉

马士基公司在发展当中对全球不同地区的市场进行分析，并指出中国将会成为最具潜力的市场，马士基全球首席执行官安仕年认为，虽然欧美国家陷入了债务危机当中，但他却看好中国市场，中国对外贸易一直处于蓬勃发展阶段，目前中国已经成为世界上最大的集装箱出口国。马士基公司目前不断向亚太倾斜自己的业务范围，并取得了一些成绩。我国货代企业在发展当中也应该效仿马士基公司的经验，对国际发展局势进行分析，并且发掘出比较有潜力的市场，在此基础上对本公司的业务发展战略进行一些必要的调整，从而制定出有利于公司发展的经营方案，促进公司的进一步发展。

5. 根据公司需要设立不同的业务部门

货代业务是一个比较复杂的业务项目，往往会涉及不同的环节，与此同时，每一个环节也会具有不同的技术要求，在这种情况下，如果货代企业能够在公司发展当中设置不同的部门，分别负责不同的业务，就可以使公司的货代业务得到有序运转，从而提高公司的工作效率。马士基公司在发展当中就十分重视根据企业发展的需要，构建不同的发展部门。例如，马士基公司分为马士基航运公司、丹马士物流、马士基集装箱码头公司、马士基集装箱工业公司、南非航运Safmarine、穆勒亚洲航运和Seal Land公司。并且不同的子公司需要负责不同的业务，例如，丹马士物流能够为客户提供高效的供应链；马士基集装箱码头公司的业务主要是为客户提供一些必要的集装箱码头建设和运营服务；马士基集装箱工业公司主要负责为公司生产冷藏集装箱以及其他各种各样的集装箱；南非航运Safmarine主要负责公司的南北航线以及非洲航线；穆勒亚洲航运主要负责公司在亚洲地区的集装箱航空运输业务；Sea Land公司则主要负责美洲地区的港口服务，并且服务的类型多为区域性集装箱货运公司。通过这种专业性的分工，马士基公司可以确保本公司在发展当中的集装箱供应、供应链建设等，从而确保公司能够顺利运转。我国货代企业在发展当中也应该效仿马士基公司的成功经验，在公司发展当中设立不同的部门，从而保障公司货代业务能够顺利运转。

七、汉堡南美公司

（一）汉堡南美公司的基本概况

汉堡南美（HABSUD）公司成立于1871年，距今已经拥有100多年的历史，并且属于德国欧特克（OETKER）集团，是德国历史最悠久，并且发展规模最巨大的私有海运企业，而且汉堡南美公司还属于世界二十大班轮公司。截至2009年底，汉堡南美公司已经拥有员工4791名，并且经营船舶148艘，承运的集装箱货量已经达到233万个。公司在世界各地设立了100多家办事处，其中有10家设置在中国大陆、中国香港以及中国台湾。

2003年11月，汉堡南美公司利用中国香港的地理优势和政策优势，在中国香港建立了亚洲地区第一个地区总部。与此同时，汉堡南美公司也开始经营亚洲—北美这条太平洋航线。2001年，汉堡南美公司从亚洲到南美洲东部的航运业务开始运营。在发展当中，汉堡南美公司也非常重视壮大企业的实力，例如，汉堡南美公司收购了台湾建宏以及Ellerman公司，通过这 经营策略，汉堡南美公司打通了亚洲—澳大利亚、新西兰—南美航线，除此以外，汉堡南美公司还是亚洲—澳大利亚、新西兰—南美航线上最大的海运公司，

（二）汉堡南美公司值得借鉴的成功经验

1. 重视企业之间的合并重组

与其他货代公司一样，汉堡南美公司也十分重视在公司发展当中收购一些比较好的小企业，从而壮大自己公司的实力，例如，通过收购台湾建宏以及Ellerman公司，从而打通了亚洲—澳大利亚、新西兰—南美航线，现在汉堡南美公司已经成为了该地区最大的海运公司。我国货代企业在发展当中也应该效仿汉堡南美公司的发展经验，在发展当中有选择性地收购一些地理位置比较特殊的小型货代企业，并通过这种方法打通新的航运路线，开发新的市场范围。

2. 建立健全代理和营销网络

货代企业在开展业务的过程中，由于自身业务的发展特点，往往会需要在不同地区进行运输，强大的代理和营销网络可以为货代企业在不同地区的业务开展提供方便，并且有助于企业在发展当中开拓新的市场。例如，汉堡南美公司在发展当中，在世界各地设立了100多家办事处，其中有10家被设置在中国大陆、中国香港以及中国台湾。通过这种方法汉堡南美公司在亚洲、南美、非洲等地区

都开展了自己的业务，并且成为了亚洲—澳大利亚、新西兰—南美航线上最大的海运商。我国货代企业在发展当中也应该学习汉堡南美公司的发展经验，在全球范围内建立健全全球代理和营销服务网络，使公司在方便本公司的全球贸易运输业务的同时，也能够提高全球影响力。

八、地中海航运公司

（一）地中海航运公司的基本概况

地中海航运公司是一家比较年轻的公司，于 1970 年建立，公司总部位于瑞士日内瓦。20 世纪 70 年代初期，地中海航运公司主要经营地中海地区的物流业务。经过几十年的发展，在集装箱数量以及运输能力方面，地中海航运公司已经成为世界上第二大航运公司，如今，地中海航运公司的业务已经分布在全球的各个地方。

从 1985 年开始，地中海航运业务已经拓展到欧洲的各个地方，大西洋航线成为了主要的航运业务线路。地中海航运公司在全世界大概拥有 350 个机构，拥有员工约 28000 名，除此之外，还有 255 艘集装箱船，并且每条船的运营能力达到了 88 万个集装箱，地中海航运公司在全世界五大洲当中拥有 215 个可以停靠的码头，可以为客户提供 175 条直达的航线以及组合性质的航线业务。

地中海航运公司成立的时间虽然比较短，但是发展速度却非常快，短短几十年时间已经在世界货代行业占据了重要地位。20 世纪 70 年代初期，地中海航运公司主要经营从远东到欧洲的航线业务，在此基础上，公司又开设了一条到澳大利亚的航线。1999 年，公司的泛太平洋航线也开始投入运营，并且迅速发展壮大。

（二）地中海航运公司值得借鉴的成功经验

地中海航运公司也是一家成立比较晚的现代航运货代公司，经过几十年的发展，已经能够与欧洲传统的具有 100 多年历史的货代公司进行同台竞争，并且取得了一定的优势。地中海航运公司在发展当中十分注重如何根据需要来开辟不同的航线。例如，最开始的发展阶段，地中海航运公司主要将公司的业务集中到地中海地区，随着公司的不断发展和壮大，公司慢慢开通了从远东到欧洲的航线以及到澳大利亚的航线，最近几年，公司又根据世界经济发展需要，开通了一条泛太平洋航线，并受到了极大的欢迎。在我国货代企业的发展当中，也应该效仿地中海航运公司的经验，根据公司需要以及国际贸易的发展需要，逐渐开通不同的航线，从而适应市场发展的需要。

九、达飞海运集团

（一）达飞海运集团的基本概况

达飞海运集团（CMA-CGM）隶属于法国，是法国最大的集装箱海运公司，在国际货代当中的排名为世界第三。达飞海运集团成立于 1978 年。与地中海航运公司相同的是，达飞海运集团也是一家比较年轻的货代企业，最开始的业务也主要集中在一个较小的区域，然而，不同的是，达飞海运集团的业务范围主要集中在黑海地区。

从 20 世纪 90 年代开始，达飞海运集团不仅开通了地中海到北欧、红海、东南亚、东亚的直达航线，除此之外，还在 1996 年以及 1999 年成功收购了法国最大的货运船舶公司——法国国家航运公司和澳大利亚国家航运公司，并且正式改名为 CMA-CGM。2005 年，达飞海运集团又成功并购了达贸轮船、安达西非航运、森特马三家公司，因此，达飞海运集团成为了法国最大的货代公司，并且成为世界上第三大货代公司。目前，达飞海运集团拥有 267 艘集装箱船舶，装载能力达到了约 107 万个集装箱。达飞海运集团在全球范围内的 150 多个国家拥有大概650 家分公司以及办事处，其中在中国的办事处和分公司就达到了 63 家。在全球范围内的雇员也达到了 17000 人。据统计，2009 年，达飞海运集团的总收入达到了 105 亿美元，航迹涉及全球的 400 多个港口码头。达飞海运集团成为货代行业当之无愧的“后起之秀”。

达飞海运集团还在中国境内设立了外商独资公司，公司不仅进行比较大的国际海运航线服务，而且服务网络遍及中国的沿海以及内陆地区。达飞海运集团抓住中国市场的巨大机遇，不断挖掘中国市场的潜力，借助于高品质的服务质量，从而留住客户，掌握比较稳定的客户资源，使企业在发展当中获得了足够的货运量以及持续增长的经济效益。

（二）达飞海运集团值得借鉴的成功经验

1. 瞄准具有巨大市场潜力国家的内部航运业务

通常情况下，一般的国际货代企业往往将公司的业务局限于国际的货代业务中，而对一些国家内部的航运业务却没有给予足够重视，从而减少了公司的收入。达飞海运集团不仅将企业的业务瞄准到国际货代当中，开通了地中海到北欧、红海、东南亚、东亚的直达航线，还将公司业务渗透到中国的内部航运市场当中，将公司的服务网络覆盖到中国的沿海以及内陆地区。达飞海运集团抓住了中国这一市场，并且为客户提供了优质的服务，获取了巨大的利润。据统计，

2005年，达飞海运集团在中国市场累计进出口集装箱129.71万标准集装箱，其中出口达到了109.88万标准集装箱，而进口达到了19.84万标准集装箱，总运费达到了13.45亿美元，其中出口增长了30%，进口增长了10%。我国货代企业在发展当中也应该学习达飞海运集团的成功经验，不要局限于国际货代业务，还应该抓住中国这一巨大市场，完善中国沿海以及沿江的货代服务，因为，中国市场不仅具有很大的市场潜力，与国际货代业务相比，国内的货代业务通常比较简单，风险比较低。除此之外，货代企业还应该为客户提供高质量的服务，通过高质量的服务留住客户，最终使公司拥有比较稳定的客源。

2. 在发展当中进行合并重组

达飞海运集团成立时间比较短，但是却在几十年时间中迅速崛起，并且成为世界第三大货代企业。达飞海运集团的成功崛起和企业成功的合并重组战略是密切相关的。达飞海运集团在发展当中收购了法国最大的国营船舶公司——法国国家航运公司和澳大利亚国家航运公司，之后，达飞海运集团又成功并购了达贸轮船、安达西非航运、森特马三家公司，经过一系列的合并重组之后，达飞海运集团成功成为法国最大，同时也是世界第三的货代公司，可以说，达飞海运集团的成功崛起是和集团一系列的合并重组密切相关的。因此，我国国际货代公司在发展当中也应该学习达飞海运集团的成功经验，随着公司的不断壮大，去收购一些企业，值得注意的是，在收购过程当中，我国货代企业需要对被收购企业的收购价值进行权衡，并且根据公司发展需要，收购那些有利于公司发展的子公司，从而使公司能够不断地发展壮大，为公司的发展带来更多的利润。

十、欧洲其他国家的发展经验

瑞士是欧洲货代业务发展比较迅速的国家之一，在瑞士国内，瑞士的道路相对来说比较便利。随着经济的发展，在瑞士国内发展当中，卡车运输商已经不再接受货源，而是需要在运输活动当中采取合同的方式进行货代业务。首先由运输代理公司承接货源，在此基础上，承运公司需要对货物组织运输，当货物被运送到目的地之后，再对运送费用进行统一结算。为了方便在不同国家进行货代运输业务，1974年，来自挪威、瑞典、芬兰以及丹麦这四个国家的超过20个工商协会共同发起成立了北欧货运代理人协会。随着经济的发展，世界经济一体化进程比较明显，为了适应世界经济发展需要，世界各个地区开始效仿瑞士等国，在不同国家形成统一的货运代理人协会，通过这种方法，可以促进国际货代贸易一体化进程，促进不同国家之间货代贸易自由流动，这样就可以为国与国之间的对外贸易节省更多时间，促进国际货代贸易的发展。

我国企业在国际货代贸易发展当中也应该效仿瑞士等国的经验，与不同国家之间的国际货代公司建立有效合作，共同成立国际货代协会，统一国际货代行业规则，通过向西方国际货代企业学习，从而使本公司能够在发展当中与世界先进水平接轨。除此之外，建立国际货代协会，并且在世界主要地区建立分支机构，可以使货代企业在涉及不同国家之间的贸易时，简化贸易程序，促进贸易顺利进行。最后，通过建立国际货代协会，并且由不同企业分别在全球不同地区建立代理机构，可以为国际货代协会成员节约更多的人力资源。

第二节　美国国际货代企业的成功案例及其借鉴

美国是当今世界经济最发达的国家，也是货代企业发展比较早，并且发展比较快的国家。与其他国家相比，当今美国的货代企业在发展当中取得了诸多成就。下面就对美国国际货代企业的成功案例以及中国货代企业可以借鉴的成功经验进行分析。

一、美国环球捷运（AEI）公司

（一）美国环球捷运公司的基本概况

美国环球捷运公司是美国成立比较早的国际货代公司，于 1935 年成立。1968 年，美国环球捷运公司收购了货代公司 Wing on Wheels，在此基础上，美国环球捷运公司走上了不断发展壮大的道路，并且开始将公司的发展理念转向国际，打开公司的国际市场。后来，在公司的发展当中，美国环球捷运公司就将国际航空货代业务作为公司经营的主要业务。与此同时，美国环球捷运公司开始对公司的情报技术部门进行了一些必要的投资，并且开发出了属于自己公司独立的情报系统——LOGIS。

在最近几年的发展当中，美国环球捷运公司不断拓展公司业务，使公司从原来比较单一的航空货代一跃发展成为综合性的物流企业，主要为客户提供所需商品的一次买完业务，用英语表达就是“On stop shopping”。从当前的盈利来看，美国环球捷运公司大部分的收入仍旧是传统的航空货代运输业务所赚取的利润，公司在航空货代方面的盈利大概占据了公司总利润的 38%左右。经过将近十年的发展，美国环球捷运公司在国际货代行业迅速崛起，据统计，美国环球捷运1997年的获利与上年相比，增加了将近两倍，当年公司的总体收入大概为15.4亿美元，其中公司净收入竟然达到了4.882亿美元，除此之外，公司的盈利额达到了将近4940万美元。与此同时，公司的仓库面积也达到了将近100万平方英尺。

美国环球捷运公司将公司总部设立在美国康涅狄格州的达里，主要是为客户提供运输服务业务以及仓库储存和商品配送业务，除此之外，还包括一些与国际贸易相关的其他业务，例如，商品报关业务、情报服务等。当前公司并没有自己的飞机或者轮船、卡车等交通运输工具，而是纯粹作为一种国际货代企业，利用其他运输公司来为本公司进行服务，通过这种方法从而使经营成本得以降低。

在企业的发展当中，企业十分重视通过合并或者收购业务来扩展公司的实力。例如，1987年，公司为了扩大成本收购了Pandair。1993年，公司又将荷兰的无船承运人（NVOCC）Votainer成功收购，从而奠定了海运业务发展的基础。在此之后，美国环球捷运公司又成功收购了将近24家货代公司，并且最终经营了综合的物流服务业务，确定了美国环球捷运公司在世界上的综合物流服务体制。

（二）美国环球捷运公司值得借鉴的成功经验

1. 实行企业的合并与重组

在国际货代企业发展当中，企业之间的合并重组是经常会遇到的事情。通常情况下，企业会通过合并重组来壮大企业的实力，同时也会不断扩展企业自身的业务内容。美国环球捷运公司在发展当中也十分重视对企业进行合并与重组，最初公司主要是经营航空货代业务，1968年，美国环球捷运公司收购了货代公司Wing on Wheels之后，开始将经营业务转向国际。之后，美国环球捷运公司并没有停止自己的合并重组工作，1987年，公司收购了Pandair。1993年美国环球捷运公司收购了荷兰的无船承运人（NVOCC）Votainer，自此之后，美国环球捷运公司又成功收购了将近24家货代公司。通过一系列的合并重组，美国环球捷运公司不断发展与壮大，并成为了国际货代企业当中重要一极，获取了巨大的利润，以1997年为例，1997年的营业额较之上年增加了将近两倍，当年公司的总体收入大概为15.4亿美元，其中公司在净收入方面竟然达到了4.882亿美元，除此之外，公司的盈利额也达到了将近4940万美元。因此，我国货代企业在发展当中也应该学习美国环球捷运公司的成功经验，在发展当中不断进行合并重组，壮大自己的力量，从而推动公司由国内走向国际，为企业获取足够利润。

2. 在合并重组当中不断扩大自己的营业范围

广泛的业务范围可以为企业赚取足够的利润，当今的货代企业在发展当中都随着企业的不断壮大而不断拓宽自己的业务范围，从而为企业赚取足够的利润。美国环球捷运公司在发展当中也十分注重扩大自己公司的经营范围，最开始的经营范围是在国内，并且服务业务主要侧重于航空货代服务，然而 1968 年，美国环球捷运公司收购了货代公司 Wing on Wheels 之后，将营业范围从国内市场转向了国际市场。经过一系列合并重组之后，美国环球捷运货代公司开始将公司的经营范围扩大为综合性的服务业务。我国货代企业在发展当中也应该学习美国环球捷运公司的成功经验，不断扩大自己的服务内容，开展综合性的服务业务，从而壮大公司的规模。

3. 为客户提供一体化服务

在货代企业的发展当中，如果货代企业能够为客户提供一体化服务，那么就会给客户省去很多麻烦，从而受到客户的青睐，为公司吸引更多的客源。美国环球捷运货代公司在发展当中创立了一次买完业务，只要客户提出需要，就不用担心其他环节，可以享受到公司的一条龙服务。我国货代公司在发展当中也应该效仿美国环球捷运公司，从客户的需求出发，为客户建立一条龙服务，在发展当中尽可能地为客户提供便利，只有这样才能够吸引更多的客户资源，有利于公司的发展。

4. 建立完善的信息服务体系

信息化建设是一个企业在发展当中经常会遇到的事情。只有建立健全的信息情报系统才能够为客户提供优质而又完善的服务。美国环球捷运公司在发展当中，十分重视对公司的情报技术部门进行投资，并且开发出了环球捷运公司独立的情报系统——LOGIS。我国货代公司在发展当中也应该学习美国环球捷运公司的成功经验，建立健全企业的情报服务系统，从而为客户提供优质的服务。

二、美国联合包裹服务（UPS）公司

（一）美国联合包裹服务公司的基本概况

美国联合包裹服务（UPS）公司成立于 1907 年，距今已经有 100 多年的历史，目前该公司也是美国经济发展的支柱性产业。经过 100 多年的发展之后，美国联合包裹服务公司不仅掌握了货车运输技术，而且还是一个拥有众多货车的技术型货代公司。根据公司内部的统计，每天公司处理的包裹和文件数量达到了将近 1200 多万件，除此之外，美国联合包裹服务公司每天还需要至少300 架货运

包机。为了满足公司发展需要，美国联合包裹服务公司在全世界以及美国大约建立了 18 个空运中转中心，平均每天需要开出 1600 多个航班，而且还需要大约 610 个机场。与其他国际货代公司相比，美国包裹服务公司拥有数量更为庞大的员工队伍，据统计，美国联合包裹服务公司的员工大约有 34 万人，这些员工被分配到全球 2400 多个分配中心，与此同时，这些员工在每天的工作当中需要驾驶 13 万辆运送车 24 小时为客户提供服务，他们的客户也来自全球将近 200 多个国家。据悉，美国联邦包裹服务公司每天的固定客户大约有 130 万家，到目前为止，美国联合包裹服务公司的固定资产已经达到了 126 亿美元，在全球快递企业发展当中占据着重要的地位。

（二）美国联合包裹服务公司值得借鉴的成功经验

1. 形成自己的服务特色

（1）快捷优质的传递。美国联合包裹服务公司对自己公司的服务质量进行了明确规定：一旦接收到客户的国际快件，员工必须在三日内将客户的物件送到指定地点，对于国内的客户业务，则必须保证能够在第二天的上午将物件准时送到指定地点。为了对公司的运营效果进行监督，美国联合包裹服务公司总裁会对此进行试验。如果是在国内接收到业务订单，美国联合包裹服务公司员工必须在一小时内上门取走被寄送的货物，并且在出发之前提前用微型电脑将客户单打好。除此之外，在 20 世纪 90 年代，美国联合包裹服务公司还开通了全天候“下一航班送达”的服务业务。美国联合包裹服务公司坚持“快速、可靠”的公司服务准则，并且赢得了“物有所值的最佳服务”的美誉。我国国际货代公司在发展当中也应该学习美国联合包裹服务公司的成功经验，将服务质量作为竞争的主要方面，以为客户提供优质服务为核心，不断提高公司的服务质量，形成公司独特的竞争力。

（2）代理通关业务。国际贸易是一个非常复杂的贸易项目，在贸易活动当中，通常会涉及报关项目，为了解决这一问题，从 20 世纪 80 年代开始，美国联合包裹服务公司建立了自动化代理报关业务。通过这个系统，美国联合包裹服务公司将承运的业务内容都输入到系统当中，通过这种方法，海关报关手续在货物到达海关之前就已经办理完成了，从而为企业节省了大量时间，提高了企业的经济效益，通常情况下，美国联合包裹服务公司会有大约六个通关代理中心，每天能够为大约两万个包裹办理通关手续业务。在货代业务当中，时间是不同企业之间进行竞争的主要方面，而美国联合包裹服务公司利用高科技手段为公司业务节省了大量的时间，从而提高了公司的竞争力。我国货代企业在发展当中也应该学习美国联合包裹服务公司的成功经验，利用高科技手段不断简化公司业务操作流程，为公司节省更多的时间，从而增强公司在同类企业当中的竞争力。

（3）即时追踪服务。美国联合包裹服务公司的即时追踪系统不仅是当前世界快递业务当中最为先进的信息追踪系统，同时也是最大的信息追踪系统。在公司业务的发展当中，美国联合包裹服务公司都会给公司接收到的货物贴上一个追踪条码，只要打开系统，无论货物被运送到哪里，客户都能够查找到货物的所在地。在当今世界发展当中，这个系统已经被并入了互联网系统当中，据内部资料统计，每天都会有超过 14000 人通过系统来查询货物所在地。与此同时，针对没有网络的用户，公司也开通了电话服务系统，以美国路易斯维尔服务中心为例，服务中心有 200 多名员工每天都在为来自全世界的用户提供大约 11 种语言的服务，中心平均每天接收到的电话问询大概为两万余次。货物追踪体系以及全天候的咨询服务业务为客户提供了极大的便利，从而为公司吸引了更多的客户资源。我国货代企业在发展当中应该学习美国联合包裹服务公司的成功经验，从客户的需求出发，为客户提供便利的服务。

（4）无纸包裹服务管理。为了更好地为客户提供服务，美国联合包裹服务公司建立了庞大的“信息数据中心”，信息系统可以将世界各地的包裹信息档案聚集在亚特兰大信息系统中心。当包裹被送达时，工作人员可以借助于信息读取器，通过这个装置提取到客户的签字，在此基础上，工作人员再通过转换器将客户的签名送到位于亚特兰大的信息系统中心，从而实现全程的无纸化办公，之后，信息中心会将此信息保存大约一年半的时间，通过这种方法，美国联合包裹服务公司使业务办理时间得到极大缩短，并且也使客户的操作得到了简化，从而方便了客户。我国货代公司在发展当中也应该学习美国联合包裹服务公司，利用高科技手段使公司的业务操作进行简化，尽可能地为客户提供方便。

（5）完善的包装检验和设计服务。美国联合包裹服务公司在芝加哥设立了一个数据库，在数据库中汇聚了各种各样的应急措施，如抗震措施、抗挤压措施以及防泄漏措施，最为显著的是服务中心还设计了各种各样的水晶隔热层的包装方式，专门用于糖果、巧克力的运送，除此之外，美国联合包裹服务公司在工作当中为货物提供了双层磨损包装材料，通过这种方式为企业节省大量的运输费用以及材料费用，为客户提供了一种“超值服务”。我国货代企业在发展当中也应该学习美国联合包裹服务公司的先进经验，考虑到货物在运输过程当中存在的各种各样的问题，并且针对这些问题采取有效的措施，保证为客户提供服务的质量，从而为公司提供更多的客户资源。

（6）拓展供应链范围。现代经济是以市场经济为主要特征的经济，在市场经济发展过程当中，市场需求是一切商业活动开展和成功的基础和前提，而并不是传统观念当中的“供应商—客户—消费者”这种最简单的供应链服务系统，例如，如果一家中国的服装公司想要向美国出口商品，就需要通过货代企业将服装运到美国，在这种情况下就会形成“服装企业—美国联合包裹服务公司—美国零售商”这样一种供应链条，而美国联合包裹服务公司则会将货代企业发展过程当中涉及的所有业务都实现“一体化”，为顾客提供一种全面的服务业务。我国企业在发展当中也面临着各种各样的问题，这些问题主要是企业在发展过程中缺乏资金支持，没有足够的资金实力开展供应链服务业务。在我国货代企业发展过程中也会遇到信息化管理水平比较低下的问题，甚至在管理当中缺乏对市场的考察，无法做到以市场为基础，最终导致产业链之间不能实现有效的对接和协调，尤其是在整合力方面存在着严重的不足。因此，我国货代企业在发展当中能够对物流供应链进行管理，通过管理来实现全程物流服务，从而为企业发展提供更多的机会，最终为企业带来更多利润。

（7）不断拓宽增值服务业务。从美国联合包裹服务公司的发展经验当中不难看出，提供增值服务是美国联合包裹服务公司不断提高公司业务的重要途径，通过这种方法，美国联合包裹服务公司不断壮大自己的实力。美国联合包裹服务公司已经将公司的服务延伸到了物流服务之外的其他业务当中，例如，美国联合包裹服务公司为企业提供商品包装设计服务、零件维修服务、检验服务等，除此之外，还为客户提供一些必要的金融服务，与此同时，还能为海关提供一些商品的详细记录。然而，对于我国的货代企业来说，由于种种原因，货代企业可以提供的增值服务是非常有限的，这就会限制企业发展的空间。因此，对于我国的货代企业来说，也应根据自身实力的发展，拓宽自己的业务范围，为客户提供一些必要的增值服务。

2. 采取信息化战略

（1）美国联合包裹服务公司信息化进程。美国联合包裹服务公司在发展当中十分重视信息化进程，从公司成立开始就十分重视信息化进程。公司是由当时年仅 19 岁的吉姆·凯希于 1907 年创办起来的，在公司最初的运营阶段，公司的经营业务主要集中在传递手写信息和电报方面，与此同时还为朋友购买货品等。经过 70 多年，公司已经不断发展壮大，在 1983 年，公司购买了第一架飞机，并且开始经营航空运输业务。与此同时，美国联合包裹服务公司还非常重视利用科技手段来提升公司的效率，20 世纪 80 年代，美国联合包裹服务公司就开始在物流运输当中率先采用货物信息收集器、货物条码系统以及一些其他方面的信息数据中心系统，从而在很大程度上提高了货物运输的效率，最终提高了公司的竞争力。1995年，美国联合包裹服务公司开始将货物跟踪网络投入使用，从而满足了客户对货物信息的查询需求。在此基础上，美国联合包裹服务公司最终建立了本公司的网站，开通了公司的电子商务业务。美国联合包裹服务公司在发展当中能够根据社会发展的现有水平以及客户的实际需要，借助于高科技手段提高公司的服务质量，从而增强公司的竞争力。我国货代企业在发展当中也应该及时关注客户的需求，并且借助于高科技手段不断提升公司的服务质量，提高公司的竞争力。

（2）形成公司的信息化战略。美国联合包裹服务公司在发展当中十分重视本公司的信息化战略建设。10多年前，为了对美国联合包裹服务公司内部的经营状况进行规划，根据发展的需要，建立了公司的信息系统，经过几十年的发展，目前美国联合包裹服务公司的信息技术已经成为了其最重要的资产收入。通过企业的信息化发展，美国联合包裹服务公司不再是仅仅担任包裹搬运工的角色，而是成为了从原材料运输业务一直到货物售后业务都能提供服务的一个综合性大型国际货代物流公司。除此之外，在公司的发展过程当中，美国联合包裹服务公司还建立了全球性的电子后勤保障客户服务体系。我国货代企业在发展当中也应该效仿美国联合包裹服务公司的成功经验，在发展当中制定本公司的信息化战略，为企业的发展提供更好的引导。

（3）采用电子商务业务。美国联合包裹服务公司顺应时代发展，及时提出了发展电子商务业务，所谓电子商务战略就是将本公司的物流解决方案最大可能地渗透到公司的业务流程当中，通过网络平台将现实世界中进行的交易通过网络平台来实现，除此之外，公司可以利用互联网这个平台为客户在线提供各种各样的咨询服务，从而保证交易可以顺利完成。针对物流服务业务，美国联合包裹服务公司的"在线工具"可以通过电子商务服务为客户提供各种各样的在线服务业务。除此之外，通过电子商务平台，美国联合包裹服务公司可以及时接收到客户的业务需求，并在网上实现订单交易，从而为企业提供更多的服务。我国货代企业在发展当中也应该采用电子商务平台，并且通过电子商务平台在网上为客户提供更多的服务业务，从而为公司吸引更多的客户资源，促进公司的发展壮大。

（4）建立"全程物流"的实践与供应链管理。随着公司的发展，1993年，美国联合包裹服务公司提出了"全球物流"的全球供应链服务体系，通过这个体系，美国联合包裹服务公司可以为客户提供一个全面的服务体系，例如，退货服务、修理服务以及售后服务等服务体系。1995 年，美国联合包裹服务公司成立了全球物流集团，通过这个集团，美国联合包裹服务公司实现了对全球物流服务的统领业务，与此同时，物流业务成为了美国联合包裹服务公司增长最快，也是最重要的业务。除此之外，美国联合包裹服务公司在自身发展当中也十分重视对本公司物流供应链的管理，并能够根据需要对供应链的管理进行创新，在库存数据方面，美国联合包裹服务公司十分重视对库存数据的管理，并保证库存数据信息的准确性和科学性，例如，美国联合包裹服务公司会对库存内商品的存货的货量、存货的名称、存货的位置、进出库时间、检验人员的姓名等都准确地标明，并且能够确保这些信息的准确性，通过这种准确性的管理，从而实现美国联合包裹服务公司所倡导的“无缝信息化服务”。值得注意的是，美国联合包裹服务公司的这些数据都是通过电脑来处理的，从而实现完全的无纸化办公。

3. 实施并购和联盟是美国联合包裹服务公司迅速发展的主要方法

并购和联盟是企业能够得到发展和壮大的重要手段。对于国际货代企业来说，收购、联盟以及资源整合是国际货代企业得以发展壮大的重要手段，通过这种方法，国际货代企业能够在最短的时间内，以最快的速度实现最大的发展。以美国联合包裹服务公司为例，通过对飞驰公司进行兼并，美国联合包裹服务公司在最短的时间内对自己的服务范围进行了完善，不仅可以开展小型的包裹服务业务，也可以提供大型的货运服务，从而实现多种形式的运输服务，并到达世界的各个地方。通过对美国第一国际银行进行并购，美国联合包裹服务公司获得了发展所需要的充足的资金链服务业务，在这种情况下，一方面美国联合包裹服务公司的全球业务获得了足够的资金支持，另一方面美国联合包裹服务公司的抗风险能力也得到了大幅度的提升，与此同时，也为公司开展进一步的合并与重组业务奠定了坚实的基础。此外，美国联合包裹服务公司又开始与惠普公司进行合作，通过这次合作，惠普公司与美国联合包裹服务公司共同开发出了全球首个能够在网上对纸质的文件系统进行传递和追踪的软件，从而使美国联合包裹服务公司获得了在货代运输当中的数字化领先地位，在此基础上，美国联合包裹服务公司又与 Worldtalk、TanData 等公司展开了合作。借助于此类的一系列合作，美国联合包裹服务公司使网络当中的信息数据的安全性得到了极大提高，此外，美国联合包裹服务公司还开发了全球比较领先的电子商务解决方案，通过对电子商务领域进行开发，美国联合包裹服务公司获得了更加广阔的发展空间，并且最终实现了“1+1>2”的目标。因此，对于我国国际货代企业的发展来说，我国国际货代企业也应该与国内或国外的货代公司进行合并，尤其是与国外的国际货代企业进行合并与重组不仅能够增强企业的实力，更重要的是还能提高货代公司在国际上的影响力和知名度，除此之外，我国还应引进国外货代企业先进的管理经验以及网络化建设，最终能够提高我国货代企业的整体技术。值得注意的是，通过与国际货代企业进行合作能够为我国货代企业在培养先进物流人才方面提供一些有益借鉴，如果合并成功，那么对于我国企业的发展来说，将会达到事半功倍的效果。

三、美国联邦快递（FedEx）公司

（一）美国联邦快递公司的基本概况

美国联邦快递公司于1971年成立于美国，其总部设立在美国田纳西州，经过40多年的发展，美国联邦快递公司已经取得了极大的发展成就。它是一家国际性的快递物流公司，可以为顾客提供隔夜快递服务、重型货运服务、文件复印等物流服务。2001年，美国联邦快递公司成功进入世界500强企业之中。

美国联邦快递公司是全球规模比较大的快递公司，可以为全球超过235个国家和地区提供快捷、可靠的快递服务业务。美国联邦快递公司拥有超过14万名员工，员工在工作当中严格遵循职业道德，为顾客提供包括运输、电子商务、商业运作等各种各样的服务。2014年，美国联邦快递公司将逆向物流公司Genco收购到旗下，自此开始，美国联邦快递公司开始进军电子商务领域。

经过几十年的发展，美国联邦快递公司的业务量得到了巨大提高，据悉，其每一个工作日平均可以处理超过330万个客户包裹。此外，美国联邦快递公司可以为顾客提供“门到门”的便捷服务。最后，美国联邦快递公司为了保障客户的利益，在公司业务当中设立了“原银奉还”的服务。

（二）美国联邦快递公司值得借鉴的成功经验

1. 建立科学的客户管理体系

美国联邦快递公司的创始人认为，如果想要赢得市场，就必须把握好客户，让客户主动掏腰包。为了把握好客户，美国联邦快递公司通过降价的方式来占有市场，赢得更多的客户资源。此外，美国联邦快递公司还与本公司的客户签订了一系列协议，并且提高产品服务的附加值，增强服务水平，与客户建立长久的合作关系。

（1）智能化的服务体系——与客户进行协调运作服务业务。美国联邦快递公司在发展当中也形成了自己的经营管理理念——“服务、技术、与客户协同拓展市场”，为了提高服务效率，美国联邦快递公司还将智能化技术运用到了货物运

输当中，与此同时，美国联邦快递公司还与客户进行协商，充分考虑到客户的需要，与客户建立一种协同运作的“整体解决方案”。为了增强公司的竞争力，美国联邦快递公司还在互联网上建立了智能化软件系统，借助于这个系统，美国联邦快递公司可以建立一个运输管理系统，这项服务也得到了客户的青睐，从而实现与客户企业的网络进行无缝对接，或者通过 Web 页面直接进入货物物资运输系统当中，在这种情况下，客户就会将美国联邦快递公司的空中运输系统以及路上运输系统作为本公司的运输资源。我国货代企业在发展当中也应该向美国联邦快递公司学习，在国际货代业务当中主动采用智能化服务体系为客户服务，并且利用智能化工具与客户进行协调运作，共同确保国际货代业务的成功开展。

（2）为客户提供高附加值的服务。在美国联邦快递公司发展的初始阶段，为了应对本公司复杂的日常管理工作，美国联邦快递公司采用了物流管理业务，并且通过这种方法试图对不同单位和部门进行协调。然而随着公司业务的开展，美国联邦快递公司开始为顾客无偿提供物流管理业务，专门解决出现在产销领域的国际货代业务，在此之后，美国联邦快递公司开始建立一种咨询服务业务，这些业务包含着比较丰富的内容，包括为顾客提供整合式维修运送服务，充当客户的零件基地以及原材料基地，为客户提供分销业务。

美国联邦快递公司在发展当中还十分重视建立庞大的客户仓储系统，通过这种方法，客户就可以在发展当中节省大量的成本投资，与此同时，还能享受到变动的成本便利。此外，美国联邦快递公司还建立了各种管理机构，通过这种机构，客户可以随时掌握货物的运输状况。为了方便与客户建立联系，美国联邦快递公司还建立了信息沟通模式，借助于这种方法为客户提供一系列增值业务。目前，美国联邦快递公司已经成为了“全球物流专家”。

我国货代公司在发展当中也应该向美国联邦快递公司学习，始终坚持以客户为中心，将客户的需要作为公司业务开展的重要发展方向，通过为客户提供一种高附加值的服务来提高公司的竞争力，值得注意的是，公司在发展当中也应该注意借助于高科技设备来为公司发展服务。

2. 高度重视员工培养

美国联邦快递公司在发展当中十分重视对员工进行培养，“员工、服务、利润”是美国联邦快递公司在发展当中的口号。美国联邦快递公司意识到，如果公司的雇员对公司存在很大的意见，那么员工便不会将热情投入到工作当中，在这种情况下，公司的业务就会很容易出现差错，那么公司将无法取得发展。因此，在公司发展当中，公司应该与员工建立一种良好的沟通渠道，始终保持与员工毫无障碍的沟通，从而使员工形成对公司的信任感与归属感，从而提高员工的工作效率，为企业带来更多的利润。我国货代企业在发展中也应该向美国联邦快递公司学习，关注员工对公司的满意度，始终保持与员工沟通渠道的畅通，让公司内形成一种团结的氛围，提高工作效率，更好地为公司服务。

（1）建立健全员工奖励以及培训机制。为了激发员工工作的积极性，美国联邦快递公司要求本公司的员工都应该具有自己的职业生涯规划。美国联邦快递公司认为，为本公司的员工提供充足的晋升机会能够使员工在工作当中保持积极性和工作热情，在这种情况下，公司员工就会更加注重提升自己的素质，并且会不断地学习来达到这个目标。因此，对于刚刚入职的员工，美国联邦快递公司会为其提供足够的升职机会。此外，在公司的发展过程中，美国联邦快递公司十分注重为员工提供大量的奖励和福利，在美国联邦快递公司看来，只有使员工产生一种归属感，让员工爱上自己的工作，员工才能够在工作中以饱满的热情投入到其中，当员工为公司带来福利之后，员工才能够获得相应的奖励，根据美国联邦快递公司的规定，对公司员工进行的奖励可以达到员工年薪的1%。员工是公司的主体，直接承担着为客户提供服务的任务，如果公司员工工作热情比较低下，那么就会影响公司的服务质量，从而不利于公司的发展。因此，在公司发展中，我国货代公司应该向美国联邦快递公司学习，重视员工的发展，为公司员工提供一些升迁的机会，从而激发公司员工的工作积极性。此外，我国货代公司在发展当中也应该关注员工的生存状况，为员工提供一些福利待遇，使员工在工作当中形成一种归属感。最后，我国货代公司也应该建立健全本公司的奖励机制，激发出员工的工作热情，提高公司的工作效率，这样才能够为公司带来充足的利润收入，带动公司的发展。

（2）采用先进的信息技术。当今时代是一个信息化大发展的时代，信息化技术已经渗透到人类工作与生活中的方方面面，对社会的正常运转发挥着重要作用。美国联邦快递公司也注意到了当今时代的信息化发展现象，为了提高公司的竞争力，美国联邦快递公司每年都会花费大量的资金进行公司的信息化建设，并且借助于高科技手段来促进公司业务的发展，尽可能地为公司节省更多的开支。从公司成立开始，美国联邦快递公司就开始采用自动化设备来进行工作，从而保证了公司工作的高效化以及功能化水平。例如，在公司的发展过程中，美国联邦快递公司会为公司的快递人员提供一个无线扫描枪，通过无线扫描枪，快递人员可以对快递件上的条形码进行扫描。在美国联邦快递公司的工作流程中，平均每天货物都会被工作人员扫描至少六次，与此同时，每次扫描到的信息都会被传递到中枢系统当中，在这种情况下，客户能够全天候对货物的运送状况进行查询。客户可以通过拨打热线电话或者上网查询货物的运送状况。

（3）营造一种民主和谐的工作氛围。美国联邦快递公司在公司发展中十分重视员工的主体地位，并且为员工提供了很多表达自己意见的机会，不断扩大员工的职权范围。其中员工可以直接向公司领导提出质疑，并提出自己认为比较好的一种见解。为了加强与公司员工的联系，美国联邦快递公司还建立了公司的网络电视，从而实现了不同地区员工与公司之间的沟通和交流，为员工的发展营造一种比较轻松和民主的工作氛围，使员工能够在轻松的环境中进行工作，并且能够充分发挥自己的聪明才智为公司赚取更多的利润。我国货代企业在发展当中也应该学习美国联邦快递公司的成功经验，为员工的成长营造一种民主、宽松的工作氛围，使公司员工能够在自由环境中充分发挥自己的聪明才智，为公司的发展提出自己的见解，贡献自己的热情，为公司带来更多利润，促进公司的发展。

第三节　日本国际货代企业发展的成功案例及其借鉴

一、日本大和运输公司

（一）日本大和运输公司的基本概况

日本大和运输公司最早成立于 1919 年，公司的总部位于日本京都中央区的银座。日本大和运输公司是日本最大的从事商品运输、配送的专业公司。经过将近 100 年的发展，日本大和运输公司现有的资本已经达到了 115 亿日元，拥有职工将近 9 万人。据统计，1999 年，公司的销售额已经达到了 7439 亿日元。日本大和运输公司现在拥有的经营中心已经达到了 2331 处，除此之外，日本大和运输公司还有 27 家分公司，并且在海外还建立了 15 家分公司。日本大和运输公司经营的业务非常多，对于普通住户而言，日本大和运输公司主要提供宅急便服务以及搬家服务。对于团体用户而言，日本大和运输公司经营的业务主要有宅急便服务。除此之外，日本大和运输公司还经营海上货物的国际复合运输以及一些诸如美术品等特殊用品的服务运输。日本大和运输公司是日本营业业绩最高的国际货代企业，据统计，日本大和运输公司已经占据了日本物流市场的将近 35.6%的市场份额。日本各运输公司市场占有率如表 4–1 所示。

表 4–1　日本各运输公司市场占有率

日本运输公司	市场占有率（%）
日本大和运输公司	35.6
日本佐川急便株式会社物流公司	23.0
日本通运	16.7
福山通云	7.1
西浓运输	6.4
其他	11.2

日本大和运输公司从公司成立开始，主要经营的是陆地运输业务，1976 年，日本大和运输公司在发展中创造了宅急便物流服务业务。宅急便一经开发，就获得了非常大的发展，为此，日本运输省还专门制定了宅急便费用体系，在此之后，宅急便便成为国民经济发展中的重要内容。

日本大和运输公司具有自己独特的送货制度，宅急便业务和现代的快递运输业务具有很大的相似性，但是宅急便的服务范围更加广泛。通常情况下，在对货物运输时，日本大和运输公司通常会讲求"3S"的服务准则，这三个 S 分别是速度（Speed）、安全（Safety）、服务（Service）。但是，大和运输公司更加注重速度，在大和运输公司看来，物流公司只有保证了高效的速度才能够适应社会发展的需要，并且能够在社会发展当中立于不败之地。为了尽可能地提高运输速度，日本大和运输公司还会在夜间对货物进行运输。

（二）日本大和运输公司的成功经验

1. 建立差别化的配送服务市场

宅急便是一种比较新颖的服务业务，也是适应时代的需要而产生的一种服务业务。宅急便业务在开展时遵循"彻底追求便利性"的市场发展理念，根据客户的需求，为客户提供一种便利性的服务。日本大和运输公司在发展当中根据社会的需要，将服务业务分为不同的内容来适应社会发展的需要。日本大和运输公司将公司的发展内容分为"面向家庭的小单位个别配送"、"混合装载"以及"广范围的网络运输"。宅急便物流运输业务的产生，体现了物流业务发展的专业性以及针对性。除此之外，宅急便业务的出现也体现了物流业管理水平的提升。通过开发宅急便物流服务业务，能够根据不同客户的需求，经营差别性的服务内容。日本大和运输公司不断扩大市场占有率，据统计，日本大和运输公司的市场占有率已经达到了将近 35.6%，在日本物流业务发展当中占据着绝对领先的地位。我国货代企业在发展当中也应该学习日本大和运输公司的成功经验，针对客户不同的需求，为客户提供不同的服务内容，通过经营多种多样的服务业务为公司吸引更多的客户，最终促进公司的发展。

2. 建立健全信息管理体系

在物流企业的发展当中，信息管理系统发挥着重要作用，先进的物流信息管理体系可以促进物流运输业务的快速完成，提高物流企业的管理效率。对于日本大和运输公司来说，公司的物流管理体系也是在公司的信息管理中心的指挥下实现正常运转的。日本大和运输公司通过与日本的物流中心实现有效连接，在信息管理中心建立起客户的信息内容、物流信息内容等，将这些内容以数据的形式呈现出来，并且为客户提供查询业务，客户可以随时随地对自己货物的运转情况进行调查。通过建立这种信息管理体系，大和运输公司对于货物的运转状况就有了一个科学的把握，此外也方便了客户对货物运输状况的查询工作。

3. 建立发达的物流管理系统

日本大和运输公司具有非常完善的物流管理系统，这也是公司在发展当中的主要优势。首先，从日本大和运输公司的网络布局来看，日本大和公司已经在日本本土建立了大概 25 家物流中心。在各个物流中心，公司主要进行统一的出入库管理、流通加工、在库管理和货物配送业务。与此同时，日本大和运输公司在发展当中坚持环保的发展理念，对公司造成的废弃物也进行了统一的处理，并在此基础上进行循环利用。此外，日本大和运输公司还在各个物流公司建立网络化管理业务，实现不同物流公司之间的联系，保证不同物流中心之间的协调运作，共同促进物流业务的顺利进行。值得注意的是，为了吸引一些比较大的客户，日本大和运输公司还针对不同大型企业的需要，专门为这些大企业建立一些固定的物流中心，例如，日本获塞零部件中心就是专门为日本富士通公司建立的物流专业服务中心。其次，从管理思路上来看，日本大和运输公司在发展当中坚持“低成本、快速响应、高质量”的服务理念，例如，借助于 ABM 系统，日本大和运输公司对物流业务进行分析，从而实现物流企业发展成本的降低。利用 EDI、VN，日本大和运输公司使订货到出货之间的时间大幅缩短，从而实现了“快速响应”的发展理念。为了达到“高质量”的管理理念，日本大和运输公司采用了建立实需型的在库应答系统，对货物的库存进行科学管理，保证货物的质量不会在储存期间受到影响。通过建立强大的物流管理系统，日本大和运输公司实现了货物运输服务的“高质量、高速度、低成本目标”，从而为企业带来更多的客户，此外，针对大客户的专业化服务也给公司带来了更多的业务。我国货代企业在发展中也应该学习日本大和运输公司的成功经验，建立健全公司的物流管理体系，借助高技术手段，从而提升公司的服务质量。

二、日本佐川急便株式会社物流公司

（一）日本佐川急便株式会社物流公司的基本状况

日本佐川急便株式会社物流公司是日本一家具有综合性的第三方物流公司，公司成立于1957年。经过半个多世纪的发展，日本佐川急便株式会社物流公司在日本已经建立了将近300多个营业网点，公司拥有车辆两万余辆，公司的职工数量也达到了将近3万名。目前，日本佐川急便株式会社物流公司已经成为了日本的第二大物流公司，在全球物流企业的排名中，也成为了全球百强物流企业之一。2001年，日本佐川急便株式会社物流公司经过了ISO9001国际认证，与此同时，公司的总部还获得了ISO14001认证。据悉，2002年，日本佐川急便株式会社物流公司的营业额达到了500亿日元。公司的业务范围已经覆盖到了全世界大部分地区。

（二）日本佐川急便株式会社物流公司值得借鉴的成功经验

1. 透彻理解顾客物流服务需求，为客户提供更多的服务

日本佐川急便株式会社物流公司针对不同类型的客户需求，提供各种各样的服务业务。此外，公司还为客户提供365天的全天候服务，这样就会使客户得到极大方便。公司所建立的物流中心也是一种综合性的物流中心，这个物流中心可以应对不同季节客户业务的增减变化，并且还可以对物流加工费用进行灵活变动。在公司这种灵活政策的影响下，日本佐川急便株式会社物流公司的物流成本得到了极大降低，使公司的经济效益得到了提升。从公司的员工安排来看，日本佐川急便株式会社物流公司也采取了灵活的政策，物流中心每天都会灵活地对公司的员工进行安排，并且可以做到根据客户的需要，为客户挑选适合的物流人员提供服务。通过提供这种灵活的服务，日本佐川急便株式会社物流公司得到了客户的青睐，从而促进了公司发展。我国货代企业在发展当中也应该向日本佐川急便株式会社物流公司进行学习，在公司经营过程中采用灵活性的经营方式，根据现实的需要，为公司节省更多的成本，并且为客户提供质量更高的服务。

2. 建立健全完备的物流网络、先进的物理运营以及管理体系

日本佐川急便株式会社物流公司经过长期的发展，不仅在日本国内建立了便利的物流网络体系，而且还将公司的经营范围拓展到了中国、欧美、东南亚等地区，并且在这些地区还建立了公司专门的经营网点，可以根据客户的需求，将货

物及时运送到世界各地，大大提高了公司的服务质量。此外，在过去半个世纪的发展中，日本佐川急便株式会社物流公司根据世界的发展与变化，对自己的经营理念进行总结，并不断改善自己的经营方式，从而形成了一套综合性很强的物流系统，并且还形成了现代化的物流管理制度，在此基础上，日本佐川急便株式会社物流公司还将计算及物流信息管理系统运用在物流管理体系当中，从而使公司的物流网络、物流信息系统管理得到了极大提升。我国货代企业在发展当中也应该积极效仿日本佐川急便株式会社物流公司的成功经验，在公司发展中，在一些比较关键的地区建立物流中心，保证物流运输的顺利进行。此外还应该将先进的计算机技术运用到管理体系当中，建立完善的信息管理体系。

3. 引进先进的物流技术手段和设备

在公司的发展当中，日本佐川急便株式会社物流公司也非常重视将现代化的手段利用到物流业务发展当中，例如，公司斥巨资研发了拥有知识产权的“E-Global”计算机物流管理系统，这个系统即使在国际上也属于领先技术。通过这个系统，日本佐川急便株式会社物流公司可以随时随地对货物进行全程跟踪，及时获取货物的运输状况。此外公司还采用了“EDI”和电子结算等服务，能够充分满足客户的需求，使公司物流服务的有效性得到极大提高。我国货代企业在发展当中也应该学习日本佐川急便株式会社物流公司的成功经验，采用高科技手段来提高自己服务质量。

三、日本邮船公司

（一）日本邮船公司的基本概况

日本邮船公司成立于1885年，日本邮船公司经过了100多年的发展，如今已经成为当今世界上顶尖的国际货代公司。日本邮船公司主要的业务区域为从中国/日本到美国西、中国到地中海、中国到欧洲、中国到中南美以及加勒比海地区、中国到非洲以及中国到澳大利亚等地区的经营业务。

日本邮船公司一直保持着日本航运界的领导地位。日本邮船公司不仅具有承载货运量巨大的特点，而且还具有航次密集的特点，日本邮船公司的经营宗旨是最大限度地利用信息技术为客户提供优质和超值的物流运输服务。

（二）日本邮船公司值得借鉴的成功经验

1. 积极承担社会责任

日本邮船公司在发展当中十分重视公司责任，坚持为社会负责，为社会提供高品质、高质量的服务。在对于客户方面，日本邮船公司坚持虚心听取客户的意见，并且能够在最大限度上满足客户的要求，从而取得客户的信任。此外，日本邮船公司还在发展当中积极地履行社会责任，坚持环保的理念，在发展当中努力减少对海洋的污染，尽可能地保护环境。为了履行环保的社会责任，日本邮船公司还主张采取高科技手段减少对生态环境的污染。日本邮船公司还积极遵守社会法律，坚决反对任何破坏社会正常秩序的行为，在发展当中坚持公平、正义的发展理念，反对不正当竞争。日本邮船公司主动承担社会责任的态度受到了客户的欢迎，为公司的长远发展树立了良好的社会形象。我国货代企业在发展当中也应该学习日本邮船公司的这一经验，在发展当中主动承担社会责任，并且在发展当中坚持环保的理念，尽量减少对环境的破坏，促进社会的进步。

2. 重视员工的主体地位

日本邮船公司在发展当中十分重视员工的作用，使员工成为公司发展的主体。日本邮船公司尊重公司每一名员工的个性以及人格，在公司管理当中坚持以人为本的工作理念，通过各种努力为公司员工发展营造一个宽松的环境。使公司员工能够充分发挥自己的聪明才智，促进公司的发展。我国货代企业在发展当中也应该尊重员工的个性以及主体地位，为员工营造一种宽松的环境，促进员工的自由发展。

3. 信息的公开化，保持与社会交流

在公司发展过程中，日本邮船公司坚持通过适当的方式将自己的商业信息公布到社会中，并且通过这种方式来获取社会的监督，和社会保持一种很好的沟通与交流，从而提高公司的社会效益。我国货代企业在发展当中也应该注重与社会保持联系，自觉接受来自社会的监督。以此来提高公司的社会效益，与社会建立一种良好的沟通渠道，获取社会的信任，最后为公司赢得良好的社会效益，促进公司的发展。

第四节　其他国家的国际货代企业

一、新加坡东方海皇公司

（一）新加坡东方海皇公司的基本概况

新加坡东方海皇公司是在新加坡注册的一个全球运输公司和物流公司。经过

150 多年的发展，新加坡东方海皇公司已经成为新加坡股票市场上最大的运输公司。新加坡东方海皇公司是一家具有综合性运输能力的跨国企业，与此同时，也是世界上的十大集装箱码头经营商之一。

新加坡东方海皇公司的业务主要集中在美集物流中。美集物流在全球已经覆盖了 172 个城市。在 2001 年，新加坡东方海皇公司被我国经贸委评价为 34 家现代物流联席企业之一。2002 年，联想控股有限公司和新加坡东方海皇公司共同注资并成立了一家新的合资物流企业，公司的经营目的就是专门为中国的 IT 市场提供供应链管理服务。

新加坡东方海皇公司为客户提供的业务主要包括全球货物代理业务、全球货物运输业务，除此之外，还包括客户管理业务、区域仓储业务以及网络配送业务和物流 IT 技术服务业务，通过这些综合的服务业务，新加坡东方海皇公司的供应链管理能力得到了极大提高，除此之外，公司的成本也在一定程度上得到了降低，促进了公司的发展。据统计，2004 年，新加坡东方海皇公司取得了极大发展，2004 年，公司营业额达到了 65.4 亿美元，利润达到了 9.43 亿美元。

（二）新加坡东方海皇公司值得借鉴的成功经验

1. 进行企业之间的合并与重组

新加坡东方海皇公司在发展当中十分重视企业之间的合并与重组，2002 年，联想控股有限公司和新加坡东方海皇公司共同注资并成立了一家新的合资物流企业。通过与联想的合资，新加坡东方海皇公司扩展了更大的发展领域，丰富了公司的发展业务，也壮大了公司的实力，我国企业在发展当中也应该效仿新加坡东方海皇公司的发展经验，促进企业的不断发展。

2. 提供综合性的服务业务

丰富的工作业务可以为公司吸引到更多的客户资源，为公司带来充足的利润。在公司的发展当中，新加坡东方海皇公司十分重视为客户提供一种综合性的服务。新加坡东方海皇公司为客户提供的业务主要包括全球货物代理业务、全球货物运输业务，除此之外，还包括客户管理业务、区域仓储业务以及网络配送业务和物流 IT 技术服务业务，公司的成本也在一定程度上得到了降低，促进了公司的发展。根据新加坡东方海皇公司公布的资料显示，2004 年，新加坡东方海皇公司的营业额达到了 65.4 亿美元，利润达到了 9.43 亿美元。因此，我国企业在发展当中也应该根据国际货代行业的发展需要，为客户提供比较丰富的服务内容，促进公司的发展。

二、韩国韩进海运集团

（一）韩国韩进海运集团的基本概念

韩国韩进海运集团成立于 1977 年，前身是韩进集装箱班轮服务有限公司，公司的总部在韩国首尔。韩进海运集团是韩国最大的船舶公司，同时也是世界十大船舶公司之一。韩国韩进海运集团拥有集装箱船舶、散货船以及液化天然气船超过 200 艘。此外，公司拥有航线大概 60 多条，当然，这些航线包括定期和不定期两种，每年可以向世界各个地方输送上亿吨的货物。

韩国韩进海运集团在全球拥有四个地区总部，并且在全球拥有 200 多家分支机构。除此之外，韩国韩进海运集团的全球营业网包括 30 多家公司，并且拥有 13 座分布在全球范围内的专业码头。

在 1977 年之后，韩国韩进海运集团在保持公司优越服务质量的同时，还不断向全世界拓展自己的经营业务。1988 年，韩国韩进海运集团与韩国大韩商船实现了合并，合并以后，韩国韩进海运集团逐渐将其业务朝着多元化的方向发展，例如，积极推出新的集装箱货船和散货船以及在关键服务领域开发物流操作业务。从 1998 年开始，韩国韩进海运集团的船容量已经获得了全球排名第五的好成绩，经过多年的发展，公司的经营船舶队伍已经达到了 46 艘集装箱货船以及 38 艘散货船。然而，韩国韩进海运集团的船舶年龄仅仅是五年，是世界上最年轻和最现代化的船队。

（二）韩国韩进海运集团的成功经验

1. 重视企业之间的合并与重组

在世界货代发展业务当中，合并与重组是实现公司壮大的重要途径，受到了国际货代企业的欢迎。在当今世界一些比较著名的国际货代企业发展当中，合并与重组业务是经常会遇到的事情。韩国韩进海运集团在发展当中也非常重视合并重组业务，其中韩国韩进海运集团在发展当中最成功的一次合并与重组业务是 1997 年收购了德国胜利航运公司将近 80%的股权，德国胜利航运公司是欧洲一家发展比较成功的航运集团，在欧洲拥有比较完善的服务网络，更重要的是，德国胜利航运公司在欧洲还拥有大量的客户资源，通过对德国胜利航运公司进行收购，韩国韩进海运集团获得了地中海、欧洲等其他地区比较广阔的市场资源。此外，通过这次并购，韩国韩进海运集团在欧洲获得了知名度，并购的过程也是在欧洲的一次很好的宣传过程，从而打开了欧洲市场。与此同时，韩国韩进海运集团借助于并购也壮大了自己的实力。我国的货代企业在发展当中也应该向韩国韩进海运集团学习，通过并购其他地区的企业来扩大自己在世界上的知名度，壮大自己的实力。

2. 构建综合的货代运输系统

韩国韩进海运集团在发展当中建立综合的货代运输系统，是一家集陆运—海运—空运为一体的综合运输公司，在当今世界，韩国韩进海运集团是唯一一家能够提供这种综合性服务的公司。依据一体化运输的优势，韩国韩进海运集团还开展了一种被它们称为“空中桥梁”的服务业务。所谓“空中桥梁”服务业务具体指的是借助于“海运、陆运、空运”为一体的一种综合性的运输服务业务。三种运输方式的一体化业务可以为客户提供花费时间最短且服务质量最高的服务。据统计，通过将陆路运输公司、海路运输公司以及航空运输公司进行协调配合，可以将空运的运输成本节省高达65%的幅度。目前，韩国韩进海运集团的“空中桥梁”主要将中国大陆和亚洲等其他地方作为运输目的地，并且为客户提供花费时间最短、最为经济的货代服务路线。其中作为韩国韩进海运集团的航空运输部的大韩航空正在致力于将公司打造为21世纪最顶尖的航空运输公司。我国货代企业在发展当中也应该效仿韩国韩进海运集团，将“海运、空运、陆运”的一体化运输体系作为公司努力的方向，并且将这种运输体系进行相互配合，利用各种运输种类的优势，使运输成本在一定程度上得到降低。

3. 提供多元化的服务领域

在国际货代企业发展过程中，如果能够提供比较多元化的服务领域，就能够增强公司的竞争力，促进公司的发展。韩国韩进海运集团发展过程中，将海运、陆运、空运这三大领域的运输业务作为发展的重点，与此同时，韩国韩进海运集团还针对不同企业的需要，开展了一些具有针对性的业务以及多样性的服务，随着发展，现在的韩国韩进海运集团不仅为机械公司提供运输机械的服务、冷冻箱服务，而且还为客户提供咨询和通信方面的服务。开展多元化的服务领域为韩国韩进海运集团吸引了更多的客户，而在开展具有针对性服务的过程中，除了能够为企业带来更多利润，还能够提高企业的竞争力，促进企业的极大发展。我国货代企业在发展当中也应该效仿韩国韩进海运集团的成功经验，为客户提供多元化的服务，开展具有针对性的服务，通过这个方法可以为企业的发展吸引更多的客户，同时也能够增强企业的竞争力，促进企业的发展，为企业赚取更多的利润。

4. 开展全球性的公益性服务活动

韩国韩进海运集团在发展当中十分重视树立自己的全球形象，并且在全球一些地区开展了环保公益活动。例如，2009年，韩国韩进海运集团在蒙古国首都乌兰巴托郊外的沙漠中开展了公益性的植树活动，为了开展这项活动，韩国韩进海运集团派出了三批志愿者前往蒙古国首都乌兰巴托，这次活动是韩国韩进海运集团第六年开展的服务，韩国韩进海运集团希望通过这种活动为地球的绿化事业做出自己的一份努力，韩国韩进海运集团将这项服务称为“大韩航空林”活动，目前通过这项活动已经栽种了 23 万平方公里的树木，促进了当地生态环境的改善。目前，韩国韩进海运集团种植的树林已经成为了当地的一个绿洲。此外，韩国韩进海运集团大韩航空的员工还与当地的居民开展文化交流活动，为当地的孩子们赠送图书，此外，他们还建立了国立公园，以此来帮助当地居民清洁环境。通过这一系列的活动，韩国韩进海运集团不仅为企业树立了良好的国际形象，还为改善地球的生态环境做出了努力，此外，也为营造韩国良好的国际形象做出了很大的贡献，我国货代企业在发展当中也应该效仿韩国韩进海运集团，在有能力的情况下，开展一些全球性的公益活动，不仅为企业树立良好的国际形象，还能够为国家塑造一种良好的国际形象。

第五节　国际货代企业共同成功经验大方向的综述

一、国际货代企业的网络化发展经验

21 世纪是网络化大发展时代，随着网络进程的进一步加剧，网络化趋势已经渗透到各行各业的发展当中，其中国际货代企业也开始顺应历史的发展潮流，走向网络化的发展方向。如今，很多外国货代企业开始借助于庞大的网络经营体系进入到我国的货代市场。网络化服务也成为了国际货代企业的核心竞争力。

（一）货代企业网络化发展内涵

货代企业在为客户提供货代服务的过程中，企业和顾客之间的关系主要表现为一种比较单一的直线性质的服务模式，在这个过程中，货代企业仅仅提供一种最基本的货运代理的服务类别。但是，近年来，随着时代的不断变化与发展，客户需求的服务种类已经越来越多，为了满足客户的需要，货代企业提供的服务种类也越来越多，货代企业已经不单单局限于为客户提供货代服务，很多货代企业已经开始为客户提供运输服务以及配送服务等，两者之间的服务更多地走向一种网络化模式的服务方向。例如，美国联邦快递公司为小客户提供物流服务，日本

大和运输公司也根据客户的需要开展了宅急便服务。在这种情况下建立单一的分支机构是无法满足客户需求的，这就需要国际货代企业建立一种网络化的经营体系，通过网络将不同地区的分支机构连接起来。下面笔者将会从不同的方向来分析货代企业网络化发展的内涵。

1. 分支机构网络发展

国际货代企业的货代业务需要面向国际化，因此，这就需要国际货代企业在发展当中在世界不同地区建立众多的分支机构，并且通过这些分支机构的建立构建一个网络化经营体系，通过网络化使全球的不同地区实现有效连接。一方面，分支机构能够深入到当地社会中，充分了解到当地社会的发展特点以及需求习惯，更好地为当地社会服务；另一方面，从企业的发展角度来讲，通过建立网络化的机构可以打开当地的市场，获取更多的客户资源，增强企业的竞争力。

2. 企业的服务功能朝着多元化的发展方向

客户的需求朝向多元化方向发展，因此，为了满足客户的需求，企业提供的服务也应该朝着多元化的方向发展。这就需要货代企业根据市场的需求建立一种多元化的服务体系，为客户提供一种成本最低，并且最为便利的服务。例如，韩国韩进海运集团就是最典型的例子，其不仅为客户提供海运、陆运、空运这三大领域的运输业务，还针对不同企业的需要，开展一些具有针对性的业务，现在的韩国韩进海运集团不仅为机械公司提供运输机械的服务以及冷冻箱服务，还为客户提供咨询和通信方面的服务。通过建立这种多元化的网络服务功能，企业的经营成本以及经营风险都得到了有效的降低。

3. 综合管理动态化发展

国际货代企业在发展当中会面临着各种各样的风险，在这种情况下，国际货代企业就应该根据国际货代业务的发展状况，为客户提供一种比较灵活的服务，实施动态化的管理模式。在组织机构方面，需要从“金字塔”式的发展模型向“扁平化”的发展方向进行转变。从业务环节方面的转化来说，需要货代企业能够做到从职能化管理模式向过程化管理模式转变。此外，在人员管理方面，货代公司需要在发展当中尊重不同员工的发展需要，充分发挥员工的特点。在这种综合化的管理模式中，网络就成为了将不同管理部门串联起来的重要工具。例如，日本佐川急便株式会社物流公司在发展当中一直倡导为客户提供一种灵活性的服务业务，为此，其借助于网络化工具建立了一个综合性的物流中心，这个物流中心可以应对不同客户业务的增减变化，并且还可以对物流加工费用进行灵活变动。在公司的员工安排方面，日本佐川急便株式会社物流公司也采取了灵活的政策，物流中心每天都会灵活地对公司的员工进行安排，并且可以做到根据客户的需要，为客户挑选适合的物流人员提供服务。此外，韩国韩进海运集团的“空中桥梁”也是一种动态化的信息管理模式，借助于网络将海运、空运、陆运这三种运输方式结合、协调起来，根据客户的需要，充分发挥不同运输方式的优点，不但可以为客户提供一种质量最好的服务，更重要的是还能降低公司的运营成本。

4. 合作关系实现联盟化的发展方向

21 世纪是一个全球化大发展时代，在全球化的影响下，全球市场出现了激烈的竞争，在激烈的市场竞争影响下企业为了能够生存下来，就需要在竞争中进行合作，这是当代货代企业在发展当中已经达成的共识，通过企业之间的合作，形成一种网络化的经营体系。在企业发展当中，企业之间的合作联盟主要分为两种，一种是没有建立分支机构的企业与具有分支机构的企业之间实现合作，形成优势互补，另一种是货代企业自身的服务功能还不够完善，这些企业之间形成一种合作，并达成联盟，可以发挥集成效益，为客户提供全方位的物流服务业务。货代企业之间的合并重组就是其中最为典型的一种，例如，英国 Exel 公司就是国际货代企业合并重组的成功案例。英国 Excl 公司的前身是 NFC 公司，1991 年 NFC 公司并购在得克萨斯州的通用码头仓储公司，与此同时，在荷兰购买国际食品快递公司，1993 年 NFC 又并购了位于巴塞罗那的 Cedes Logistica，2000 年 7 月 26 日与 Ocean Group 公司实现了合并，后更名为 Exel 公司。2005 年德国邮政将 Exel 公司收购囊中。通过合并重组，企业发展壮大，并增强了全球范围的竞争力。因此，在企业的发展中应该采用合并重组业务，实现企业自身的发展。

5. 网络信息系统的先进化发展

要想实现货代企业的网络化发展趋势必须借助于先进的信息化发展技术。这些信息系统不仅包括企业的业务信息化进程，还包括企业的财务以及人力资源等各种各样的信息化发展系统。借助于这个信息系统，可以搭建一种网络化的公共信息平台，在此基础上，将企业的总部与企业的分支机构以及企业的分支机构与分支机构之间联系起来，从而形成一种强大的网络机构，在企业内部构建一种内部网络系统，在企业的外部，形成企业与企业之间的网络体系，并且使内部网络体系和外部网络体系实现有效的对接，建立一种相互连通的发展模式，从而为企业的发展提供一种便利化的服务平台，扩大企业的实力。例如，美国联合包裹服务公司在发展当中十分重视本公司的信息化战略建设。十多年前，为了对美国联合包裹服务公司内部的经营状况进行规划，公司根据发展的需要，建立了信息系统，信息化建设也为美国联合包裹服务公司带来了巨大的经济收益。

（二）货代企业实现网络化发展的有效措施

1. 制定企业发展当中的战略规划

在企业发展当中，企业战略规划是指引企业不断发展的导向。在当今的货代企业发展中，一些国际货代企业根据自身发展状况，制定了企业的发展战略，其中主要的内容包括企业的发展目标、企业在市场中的定位，除此之外，还包括企业的网点发展计划和企业所建立的综合管理体系等。当企业制定了发展规划之后，企业可以对以后的发展进行规划，并借助于规划对企业的发展工作进行指导，促进企业的全面发展。例如，德迅公司在发展当中就十分重视对企业的发展制订计划，并根据世界局势的变化对自己的发展计划进行调整。通过制定企业发展规划，将企业网络一步步做大，促进企业的发展。

2. 有步骤、有重点地建立分支机构

货代企业发展网络的建立是需要一个过程的，不能一蹴而就，需要在企业发展战略的指导下一步步进行，并且需要结合市场的发展特点及时对网络化发展提供必要的调整。在企业建立分支机构时，首先，需要对当地的市场发展状况进行详细而又全面的调查，具体不仅需要对当地的市场需求进行调查，还需要对当地的市场供应情况进行调查，特别需要对当地的竞争对手进行调查，值得注意的是，在调查的过程中不仅需要考虑当前的市场潜力，还需要对当地的市场前景进行分析。其次，需要对调查的情况进行研究和分析，看看当地是否具有建立分支机构的潜力。最后，当分析结束之后，就需要企业有计划、分步骤地建立分支机构。例如，汉堡南美公司在建立分支机构时，就对当地的情况进行了详细的分析。

3. 扩展服务功能

在企业拓宽国际网络的同时，还需要对企业的业务范围进行扩展。需要企业对市场进行调研，在进行调研的基础上制定适合当地人需求的业务服务范围，其中主要的方向是改变单一的服务种类，将服务由原来的货运服务向现代物流的发展方向进行转变。值得注意的是，在拓宽服务范围的过程中，如果企业自身没有足够的实力，可以选择与其他货代企业展开合作，甚至是进行合并重组，使企业在发展当中从拥有自己的经营模式转变为一种控制资源的经营模式，以最小的成本获得最大的控制权。例如，美国环球捷运公司最开始的经营业务主要是国内的航空货代服务，然而 1968 年，美国环球捷运公司收购了货代公司 Wing on

Wheels 之后，则将营业范围转向了国际市场。经过一系列合并重组之后，美国环球捷运公司开始将公司的经营范围扩大为综合性的服务业务。

4. 建立健全综合管理体系

货代企业应该在网络化建设当中根据企业自身的发展状况对企业内部的综合化管理体系进行建设，与此同时，企业还应该积极获取 ISO 国际认证，让企业的发展与国际接轨，促进本企业内部的规范化、正规化建设。例如，欧洲的德迅公司、辛克公司，日本的佐川急便株式会社物流公司都实现了 ISO9001 国际认证，促进了企业的规划建设，提高了企业的国际形象，从而增强了企业的竞争力。因此，国际货代企业在发展当中也要重视企业的综合管理体系建设。

5. 加强对外合作

国际货代企业在发展当中主要面向国际化市场，参与到国际化的竞争当中，在国际化竞争当中企业不仅需要面对诸如德迅公司、辛克公司这些竞争力比较强大的百年老牌货代企业，还需要面对诸如美国联邦快递公司等后起之秀，为了在激烈的国际竞争中赢得优势，就需要国际货代企业在发展当中根据公司的发展实现对外合作，增强公司的竞争力，促进企业的发展。例如，法国达飞海运集团在发展当中就十分重视加强对外合作，并且与其他企业建立联盟，以此来弥补自己在发展中的不足之处，促进企业的不断发展和强大。

6. 积极开发并应用先进的信息系统

在货代企业的网络化建设过程中，先进的信息技术是为了进行网络化的技术支持。借助于开发网络信息系统能够为企业的发展提供便利的服务，并且还可以使企业内部的工作流程得到简化，为公司节省更多的发展成本。近年来，进行网络信息化建设已经得到了国际货代企业普遍的认可，并且取得了极大的发展成就，例如，美国环球捷运公司在发展当中，就斥巨资对公司的情报技术部门进行建设，并且开发出了属于自己公司独立的情报系统——LOGIS。除此之外，美国联合包裹服务公司在发展当中也十分重视进行信息化建设。美国联合包裹服务公司顺应时代发展，开展电子商务业务，将科学技术渗透到公司的业务流程当中，通过网络平台实现现实世界中进行的交易，除此之外，公司可以利用互联网这个平台为客户在线提供各种各样的咨询服务，例如，美国联合包裹服务公司的“在线工具”可以通过电子商务服务为客户提供各种各样的在线服务业务。此外，美国联合包裹服务公司在物流运输当中率先采用货物信息收集器、货物条码系统以及一些其他方面的信息数据中心系统，从而在很大程度上提高了货物运输的效率，提高了公司的竞争力。1995 年，美国联合包裹服务公司将货物跟踪网络投入使用，从而满足了客户对货物信息的查询需求。通过对本公司进行信息化建设，不仅能够为客户提供更多便利的服务，还增强了本公司的竞争力，促进了企业的发展。

综上所述，网络化建设是国际货代企业发展当中最重要的方向，也是当今国际货代企业顺应时代发展潮流不得不做出的选择，货代企业的网络化建设不仅可以为客户带来更多的便利，与此同时，也使企业的成本在一定程度上得到降低。我国货代企业在发展当中应该时刻关注国际货代企业的网络化发展趋势，及时顺应时代的发展潮流进行公司的网络化建设，从而促进企业的发展。

二、国际货代企业向第三方物流转型

第三方物流是近年来在国际货代企业发展当中形成的一种新型的发展方式。第三方物流企业的发展通常是以电子信息技术发展为基础，具有适应时代发展的发展趋势。

（一）国际货代企业与第三方物流的基本含义

1. 国际货运代理业务的基本含义

在当前的发展当中，并没有对国际货运代理业务进行统一的定义。目前，对国际货运代理概念的统一定义主要是来自于国际货运代理协会联合会的概念，是根据国际货运代理协会的规定进行制定的，所谓货运代理，具体指的是货运代理商按照客户的需要，为客户提供货运代理服务，但是货运代理商本身并不是承运人，按照这种规定，国际货运代理业务在国际贸易发展过程中扮演着一种中间人的角色。但是在当前的国际货运代理业务发展中，很多情况下，货运代理人通常也是货物的承运人，例如，辛克公司、德迅公司、汉堡南美以及日本大和运输公司等都是既扮演着承运人的角色，又扮演着货运代理人的角色。

2. 第三方物流的基本含义

在国际货运代理业务发展中，第三方物流又被称为“合同制”物流，所谓第三方既不是发货者，也不是收货者，而是在签订合同的基础上为客户提供物流服务的一方，主要是根据客户的需要为客户提供服务。通常情况下，在国际贸易发展当中，第一方通常指的是发货的一方，而收货者通常指的是接收货物的一方。第三方物流是对国际货代业务的一种完美发展，第三方物流不仅为客户提供国际货代业务，也为客户提供运输服务、报关服务、信息咨询服务等综合性的服务，近年来这种第三方物流的服务方式得到了客户们的认可，并且取得了极大发展。例如，当今发展最成功的是美国联合包裹服务公司、美国联邦快递公司、日本大和运输公司等。

（二）当前国际货代企业发展现状分析

2001 年，我国成功加入了世界贸易组织，以此为基础，我国的经济发展潜力得到了进一步的开发，国际贸易发展进入了新的发展阶段，我国国际贸易业务将近 90%的业务量就是通过货代市场开展的，自此，我国的货运代理业务取得了极大发展。

1. 从合资企业向独资企业发展

近年来，我国经济取得了飞速发展，对外贸易业务也取得了极大发展，我国被称为“世界工厂”，为了抢占我国的国际货代业务，一些国际货代企业在向我国国际货代企业进军的过程中，首先会借助于合资企业的发展方式，当外国货代企业获得一定的发展，并且掌握足够的客户资源之后，开始采取独资企业的发展方式。

2. 开始开展“一条龙”的服务业务

当今的货代企业在发展当中为了增强本公司的竞争力，往往会采取建立“一条龙”服务业务来增强企业的竞争力。例如，美国环球捷运公司在发展当中创立了一次买完业务，只要客户提出需要，就不用担心其他环节，可以享受到公司的“一条龙”服务。客户不仅能够享受到货运代理服务，还能够享受到报关服务、运输服务、信息服务等，这样就能为客户节省大量的时间，并且在很大程度上使客户得到方便，从而使企业的竞争力在一定程度上得到增强。

3. 开始采用更高水平的管理方式

当今时代是信息化大发展的时代，知识经济蓬勃发展是信息化时代最为明显的特征。在这种情况下，企业与企业的竞争就从本质上发生了变化，企业竞争的本质已经成为科技水平之间的竞争。在知识经济时代，货代企业不断提高企业的创新能力以及管理能力。例如，美国联邦快递公司以及美国联合包裹服务公司在发展当中都致力于进行信息化建设，并采取科学的管理方式，促进企业的发展。

（三）国际货代企业向第三方物流转型的对策

面对激烈的市场竞争，当今的市场环境发生了极大的变化，为了适应社会的变化，就需要国际货代企业能够根据市场的变化，积极促进公司向第三方物流企业转变，只有这样，国际货代企业才能够在激烈的市场竞争中生存下去。

1. 转变货代企业传统的发展观念，对发展进行创新

与传统的货代企业相比，第三方物流还具有很大的不同，因此，为了实现货代企业的发展就需要在转型的过程中树立一种创新的观念，能够冲破传统的发展

观念。首先，国际货代企业应该树立一种创新的精神和竞争意识，在发展当中做到始终以客户为中心，利用新的营销理念和管理手段实现转型，从而实现货代企业向第三方物流企业的转型。例如，美国环球捷运公司以及英国 Exel 公司在发展当中十分注重采用现代化的管理理念，实现企业向第三方物流行业的转变。其次，货代企业在进行转型时，必须以市场的变化为基础，时刻关注市场环境的变化，将客户作为市场发展的核心，以客户的满意度作为市场发展的原则，不断拓宽企业的发展市场。例如，日本佐川急便株式会社物流公司在发展当中始终将客户的需要作为公司发展的基础，针对不同类型的客户需求，为客户提供各种各样的服务业务。为了满足客户的需求，日本佐川急便株式会社物流公司还为客户提供 365 天的全天候服务。此外，值得注意的是，日本佐川急便株式会社物流公司可以做到根据客户的需要，为客户挑选适合的物流人员进行服务。因此，在企业的转型过程中，必须树立一种新的观念，从市场的需求出发，不断拓宽发展内容，促进企业朝着第三方物流的方向进行转变。

2. 拓宽服务的范围

第三方物流服务业务是一种顺应时代发展需要而产生的物流服务业务。随着国际贸易业务的发展，客户的需求也越来越多样化，为了满足客户的需求，就需要货代企业在发展当中不断拓展服务业务范围，并且提供多元化的服务。第三方物流服务是一种综合性比较强的服务业务，不仅可以为客户提供运输业务，除此之外，还能够为企业提供一种拖卡和报关的多式联运服务业务，近年来，第三方物流在发展当中还能够为客户提供运输管理服务业务、业务流程重组服务业务、建立分拨网络服务业务、供应链服务管理业务以及物流信息系统服务业务等各种各样的物流服务，通过提供这种综合性的服务业务，企业的竞争力在一定程度上得到了增强。例如，韩国韩进海运集团在发展当中就十分重视开展多种多样的服务业务。韩国韩进海运集团将海运、陆运、空运这三大领域的运输业务作为韩国韩进海运集团发展的重点，除此之外，韩国韩进海运集团在企业发展当中还针对不同企业的需要，开展一些具有针对性的业务，现在的韩国韩进海运集团能够为客户提供运输机械的服务、冷冻箱服务、咨询和通信方面的服务。

3. 注重人才培养，构建良好的企业文化

21 世纪是信息化大发展的时代，企业与企业之间的竞争归根到底是人才的竞争，人力资源成为了企业发展的核心竞争力。在对人才进行培养时，一方面，公司应该为员工提供一个自由的环境，使员工的聪明才智能够得以充分发挥；另一方面，公司应该为员工提供一些专业的培训机会，使员工可以拥有提升自我的机会，例如，企业可以与一些高等学校展开合作，建立起人才的供需关系，为企业的发展培养更多的人才，或者也可以与国外一些著名的货代企业展开合作，并派遣员工去学习先进的货代发展经验。此外，公司还应该为员工提供一些升职的空间，激发员工进行学习。一些著名的国际货代企业也非常重视人才的培养，为企业员工的发展提供了充足的空间。例如，日本邮船公司尊重公司每一名员工的个性以及人格，在公司管理当中坚持“以人为本”的工作理念，通过各种努力为公司员工发展营造一个宽松的环境，使公司员工能够充分发挥自己的聪明才智，促进公司的发展。除此之外，美国联邦快递公司在公司发展中也十分重视员工的主体地位，并且为员工提供了很多表达自己意见的机会，不断扩大员工的职权范围。其中员工可以直接向公司领导提出质疑，并提出自己比较好的见解。另外，美国联邦快递公司还建立了公司的网络电视，从而实现了不同地区员工与公司之间的沟通和交流，为员工的发展营造一种比较轻松和民主的工作氛围。

4. 充分发挥计算机技术，建立物流信息管理系统

当今时代是信息化大发展的时代，随着信息化的发展，计算机技术在各个领域得到了广泛运用，当然计算机技术也是第三方物流发展当中的重要技术。在物流业务发展当中，第三方物流最大的特点就是具有非常快速的反应系统，能够在最大程度上使货物进行储备的时间得到缩短，从而可以将货物的储存时间进行节省，减少了货物运输周期，此外，还可以为企业节省用于储存货物的储存费用，在很大程度上使工作效率得到了极大提高。除此之外，第三方物流还以计算机技术为发展基础，并且在获取到客户的真实需求之后，建立一个相对完善的物流管理系统，此外，还能够通过这个系统为客户制定一套个性化的服务，尽最大可能满足客户的需求。物流信息管理系统可以为企业的发展提供充足的信息数据，在这种情况下，可以根据数据制定出最佳的运输线路，从而为客户提供一种最佳的运输方案。在货物的运输过程中，货代企业可以借助于信息管理系统对运输船只情况、运载货物的进程等有一个比较清晰的了解，客户也可以借助于物流信息管理系统及时对自己货物的运输状况进行查询，满足客户的需要。最后，通过信息管理系统，货代企业可以及时了解到市场的发展状况，并且根据市场的发展需要制定出最合适的发展战略，避免企业遭受损失。例如，20 世纪 80 年代，美国联合包裹服务公司就开始在物流运输当中率先采用货物信息收集器、货物条码系统以及一些其他方面的信息数据中心系统。1995 年，美国联合包裹服务公司开始将货物跟踪网络投入使用，从而满足了客户对货物信息的查询需求。在此之后，美国联合包裹最终建立了本公司的网站，开通了公司的电子商务业务。美国联合

包裹服务公司的即时追踪系统也是当前世界快递业务当中最先进的也是最大的信息追踪系统。在公司业务发展当中，美国联合包裹服务公司都会给公司接收到的货物贴上一个追踪条码，只要打开系统，无论货物被运送到哪里，客户都能够查找到货物的所在地。美国联邦快递公司也非常重视信息技术的建设，公司在互联网上建立了智能化软件系统，通过这个系统，美国联邦快递公司可以建立一个运输管理系统，从而实现与客户企业的网络进行无缝对接，或者也可以通过 Web 页面直接进入到企业物资运输系统当中，在这种情况下，客户就会将美国联邦快递公司的空中运输系统以及路上运输系统作为本公司的运输资源。

5. 实现与电子商务的有机结合

随着互联网技术的发展，电子商务已经获得不断发展壮大，互联网的发展使各个行业都开始借助于互联网工具来实现自身的发展，最明显的是目前正在中国开展的“互联网+”活动。电子商务技术也是在发展当中借助于互联网技术进行的，电子商务的发展促进了其他行业的发展，在此背景下，国际货代企业要想获得发展就必须积极顺应电子商务发展的大趋势，对自身的发展模式及时进行完善，促进企业的发展。例如，1995 年，美国联合包裹服务公司开始将货物跟踪网络投入使用，从而满足了客户对货物信息的查询需求，在此基础上，美国联合包裹服务公司最终建立了本公司的网站，开通了公司的电子商务业务。

三、合并重组战略

随着经济全球化趋势的不断加剧和发展，国际经济竞争力已经越来越激烈，为了增强自身的竞争力，国际货代企业在发展当中往往会选择在企业之间进行一些必要的合并与重组，并且希望以此壮大企业自身的实力，增强企业之间的竞争力，从而促进国际货代企业的发展壮大。下面本书将结合上述一些国际货代企业的发展状况，对国际货代企业发展的另一个趋势——企业之间的合并与重组问题进行研究。

（一）企业并购重组的基本概念

在国际贸易发展当中，企业之间的并购通常指的是一个企业为了获取另外一个企业的控股权进行的一种产权交易活动。具体指的是，企业为了获取目标企业的全部或者是部分控制权，利用自己可以进行支配的资产去购买目标企业的控制权，值得注意的是，这些资产可以是现金，也可以是一种有价证券，抑或是一种具有价值的实物资产。通过这种交易行为，目标企业丧失了对自己企业的掌控权力。企业之间的并购与重组问题在大多数情况下是企业在面临风险时的一种选择，目标是为了获取更多的利益。

（二）国际货代企业进行并购的原因分析

1. 战略上的调整和运输业务的重组是最基本的原因

当今世界经济全球化的趋势不断加强，伴随着经济全球化的不断发展，世界各国之间的经济联系将会更加紧密，各国之间经济的开放程度也会进一步加强，任何一个国家都不能在经济全球化当中置身事外，在这种情况的影响下，国际货代市场将会面临更加剧烈的竞争，为了能够在激烈竞争的市场当中生存下来，就需要与具有不同优势的企业进行合作，从而壮大企业的竞争力，使企业能够在激烈的市场竞争当中生存下来，并占有一席之地。在国际货代企业发展当中，英国 Exel 公司就是企业合并与重组最成功的案例。英国 Exel 公司的前身是 NFC 公司，1991 年，NFC 公司并购在得克萨斯州的通用码头仓储公司，在此之后，英国 Exel 公司在荷兰购买了国际食品快递公司。1993 年，NFC 又并购了位于巴塞罗那的 Cedes Logistica，2000 年 7 月 26 日与 Ocean Group 公司实现了合并，经过一系列的合并与重组之后，企业更名为 Exel 公司。2005 年，德国邮政将 Exel 公司收于囊中。英国 Exel 公司从产生到壮大都在经历着一系列的合并与重组，企业甚至将合并与重组业务当作公司发展的重要战略。

2. 并购与重组是国际货代企业提高融资能力的有效手段

当两家货代企业合并为一家企业之后，企业的规模就会增大，企业的融资能力也会在一定程度上得到增加。如果货代企业能够实现对银行的合并与重组，那么就可以直接为企业获得更多的资金支出。在国际货代企业发展当中，也出现了一些国际货代企业与金融企业之间的合并案例，例如，美国联合包裹服务公司通过对美国第一国际银行进行并购，从而获得了发展所需要的充足的资金链服务业务，这就为美国联合包裹服务公司的发展提供了重组的资金支持，促进了美国联合包裹服务公司的进一步发展。

3. 与具有独特优势的企业进行合并，提高企业的竞争力

当今时代是知识经济大发展的时代，在当今的知识经济发展当中，信息化技术已经是企业在发展当中必须具备的技术，如果能够与一些具有独特技术优势的企业进行合作，就能够在最短的时间内获得巨大的技术支持，从而提高企业的竞争力，促进国际货代企业的发展。例如，美国联合包裹服务公司与惠普公司进行合作，在合作当中，惠普公司与美国联合包裹服务公司共同开发出了全球首个能够在网上对纸质文件进行传递和追踪的服务业务，从而使美国联合包裹服务公司获得了在货代运输当中的数字化领先水平，在此之后，美国联合包裹服务公司又

与 Worldtalk、TanData 实现了合作，从而促进了企业的发展。此外，新加坡东方海皇公司在发展当中十分重视企业之间的合并与重组，2002 年，联想控股有限公司和新加坡东方海皇公司共同注资并成立了一家新的合资物流企业，公司的经营目的就是专门为中国的 IT 市场提供供应链管理服务，通过合并以及合作，国际货代企业在最短时间内获得了大量的技术支持，从而在一定程度上使企业的竞争能力得到了提高，进而促进了企业的发展。

4. 提高并购企业的竞争能力

通过企业之间的并购与重组业务，国际货代企业的实力得到了增强，在这种条件下，企业的抗风险能力在一定程度上得到了提高，企业可以拥有很大的空间去开展国际货代业务，壮大公司的实力，在国际货代企业当中，合并重组也是经常会被采用的发展手段，例如，汉堡南美公司就是比较典型的例子，在企业的发展当中，汉堡南美公司十分重视收购一些比较好的小企业，从而壮大自己的实力，例如，汉堡南美公司收购了台湾建宏以及 Ellerman 公司，从而打通了亚洲—澳大利亚、新西兰—南美航线，现在汉堡南美公司已经成为了该地区最大的海运商。此外，合并与重组业务也是法国达飞海运集团在发展当中经常采用的一种发展战略，为了获取更多的利益，法国达飞海运集团在发展当中收购了法国最大的国营传播公司——法国国家航运公司和澳大利亚国家航运公司，之后，法国达飞海运集团又成功并购了达贸轮船、安达西非航运、森特马三家公司，在此基础上，法国达飞海运集团成功成为法国最大，同时也是世界第三的货代公司。

综上所述，国际货代企业是和国际贸易紧密相连的，在国际贸易的发展过程中，国际货代企业需要走出小区域，来面对复杂的国际竞争。在国际货代业务发展当中，为了在激烈的竞争中生存下来，就需要国际货代企业能够在发展当中采取一些措施来壮大自己，而企业之间的合并与重组是国际货代企业在最短时间里获得壮大的最有效措施，通过进行合并与重组，企业可以获取被合并企业的优势，并将其转化成自己的优势，提高公司的竞争力。然而，国际货代企业在进行合并重组的过程中也面临一系列风险，这就需要国际货代企业在进行合并重组的时候对被合并企业进行考察，避免与承担巨额债务的企业进行合作。当然，企业在进行合并与重组的过程中还需要根据自身的实力以及自己的需求，选择那些自己有实力合并，并且适合自己需要的企业，此外还能够将被合并企业的优势转化成自己的优势，只有在这种情况下，企业的合并重组战略才能达到预期的发展，从而获得成功，增强企业的实力，促进企业的不断发展与壮大。

随着经济全球化的不断发展，世界各国之间的贸易往来变得越来越紧密，国际货代行业进入了空前繁荣的发展局面。改革开放 30 多年以来，我国经济取得了迅速发展，对外贸易活动在我国国民经济发展当中占据了重要地位，伴随着我国国际贸易业务的不断发展，我国的国际货代企业也随之产生，然而我国的国际货代企业在发展当中由于起步比较晚，所以其在与国际货代企业竞争的过程中处于不利地位。为了提高我国国际货代企业的竞争力，促进它们的发展，就需要我国的货代企业能够根据时代发展需求，及时做出适当调整，提高我国货代企业的国际竞争力。

在国际货代企业的发展过程中，欧洲是国际货代企业的发源地，早在 100 多年前欧洲就开始从事国际货代业务，在国际货代业务的发展过程中，欧洲一些国际货代企业在竞争中不断发展和壮大，逐渐成为了国际货代企业发展中的佼佼者。因此，为了促进我国货代企业的发展，就需要我国货代企业能够在发展当中借鉴欧洲国际货代企业的成功经验，并根据我国货代企业的发展状况，不断完善自身的实力，促进我国货代企业的发展。

美国作为世界经济发展中的重要一极，是国际现代国际货代企业的发源地。美国货代企业在发展当中，一方面借鉴欧洲老牌货代企业的发展经验，另一方面根据时代的进步，将现代化的信息技术运用到国际货代企业发展当中，利用先进的信息技术为国际货代企业业务服务，大大提高了国际货代业务的效率。除此之外，美国国际货代企业还顺应时代发展潮流，根据国际商务业务的发展，把国际货代企业转变成了国际物流企业，在满足国际货代业务需求的同时，也致力于服务小宗客户的需求，促进国际货代企业的发展。我国货代企业也应该学习美国的先进经验，将先进的科学技术运用到货代企业发展中，增强自身的国际竞争力。

第五章　中国国际货代企业中职业经理人的队伍建设

第一节　建设中国国际货代企业职业经理人队伍的必要性

国际货运代理行业在世界范围内，已经具有几百年的历史了。近半个世纪以来，世界经济一体化进程的不断加快，以及全球运输设施与网络的逐渐完善，货运业更是表现出了前所未有的活力与潜力。在中国，尽管国际货运代理行业仅有30多年的历史，还处在摸索的初级阶段。但是，伴随着我国改革开放的不断深入和我国“世界工厂”作用的日益凸显，我国国际货代行业得到了快速发展，并且正在和世界相关组织与法规、做法接轨。

目前，我国国际货代企业经营规模较小，专业人才较少，在很大程度上制约了企业的健康、可持续发展。为此，一定要重视职业经理人队伍的建设，促使国际货代企业得到长远、稳定的发展。

一般而言，职业经理人就是凭能力、凭业绩做事的人，而不是凭货币资本做事的人。在学术界，职业经理人的概念有很多，一种有代表性的说法为：职业经理人虽然是受薪阶层，但作为企业重要的管理者，所获薪酬相当高，在美国的一些大企业，高级职业经理层的平均收入已经达到了普通职业经理人平均水平的100多倍，因而有“金领”之称。在现代人力资本理论中，把职业经理人和技术创新者共同称为人力资本，也就是说，职业经理人属于人力资本范畴。作为职业经理人，必须具备较高的个人素质和较高的专业技能和管理才能，较强的敬业精神、创新意识、冒险精神和竞争的冲动，坚韧不拔、自信果断和强烈的事业心，看出事务本质的洞察能力、决策能力，丰富的工作经验和深厚的理论功底，组织协调能力以及知人善任的用人能力，在知识方面，职业经理人要具备硬知识、软知识和社会知识。这些都是促进一个人成为职业经理人的基本条件和重要保证。

为此，在国际货代企业中，要想实现预期的战略发展目标，就要重视职业经理人队伍的建设，从而全面提高企业的综合竞争力，在激烈的市场竞争中占据一席之地。

一、从企业发展角度分析

随着改革开放的不断深入，我国对外贸易发展越来越快，在一定程度上促进了我国国际货代行业的进一步发展，使其成为一个新兴服务产业。然而从整体角度分析，我国国际货代行业还存在着很多不足，如经营规模小，资产少；专业人才缺乏，服务功能较少；网络分散，服务质量参差不齐，经营秩序不规范；融资能力差，综合竞争力弱；等等。在经济全球化快速发展的形势下，我国国际货代市场得到了进一步的发展，促进了我国国际货代行业的分化重组。在此背景下，一定要统筹全局，未雨绸缪，明确我国国际货代行业的发展方向，从而培养针对性的专业人才，促进我国国际货代行业的长远发展。

针对我国国际货代行业而言，其未来发展方向包括以下方面：

（一）规模化

在我国国际货代企业发展过程中，规模化作为一项基本战略，主要就是对现有资源进行合理配置，从而促进企业实现可持续发展。同时，针对我国国际货代企业而言，规模化是应对经济全球化的主要途径。在某种程度上而言，经济全球化就是对全球资源的优化配置，由其产生的结果就是在世界范围内进行产业结构的转移与调整，其中最突出的表现就是收购、重组、合并等。以航运业为例，近些年来，航运市场逐渐摆脱低迷阶段，趋于活跃，经营业绩也越来越好，其不仅促进了世界经济的持续增长，又与航运业的兼并收购所产生的规模经济密切相关。规模化是加入 WTO 后整合我国目前中小货代企业资源的内在要求。

随着货运市场的不断发展，一些外资货代企业越来越活跃，将一些势单力薄的货代企业淘汰出局。如果我国货代企业依然沿用以往的经营方式，那么就是死路一条。为此，要想得到出路，就要重视重组与联合，做好战略联盟。在实际工作中，可以从资源、网络、资金的规模化方面着手，坚持规模经营的道路，为我国货代企业的长远发展奠定坚实的基础。以效益、资产为纽带，突破企业、行业、地域等条件的制约，在业务上，借助海运订舱代理、空运销售代理、租船经营代理、指定代理等方式，实现货源的集约化与规模化；在财务上，借助集中融资、私营、吸纳外资等资本，为促进企业规模化经营奠定坚实的基础；在管理上，借助职工内部持股、经理层年薪、竞争上岗等机制，强化货代企业的横向联合、重组、合并，实现对固有资源的优化配置，促进货代企业进一步发展。

（二）专业化

从集约经营、服务功能完善的角度分析，货代企业的基本要求就是实现专业化服务。现阶段，我国大部分货代企业依然停留在“代办运输”的中间人角色，服务功能相对单一，管理水平比较落后，只能满足客户的一些低层次需求，随着市场竞争的日益激烈，客户需求的不断提高，货代企业还要向独立运输经营人的角色转变，为此，需要对服务功能予以拓展，提高服务档次，在企业文化、职业经理人素质、业务操作等方面加强专业化服务，从营销、质量、成本、战略等方面提升企业管理水平。

专业化是培育货代企业核心竞争力的必然要求。企业的核心竞争力是指企业最擅长的业务，是企业品牌、主业、实力、创新能力等综合资源优势的外化。而专业化是增强与培育企业核心竞争力的主要途径之一，一个货代企业只有重视专业化经营，才可以将其和其他企业予以划分，突出自身特点，利用核心竞争力凝聚利润，从而在激烈的市场竞争中占据一席之地。国际货代企业的业务范围非常广阔，而专业化服务内容就是以增强与培育企业核心竞争力为目的，通过对空运、航运、整箱、拼箱、集港等疏运方式的选择开展业务，同时采用密集性营销策略进行市场开发、人才选用、企业战略、管理规划等资源优化配置，稳扎稳打，逐渐成为市场发展的领先者，实现预期的战略意图。现阶段，我国相当一批中小货代企业货源、资金、人才等资源有限，瞄准专业化发展目标，这是它们迎接挑战，参与市场竞争的明智选择。

（三）网络化

在国际货代企业发展中，网络化主要包括以下三层含义：

1. 货代企业有形的国内外营运网点的建设

货代作为国际运输的重要辅助服务，发展到成熟阶段，就要具备可靠的网络支持，不然就会出现后劲不足的现象，使得客户需求无法得到满足，制约了企业的进一步发展。现阶段，除一些大型货代企业和一些合资货代企业拥有相对比较完善的网络设施外，中国其他货代企业普遍缺乏网络培育，这是中国货代企业竞争力不高的主要原因之一。

2. 总部对货代企业营运网点的资源予以统一调配，通过网络运作追求规模效益

要想达到以上要求，就要保证各营运网点之间不可以自相残杀、各自为政，需要根据业务情况与战略发展目标进行联合，服从总部的统一调配与协调指挥管理。

3. 从某种程度上而言，网络化就是如何联结企业星罗棋布式的网点

随着网络化、信息化时代的快速发展，为互联网、EDI、E-mail 等先进传输方式的应用奠定了坚实的基础，同时构建了无形信息管理系统，借助电子商务完成内部资源的网络化运作，是联结分割有形网点的主要方式，也是最有效、最快捷的手段，只有这样，才可以全面提高营运效率，降低营运成本，实现资源共享。

在货代企业网络化发展中，可以适当利用——信息公共平台——中国国际海运网。其是以国际海运为核心，以相关物流为辅助，连接有关行业，具有信息交互、在线实务操作、专业数据汇通、行业新闻发布等功能的大型综合性国际海运门户商务电子平台。实现了物流、信息流、商流的有效融合，加强了国际海运、进出口贸易及有关行业产业链的结合，在很大程度上解决了航贸信息不畅、物流成本过高、操作脱节、效率低下等问题。

（四）物流化

第三方物流作为现代物流的核心思想之一，对于货代企业优化产业结构、提高竞争实力、培育新的利润增长点无疑具有重要意义。我国物流行业是一个相对不成熟的产业，国内外客户需求差异非常大，根据我国特色来说，确定符合我国国情的货代物流产品是适应市场的主要条件。与此同时，因为我国货代企业一直处在低层次、粗放经营状态，相应的系统组织能力较差，在缺乏有效全球网络的情况下，全球供应链管理服务的提供难度非常大。为此，要想促进我国货代企业进一步发展，就要重视自身情况的认识，将其融入全球物流体系当中，快速调整传统货代企业，使其成为货代物流企业，对不同层次的物流服务予以研发，最大限度地提高其在物流产业的收益。

根据我国货代企业服务创新目标，其服务模式主要包括以下几种：

1. 以提高服务附加值为目标的基础物流服务

运输、仓储、包装、分拨是物流的基本环节，也是物流系统的实际执行者，并构成了物流产业的基本需求。

2. *以培育新的客户群为目标的个性化物流服务*

客户对运输和物流的需求具有多样性，特别是中小型客户，自身的商务功能有限，需求更具有特殊性，这是一个巨大的潜在客户群。为这些客户提供包括运输、仓储、商务等附加服务在内的灵活物流服务，不仅可以有效地支撑货代主业，还可以增加附加收入。

3. *以实现产业更新为目标的第三方物流服务系统物流服务*

第三方物流是介于客户和实际物流承担者之间，为生产商提供物流设计、控制和供应链管理的物流服务模式。这是物流服务体系的最高层。这种服务完全不同于货代和承运人提供的劳务和基础设施的服务，而是采取虚拟经营的方式，销售专业的物流决策和管理技能，主要职能是总体成本控制和对供应链实施动态监控，代表了物流需求的最本质思想。当中国货代企业实现这一物流服务时，实际上已经完成了由单纯货代服务向货代物流服务的升级，可以说达到了物流服务的最高境界。

值得注意的是，物流服务模式并不是固定的，以上物流服务模式只是表示三个方向，我国货代企业完全可以根据自身的实际情况予以优化组合，最大限度地发挥自身资源优势，设计符合自身条件的综合物流服务产品，从而促进企业的进一步发展。

规模化、专业化、网络化、物流化作为我国货代企业发展的四大战略，规模化、网络化更加重视企业的组织结构和经营方式，专业化、物流化更加重视企业的管理形态和经营内容，它们相互渗透，互为贯通，统一于我国货代企业发展的实践和战略部署当中。在整个发展过程中，规模化是根本，专业化是基础与前提，网络化是必然选择，物流化是最终归宿。规模化、专业化是货代企业发展的核心内容，这是因为货代企业需要依靠专业化服务打出品牌效应，之后创造新的市场份额，不仅需要营运网点进行经营规模的升级与延伸，还要利用信息管理系统把各网点予以连接，从而满足客户的实际需求，真正树立以客户为核心的经营理念，加快网络建设，打造自身特色品牌，促进企业的健康、可持续发展。现代物流的两大核心思想是专业服务、系统整合，联系中国货代企业的现状，货代企业向现代物流经营转型的前提就是在培育核心竞争力与壮大网络规模两大任务上有所突破，这恰好反映了专业化和规模化思想的本质要求。

针对货代企业来说，发展物流是一种必然选择，实际上国外很多物流企业均是从货代做起的，在继承货代业务的基础上，拓展了 SCM 管理。同时货代企业固有的以客户为服务中心的服务宗旨及灵活多样的经营方式更有利于为客户提供

“量体裁衣”的个性化物流服务。在简单的中间人难以继续为生时，通过第三方物流提高增值服务能力，由此增强核心能力发挥市场价值，将成为我国货代企业实现二次创业的主要途径。这是货运企业职业经理人经营理念的回归。

所以，从企业发展角度来看，在整个企业发展过程中，必须重视职业经理人的培养，这样才可以保证各项工作的全面落实，并且不断增强企业的核心竞争力，使其在激烈的市场竞争中占据一席之地。从某种角度而言，企业要想获取持续的竞争优势，就要具备较强的核心竞争力，而职业经理人作为企业的核心资源，一定要充分发挥其主观能动性，通过提高职业经理人的个人素质，满足企业发展的实际需求，从而提高企业核心竞争力，比如，随着市场的快速发展，必须审时度势，做出正确的决策；在复杂的市场环境中，具有全局战略眼光，明察秋毫，为企业的长远发展奠定坚实的基础；能够号召群众，凝聚人心，使企业上下团结，设定长远的战略目标；懂得主动应变、革故鼎新，确保企业永保生机；等等；正是通过职业经理人领导的团队整合企业的各种资源和充分发挥能力，变潜在优势为竞争优势，才能形成企业的核心竞争力；懂得完善高效的组织结构，建立正常的工作秩序，完善必要的规章制度，懂得分身授权，奖功惩过，赏罚分明，从而确保各项工作的有效落实，促进货代企业持续发展。

二、从现实角度分析

随着社会经济的快速发展，对外贸易的不断拓展，我国货代企业得到了一定的发展。截止到 2010 年，我国商务部备案的货代企业共有 2 万余家，以中小企业为主。总的来说，在我国货代市场中普遍存在着以下问题：大多数货代企业都比较弱小，如经营规模小、人员数量少、资产总额少、营业额少；缺乏一些具有先进技术装备、较强综合实力、较强国际竞争力的代表性企业；货代企业服务模式相对单一，缺少一些个性化服务，对企业发展有着一定的抑制作用。由此可以看出，为了促进企业发展，必须重视职业经理人的培养。

因为货代行业属于服务业，基本不存在行业壁垒，市场进入门槛非常低。目前，我国货代企业规模均不大，企业信息化主要就是通过电子邮件、即时通信软件、办公室软件制作文档表格等，而计算机收集、整理、储存、管理、利用信息的能力较差，没有形成自身优势，导致企业信息化水平落后，阻碍了企业的进一步发展。为此，必须加强职业经理人的培养，提高企业信息化水平，从而提高工作效率，为货代企业的长远发展提供可靠保障。

在货代企业发展中，专业人才缺乏也是制约企业发展的重要因素。虽然有关货代专业人才正在不断培养中，但是从业人员依然无法满足实际需求。根据有关调查显示，我国现有货代从业人员约为 30 万人，但是其中经过正规培训的人员非常少，严重降低了货代企业的核心竞争力。早期的货代从业人员素质较高，随着贸易的不断发展，货代业务发展越来越快速，从业人员的数量也随之增加，致使现阶段我国货代从业人员素质良莠不齐，从而导致提供的产品服务质量参差不齐。货代企业本着可持续发展原则，应从根本上提高从业人员素质，可采取内部组织培训、外部引进、考核竞聘上岗等措施。

从现实角度分析，整个货代行业对职业经理人的需求压力非常大，在经济全球化快速发展的形势下，职业经理人需求压力将会更大。规范化、规模化的货运代理市场对目前众多中小货代企业是一个严酷的现实。市场竞争与发展的结果是“皮包”式的货代企业将被逐渐淘汰，自由但混乱的竞争将逐步变成寡头竞争，无法做大的中小货代企业必然被外资企业并购，这也是一种很现实的选择，毕竟，外资企业通过并购已有的国内中小企业比重新设立独资企业能更快地了解所进入的国内货运市场情况，更快地获得更多的资源，有更大的成功经营的可能性。为此，职业经理人员必须熟悉业务，具备较强的专业知识，通过借鉴、学习促进自身企业发展，从而通过企业联盟或者重组等方式，达到优化资源配置，提高核心竞争力的效果，将为企业带来新的发展机会，并将有可能为以后进一步同外资企业建立全球性战略联盟积累经验。

第二节　职业经理人的特征

随着改革开放的不断深入，企业经营管理已经由传统的粗放型转变为现在的精细化，由无序竞争逐渐转变为规范化运营，从靠关系拼胆子大到靠关系也讲实力，从追求短期的成功到考虑永续的经营，从卖方市场走向买方市场，从片面局部竞争演变成全面性，甚至全球性的竞争，这当中所应用的竞争工具也越来越多元化，如关系的应用、政策的支持、银行融资、奇特点子、营销策划、媒体炒作、资本运营、收购合并、企业文化、CIS 等非常之多，随着企业规模的增长与竞争的复杂化，组合这些经营要素，已经不是任何干练的一把手所能胜任的，因此，人才队伍的建设将会成为角逐下一个世纪企业王国的关键要素，国际级的企业纷纷建立自己的企业大学，迫切培养人才便是最佳的写照。

职业经理人的定位，是以担任管理职务为职业的专业人才，在早期的社会中，人们以农林渔牧为主要工作，自给自足，慢慢出现以手工业为主的技术人员，工业革命后，有了现代的企业组织。但直到21世纪初，企业的组织都比较小，由企业的拥有者直接领导工人，或加上几个亲戚、得力助手，便能有效掌握整个企业，自从泰勒发明科学管理，加上福特汽车公司将此方法有效运用到生产线上之后，企业的规模快速增大，膨胀到数万人甚至数十万人以上，这时便需要依赖为数不少的管理人员进行计划监督的工作，而企业的所有者，由于股票上市或产业过大，逐渐将经营权分离出来，聘任专业人士进行公司的日常运作，这两大趋势造就了今日的职业经理人，所以从本质上而言，职业经理人是以其专业管理能力，协助企业拥有者进行经营管理职责的人，其对于现代企业的运作能力，必须使委托他的股东们能够获得高度的信赖与应有的回报。

作为职业经理人，无论是大企业的职业经理人，还是中小企业的职业经理人都有一些共同的特征，如创新精神、敢冒风险、利润冲动、竞争意识、实干精神、时效准则、注重信誉与信息等。针对国际货代企业而言，职业经理人具有以下特征。

一、具有强烈的成就欲望

通常情况下，职业经理人均具有利润冲动，不想赚钱的职业经理人是不存在的。然而要想成为一名合格、优秀的职业经理人，必须具备强烈的成就欲望，这样才可以更好地激发职业经理人的积极性与热情，为企业贡献更多的力量。此时，支配职业经理人的主要因素已经不再只是利润本身，而是个人荣誉、事业心、社会责任感等精神层面的东西。也就是说，一个企业的发展目标不只是赚钱，还要将企业营利性与社会福利性进行结合，这样才可以促进企业长远发展。此时，要求企业职业经理人必须具备强烈的社会责任感，树立为社会服务的价值观，从而具备高涨的工作热情，完成工作任务。

强烈的成就欲望和成就导向是个人取得成功的主要动力。针对货代企业职业经理人来说，也不例外。具有较高成就导向的职业经理人希望更好地完成企业布置的任务，在工作中可以达到相应的标准，并且愿意承担一些具有挑战性的任务。在实际工作中，具有强烈成就欲望的职业经理人会更加表现自我，并且不断为自己设定更高的标准，通过自身的不懈努力，追求事业的高峰。在货代企业中，因为职业经理人具有较强的成就欲望，经常表现为对现有业绩不满足，在完成工作之后总是为自己设定更高的目标；要做出比别人更好的成绩；更加关注工作成果、标准与效率，并且尽可能实现资源的优化配置；在面对困难的时候，永远具备不认输的态度，下定决心完成任务。由此可以看出，强烈的成就欲望促使职业经理人对未来充满信心，在朝气蓬勃、野心勃勃的锐气与激情的驱动下，更加斗志昂扬、精神抖擞，在征服一个个成绩高峰的过程中，实现自我升华。

在货代企业中，职业经理人的成就欲望主要表现为以下几个方面：

（1）自我愿景。具有符合社会和企业利益的理想抱负，愿意为之实现而不懈努力，并能够承受困难与挫折，甚至牺牲眼前利益。

（2）内激励。成功体验主要来源于做好工作本身所带来的乐趣，而不依赖于外在的荣誉和报酬。

（3）行动性。对工作热情投入，乐于不断采取行动以推动事情进展，对出色完成任务、取得工作成果有强烈的渴望。

（4）积极面对挑战。不满足于现状，敢于冒险，毫不畏惧地为自己设定挑战性的目标，不断追求超越自我，开发和调动潜能，实现预期设定目标。

（5）高标准。对人对事有比较严格的要求，愿意使事情更接近完美，并努力驱动自己和他人为了做得更好而继续努力。

二、具有战略眼光

作为一名合格、优秀的职业经理人，应该为企业追求最大化利益，这是毋庸置疑的。那么什么是最大化利益，在这一问题的认识上可能存在一些误区。我们姑且将最大化利益划分成短期利益最大化、长期利益最大化。短期利益最大化指的是在短期内为企业带来最大的经济效益，然而从长远角度分析，可能会为企业带来一些不良影响，甚至因为追求短期利益最大化导致企业出现运营危机。所以，作为一名合格、优秀的职业经理人，不要为了追求短期利益最大化而危害企业长远发展，导致企业长远利益受到影响。所以，只有将企业置于不败之地，才可以使企业获取最大利益。要想实现企业的健康、可持续发展，就要保证职业经理人具有战略眼光。

在货代企业发展中，职业经理人具有的战略眼光主要体现在两个方面：

（一）超前决策运作眼光

超前决策运作眼光，就是作为一名职业经理人要对企业的发展决策运作具有超前思想意识与思维能力。记得在一本书上看到过这样的一句话：“要挂上 10 年后的日历。”我觉得这句话对一名职业经理人非常受用。其指的就是要求职业经理人不仅要正确研究与判断企业的发展现状，还要看到以后社会发展成什么样子，企业发展到什么样子。要做到这些，一名职业经理人不仅要有宏观眼光，还要具有长远眼光。这就应研究社会发展规律，研究经济发展规律，研究企业发展规律，从而透过表象看到本质。

（二）长期规避风险眼光

长期规避风险眼光，一是指预测企业本身因体制、运转、短期市场等问题带来的危机；二是指可以对经济危机予以正确预测。金融风暴给我们很多的企业带来了很大的冲击，很多企业因扛不住风险而倒闭。但经济危机的来临对一些企业来说真的是完全可以规避的。为什么这么讲？一个真正的职业经理人应该看到经济体制中存在的问题以及其中蕴含的风险。在全球经济联系越来越紧密的时代中，我国的经济体制最终给我们带来的是什么？笔者觉得很多职业经理人并没有真正地思索。这是很多企业受金融风暴冲击的根本原因。不能预测经济危机，就不能真正规避风险。这完全是职业经理人决策的失误，也就是职业经理人缺乏战略眼光、无法从全球经济发展形势看企业发展、缺乏长远眼光的重要表现。

总而言之，在货代企业发展过程中，职业经理人必须具备战略眼光，这样才可以为企业发展带来更多的利益，实现企业的健康、可持续发展。

三、能统率全局

货代是一个涉及很多组成部分或者子过程的系统。其是一个由有关活动构成的网络，首要目的就是促进管理物料与人员在企业或者供应链中的有序流动。货代企业职业经理人的工作量非常大，对运输、仓储等工作知识要求非常高，需要具备较强的综合能力，是一个多面手。

在货代企业中，很少有职业经理人只做一种工作，其基本均是兼职多种工作。根据有关调查显示，有82%负责运输、72%负责仓储、55%负责通关和采购、49%负责物流方案设计和分析规则、48%负责客户服务、42%负责跟单等。由此可以看出，职业经理人必须具备多项能力和统率全局的能力，确保各项工作贯彻落实。

根据国外调查显示，被调查的职业经理中，95%是本科学历，45%是硕士学历，5%是大专学历，17%具有如美国生产与库存管理学会（APICS）等行业组织所颁发的资格证书。在所有的被调查者中，41%所学专业是商业学科，11%所学专业是工程学，12%所学专业是市场销售，23%所学专业是其他专业。其中，所学专业为市场销售的被调查者比例为13%。根据我国调查显示，受过高等教育的货代企业职业经理人非常匮乏。超过25%的职业经理人是本科学历，仅有6%接受了研究生教育，其余的69%被访问者的学历均在本科以下。

由以上分析可知，要想促进货代企业的长远发展，就要求职业经理人不仅要具备一种专业知识与技能，还要具有综合知识与技能，这样才可以确保企业工作的全面落实。这种综合知识不仅要求货代企业职业经理人懂得工作对象与手段，还要懂得国家的政策。就劳动手段而言，从IT技术到各种各样的技术都要懂，这是货代企业职业经理人不同于一般产品销售经理，或者高于产品销售经理的重要一点。我国货代行业之所以这么晚才发展起来，就是因为货代行业的人才要求知识面非常广，发展难度很大造成的。被调查的大多数货代职业经理人均认为，要学的东西实在太多，实在是学不完。在学校可以学到的知识是有限的，而在实际工作中可以获取的知识是无限的，为此，通过正规途径学习深造只能是一种思维方法，实际生活中的每一件事其实都可以增加自身的价值。

作为一名合格、优秀的货代职业经理人，必须做到货代各个环节尽量透明化。比如，货代业务外包还是自己来运，是全部外包还是只外包一部分，如果外包，那么应该如何选择货代服务商，如何对所选中的货代服务商进行有效的控制，使他们可以为企业提供高质量的、符合企业需求的货代服务等，并在日常的生产运作当中，及时发现双方合作上的不合理部分，及时采取有效的手段进行改正，确保企业运作的安全性和高效性。

总而言之，在货代企业发展中，职业经理人统率全局的能力主要表现在以下方面：①具备综理全局的才能，也就是说具有良好的分析、判断、决策等能力。②具备人才管理的才能，也就是说具有处理同事之间、上下级之间和部门与部门之间关系的能力。③具备技术业务的才能，也就是说具有解决实际问题的能力。作为一名合格、优秀的职业经理人，这些才能均是不可或缺的。

四、锐意创新

作为职业经理人，通常不会满足现状，需要锐意进取，不断开拓创新，在企业发展过程中，可以克服资金少、人才紧缺等困难，使企业快速发展壮大，并且获得社会认可。与此同时，职业经理人也不会满足于现有成就，具有追求更远、更高目标的愿望，并且能够审时度势，抓住企业发展机遇，使企业得到不断发展壮大。在企业发展比较顺利的时候，可以保持头脑清醒，看到企业发展中存在的问题，从而针对企业发展的具体情况，提出有效的解决措施，实现企业发展的更高目标；在企业发展比较困难时，可以临危不惧，寻求方法使企业渡过难关，迎来新的希望与发展。

货代企业职业经理人需要具备锐意创新的特征，主要体现在以下几个方面：

（一）具有较强的专业性

货代行业是技术要求相对复杂，专业化、标准化、国际化程度较高的产业，从事货代行业的职业经理人均要具有良好的专业技术与技能基础。大部分货代企业职业经理人均要具有明确的专业技术分工，从事在相互联系但又泾渭分明的职业管理领域。

（二）具有较强的综合性

货代行业是跨国界、跨区域、跨行业的社会化产业，为了更好地掌控货代企业管理的复杂性，优秀的货代企业职业经理人需要具有经济、运筹、财务等多学科交叉的知识广度，兼有生产管理、成本管理、供应链管理、营销管理等多领域的职业背景与管理经验，并具有网络化运营与协同管理的能力。

（三）具有较强的创新性

在货代企业发展过程中，持续变革与创新，追求管理优化及降低成本是推动现代货代企业发展的根本动力。在企业管理工作中，货代职业经理人往往是通过大大小小的创新来提高效率的。而持续创新也推动了职业经理人类型的创新，许多新型的货代职业经理人职位就是这样不断被分离和创造出来的。

（四）具有较强的创造力

职业经理人要具备较强的创造力，并且勇于引进新的管理思路、新的管理理论及新的管理手段，可以为企业的营运效率、流程再造、市场拓展、管理创新、品牌经营及企业的规范化、现代化、制度化管理出谋划策，从基础工作做起，扎扎实实、一步一个脚印向前迈进，尤其是要注重观察外部形势的发展变化，并不断根据企业的实际情况进行调整创新，以适应市场竞争的需要，跟上时代前进的步伐。如果一名职业经理人缺乏开拓力与创造力，不进行思维突破与观念革新，很难打开新的局面，不利于企业发展。而创造力爆发是靠知识、阅历、素质的综合积累，没有广博的学识、扎实的功底、深厚的专业技能是无法支撑的。针对我国货代企业而言，职业经理人队伍建设与开发是一个崭新课题，也是一项严峻的考验。要求职业经理人知识面广、专业水平高、综合素质好、协调能力强、观念意识新，敢于面对困难、正视现实，知难而进，知险而上，有敢为天下先的开拓精神和不断进取创新的动力源泉，可以居安思危、锐意改革。

五、精通国际商务

随着经济全球化的不断发展，对我国企业来说，既是机遇也是挑战，在面向国内市场的同时，也要拓展国际市场。作为企业职业经理人，一定要对国际市场、国际贸易、国际商务等情况进行了解，并且积累相关的知识与经验，为自身企业的发展提供可靠保障。

国际商务通常指的就是研究国际贸易的学科。专业培养掌握现代经济学与管理学的基本理论，掌握国际商务、跨国经营管理基础理论、业务知识、专业技能，通晓国际商务惯例与国际商务文化，熟悉世界主要国家与地区的经济社会状况，适应经济全球化与区域化发展要求，培养具备跨国经营、管理、策划工作能力的高层次应用型人才。

国际商务学是 20 世纪 50 年代开始发展起来的一门“年轻”的综合性、跨专业的边缘学科。它涉及面很广，与经济学、管理学、人类学、社会学、组织学、心理学等学科均有交叉。其含义包括两个层面：①国际商务学研究的是跨国界的活动。②国际商务学研究的是国家、企业或个人以经济利益为目的而进行的商业性经济活动，而不是非商业性的跨国经济活动。由此可以看出，国际商务的本质是“跨国界”，最基本的国际商务活动是跨国界的经济交易活动。

在货代企业发展中，职业经理人需要精通国际商务，这样才可以保证各项工作的顺利展开，其主要包括以下内容：掌握国际贸易理论，了解有关经济法规和各主要国家、地区的贸易政策；熟练地应用计算机从事国际贸易的业务工作；熟练地掌握一门外语；具有较强的人际沟通和业务拓展能力；了解涉外经济法规和主要国家地区的贸易政策。

第三节　职业经理人应具备的素质

国际货代职业经理人的职能主要包括两大方面，一方面是比较低端的操作层面的管理，职责是组织、领导、指挥下属，使国际货代部门的全体职业经理人形成一个团队，在企业整体目标引导下协同工作，完成国际货代管理的基本职能。另一方面是经营层面的决策，主要包括两项工作：一是国际货代职业经理人需要与其他部门保持密切的联系，协调各部门的计划衔接，如采购量与销售量的衔接，采购时间与销售时间的衔接，运输批量与销售量的衔接等，从全局考虑优化资源，以实现企业最好的经营业绩；二是国际货代职业经理人要参与企业战略性决策，企业经营方向的决策，扩展市场的决策等都离不开物流的支持，要能够对各类物品储存点、储存规模、储存方式以及运输方面的各种决策，做前瞻性的考虑。

对于一个成功的国际货代企业而言，职业经理人尤为重要。这些制定战略或实施战略的职业经理人的能力很大程度上决定了企业的未来竞争能力。由于国际货代活动提供的产品是无形的物流服务，而这种服务对象的客户是千差万别的，为了使不同的客户满意，必须要有不同的管理模式和竞争方式，这对于从事管理工作的高层经理人员提出了相当大的挑战。

从某种程度上而言，经理人的职责就是制定决策与领导执行，计划与执行的过程有许多的变量，必须不断地进行决策，错误的决策带来失败的后果，正确的决策则奠定成功的基础。为此，在国际货代企业发展中构建职业经理人队伍的时候，必须重视职业经理人素质的培养，使其可以更好地发挥自身作用，为企业的长远、稳定发展提供可靠保障。

一、职业经理人要具备“视野+格局+高度+梦想”

随着国际竞争的日益激烈，人才的作用会越来越突出，正如美的集团企业领导何享健所说：“我宁愿放弃 100 万元的生意不做，也不愿放弃一个优秀的人才。”现代企业家越来越意识到“黄金累千、不如一贤”的道理。职业经理人如何面对知识经济时代的到来，主动出击，迎来挑战，成为企业领导的智囊团和参谋？笔者认为应该具备较强的企划力，能为企业领导拍板决策提供可行的参考方案。唯有如此，才能提升职业经理人在企业中的地位，得到企业领导的认可和赏识，成为企业领导事业上的一员战将。

与此同时，职业经理人一定要具备清晰的价值观与价值体系。所谓价值观就是选择的排序，在众多选择中做正确的判断与选择。现阶段，全世界正处在后金融危机阶段，国际化的领导力就是能够在复杂环境下做出正确的选择，为此，必须要具有很强、很高的判断力，要具备国际化的视野与国际化的价值观，从而全面了解国际环境与国际发展趋势，准确把握国际政治、经济、历史、文化等方面。从我国国情角度分析，应该将我们的价值体系纳入国际视角中，这是经济全球化的客观要求，也是新时期要实现企业梦与中国梦的高度统一。如果按自己的视角、自己的人文环境来操作，一定有缺陷。为此，货代企业职业经理人必须具备相应的视野、格局、高度、梦想，这样才可以为企业的全面、稳定发展提供可靠保障。

二、职业经理人要完全了解行业发展趋势的内涵、外延、功能和机制

具备国际化领导力的职业经理人不仅要了解消费者的需求、职业经理人的需求，也要了解市场的发展趋势。在市场经济快速发展的形势下，谁能占据市场，谁就能赢得主动，赢得胜利。作为职业经理人一定要具备洞察市场、捕捉时机的能力及出色的决策能力。在专业领域内，职业经理人一定要有自己的独到之处，需要在文化、制度、功能等方面建立国际化的机制。

为了促进企业各部门之间的协调与沟通，职业经理人除了需要具备良好的协调与沟通能力之外，还要全面了解企业业务开展情况，这样才可以更好地落实工作。很多行业均涉及货代业务，并且其性质特征各不相同，同样是货代业务，零售货代业务较为复杂，而汽车货代业务较为高端，所以，企业需要根据产品服务特性选择适合的职业经理人，这样才可以有效落实各项工作，并且取得预期的工作效果。尤其是针对一些大型货代企业来说，会集了很多职业经理精英，其具有丰富的理论知识与工作经验，在实际工作中，必须承担指导一线工作与企业领导施加的压力。在相关调查中显示，国内约有30%的执业者年龄在25~35岁，约28%的执业者在35~45岁，超过45岁的不到5%，管理层人员平均年龄是30岁。他们大多在货代行业有6年的从业经验，平均在货代领域内跳过两次槽，先后做过四种不同的职位。为了迅速提升专业知识的水平和报酬，货代职业经理人不断跳槽是我国货代行业的一大主要现象。所以，在货代企业发展过程中，要想达到预期的规划目标，就要保证职业经理人必须完全了解行业发展趋势的内涵、外延、功能和机制，这样才可以保证企业各项工作有效落实。

与此同时，跨多个行业的货代运作决定了其会受到外界环境因素的限制，当某一环境因素出现问题的时候，货代职业经理人一定要马上做出反应，针对出现的问题，制定合理的解决方案，确保问题的有效解决。在货代运作中，必须保证各环节的紧扣，持续运作24小时，并且职业经理人必须对每个运作环节予以详细了解，显然，职业经理人一周的法定工作时间是不够的，加班加点成为了他们的主要工作特征。除此之外，货代职业经理人身处管理层与执行层的位置，在运作过程中经常受到企业管理层的批评和监督。为此，职业经理人必须完全了解行业发展趋势的内涵、外延、功能和机制，从而有效完成工作，达到预期的工作目标。

三、职业经理人要有建立在国际化准则上的品格魅力

职业经理人一定要有建立在国际化准则上的品格魅力，否则力度越大，事做得越差。判断力、专业知识能力、品格魅力构成了“国际化领导力三环图”，其中，品格魅力最为重要。优秀领导者的身上总是具有一种让追随者难以抗拒的影响力。其主要具备以下能力：

（一）亲和力

做管理工作，主要是和人打交道，而人是有意识、有思想的，也是最难管理的，经常让领导者头痛，通人性、讲道理、尊重人、关心人、理解人和信任人，看到人才的价值，重视人才的作用，挖掘人才的潜能尤为重要。怎样才可以给大家一种亲和力，让大家可以佩服与敬重，是做好各项工作的基础与前提，也是职业经理人的一项基本功。注重培养个人的亲和力，不仅要讲原则性，还要富有人情味，让大家愿意和你说心里话。只有这样，才能全面了解广大职业经理人的心声与真实想法，真正收集到第一手原始、可靠的资料，并且在经过归纳、整理之后，将具有真实价值的信息如实地反馈给企业决策者，让领导可以随时随地掌握基层一线的动态，也便于有的放矢地制定可操作性强的策略，促使企业健康、长远发展。亲和力强的职业经理人更加平易近人，了解员工的生活疾苦与难处，在不违背企业原则与损害企业利益的条件下，统筹为职业经理人办实事，解决员工的后顾之忧，让员工可以全身心地投入到工作当中，确保各项工作可以稳定落实。职业经理人运用自身的亲和力，可以掌握管人、用人、留人的主动权，全面统筹规划本企业或者部门的人力资源，并且予以正确调配使用，进行科学有效的激励，最大限度地发挥每个员工的潜力，为企业的发展贡献才智。现代职业经理人还应为企业领导与员工构建一个沟通渠道，主动倾听与接受员工的合理化建议，采取民主式的工作作风与方法，改善领导与职业经理人之间的关系。不以权谋私、不感情用事，公平办事、明断公案，真正为企业的发展营造一个和谐的环境。

（二）穿透力

作为一名合格、优秀的职业经理人，一定要具备管理艺术、组织才能、领导水平，同时具有较强的穿透力，能够有效处理各种疑难问题，扩展辐射范围。尤其是可以透过事物表象了解本质，准确抓住问题的关键，能够从错综复杂的关系中理出头绪，对上对下均具有较强的辐射力与穿透力，确保各项工作顺利展开。穿透力指的就是将自己好的设想、思路、方案及时告知领导，并且尽量说服领

导，让领导同意与采纳你的合理化建议。同时，职业经理人在负责本部门工作的时候，需要根据实际情况，制定符合本部门的工作目标与推行方案，并且对企业各项变革创新予以落实，将改革举措有效下达到普通员工，确定工作目标与方向，从而促进企业快速发展，取得良好的经济效益。如果企业不进行改革创新、不求发展前进，就会在激烈的市场竞争中败退下来，最终被市场所淘汰，竞争是残酷的，这就要求职业经理人有很强的管理穿透力，说服、影响和调动广大员工支持、理解和配合公司的做法，把公司领导正确的思路和改革举措全方位地由上向下贯彻推进。

（三）影响力

现代职业经理人一定要具有较强的影响力，要想达到这一要求，就要以德为先、以德为本，重视个人品德修养，保证自身言行符合全局发展要求，并且确保企业整体利益不受损害，不可以以个人的小算盘与私心去考虑或者处理问题，必须要以身作则、严于律己，发挥表率模范带头作用，保证各项工作有序展开。

在多年的工作体会中，我们要始终坚持这样一个准则：企业或者部门工作做好了，取得了成绩应该归功于全体人员的通力合作，是大家辛勤劳动与共同努力的结果，但是，如果是企业或者部门工作出现了差错与失误，职业经理人必须敢于承担责任，并且善于从中吸取经验教训，避免此类事件或者错误再次发生。假如真的是下属做错了，通常需要私下单个找其谈话，指出错误，并且正确引导其今后如何处理此类的问题及注意事项，避免再犯同样的错误，只有这样，下属有问题才愿意找上司反映或者沟通谈心。这样一来就会在职业经理人中树立一个良好的形象。从事管理工作的职业经理人心态要正、眼光要明、涵养要深、人品要好、观念要新、服务意识要强，并且懂得自尊、自重、自强、自爱，这样才能有效提高自身影响力、感染力与号召力，为各项工作的有序进行奠定坚实的基础。

四、坚持在实践中培养和选拔

在职业经理人培养与选拔上，很多企业都比较重视实践作用。在国外，一些企业在培养与选拔管理人员时，要求其不仅要接受相应的管理训练，还要掌握相应的专业技能。同时，在培养与选拔人员时，还会充分考虑其实践锻炼情况，以及其工作岗位需求与职责。在企业工作中，加强对下级人员的培训，努力提高管理人员的业务水平，培养一些前途无限的人才，为企业发展储备人力资源。在选拔人员时，很多企业都是去大学和研究院选拔获得管理硕士、博士学位的优秀学生到企业工作。这些学生经过一段时间的培养与观察之后，再派到一些部门担任经理职务。同时还要到不同的岗位上工作，以便让他们逐渐熟悉企业的情况，来担任高级职业经理的职务。

目前，我国企业急需一些具有国际视野、国际行为准则、国际素质的职业经理人，这样才可以正确引导团队开展工作。但在引进人才时，外部挑选条件还是需要依赖内部文化土壤，如果企业没有国际化土壤，不但无法留住人才，还会制造矛盾，增加混乱，使得双方均想改变对方。部分行业已经具备培养国际化领导人才的基因。很多企业没有文化负担，使命、战略、目标、能力都和国际化企业接近；讲求透明、团队、文化、凝聚力、持续发展。出口企业很有国际范儿，它们没有包袱，却有很好的国际化服务和产品、市场作为载体。而国企、大型民企、小作坊式的民营企业，要培养具有国际化领导力的人才就会比较困难。企业领导者本身的格局有限，即使有好的产品，也无法打开国际市场。职业经理人要改善领导力，最大的敌人是自己，最需要转型的是企业的一把手、高层。针对货代企业来说，要想充分发挥职业经理人的作用，首先，要重视职业经理人的培养与选拔，选择一些与货代相关专业的毕业生，对其进行培养，使其成为企业未来发展的主要力量；其次，对现有职业经理人予以培养，组织参观学习、听讲座等，不断提高现有人员的业务水平，使其可以更好地开展工作。由此可以看出，要想有效培养与选拔优秀职业经理人，必须详细了解这些人员的实践工作情况，这样才可以根据具体情况予以选择，将其分配到适合的位置，确保企业各项工作顺利进行，达到预期的工作效果。

第四节　中国国际货代企业中职业经理人队伍建设的现状及不足

就目前情况而言，货代行业的发展并不平衡。总的来讲，发达国家的国际货代行业发展水平较高，制度比较完备，国际货代公司多数规模较大，网络比较健全，人员素质较高，业务比较发达，控制了世界国际货代服务市场。发展中国家的国际货代行业发展比较缓慢，制度不够完备，国际货代公司多数规模较小，服务网点较少，人员缺乏培训，以本国业务为主，市场竞争能力较差。针对我国国际货代行业而言，还存在着很多问题，如经营规模小，资产少；专业人才缺乏，服务功能较少；网络分散，服务质量参差不齐，经营秩序不规范；融资能力差，综合竞争力弱；等等。由此可以看出，在国际货代企业发展中，一定要重视职业经理人队伍的建设，为货代业务的全面展开奠定坚实的基础。

针对我国货代企业中职业经理人队伍建设而言，其中存在的问题主要概括为以下几点。

一、企业内部对职业经理人的需求不强

自20世纪80年代末期开始，有关机构就考虑建立中国企业经理人职业化的体系，经过20多年的发展，其职业化进程的发展并不快，其根本原因是：职业经理人缺少施展才华的舞台。由此可以看出，企业内部对职业经理人的需求并不强，其主要是由于大部分企业均未建立现代化企业制度，依然处于行政附属半附属状态，企业市场竞争意识不强，因而对能够带领企业发展的职业经理人缺乏使用引进的动力。即使在已经改制的企业中，由于改制不完善、不规范、不严格，企业在用人上，依然受到相关行政部门的制约，在引进使用职业经理人上心有余而力不足。

在某种程度上而言，职业经理人是市场经济条件下企业内专门从事经营管理的主要人员，其不是资本的所有者，也没有行政级别，而是一种有风险的职业，掌握企业的生死大权。然而，尽管各方都在呼吁职业经理人的涌现，但企业领导对职业经理人的价值似乎看得并不是很重，特别在国有企业中，这一现象更为突出。虽然我国人才市场非常活跃，在近几年的招聘活动中人们看到了对职业经理人的大量需求。但是令人遗憾的是，首先，国有企业招聘经理人的非常少；其次，招聘职业经理人最多的是外资企业。此种现象在货代企业中也是较为常见的，因为企业领导的不重视，加之薪资待遇等方面的不合理，导致高素质、高水平的职业经理人非常少，企业也没有为职业经理人的成长提供舞台，从而会对企业发展产生制约作用。

二、缺乏对职业经理人的认识与重视

尽管改革这么多年，但当今社会很大程度上依然是官本位的社会，职业经理人的队伍小，职业经理人的合法地位得不到保护，社会的尊重度不够高，职业经理人劳动的艰巨性与复杂性尚难得到全社会的广泛认同和理解，尤其是对外聘的职业经理人，在相当一部分人眼里，他们不过是挣钱比较多的高级打工仔，是企业的临时工，对他们能不能真心为企业发展出力表示担忧这种有色的眼光，无疑

影响了职业经理人的积极性。

虽然各企业普遍将职业经理人队伍建设工作纳入了总体规划当中，加大了工作力度，但工作还很不到位，企业间工作开展得很不平衡。企业领导主观上对职业经理人工作不重视，并且没有充分认识到职业经理人工作的重要性，导致职业经理人队伍建设比较落后。

与此同时，因为货代行业内现代企业制度的普及速度与程度还存在着很大的欠缺，对职业经理人的认可和使用上没有予以足够的重视。一些在用职业经理人管理的企业里，对于职业经理人阶层还未予以充分认可，总认为他们以知识和能力入股，难以坦然接受。因而对其认识和使用上还存在多方面的不足与缺憾：其一，忽视经理人作用的发挥，在一些具体的管理事务上常会出现业主或总裁说了算，“越俎代庖”，不尊重经理人的个人价值。其二，对职业经理人要求过高，常会无视企业的具体情况而要求较高的经营业绩，与之相应的利益关系难以跟上，真正操作一些事务时没能下放足够的支配权，这些都在打击着经理人的工作积极性。其三，货代职业经理人市场沟通渠道不畅，目前这方面还没有专门的猎头公司，致使很多的“伯乐”和“千里马”难以会聚。其四，培养培训机制落后，高等教育里货代管理方面专业人才的培养数量、培养质量及培养速度上均难以满足行业需求，加之货代职业经理人的概念推广不到位，导致职业经理人供求不均衡，制约了货代企业的进一步发展。

三、缺乏完善的激励与约束机制

在我国企业化改革进程中，因为有关经理权力的立法规定不合理、企业法人治理结构不健全、经理报酬不合理、外部竞争性经理人市场与产品市场及资本市场不发达、缺乏对经理的保护与权利救济、缺少有效的声誉机制等，致使企业经理激励约束机制不相容：一方面，忽视了企业经理作为“经济人”的“利己”特性，其薪水没有对人力资本价值予以体现，缺少个人积极管理经营的动力来源，造成企业经理“按酬付劳”；另一方面，企业治理结构与内外部约束机制不健全造成“内部人控制”与经理出现一些败德行为。总体而言，我国现行职业经理人激励约束机制中还存在以下问题：

（一）内部激励约束机制问题

1. 权限设置不合理

首先，有关法律规定的经理职权方式不合理。在我国，经理权利主要是由《企业法》予以明文规定的，这不符合国际惯例，经理是由董事会任命的，其职权不应该由法律规定。现阶段，具有代表性的几种外国《企业法》中均没有对经理职权予以明确规定，一是因为没有必要，经理职权内容主要属于企业自治范畴；二是因为技术难度较大，导致相关工作无法落实。其次，经理职权内容配置不合理。在《企业法》中，有关经理职权的规定不合理，扩大了经理职权范围。在企业赋予经理的职权中，一些职权在国外是由董事会行使的，如规章制定权。此项权力的配置方式可能会架空董事会，使其沦为虚设。最后，企业代表权的有关规定不合理。《企业法》第 13 条规定："企业的法定代表人依照企业章程的规定，由董事长、执行董事或经理担任，并依法登记。企业的法定代表人变更，应当办理变更登记。"这一新规定较原来的只有董事长才能担任法定代理人的规定有了很大的进步，但是却依然采用企业代表权法定唯一制，只是扩大了法定代表候选人的范围，即企业的董事长、执行董事、经理都可以作为企业的法定代表人。事实上，如果《企业法》规定的经理权一旦付诸实施，企业必然会与外部世界有大量的业务往来和人员交往，经理不可能不与第三人签署有关的交易协议及其他文件。如果按企业章程来授予经理企业代表权，则必然影响经理执行企业业务，引起实务操作上的困惑，上述职权就得不到落实和体现。

2. 我国现行的企业治理结构无法充分对经理予以激励约束

首先，董事会职能失控。本来根据有关法律法规可知，经理均由董事会决定聘任或解聘，董事会对经理有着天然的监督权，然而在我国实际工作中，董事会本身的权力是一分为二的，决策权归董事会所有，执行权归经理所有，经理职权是实，而且几乎所有上市公司的董事与高级管理人员都把对自己的提名股东负责看成天经地义的事，各方面的代表并不是对各自担任的职务负责，主要是对提名自己的股东或者股东单位负责，造成董事会内部意见不统一，出现了董事会与总经理分庭抗争的局面。其次，决策职能和执行职能高度重合，导致很难形成行之有效的制衡机制。董事会成员和经理等高级管理人员存在着严重的重合现象，董事会与经理职权非常统一，造成个人权力极度膨胀，出现了"内部人控制"的情况。最后，监事会作用没有得到有效发挥。一方面，尽管对《企业法》进行了有关修订，并且充分采纳了社会各界有关监事会制度建设的相关建议与意见，有效强化了以往立法中存在的薄弱环节，如监事会依附性较强、权力较弱、无法实现有效监督与制约等问题，又结合我国现阶段实际赋予监事会的相关职权，使得监事会的权利义务设置越来越合理、科学，然而却没有对监事的人应具备的专业素质标准予以明确规定，造成很多监事会根本不具备相关法律知识、财务知识，并且不会看财务报告，导致监督工作无法落到实处，极大地削弱了监事会作用，并且没有有力措施让监事会逐渐摆脱企业董事长与大股东的控制，使得监事会缺乏一定的独立性、公正性、客观性。另一方面，在监事会工作中，缺少相应的激励机制与约束机制。我国企业普遍缺乏一种对监事业绩的评估体系，更没有一种对监事监督权的激励措施，“监”与“不监”并无多大区别，监事的奖酬大幅度低于管理层，监事自然缺乏工作热情与积极性。在《企业法》中，对监事怠于行使职责的法律责任缺乏基本规定，在约束机制不健全的前提下，监事自然消极怠工，有的监事甚至与经理层同流合污、沆瀣一气，从事不正当交易以牟取私利。

3. 报酬机制不合理

首先，我国现行的经理报酬制度无法充分调动经营者的积极性，传统的企业经理薪酬主要由基本工资和年度奖金构成。由于经理不享有企业股份、红利的分配权与企业剩余资产的索取权，其在企业中享有的经济权利只是领取基本工资和年度奖金，企业的经济效益与其自身利益不挂钩或者不直接挂钩，从而导致经理为了一己之私而损害企业的利益，很容易造成经理人员的短期行为，所以，一定要对现有经理报酬制度从观念上进行改革，引入切实有效的激励报酬制度，真正体现经理人的劳动价值与社会价值。其次，我国也有一些企业，尤其是高科技与IT企业已经开始实行一些国际通行的报酬制度，如年薪制和股票期权制度，股东发现经理报酬增长的速度已经超出了他们的想象，他们发现：过高的经理报酬没有必然带来企业业绩的增长，反而因为经理报酬与普通职业经理人的收入差距过大，对职业经理人产生了消极的影响作用；期权重新定价的做法使经理始终处于有利可图的地位；股票市场的不完善使得不能真实反映企业的利润，而且影响了企业的决策等，需要对“过高”经理报酬进行控制。为此，必须建立合理的经理报酬机制，针对以上两点问题，一要对经理进行激励，二要注意合理适度以控制其消极影响。

（二）外部激励约束机制问题

1. 市场竞争机制不合理

首先，现阶段我国经理人比较稀缺，还没有形成具有一定规模与相对健全的经理市场，缺少一些可供选择的经理人员；同时，也没有形成有效的经理人业绩评价机制，导致经理人培养、选拔与使用还缺乏有效的途径与契约保障，职业经理人市场没有形成良性竞争，而具有竞争的经理人市场对经理人力资本的购买者具有一定的保护作用，如果存在着一个竞争良好的经理市场，那些自利、懒散的经理只有提供更好的工作、改善企业经营情况才可以得到聘用，否则就会被撤换，这无疑是对经理的激励与约束。其次，产品市场尚不完善。在产品市场中，普遍存在着国有企业与非国有企业竞争条件不对等、严重的不正当竞争与行政垄断、《反不正当竞争法》不健全与《反垄断法》缺失等问题，这些问题均会对市场指标的可信度与产品市场对经理的激励约束作用的发挥产生重大影响。最后，从目前情况看，我国的资本市场与劳动力市场均不健全，资本市场只是融资的场所，上市企业数目相对较少，并且流通的股份只占总股份的一小部分，国有股与法人股无法实现全流通，导致我国的证券市场上很难发生收购事件，所以，资本市场的监督能力从总体来说是非常微弱的，股东没有兴趣去关心企业的经营，经理也感受不到过多的市场压力，不能对经理人员形成充分的压力，经理没有内在动因去改善管理，不能形成股权监督。同时，证券市场形成了上市容易下市难的局面，《公司法》规定的有关公司的退出机制没有得到很好的贯彻，所以应该完善相关的退市机制。

2. 信用制度与声誉机制的激励约束作用发挥不到位

就我国目前情况而言，诚信体制建设不到位，经理声誉对经理人员的影响还比较小。随着市场经济的快速发展，信用制度作为一项重要核心制度，对约束合作秩序有着十分重要的作用。社会信任是一种社会资本，不论是对社会稳定、家庭生活，还是对经济组织效率，均有着至关重要的作用。社会信任度越高，社会开放程度也就越大，企业就越容易社会化。现阶段，我国正处在传统道义信用规则扬弃，适应社会主义市场经济的信用规则正在建设的历史过渡阶段，在此阶段，传统规则失范和新规则残缺导致我国出现了很多严重的信用危机。其中跳槽就是一种非常具有代表性的现象。此类情况如果出现在信用制度相对完善的国家，不仅会将经理“驱逐”出此领域，还会影响其求职、择业、升迁、提薪、信用消费等方面。在一些商业活动比较频繁的国家，商业资信与信誉咨询、查询机构可以为相关企业提供有用信息，为企业选择提供可靠依据，然而我国目前在此方面还不完善。在高度信任的环境中，企业所有者能够放心地将企业经营管理权交给职业经理人，而我国信用规则的缺失以及职业经理人声誉意识不足，导致企业所有者无法给予职业经理人完全信任，这样无疑会增加监督成本与代理成本。

3. 缺乏对经理保护与权利救济的规定

在任何国家的法律制度下，企业董事及管理者均要承担企业的相关义务。特别是近些年来，企业董事及管理者对其负责企业、企业股东、第三人承担个人责任的可能性越来越高。经理为企业及股东的利益从事商事活动，其任务性质决定了经理要在面对无数商机，即使在信息不完备的情况下也必须迅速做出商事判断，所以，导致违反义务或决策失误的现象不可避免。在企业决策与经理自身利益没有关联的情况下，虽然义务的违反给企业和股东造成了一定的损失，但是因为经理本人并非该行为的受益人，如果要求经理就其所有过失承担个人责任而没有相应的救济措施，不仅会出现经理可能会因为责任过重而产生行为过于保守的现象，从而避免进行任何商业冒险，还可能出现经理人因潜在的巨大风险望而却步的现象，从而不利于企业吸引到优秀人才，不利于企业业务的创新，不利于企业的最佳利益，为此，一定要对经理进行适当的保护与权利救济。

4. 经理义务责任体系规定尚不完善

在《企业法》中，没有对相关企业人员的离任义务予以明确规定，更没有对某些具体离任义务加以说明。经理责任方面，在《企业法（草案）》中，曾经增加了违反忠实和勤勉义务的责任规定，“董事、监事、高级管理人员违反忠实和勤勉义务，不在职业范围内履行职责，致使公司利益受到重大损害的，应当承担赔偿责任；构成犯罪的，依法追究刑事责任。”但最后修订的《企业法》中取消了这一规定。并且尽管 《企业法》中增加了董事等对企业及第三人的责任，但依然不够健全，缺乏明确的责任主体、免责条件、归责原则及责任形式，导致工作开展不到位。

四、没有形成有效的职业经理人市场

在现代市场经济体制中，所有者、经营者、生产者三方通过权力机构、决策管理机构、监督机构，形成了各自独立、权责明确而又相互制约的法人治理结构，这一法人治理结构需要职业经理人。职业经理人的存在及其功能的发挥是现代经济发展的微观基础，没有职业经理人，就没有真正意义上的现代企业制度。

在传统计划经济体制中，企业管理者与行政官员的身份是可以相互替代的，导致企业管理行为扭曲。我国出现职业经理人的历史较短，除了 IT 业内一些很成熟的外企和为数极少的民营企业外，大多数企业管理层的职业化程度都不高，职业经理人短缺已成为制约我国经济不断发展的最大障碍。

我国职业经理人市场的发育目前还很不完善，对经理人的激励不够，经理人员的竞争压力也不够，这与没有形成有效的职业经理人市场密切相关。国外大企业大多通过持股方式使职业经理人的心与企业真正连在一起，而且让所有职业经理人持股，这样如果经理离开，职工不会跟着走。同时，在权利责任和收益上界定清楚，双方违约都可能受到惩罚，减少双方的短期行为。西方发达国家经过几百年市场经济的发展，有健全的法制、完整的企业制度和发达的契约关系，并在此基础上形成经济伦理道德规范。但我国市场经济发展还处在初级阶段，整个社会道德体系面临重建，职业经理人市场中存在以下问题。

（一）职业经理人供求不平衡

市场作为资源配置的主要场所，很多优秀职业经理人均是在市场中产生，经历众多竞争成长起来的。尽管市场中存在很多优秀职业经理人，但是因为我国传统计划经济体制的影响，一些企业的职业经理人均是实行统一调配的，导致职业经理人失去了市场自主配置功能，破坏了职业经理人的优胜劣汰规律，阻碍了市场的健康发展，同时也制约了企业的可持续发展。从企业角度分析，随着我国经济的高速发展，寻找优秀的职业经理人成为国内企业强烈的内在需求。在我国加入世贸组织之后，大批的跨国企业涌入我国，它们或设立办事处，或设立分公司，或设立子公司，需要大批首席代表或者企业经理，这个层面的高级管理人才缺口极大。

（二）猎头企业发展落后

在国外，高级人才的流动主要渠道就是猎头企业。猎头企业大体可以分为高端和低端两个层次。高端猎头企业往往与企业的人力资源规划和咨询结合在一起，而且在高层职业经理人的选择上会辅之以科学的人力资源测评体系和手段，以便使整个搜寻过程更科学、更准确。而低端的猎头企业则注重“价格战”，很多时候往往变成一般的人力资源服务。国内猎头企业也有很多，如北京就有几百家，但几乎还处于自然发展阶段，还没有形成“巨头”，也没有激烈的竞争，导致职业经理人交易受阻，不利于职业经理人市场的健康、可持续发展。

（三）缺少统一的评判标准

职业经理人以出卖其专业的经营管理知识和技能为生计，企业聘用职业经理人，必须能够判断其经营管理才能的高下，然后再看他是否适合本企业的需求。但是如何判断职业经理人的才能，却是一个很难解决的难题。在欧美发达国家，职业经理人市场相对成熟，评价一个职业经理人的标准可以是多维度的。最主要的是资本市场，以企业股票的上涨程度作为评价的标准，再加上诚信度等标准，因为西方有成熟的资本市场和完善的诚信档案记录等，股票价格和诚信档案可以分别反映职业经理人的经营管理能力和信誉。但是在国内，资本市场根本无法反映企业的价值，就更无法作为评判职业经理人管理能力价值的参照。国内基本信用体系还不完善，无法查证经理人的信誉，一些专业的评选也还刚刚起步。对很多企业来说，唯一可以相信的，就是别人已经做过的筛选。换句话说，一个职业经理人的从业经历，会对他以后的职业生涯产生巨大的影响。

五、职业经理人专业素质水平有待提高

随着物流行业的快速发展，在一定程度上带动了货代行业的发展，对职业经理人的需求量越来越大，使得职业经理人队伍建设成为了目前工作的重要内容。只有拥有年轻积极、朝气蓬勃、经验丰富的人才队伍才能够跨越各种政治、文化差异，从而满足与实现客户期望的最大值，也才能确保企业在日益激烈的市场竞争中立于不败之地。人际关系和学历一向是我国货代企业通用的用人标准，更有将知名度作为用人标准的，这就带出了种种问题，最终导致企业人才不断流失，开发项目中途搁浅，造成重大的损失。究其原因，主要包括两点：其一，企业选择不当；其二，所选人才不能尽其用，而二者归结问题只有一个，那就是：什么是现代货代职业经理人应有的素质。

货代职业经理人作为正在崛起的白领阶层，前程灿烂而且收入不菲。这一行业人才所必备的领导素质、业务能力、从业资历，赋予了这一职业沉甸甸的价值底蕴。除了应具有扎实的管理学基础、经济学和信息技术基础知识、较高的英语水平和计算机基础技能以外，还应熟悉相关法律法规，掌握货代管理理论，信息系统的手段、方法，具备货代管理、规划、设计等较强实务运作能力的高级货代管理人才，成为在货代管理领域从事全过程策划、管理和货代信息化工作的高级复合型管理人才。与此同时，还必须具有健全的思想道德修养、身心素质；丰富的创新思维能力以及相应的自学能力与独立的研究能力；热情、自信、有较强的意志力、有个性、有主见、有较强的自控能力、不为时势所动，只有这样才能适应现代化高速发展的要求。目前，我国职业经理人的专业素质水平还比较低，需要进一步加大培训教育力度，全面提高职业经理人的专业素质水平。

（一）职业道德素质有待提高

针对职业经理人而言，职业道德经常要比其职业技能更加重要，良好的职业道德可以成为职业经理人的职业标杆，引导着职业经理人更好地为企业谋利益，为职业经理人谋福利。然而，目前职业经理人还存在着很多不良的职业道德，经常不能以企业利益为出发点，存在着很多短视行为，渐渐成为短视利益的奴隶。如果职业经理人缺少职业道德以及职业忠诚，那么也就无法为企业带来长远利益，极大地制约了企业的可持续发展。

（二）经营管理能力有待提高

职业经理人的职业素养是其自身知识技能、心理素质、能力素养、道德规范等的综合体现，是全方位智慧的综合运用。职业经理人掌握着企业部分经营权、

管理权，直接影响着企业的生存与发展。在实际工作中，很多职业经理人都无法站在企业战略高度考虑企业的未来发展，使得企业经常陷在一些小事当中无法自拔，不仅耗费了大量精力、财力，还无法达到预期的发展目标。由此可以看出，如果职业经理人运筹帷幄的能力不强，战略智谋不高，就会导致其经营管理能力低下，从而对企业发展产生巨大影响。

六、缺乏立法保障

我国目前对职业经理人并没有在法律中予以明确的定义，因此也没有专门针对职业经理人进行规范的法律、法规。现阶段对经理职务的规范主要体现在2005年新修订后的《企业法》及《证券法》两部法律中，其中对经理人的义务与责任方面增设了股东代表诉讼权、有限公司的法人人格否认制度，还加强了信息披露的责任追究制度，但是在我们看到相关制度完善的同时，也必须承认我国的职业经理人责任制度还是存在许多不足之处的。主要体现在以下方面：

（一）对职业经理人的权限规定不完善

新《企业法》承认了企业章程可以规定经理的职权，不再单纯地局限于由法律条文来规定经理的职权。在第50条中，立法者出于对经理人职权过度扩张的担心，对经理人职权通过列举进行说明。但这种方式同样存在不足之处，首先，此种列举只能列出目前经理人享有的职权，而不能评述经理的各项职权，随着企业的不断发展壮大，其将面临的是难以克服的立法技术上的困难；其次，本来董事会是企业的实质决策机构，经理只是负责执行董事会决策的执行者，但此种列举方式却容易使两者的法律地位发生颠倒，使权力产生混淆，这显然是不合理的。

在我国，由董事会委托职业经理人代理其行使权利力，处理企业的日常事务和经营管理，在他们之间形成了委托代理关系，但我国企业法对经理权力的设置，却扩大了经理应有的权力。在国外，由董事会来负责拟定企业管理设计方案和管理制度、制定企业的具体规章，而在我国这些权力却都属于经理。经理本应该是企业业务的辅助执行者，而现在却成了企业的执行者。由此可见，我国企业立法赋予了经理过大的权力，使经理和董事会的地位发生了颠倒，经理和董事会的权力产生了混淆，改变了经理在企业治理结构中的法律地位。这样不能很好地控制经理，当经理滥用权力损害企业利益时，找不到实际责任承担者，同时也会导致董事会失去其本应拥有的权力。

（二）对职业经理人的责任与义务规定不完善

在新修订后的《企业法》及《证券法》中规定了经理的义务和责任，其中增加了股东代表诉讼制度，肯定了有限企业的法人人格否认制度，同时加强了信息披露的责任追究制度，在此，我们不但要看到相关制度的完善，也必须承认我国的职业经理人责任制度还是存在着许多不足之处，主要体现在以下方面：

（1）对经理人的注意义务规定过于笼统，这是我国企业立法的一大缺陷。《企业法》第 148 条对经理人注意义务做出规定，但内容太过简略，可执行性不强。我国法律在这项义务上规定的不足，不利于激发企业经理人执行业务的积极性和责任心，所以需要对经理人的注意义务做出明确而具体的规定。

（2）对经理忠实义务的规定不具体。《企业法》第 148 条、第 149 条规定了经理人的忠实义务。但只有两个法条根本不能详尽地将经理人忠实义务的内容体现出来，比如，没有规定经理人不得利用企业信息的义务，以及不得利用商议机会的义务。同时，这些规定同样也不够具体，且不具备可操作性。

（3）对企业以外第三人的责任规定不完善。我国《民法通则》及《企业法》中都规定，企业经理人对第三人的侵权民事责任由企业来承担。《企业法》第153 条也只是简单地规定了经理人对股东的民事责任，但对第三人中的企业债权人及社会成员的责任却没有规定，这样是不足以保护第三人的。

（三）对职业经理人职权的授予与解除规定不完善

我国《企业法》规定：经理由董事会聘任，所以，由董事会代表企业对经理进行授权，大多数国家的立法都是这样规定的。但《企业法》并没有明确规定应该以什么方式对经理授予权力，是否必须以明示的方式进行授予等问题。而且对于经理权力授予与聘任合同这一基础法律行为是什么关系，对经理授予权力是否需要登记，以及登记行为具有什么法律效力等问题，都没有明确而具体的规定。

同时，我国《企业法》只提到由董事会决定聘任或解除经理职权，并没有详细说明其他有关经理人职权解除的事项。职业经理人如果不能胜任其职位，董事会可以解除其经理权，然而，对于董事会应该依照何种程序对经理人职权进行撤销，撤销理由是否需要公开说明，行使撤销权时是否受企业章程和双方签订的合同的限制，以及撤销后，违约合同一方是否应对对方进行相应的补偿和赔偿，出现经理职权解除不当的情形时应如何救济等问题现行立法均无明文规定。也没有规定被解除职权的经理要在多长时间、什么范围、多大程度上保守企业秘密等。

七、缺乏完善的企业现代化制度

我们都知道，完善的市场经济是现代企业制度的大环境，而要建立企业经理人职业化的机制，必须依靠现代企业制度的建立，换句话说，现代企业制度是企业经理人职业化机制生存的小环境。20 多年来，中国民企和国企的管理体制虽进行了多次调整和变动，但仍没有完善起来，虽有不少股份制公司，但在实际的操作中仍没能按规则运行。

除此之外，角色错位也是职业经理人队伍建设落后的重要因素。职业经理人最基本的职能是：靠自己的知识、创新能力及良好的职业道德来经营企业，为企业创造更多的利润。但是，在中国企业中经常出现角色错位的现象，其主要原因是经济体制与政治体制的功能混淆。现在的体制条件下，企业经理人受到的约束不是来自企业内部和外部，而是来自上级主管部门，这种松散的制约机制为中国特有的人际关系制造了空子，使得企业经理人不能或没有必要全心全意地经营管理企业，而把精力花在应付上级领导身上，因为企业经理人只要跟上级领导把关系处理好，就可以获得赞许和肯定，比在企业创造更多的利润收效更大。虽然，我们不能说这些企业经理人都是真正意义上的职业经理人，但是我们应该看到，这些经理人几乎没有机会去执行一个经理人的职责。经济学家厉以宁认为：官本位下的企业经理人中不少人可能在转型发展中转化为市场经济意义上的企业家，而官本位下的企业经理人的存在是历史造成的。但是，对旧体制的不满不可也不必迁怒在他们身上，相反，一味听之任之也是不负责任的。因此，需要建立各种保障机制，完善企业现代化制度。

第五节　中国国际货代企业中职业经理人队伍建设策略

一、强化国家立法与宏观统筹

在货代企业发展过程中，要想建立一支高素质、高水平的职业经理人队伍，就要重视国家立法与宏观统筹。职业经理人是风险成本非常高的一种社会职业，使其在构建队伍的同时，除了考虑自身因素之外，还要加强党与政府的指导和支持，在全社会理解与关爱的情况下形成。《中共中央、国务院关于进一步加强人才工作的决定》提出：遵循人才资源开发规律，坚持市场配置人才资源的改革取向，加强和改善宏观调控，建立充满生机与活力的人才工作机制。现阶段，特别需要通过国家立法、政府建规的形式，确保职业经理人以市场主体的身份自主选择培训资源，自主选择认证机构，以确保每5年不少于3个月培训要求的落实；同时通过评估达标、资质认定、年检等法定方式规范培训、认证市场，确保职业经理人培训、认证的品质。

在国家宏观统筹中，一定要协助职业经理人树立正确的行业观，从而确保企业各项工作有效落实。

（一）应变

在当今世界经济动荡时期，世界贸易急剧下滑，对任何货代企业而言都是一次挑战，企业想生存、想发展，就要化危机为商机，加快调整步伐，使企业适应市场需求的变化，发展企业的核心业务，根据自身的发展现状，从企业管理、业务模式及人才培养等方面进行调整，来应对行业的洗礼，完成业务能力升级，获得竞争优势。根据全球发展模式的定位，以优化资源整合为目标，为客户提供一流的一站式货代服务，力争成为最大、最强、最优的进出口货代服务商。坤鑫作为较具规模的进出口货代服务提供商，始终以国际化的视野面对市场，积极参与货代发展的新举措，不断拓宽货代领域的合作，全力服务于产业的长期发展，促使货代经济的飞速发展及货代辅助功能的逐渐完善，并逐步树立货代职业经理人行业的标杆企业形象，推动货代整体服务水平的不断提升。不管是从事何种行业，困难和压力是在所难免的，我们不怕有困难、有压力，关键是面对困难和压力我们采取怎样的措施去应对才是关键所在。面对市场恶劣的竞争环境，职业经理人一定要做出有效的应对方案，其主要可以从以下五方面着手：一是与客户零距离接触，想客户之所想，使客户融入企业内部；二是创建服务至上的货代企业文化，提高服务意识和服务质量；三是建立货代战略多种合作关系，扩大合作领域，使货代行业得以更宽更广地延伸；四是打破传统单一的货代格局，建立健全多样的货代发展模式，集物流、贸易、金融于一体的发展方略；五是引进物流、贸易、金融等行业精英，加强企业内部人才培养，提高企业核心竞争力。

（二）借势

货代可以称为贸易众多环节中的一环，现阶段正在准备将货代深入、彻底地贯穿贸易整个过程，使货代充分发挥纽带作用。货代行业做强、做大需要金融行业的全力支持，金融行业的发展也需要主动地为货代行业提供全方位的、良好的资金服务。随着全球经济一体化不断深入，货代和资金流是贸易发展的重要组成部分，然而货代行业面临着巨大的挑战。货代行业一定要同贸易行业及金融行业协调发展，因其需要金融机构资金的支持和保障。当然金融行业的发展又依赖于货代行业的发展而不断创新，借鉴国际跨国货代企业成功的经验，我们可以发现未来货代行业的发展在于金融服务。也就是说谁能够更好地利用金融服务，谁就能在货代职业经理人竞争中成为胜利者。因此，如何发展货代行业，如何在这个过程中加强资源的整合，实现跨越式的发展是国际货代企业必须面对的。当前，货代企业也正面临着难得的发展机遇，金融行业愿意加强与货代行业的合作，贸易行业也离不开货代行业的支持，所以，货代行业和贸易行业及金融行业三者一体化发展战略是经济发展及行业转型的主要趋势。国际货代会全力抓住这次历史机遇，运用科学发展观和融资优势促进资源整合、提高货代企业的核心竞争力，同时也促进货代行业的创新与发展，加强供应链、货代、资金流一体化建设，为打造货代一流的国际化企业而努力。

作为一名具有强烈责任感与对行业有着专业看法和分析的职业经理人，其身上所体现出的素质就是一个合格的职业经理人应具备的条件，我国货代行业发展说到底是货代人才的发展，希望能涌现出越来越多的热爱货代行业的职业经理人，为我国的货代事业贡献更多的力量。

二、强化企业现代化制度的建设

在货代企业现代化制度建设过程中，可以通过刺激需求拉动职业经理人队伍的建设，为职业经理人的成长提供相应的生存空间与土壤，促使职业经理人队伍快速形成。随着市场经济的快速发展，现代企业发展对职业化建设的要求越来越严格，如果缺乏一支高素质、高水平的职业经理人队伍，就会影响企业现代制度的形成，进而阻碍企业可持续发展。在货代企业中，充分发挥职业经理人的功能，是建设企业现代化制度的基石与前提；同时，通过企业现代化制度的实施，可以为职业经理人的发展提供广阔平台。为此，在企业经营管理中，一定要建立真正意义上的企业现代化制度，对企业制度环境予以改进、优化，为职业经理人队伍的建设提供可靠保障。

（一）优化企业内部控制环境

良好的企业内部控制环境是提高企业内部控制成效的主要途径，为此，货代企业需要根据企业发展的实际需求，结合企业现阶段的内部控制环境及企业治理结构中出现的问题，对企业内部控制环境予以不断优化。在实际工作中，货代企业一定要坚持“产权清晰，责权明确”的原则，对企业董事会、监理会、经理层的职责、权利、义务予以明确，使其形成互相牵制、各司其职、合理运行的局面。严格按照企业相关规章制度选拔董事、监理、经理、财务管理人员等，从而全面改善企业内部控制环境，确保企业内部控制制度有序实施，促进企业健康、稳定发展。

（二）健全财务制度，强调风险控制

首先，货代企业需要严格按照《会计法》的有关规定，根据企业的具体情况制定一套符合企业发展的财务核算制度，并且制定与之相适应的财务监督与管理制度。同时引进财务信息管理系统，对货代企业会计核算科目、会计报表、规范报表之间的数据关系予以统一分析，将报表各平衡钩稽关系固定于会计核算系统当中，从而提高企业会计信息的可比性、可靠性与准确性。其次，强调企业财务风险的控制，建立健全企业内部资金管理体系，统一、全面地管理企业资金，从而有效提高资金利用效率。同时，借助银行对企业运行状况、资金利用情况等予以监管，并且展开常规性分析与了解，对可能发生的风险进行预测，结合企业发展的实际情况，提出有效的规避与应对策略。除此之外，可以通过收支两条线的财务管理模式强化决策风险分析与识别、强化项目投资可行性研究等策略对财务风险予以有效控制。

（三）重视内部控制评价

将内部控制评价作为企业整体管理水平的重要指标来考核，特别是将内部控制的优劣作为企业“一把手”工程，是体现企业整体管理水平的重要指标。在完善企业内部控制时，主要可以从以下两方面着手：一是提高企业整体内部控制意识是管理者抓管理的重要方法与手段。重视内部控制工作的作用，全面提高内部控制工作在企业中的地位。二是对货代企业各职能部门的内部控制执行情况进行量化考核，对其可操作性予以检查，定期或者不定期地展开评价，使各职能部门充分认识到内部控制工作的重要性，从而不断完善内部控制体系，制定行之有效的内部控制制度，最大限度地增加企业的经济效益。

（四）了解企业未来发展趋势

在货代企业经营管理中，需要对企业未来发展方向予以明确，对自身的前途有一定的打算，并借鉴国内外成功企业的经验，制定出新的制度。具体做法是：在企业内部采用调查问卷、访谈等多种形式，了解员工的素质水平和关注点；在此基础上结合目前企业现有管理制度和现行货代体系改革，针对企业未来发展的战略目标，制定出《员工手册》、《服务体系手册》、《公司各部门的考核制度》、

《现代物流企业仓储、配送的管理制度》等类似规定。因为水能载舟，亦能覆舟。员工在管理制度的成败得失方面也同样扮演着十分关键的角色，在制订制度时，考虑员工接受改变的意愿是非常重要的。制度中必须对服务的质量和标准进行严格规定，对开拓市场有功的单位和人员给予重奖。

除此之外，在货代企业制度的制订上要保证制度的严肃性、合理性、科学性、完善性。以严格的制度规范企业员工的行为，保证企业向预定的方向发展。任何制度无论好与不好，关键在于其是否和货代企业制度面、策略面相符合；是否与企业的经营策略相连接；这个方法是否可成为帮助企业导向目标成功的途径之一；执行上、行政上的资源是否能有效配合；在实施的过程中，行政的流程是否流畅；企业文化建设如何；等等。

三、尊重职业经理人

作为企业领导，一定要有一种“尊重职业经理人”的心态，将“尊重人才”的口号落到实处。“尊重人才”的内涵并不只是给人才以良好的薪资待遇及奖金，更重要的是尊重人才的职权，确保人才所有的主张与施政措施均可以落到实处，并且取得相应的成效。清华长三角研究院民企研究中心民企治理专家曾水良认为：人才都有一种马斯洛理论中那种“自我实现”的强烈心理需求，均希望自己的主张与决策可以为企业带来实际效益，可以充分发挥自身才能，实现自我价值。

（一）聆听职业经理人的心声

在实际工作中，注意聆听职业经理人的心声是尊重职业经理人、团结职业经理人、调动职业经理人工作积极性的最有效方法。也是成功领导者的一个十分明智的做法。实际上，一个人由于知识的局限性和看法的片面性，会忽视很多具体问题，有些情况也许我们并不重视，但它可能会对实际工作产生深刻的影响。只有广泛地聆听职业经理人的意见、看法，并认真加以分析，才能避免工作中由于疏漏造成的失误。对于犯错误的职业经理人，好的领导者同样采用聆听的办法，不是一味地去责怪他们，而是给他们解释的机会，他们就会认为领导很尊重他们，这样，处理起问题就方便得多，职业经理人也会口服心服地接受。

（二）营造全社会尊重职业经理人的氛围

在市场经济成熟国家，职业经理人是全社会最值得尊重的人，因为他们是领导企业运行、推动企业发展的能手，是组织社会资源实现财富增值的行家，他们是时代的经济英雄，国家需要成功的职业经理人为社会创造财富，社会应该支持职业经理人，他们应当得到国民的承认并被羡慕，得到全社会的尊重和认同，如此才能使职业经理人成为令人羡慕的职业，吸引更多适合的人投身到这个职业中来。

（三）企业自主择人和职业经理人自主择业

在企业经营管理中，承担资本保值增值责任的经营管理者和为企业做出重大贡献的工程技术人员是企业“人力资本”的重要组成部分，作为“人力资本”，只有在流动中才能实现保值和增值。现阶段，需要为高素质的经理人和企业家流向大公司、大企业集团创造条件，鼓励他们到国际商海中与业内高手较量，努力将自己锤炼成能扛起世界级主力集团、主力企业大旗的“掌门人”。同时要加快探索社会化的职业经理人资质评价制度。建立起以能力和业绩为导向，科学的、社会化的经理人才评价机制，根据德才兼备的要求，从规范职位分类与职业标准入手，建立以业绩为依据，由品德、知识、能力等要素构成的资格评价指标体系。只有充分尊重职业经理人的选择，为职业经理人发展提供广阔空间，才可以全面提升职业经理人的综合素质，从而为企业发展贡献更多的力量，实现企业发展目标。

四、建立并完善激励与约束制度

人在工作中的表现取决于利益、信心和心理状态三大因素，利益占首位。马克思也指出：人们奋斗所争取的一切，都同他们的利益有关。由此可以看出，物质激励是一种调动人积极性的重要手段。如果职业经理人的权力太小，报酬太低，不仅会束缚职业经理人的手脚，影响他们的积极性和承担风险的意识，还会降低职业经理人职业的社会吸引力，进而导致别人在选择这种职业的时候犹豫不决，长此以往，就会出现后继无人的情况。为此，在货代企业中，一定要重视激励约束制度的建立与完善，这样才可以充分调动职业经理人工作的热情与积极性，促进货代企业进一步发展，达到预期的战略目标。

（一）内部激励约束制度的建立与完善

1. 强调我国立法建设

首先，我国企业立法应该尽快取消由法律直接赋予经理内部事务管理权的规定，经理的各项具体职权应由企业章程或者经理与董事会之间的委任合同和聘用合同加以规定，没有具体规定的，才可以使用法律规定，法律不要过多干预。具有代表性的几种外国企业法无一列举企业经理权，因为这种列举一方面会面临难以克服的、立法技术上的困难，另一方面这种列举也缺乏必要性，经理的职权范围因企业规模、经理是否兼任董事、经营机构的设置、股东控制企业的能力而有所不同，而且应由董事会根据具体情况而随时变更。通过立法来规定统一模式反而不便。其次，在国外，企业代表制有单一代表制、共同代表制、约定代表制等。单一代表制指代表权的行使可以由每个董事单独为之，单一代表制并不是唯一代表制，它是指每个董事都有权代表企业，各董事之间地位平等，这种代表制具有多元性和均等性，其实质是数人代表而不是一人代表。我国修订后的《企业法》只是扩大了法定代表候选人的范围，即企业的董事长、执行董事、经理都可以作为企业的法定代表人，但实质仍然采用法定唯一代表制，这对于企业和第三人而言都是较为安全的，但是却增加了交易成本、影响了交易效率，造成企业缺乏应变能力、法定代表人不堪重负、债权人保护欠周等，而且不利于交易的便捷和对善意第三人的保护，所以应该在立法上取消法定唯一代表制的规定，宜采用日本的单一代表制。最后，权力不能没有监督约束，不能放任自流，需要在法律上对经理的权力给予必要的限制，对于经理从事某些会对企业发生重大影响的行为，应有书面形式做特别授权，以防止经理滥用权力。

2. 强调企业治理结构的激励约束作用

从事物的性质角度分析，要防止滥用权力，就要以权力约束权力。为了实现对经理的激励约束，在立法过程中，可以通过企业治理结构对职业经理人予以制衡，从而达到预期的工作目标。经济学家钱颖一认为，企业治理主要涉及三个方面：一是企业控制权的配置和行使；二是对董事会、经理人员和职工的监控以及对他们工作绩效的评价；三是如何设计与实施激励约束机制。

一方面，充分发挥股东在激励约束制度中的作用。实际上，股东就是经理层的最终控制人。经理权的滥用必将损害到企业的最终所有人，即股东的合法利益。所以，股东有权力监督制约经理，股东对经理的制约通常分为两种方式：用手投票和用脚投票。用手投票的表现形式为股东利用自己的投票权控制董事会成员的人选和董事会对重大事项的决策，并由此达到控制企业经理人权力行使的目的。由此可以看出，股东对经理的控制主要就是一种间接控制。当然股东也可以行使对经理的直接质询权和行使诉讼权。股东对经理问责机制的建立，可以使经理受到直接约束。同时，股东对经理报酬中的长期性激励计划也享有最终的控制权。总之，用手投票控制经理机制的有效性实际上是企业民主和良好企业治理机制的一种标志。但是对大型企业的小股东而言，因为成本和收益的不对等使得他们更愿意选择用脚投票的方式，也就是当经理层因经营不善而使企业业绩下滑、企业股票价格下跌时，其采取抛售股票退出的消极办法来对抗经理层。企业可能会面临被收购的局面，经理的职位因此而受到威胁。马丁和麦康奈尔在 1991 年对收购兼并作为一种约束绩效较差企业的经理的机制做了实证研究。他们的结论是：标价收购中的原先绩效较差的目标企业的经理，在企业被收购后被更换的可能性大于被收购前的更换概率，显示购并市场对于约束和控制企业经理的行为具有很重要的作用。在这个意义上，股东的消极监控机制也是有一定价值的。

另一方面，董事会在激励约束制度中的作用。企业经理权是由董事会的权力中派生出来并由董事会授予的，所以，董事会当然享有对经理的直接制约权力。董事会对企业经理的制约，主要是通过对经理行使聘任和解雇权、财务调查权、特殊事项批准权等来实现的。实践中，董事会还可以通过对经理职权做出限制来达到制约经理权的目的。但是，董事会对经理的约束必须依赖于董事会的独立性。由于各国国情不同，我们不是非要照搬发达国家的相关规定，但是如果不强化董事会的独立性，董事会对经理的监督就缺乏根本保障。现行制度设计中，独立董事制度对防止"内部人控制"特别是增强董事会对经理的独立性能起到极为重要的作用，我国修订后的《企业法》对独立董事制度做了相应的规定，但是独立董事的产生办法、责任、权利、义务等主要内容则交由国务院证券监督管理机构规定，这样可以更加详尽、具体、全面，避免受立法篇幅的限制，有利于更加明确独立董事的权、责、义，充分调动独立董事的积极性，发挥好其监督管理职能。

现阶段，我国董事会制度还存在着很多问题，如董事会中专职董事人数较少，成员经营水平不高；内外部董事比例不协调；董事工资结构不科学，董事缺乏监督制约经理的动力；等等。所以，为了强化董事会对经理的约束作用，一定要落实以下内容：一是调整董事会构成，重视独立董事作用的发挥。建议在选举董事会成员的时候注意吸收一些具有专业经验的专家、学者、律师及企业经营管理者等。因为这些独立董事不参与企业的具体经营管理活动，可以站在另一个立场上客观地看待一些问题，能够充分发挥"旁观者清"的优势，有助于做出正确的判断与决策。二是完善董事会的运营措施。建议在法律中增加经理定期向董事会报告业务执行情况的制度，确保董事会可以及时掌握经理人员的工作情况。这样不仅可以了解经理人的具体工作状况，还可以达到监督与鞭策的效果。三是要对董事的工作给予合理的报酬，使其有足够的动力去努力工作，发挥对经理的监督约束作用。

3. 强化职业经理人报酬机制的建设

为了有效解决货代职业经理人报酬不合理的问题，必须加强短期激励与长期激励的结合，实现职业经理人收入的多元化，从而解决报酬机制不合理的问题。

由于短期激励尽管对经营者具有很强的行为激励，但是会致使职业经理人出现短期行为，导致企业利益出现减损；而长期激励尽管能够让职业经理人摆脱短期行为，但是其激励动力严重不足，为此，加强两者的结合，可以有效弥补互相的不足，达到优势互补，有效提高激励作用。其中最有效的就是股权机制，各种类型的股权激励机制在美国企业中创立后，很快被世界各国效仿。为了保证我国经理在企业中发挥更大作用，充分调动其潜在能力，在承认既有的企业制度和经营模式的基础上，应该对传统的利润模式进行调整，确认经理的“剩余索取权”，设立一些灵活并富于激励效应的报酬机制，尤其是对经理股票期权给予特别的关注。

股票期权激励制度指的是企业给予经理人在一定期限内按照某个既定价格购买一定数量的本企业股票的权利，通过经理人取得该股票的代价与资本市场上该股票的价格差形成的一种对经理人报酬的补充。在我国实行经理股票期权的具体运作中，需要对以下内容予以注意：一是在选择激励途径时，需要对以股票期权为主的长期激励计划予以充分考虑，对股票期权的行使设置一定的条件，如规定股票期权不得转让、股票期权必须在 5 年内实施等。二是重视经理报酬的信息披露机制和股东会、董事会对此的控制机制的贯彻实施。明确规定对经理实施的股票期权计划应完全披露给董事会和股东，股东会享有最终的批准权。三是在具体实施时，应该考虑合理性原则。因为我国经理人的隐性收入较高，如经理人的各种补贴、大量在职消费等。为此，应该以市场规则为导向来制订具体的股票期权计划，使经理通过期权获得的收益有一个合理的限度，不能由此损害股东的利益。四是对配套机制的建设予以完善。如完善经理人市场、规范证券市场，通过经理人市场的建设，使经理人有一个市场化的筛选机制。通过规范证券市场，使企业的价值能够真正通过证券市场上的股票价格来体现，为经理业绩评估提供一个真实的依据。

股票期权的实施，会使经理的报酬大大超过一般职员的平均报酬，而且过高的报酬也掠夺了股东的应得利益。从代理理论看，过高的经理报酬显然增加了代理成本，为了解决代理人的偷懒问题而设置的激励性报酬可能会导致另一种代理成本的增加，这就陷入了一个两难的境地。所以，在设置经理报酬时一定要注意适度合理，需要对以下几点内容予以注意：一是充分发挥市场机制的作用，也就是要考虑相类似企业中相类似的职位下，该报酬水平是否得到认可，有效的竞争机制是最大程度上抑制经理过度考虑自我利益的重要机制。二是引入激励性报酬制度，将经理的收入与其业绩挂钩，对经理的贡献给予应有回报。三是发挥企业内部正当程序机制的作用，即经理层的报酬计划由董事会提出，并参考监事会意见，提交股东大会通过，报酬计划必须对董事会和股东完全披露，董事会和股东对经理的报酬予以有效控制。四是要构建完善的股东权益保护体系，如引入股东派生诉讼、赋予股东提议权、保护股东资讯权等。

（二）外部激励约束制度的建立与完善

企业制度和市场制度是互相关联的，现代企业只有在健全的市场环境中才能充分发挥作用，所以，市场激励约束机制是经理激励约束的一个重要组成部分。市场激励约束机制发挥作用是经理人市场、产品市场和资本市场共同作用的结果。经理人市场的实质是经理人的竞争选聘机制，最终决定经理的进入或退出；产品市场的功能是显示经理人的经营绩效和经营能力；资本市场是对经理人的经营绩效和经营能力做出评价。

1. 经理人市场对职业经理人激励约束作用的发挥

在有关理论研究中指出市场竞争机制，对企业中作为管理者的经理具有一定的监督作用，同时也指出市场竞争不仅会监督经理，也给经理提供了相应的发展机遇。从理论角度分析，如果经理市场竞争是良性的，那么有能力和尽职的经理与没有能力和不尽职的经理就会被区分开，前者能很快晋升和获得高薪，而后者只能获得低职位和低工资，甚至被驱逐出市场。即使现实中的经理市场是不完善的，市场的选择淘汰机制也会在一定程度上使经理顾及长远利益而努力工作。市场的供需法则表明如果经理人市场较为健全、理智，经理人的供应较为充足，经理可以在同一起跑线上或在市场上进行平等的较量，他们的天赋、品质、管理才能可以通过市场的引导得到充分的发挥，他们的所有行为都接受市场的检验监督，那么如果一个经理把企业搞得十分糟糕，这样的经理就会被取而代之，经理人市场的选择机制构成了所有者对经理人的无形监督。这种情况下，经理为了生存自然会尽忠诚、注意义务，为了出类拔萃，必然会努力提高自己的素质。

只有经理人市场竞争处在良性状态，才可以保证经理人培育遵守共同的准则与职业操守，强化行业自律，利用竞争的力量对经理人力资本的购买者提供可靠的保护。企业经理人首先是“经济人”，他们的道德品质是不完美的，可能包含着利己的动机，需要用制度来抑制这种动机和行为。但是外在的监督和约束不仅需要花费很大的成本，还容易导致经理人与股东之间出现一些问题，为此，经理人的自我激励与约束是最为有效的激励约束机制，健全的经理人市场是经理人由外在的激励约束转化为内在激励约束的一个重要保证。经理人市场的完善，一方面为企业所有者提供了一个广泛筛选、鉴别经理人候选人能力和品质的制度，另一方面也保证所有者始终具有当发现选错候选人时及时改正并重新选择的权利。经理人市场也可以保证经理人得到公平的、体现其能力和价值的报酬。如果一个经理的能力和努力都被市场证明是“高质量”的，该经理人的业绩也会被其他企业注意到，进而这些企业可能以更高的报酬把优秀的经理人吸引走。这种潜在的威胁，使企业尽可能公平地对待经理人，使经理获得合适的报酬。同时，有效的、流动的经理人市场是股票期权有效地发挥激励作用的基础性条件。经理人市场的实质是经理人的竞争选拔机制。对真正有经营管理才能的人实行激励，才能使股票期权发挥最大的作用。而要达到这一效果，必须通过经理人市场，由市场配置企业高层管理人员，实行竞争上岗，从而有效防止高层管理人员选拔过程中的不公平现象的出现，让真正有经营管理才能的人经营管理企业。

在建立健全职业经理人市场的过程中，一定要把握好发展方向和途径。一是加强经理人竞争选拔机制的建设。通过公开招标与业绩考核实行经理人社会选聘制，企业董事会在市场中聘任经理人，使优秀的经理人在竞争中产生。同时，也要注重培育企业内部职业经理市场，企业从内部选拔经理人员，一般不存在信息不对称问题，并且由于所选拔的经理人员熟悉企业情况，可以最大地缩短磨合期。另外，企业从内部选拔经理人员还能对现有经理人员和广大职工产生较强的激励和约束作用。但要注意的是，企业从内部选拔经理人员必须遵循市场化原则，实行公开竞争的选拔方式。二是改进经理人成长的外部环境。创造良好的政策环境，国家要在政策上明确规定经理人的责任和权利；创造良好的法律环境，研究制定我国经理人的有关条例政策，使企业和职业经理人的责任、权利、义务得到有效的保护与约束；创造良好的社会环境，社会应充分认识经理人的地位和作用，明确经理的社会地位，给经理一定的技术职称和政治待遇。三是加快职业经理人职业标准的制定。现阶段，政府有关部门要加快职业经理人职业标准的制定与完善，以此来确保职业经理人的基本素质。职业标准包括职业经理人的职业资格、职业信用、职业培训、职业操守、工作职责等。四是提高经理人自身的综合素质。在建立现代企业制度的过程中，应大力培养经理人的素质和能力，使其具备现代知识结构与水平，具有开拓创新的精神，这对企业能否实现科学管理及取得良好的经济效益有着十分重要的意义。五是建立职业经理人人才库与管理机构。经理人人才库应实行联网管理，同时实行职业经理人评估制度，并且制定科学、合理指标评估体系，由权威人士、社会中介对职业经理人的工作进行定期评估，并作为资料记入人才库。建立具有行会性质的经理人管理机构，实事求是地反映经理人在职期间的表现，在此基础上，制定严格的进入制度与淘汰制度，对经营不善的经理人实施限制措施，直至驱逐出经理人市场。六是完善经理人的激励约束机制。对经理的劳动要给予合理的报酬，使经理人的薪金和报酬水平及贡献相一致，充分调动经理人的工作积极性。同时还要健全经理人的监督约束机制，使经理人受到必要的制约。

2. 产品市场对经理人激励约束作用的发挥

产品市场利润是反映企业经营状况的基本指标。产品市场竞争是企业发展的根源，因为其是企业的利润之源。产品市场作为一个显示器，企业经营效益在企业里被完全体现，可以充分暴露经理的无能和不负责任。通常情况下，如果产品市场竞争激烈，就会对经理形成压力，如果产品市场处于垄断状态，那么经理就会缺乏来自股东的足够的压力。在竞争的市场上，只有好的产品或服务才能被顾客接受，才能有较高的价格和市场占有率。股东根据市场信息可以对经理做出正确的评价，施加必要的压力：根据利润指标可以对经理人的能力、努力程度做出一个基本判断。产品市场的竞争构成了对经理人的压力，能起到很好的激励约束作用，使经理人的努力程度得到提高，进而可以改善企业的经营效率。但是产品市场的监督机制还不完善，一方面，产品市场的激烈竞争往往使得市场信息失真，从而无法真实体现企业的经营绩效，影响股东判断，而且可能促使经理采取短期企业行为，盲目冒险；另一方面，这种监督机制往往会使经理人走向排斥竞争者以获取超额利润或转嫁成本以掠夺额外收益的想法，从而排斥竞争所造成的垄断以及转嫁成本所形成的外部经济。

随着经济改革的不断深入，我国市场经济化进程得到了很大的进步。通过企业改革和价格改革，产品市场逐渐形成、发育、成熟。企业改革形成了国有企业、乡镇企业、新型集体企业、三资企业和私营企业互相竞争的格局，竞争日趋激烈；价格改革使产品价格趋于市场化，从而激励经理人努力改善经营管理，优化资源企业配置，提高企业效率。但是目前我国的产品市场还存在一些问题，如国有企业和非国有企业面临着不对等的竞争条件，严重的不正当竞争行为与行政垄断行为等都影响了市场指标的可信度与产品市场对经理的激励约束作用的发挥。为此，政府必须运用“看得见的手”，通过法律、经济和行政等多种手段来反对垄断、规范市场、严格执法、消除地方保护、建立公平竞争规则，营造一个充分竞争的市场氛围，使经理的决策和才能在市场上得到充分的显现。

3. 资本市场对经理人激励约束作用的发挥

完善的资本市场对经理的激励约束主要体现在以下三个方面：一是股票市场和股东“用脚投票”，对经理有一定的制衡作用。完善的股票市场可以有效地向股东提供企业经营信息。借助市场信息，股东可以将本企业和同类企业进行比较，从而对本企业的经营业绩做出评价。如果众多股东对企业的经营业绩不满意，“用脚投票”就会使股票价格下降，企业董事会便会认为经理表现不佳，从而有可能将其解雇。此外，如果一家企业的股票价格跌破其正常值，就很容易被其他企业兼并购买，在职经理就会面临被解雇的危险。这样，兼并者收购企业股票就会直接对经理构成威胁。二是来自资本市场对稀有资源的追逐。企业的经营业绩越好或者发展潜力越大，就越容易受到企业稀有资源所有者的青睐，这是一种良性的促进机制；但是，如果企业经营业绩越糟糕，就越会被稀缺资源所抛弃，使企业陷入恶性循环，这就相当于企业经营业绩反馈的奖惩机制。三是来自资本市场的信息显示，但是这主要针对上市企业，企业因为受相关法规的限制，必须定期披露企业业绩和企业运作的重大决策及动态。

要充分发挥资本市场对经理的激励约束作用，必须建立与完善有效的资本市场。首先，改善企业的股权结构，增加证券市场的流通性，加快实施国有股流通，改变目前国有股“一股独大”的股权结构，增加机构投资者尤其是投资基金的数量，以改变我国股票市场上众多分散的小股东不能对企业进行有效监督的现状，使上市企业真正处于投资者的监督之下。其次，完善退市机制，形成有进有退的良性循环，提高股票市场的有效性。对于符合退市标准的上市企业坚决地对其进行退市，对于严重亏损、弄虚作假的上市企业应当加以限制，甚至取消其市场资格，不允许其通过虚假重组的方式在市场上继续维持，以保证股票市场优化配置资源作用的发挥。最后，加强法制建设，建立一个成熟、完善的金融监管法律体系，大力打击内幕交易、操纵市场价格、上市企业高管人员与庄家、股评人相互勾结欺骗中小股东和散户等违法违规现象，健全和强化信息披露制度，倡导理性投资。

4. 职业经理人声誉激励约束机制

建立健全我国职业经理人声誉激励约束机制，发挥声誉对经理人行为的激励约束作用是十分必要的，但却并非轻而易举的。经理人声誉机制作用的发挥需要严格的条件。在建立企业制度的过程中必须注意以下四点内容：

一是必须保证经理声誉信息的准确性。经理信息的准确性在很大程度上决定着经理人声誉机制作用的有效性。只有这些信息的产生和传输都是正确无误的，才能正确反映经理人的经营管理能力、创新能力、领导能力、努力程度以及敬业企业精神等，才能体现声誉机制对经理人行为的激励约束作用。错误的声誉信息会导致激励约束机制的扭曲，甚至误导经理人从事非生产性的行为。所以，应该建立企业经理人信息库并实行联网管理，建立科学、完善的测评体系和权威性的资质评价中心，科学地制定指标评估体系，由权威人士、社会中介定期对职业经理人的企业工作进行评估，并作为资料记入人才库。建立具有行会性质的经理人管理机构，企业实事求是地反映经理人在职期间的表现，在此基础上，建立严格的进入制度和企业淘汰制度，对经营不善的经理人实施限制措施，直至驱出经理人市场。

二是长远预期收益是经理人声誉机制形成和发挥作用的基础。这是因为：一方面经理人声誉只有在长期经营管理实践中才能建立与形成；另一方面只有对企业未来有长远预期的经理人才会在经营管理活动中注重自己的声誉。所以，应该保证“博弈”能够长期地重复进行下去，为了未来长时间内获取巨大收益，经理人就会重视自己的职业声誉，激励约束自己的行为，克服“机会主义”行为倾向；反之，如果经理人预期属于一次性的“博弈”关系，就有可能只重视现期收益，无视职业声誉，产生“机会主义”行为。

三是经理人声誉机制的有效性还需要一个完善的经理市场。市场的选择淘汰机制也会在一定程度上使经理顾及长远利益而努力工作，真正优秀的经理人的声誉是在长期的市场竞争中获得的。完善的经理市场也给那些在职经理形成一种潜在的威胁，经理市场上随时都有一些具有良好声誉和优良业绩的经理准备接替他们的位置。只有充分竞争的经理人市场才能培养共同遵守的行为准则和职业操守，加强行业自律。在竞争性市场中，经营者的声誉对经营者人力资本的影响主要体现在两个方面：其一是经营者声誉的好坏影响经营者职业的可持续性，企业声誉较差会导致经营者职业生涯的终止；其二是经营者声誉的好坏影响经营者在经营者市场上的价格，较好的声誉会使经营者人员在经营者市场获取较高的收入。因此，完善的经理市场有利于激励那些对未来存在良好收益预期的经营者不断提企业高自身的声誉，以实现其长期收益。

四是提高经理人声誉机制作用的有效性依赖于社会法律环境、规章制度的完善和正确的伦理道德、意识形态的形成。法律、规章制度的作用在于惩恶扬善，只有对违法违规的人进行惩罚，才能使其珍视声誉从而约束自己的行为，也是对守法者的一种肯定与鼓励，因而完善的法律保护对声誉机制作用的发挥具有至关重要的现实意义。然而，法律是最低限度的道德底线，法律的威胁及规章制度对人行为的约束作用范围是有限的，而且成本比较高。相比之下，由于伦理道德、意识形态对人的行为影响在于“教化”，使人自觉地约束自己的机会主义行为，具有非常广泛的作用范围。通过意识形态的“教化”作用，使经理人从思想上重视自己的声誉，遵守职业道德，自觉约束自己的机会主义行为，声誉机制的作用才能得到最大程度的发挥。

5. 完善经理的保护与权利救济机制

经理是在为企业及股东的利益从事商事活动，其任务性质决定了其要面对无数商机，在信息瞬变的情况下做出正确的商事判断，所以，非常容易出现一些违反义务或失误决策。虽然义务的违反给企业和股东造成了一定的损失，但要求经理就其所有过失承担个人责任而没有相应的救济措施，一方面，经理可能会因为责任过重而导致行为过于保守，避免进行任何商业冒险；另一方面，经理人会因潜在的巨大风险望而却步，不利于企业吸引优秀人才，不利于企业业务的创新，不利于企业最大化利益的获取，这就要求必须对经理给予适当的保护和救济。同时，这种保护和救济也有利于上市企业民事赔偿机制的建立。目前我国的立法及实践中尚无此方面企业的规定与措施，但可以借鉴英、美国家的做法。

现阶段，我国高层管理人员保险的范围比较窄，仅适用于董事，尤其是董事长、企业独立董事，经理人员尚没有被列入保险范围。应该在借鉴董事险的基础上扩大承保范围，建立相应的经理保险制度。对于在我国建立经理责任限制或保险制度，有三点内容需要予以确定：

一是经理责任的限制或免除应当只适用于违反义务的场合，最好明确规定哪些义务的违反可以免除责任。但必须明确的是，如果经理违反义务导致第三人利益受损时，不得依企业章程约定免除，因为在企业章程中订入覆盖条款的是企业股东，而不是企业债权人或第三人。

二是企业经理因履行职责行为而致第三人受损时，如果其行为属于善意，不存在与企业之间的利益冲突，或者没有合理的理由相信其行为是非法的，则经理对企业有求偿的权利，企业应当补偿经理因参加诉讼而产生的合理费用。

三是为了避免董事的道德风险所采取合理的措施，比如设定可扣除额、被保险者自己负担额、填补限度额等制度，都可以对设立经理保险制度产生借鉴意义。所谓可扣除额是指企业补偿的金额以及董事赔偿企业的金额中不由保险企业支付的，被保险人的企业或董事自己必须负担的那部分金额；被保险者自己负担额是指被保险人的赔偿额中由被保险人即董事个人必须承担的金额限度或企业全体董事个人连带所应承担的总金额限度，这些是由当事人企业双方协商后确定的；填补限度额是指在保险期间由保险企业支付的最大限度金额，其不仅包括损害赔偿金，还包括争诉费用。这些规则的设立，可以促使经理强化责任意识，减少道德风险。

五、加快职业经理人市场建设，培育自由的竞争职业经理人市场

职业经理人市场包括两层含义，从狭义层次角度而言，职业经理人市场是指进行职业经理人这种特殊的人力资源交易的场所；从广义层次角度而言，职业经理人市场是指按照市场规律进行职业经理人这种特殊的人力资源使用权的交易关系的总和。其功能主要包括以下几点：一是调节功能。市场通过价格机制来调节资源的供给和需求，对资源的配置起到基础性作用。职业经理人市场作为整个市场体系的一个部分，通过企业和职业经理人双方的博弈形成比较公平合理的价格机制，调节职业经理人这种特殊的人力资源的供给和需求。因此，职业经理人市场具有对职业经理人这种特殊人力资源的调节功能。二是激励约束功能。职业经理人在经营管理活动中运用自己的经营管理知识和技能，带领企业职业经理人取得一个又一个的成功，促进企业不断向前发展，职业经理人会得到企业的奖励、社会的认可、自我价值的实现等激励，无形中提升自己的身价。同时职业经理人在经营管理活动的一些行为也会受到企业章程、合同、组织机构、道德、媒体、法律等的约束，一旦出现违法犯罪行为，就会被企业处罚、媒体曝光、法律严惩，最终身价大跌，被市场无情淘汰。三是选择功能。职业经理人市场是职业经理人这种特殊的资源进行交易的场所。在这个市场里，企业和职业经理人以公正、公平和公开的方式进行双向选择。职业经理人市场的这种功能一方面使企业和职业经理人都有一个广阔选择的空间；另一方面对我国职业经理人的成长和发展起到巨大的推动作用。四是效益功能。在职业经理人市场中，企业和职业经理人之间相互关联和相互影响，互以对方的存在来实现自己的利益，在相互竞争中不断增强自身实力，从而促进企业效益的提高和整个社会效益的提高。

完善职业经理人制度是现代企业制度的一个重要命题，而完善职业经理人市场则是完善职业经理人制度的基本前提。现阶段，职业经理人市场不完善成为了制约职业经理人制度完善的最大因素，也是影响我国经济发展的一个重要因素。根据我国目前的实际并结合对大量企业的调查研究，要想完善我国职业经理人市场，必须做好以下几项工作：

（一）强化企业经理人的职业化

企业经理人的职业化是培育职业经理人的关键所在。要想实现企业经理人的职业化，可从两个方面着手：一是企业经理人的选拔应该职业化。国有企业应该在这个方面带好头，起到示范作用。选聘职业经理人的民营企业，政府应予以舆论宣传、政策予以优惠、利益予以刺激。二是企业经理人本身的职业化。首先，

企业经理人要有良好的职业文化和职业精神；其次，企业经理人要使自己具备职业经理人基本标准，即掌握现代的经营管理知识，有灵活运用自己的经营管理知识经营管理企业的能力。要使企业经理人本身职业化，政府有关部门和企业应建立全国甚至世界范围内的职业经理人信息库，开展量体裁衣式的职业经理人培训，大力发展 MBA 教育，巩固和完善已有的职业经理人认证制度。

（二）完善职业经理人的认证考核体系

职业经理人素质的高低与企业生存和发展有着直接的关系，而强有力的职业经理人市场认证考核体系是培养与选拔优秀职业经理人的主要手段，建立切实可行的职业经理人认证考核体系，不仅需要依靠政府的力量，还要依赖市场自身的发展，通过一系列认证措施的实施，选拔一些真正具有实力的人才，同时也为培养大量高素质、高水平的职业经理人奠定了坚实的基础，促进了市场本身的稳定、可持续发展，极大地保证了人才输出的数量与质量。通过职业经理人认证考核体系的实施，可以保证职业经理人奖惩分明，更加公正，也为职业经理人自身素质的培养提供了有效途径，真正做到为企业干实事，使企业得到长远、稳定的发展。

（三）创设保护职业经理人成长的社会环境

市场经济从某种意义上说是一种法制经济，它应该在法制轨道上运行，用法律来界定和调整各种关系，靠法律来保障经济的正常运行。国家有关部门制定相关政策和法律，一方面，保护职业经理人合法的经济利益，建立保护职业经理人改革创新的社会环境；另一方面，形成相应的约束机制，违法者应承担法律和社会的责任，从而从法律上制约违法行为，达到创造保护职业经理人成长的社会环境的目的。

（四）设立职业经理人的形成机制

既然职业经理人在企业发展中具有决定性的作用，那么我们在对现有企业进行公司制改造、建立现代企业制度的过程中，就迫切需要一套促使职业经理人阶层形成的有效机制。对此，必须要建立包括选拔机制、激励机制、监督机制和考评机制的规范，这是职业经理人的主要形成机制。

1. 选拔机制

选拔机制是在现代企业里必须由董事会通过经理人才市场，在公开、公平、公正的原则指导下选拔任命，才能保证优秀经理人才脱颖而出。

2. 激励机制

激励机制是使那些领导有方、善于经营、效益显著的经理人员的报酬明显高于一般职员，使他们有一种自觉主动、尽职尽责的内在动力。同时对他们的激励不能只局限于物质利益或者个人收入，还要为他们创造良好的工作环境和条件，从社会荣誉和物质生活各个方面激发他们经营好企业的使命感和成就欲。

3. 监督机制

监督机制是指在赋予职业经理人职权的同时，也要形成对他们有效的监督机制。通常情况下，对职业经理人的监督机制主要包括四个方面：一是国家法规条例、经济政策、财务会计制度的监督；二是所有者或投资者通过股东会、董事会、监事会及资产的盈利情况和股票涨落的监督；三是广大消费者通过市场机制、商品价格监督；四是本企业职工通过股东会、董事会、监事会中自己的代表，以及各种民主管理委员会的监督。

4. 考评机制

考评机制则要对职业经理的工作绩效进行客观公正的考核评价，可以为选拔、鼓励、监督机制的形成提供科学的依据和标准。

大量的实践证明，每个经营成功的企业，都必然有一个出色的职业经理人群体。在我国完善社会主义市场经济体制和建设小康社会的实践中，在走新型工业化道路中，培养和造就优秀的职业经理人队伍势在必行。

六、重视职业经理人队伍建设

随着市场经济的快速发展，社会各行各业都得到了很大的发展，货代行业也不例外。为了满足货代企业的快速发展形势，必须重视职业经理人队伍的建设，这样才可以保证企业各项工作的有序进行，并且达到预期的工作效益。在建设职业经理人队伍时，主要可以从以下几点着手。

（一）强化政府支持

从政府角度分析，要念好“建、定、提、协”四字经，大力营造有利于职业经理人集聚和脱颖而出的社会环境。“建”就是要立即着手建设专门的“职业经理人才市场”，和全国各大城市的“猎头公司”一样建立起经理人的信息网络，实现与全国各大人才市场的联网。这个市场要达到人才信息非常灵敏，服务功能非常齐全，闻名全国与世界的程度，使之成为企业汲取职业经理的源泉。“定”就是要制定积极有效的人才引进与培育政策，制定职业经理人的职业标准、选择机制和优胜劣汰机制，完善职业经理人的激励机制和约束机制，对他们的薪酬、在职消费、股票期权、经营者持股分红、非股份分红等利益分配制定规范，营造起职业经理人集聚的良好氛围。目前，上海、北京等地都制订了建设人才高地的战略目标，在引进人才方面的政策非常优惠，为此，在建设职业经理人市场时，一定要重视政策建设，尽可能形成超越大城市的区域优势，营造更加宽松的宏观环境来吸引最优秀的职业经理，使人才“引得进、留得住”。“提”就是要尽快抓好企业现有经营人才的整体素质的提升。要将组织、人事、经委、教育部门等政府有关部门联合起来，创造大面积、全方位的培育职业经理人的机制、场地、方式和方法，还可选送一批年轻企业干部到全国最好的企业考察学习，甚至挂职锻炼，选拔一批具有中级以上专业技术职称的经营人才和科技带头人赴外地或外国进修。“协”就是要充分运用政府的协调功能，广拓企业人事合作的渠道，根据知识经济的发展要求，创造企业人事接轨 WTO 的新途径，并加快培养国内紧缺的资本运营、国际金融、国际法律、知识与信息管理等方面的职业经理人才。

（二）重视高校培养

高校是职业经理人的摇篮。高校必须增强市场意识，通过“三改一联”的办法为企业大批“生产”职业经理人。要通过创新教育来创新人才。“三改”中，一要改革课程和教材，教材既要有理论，更要贴近企业实际，课程要少而精，就像当年“黄埔军校”一样，用较短的时间，学到最有用的本领。二要改革教学法，不能光是“读、背、考”，不能老是“高分低能”，要用启发式、讨论式、案例分析，从哈佛大学的 MBA 教学法那里吸收一点营养。三是改变标准，要有知识、能力、实务以及道德素质等各种标准，特别要设置创新力的标准，不能培养一些学洋腔、掉书袋却不会动手做事的“高才生”来做“准职业经理”。“一联”就是要联合办学，包括内联和外联。内联是在教育系统内部的联合，如探索各高校联合培养人才的路子；外联是指学校要联合政府、企业和社会各界办学，教学的基地不仅在课堂，更要走向社会、走进企业。经济管理人才要像孙悟空那样经受太上老君“八卦炉”的烈火锻炼，经得起各种复杂环境的摔打。因此，作为“人才生产基地”的高校，必须善于和社会、企业联合。

（三）强调企业培育

从企业角度分析，则要扎扎实实抓好“改、引、育”三个字，企业既是职业经理人施展才华的舞台，也是检验职业经理人是否合格的最权威的考场。当我们在强调建设职业经理人队伍时，切不可忘了已经在职在位的一大批“老”职业经理人，他们已经积累了丰富的经营企业的宝贵经验，这些是高昂的学费换来的“经验”，有着重要的使用或者借鉴价值，是一笔十分可观的无形资产。但是要把他们变成合格的职业经理人，还需要对他们进行“改造”、重塑和再教育。要重构他们的知识结构和经营理念，提升他们的管理技术水平，培育他们的道德心与事业心，使他们尽快适应直接面对国际列强竞争的市场格局。“引”就是要加大企业直接引进职业经理人的力度，特别要注意从外部企业中引进具有相关企业领导经验的人才，引进具有国际大公司、跨国公司工作经验的人才，引进大学经管学院毕业并获得 MBA 学位的人才，以及国内外从事大学经济管理教育而愿意献身企业的专家。对于引进的人才，企业要以博大的胸怀，尊重他们，信任他们，给舞台、给岗位、给权力、给待遇，放手让他们施展，千万不要做“叶公好龙”的傻事。“育”是要在企业自身的人才库中甄选具有培养前途的人才，或放到岗位上“磨炼”，或外送优秀企业“进修”，或送高等学校“培养”，或放在基层“历练”，有目的、有步骤地做好交班、换岗、补位前的准备。另外，企业还要热情欢迎高等学校师生来企业实习、调研或进修，为自己的企业储备“准经理人”。

（四）争取社会各界的支持

建设职业经理人队伍离不开社会各界的支持。要通过大造舆论，破陈旧的观念、破落后的机制、破封闭性的环境，还要破惧外、轻外、排外心理，同时谨防人才选拔中的“灯下黑”现象。要充分尊重职业经理人的知识与才干，宽容职业经理人的弱点与缺失；要真正理解职业经理人的艰辛与创造性劳动，正确对待职业经理人较高的薪酬与待遇；要认真倾听职业经理人的意见和建议，优化职业经理人的创业环境和成长环境；要有效解决职业经理人的困难，扶持职业经理人的事业——因为他们的事业，正是我国经济发展的希望。

与此同时，规范协会与中介组织的评价标准，并且提供优质服务，为职业经理人队伍的建设提供可靠保障。加快推进我国职业经理人职业化进程，构建国际化职业经理人队伍是一项系统工程，除了国家的立法支持、宏观指导以及企业和企业家自身努力外，各级协会、商会、中介组织提供规范的资质评价和优质的培训、考核、认证服务显得尤为重要。我国企业联合会、企业家协会作为成立最早、规模最大的全国性综合协会组织，秉承服务企业、服务企业家的宗旨，发挥自身优势，广泛依靠社会力量，充分整合社会资源，开展职业经理人资格认证工作。在往年认证试点启动大会上，企业联合会提出了积极、稳妥地推进职业经理人资格认证试点中要注意抓好三个环节、五项工作，由于各方面的支持、协作，已经取得阶段性成果。为进一步加强推进我国经理人职业化进程，创立职业经理人资格认证品牌，我们要进一步加大争取党和政府有关部门支持与指导的工作力度；进一步加大中国企联与各地、各行业企联以及广大企业合作的力度；进一步加大依靠社会力量，整合社会资源，争取社会各界认可的工作力度；进一步加大经理人才库和经理人才市场建设，提供认证后续服务的工作力度。

（五）加强自身学习，精通业务

未来的社会是科技的社会、知识的社会、终身学习的社会。作为一个跨世纪的人才，不仅要肯于学习，还必须善于学习，具有学习能力。能及时地、高质量地汲取、掌握一切人类文明的优秀成果。并一致认为，不具有学习能力的人将成为社会的落伍者。21 世纪货代管理人才的知识结构更必须是理论知识与应用知识的结合，而且熟悉并掌握货代商品成分、性能、检验、养护、包装、运输、配送等基本知识与本领，了解企业业务流程系统规则、供应链管理、配送中心运作、商品的质量检查，明晰学科前沿和发展方向，掌握相关的物理学、工学技术知识，并能从事货代商品地流通的策划、货代企业技术的管理、经营和国际货代的教学、科研、培训、采购管理、仓储管理、运输管理、物流配送管理、商品入库验收与检验、食品的贮藏和保鲜、物流机械应用等工作。可以熟练掌握外语和货代专业术语，具有较强的计算能力。值得注意的是，每一个行业本身是有很多部门和环节的，从而对货代人才的要求也是不同的。为此，在企业经营管理中，一定要加强人才的实操能力，使其找到真正适应自己的工作部门和行业，才能人尽其才、才尽其用。

七、提高职业经理人的忠诚度

所谓忠诚，意为尽心竭力，赤诚无私。企业职业经理人的忠诚度是指职业经理人对于企业所表现出来的行为指向和心理归属，即职业经理人对所服务的企业尽心竭力的奉献程度。职业经理人忠诚度是职业经理人对企业的忠诚程度，它是一个量化的概念。忠诚度是职业经理人行为忠诚与态度忠诚的有机统一。行为忠诚是态度忠诚的基础和前提，态度忠诚是行为忠诚的深化和延伸。

职业经理人忠诚可分为主动忠诚和被动忠诚。前者是指职业经理人主观上具有忠诚于企业的愿望，这种愿望往往是由于组织与职业经理人目标的高度一致，组织帮助职业经理人自我发展和自我实现等因素造成的。被动忠诚是指职业经理人本身不愿意长期留在组织里，只是由于一些约束因素，如高工资、高福利、交通条件等，而不得不留在组织里，一旦这些条件消失，职业经理人就可能不再对组织忠诚了。

在货代企业经营管理过程中，如何有效提高职业经理人的忠诚度，成为企业发展的重要问题。本书主要从以下几个方面进行分析：

（一）从源头打下基础

招聘是企业获得人才最有效的方式之一，习惯性跳槽是职业经理人缺乏稳定性和忠诚度的一种表现。从新职业经理人进入企业后的不同忠诚度表现来看，大多数企业在招聘时经常会犯一个非常严重的错误：纯粹以技能为导向而忽视了职业经理人品德和个性的测试。按照“有德无才是废品，有才无德是毒品，德才兼备是极品”来衡量，不小心可能让“毒品”钻了空子。因此，在决定是否录用一个职业经理人时，除了专业技能测试外，还应进行品德和个性的测试，不要因为时间紧，急用人的压力而忽略。“磨刀不误砍柴工”，选对了人会为企业节省很多管理成本，反之则会导致用人部门抱怨多、招聘主管压力大，可能因找不到合适的人选常年都在招聘而影响企业声誉。

在职业经理人入职之前，人力资源部还应与应聘者保持坦诚沟通，因为很多时候应聘者与企业之间的信息是单向透明的，即企业对职业经理人了解太多，而职业经理人对企业的了解只是一种肤浅的感性认识。因此，在决定录用职业经理人前要把企业的相关情况如实相告，并给应聘者一个再思考、再选择的过程，如果让其盲目进入企业后才发现很多与他想象的不一样时，会对其绩效状况和稳定性产生不良影响。当然，在企业有空缺职位时，我们不要老认为“外来的和尚会念经”，应把更多的机会提供给企业内有一定专业技能、学习能力强且有极佳可塑性的明星职员，这比外聘人员的风险小得多。

（二）强化入职培训，做好“忠诚度”教育

入职培训对新入职经理人的稳定性和忠诚度有着较大的影响。新职业经理人入职后往往能发现不被企业所重视的很多问题，当他们发现一些负面现象或收到一些不良信息时，先入为主的思维模式会导致职业经理人片面认识企业。为了避免这种情况发生，新职业经理人培训部门就承担起了关键的“加工磨合”作用：将企业文化、行业特点、运营模式、管理特色等内容充分介绍给新职业经理人，以引导职业经理人的思维模式、心智模式和行为方式早日融入企业。通过磨合，让职业经理人知道每个企业都是不一样的，各有长短，尽快适应才是最重要的，缩短其期望值与企业现实的差距，顺利度过试用期，为早日变成真正业务能手、高手奠定坚实的基础。

与此同时，忠诚度不仅是企业对职业经理人的基本要求，更要在入职培训时让职业经理人认识到个人对企业的高忠诚度将对职业经理人自己的专业技能提高、个人职业生涯发展及培植高质量的人脉资源都有着非常大的帮助，把职业经理人忠诚度的被动培养变成职业经理人自觉注重忠诚度的提高才是上上策。

（三）提高企业规范与制度的透明化

企业规范与制度一定要足够透明化，做到公开、公平和公正。制度的制定应让职业经理人参与，如有条件最好能让工会参与。职业经理人参与的过程实际上就是职业经理人自我引导和自我教育的过程，这样既能加强认同感，又能为制度得到真正的执行打好基础。从《劳动法》角度来衡量也才具有合法性。

企业制度切忌闭门造车，更忌双重标准。据相关调查显示，有的企业在薪酬福利、奖惩制度等方面甚至愚蠢到了让人可笑的程度：本地工工价高于外来工；养老保险只交本地人；同样是家有丧事，有的职业经理人有相关补贴，有的职业经理人非要自己去争吵才有结果；一样的行为有些人是违规的，会受到处罚，而有些人怎么做也是合法的，等等。这就是明显的双重标准，对企业的破坏作用不亚于经营中的各种风险。

要制定约束离职经理人的制度。在任职合同中对职业经理人的责权利做出明确规定，尤其是对职业经理人离开企业时，对企业在商业秘密、技术专利、竞争压力等方面应负的责任，都做出严格规定，从而形成对职业经理人的有效约束。这样，就给职业经理人的离职增加了很多机会成本，使他在面临跳槽诱惑时，能够权衡利弊。就算他真的跳槽，也不会泄露职业经理人公司的商业秘密。因此，我们应该建立和完善职业经理人合同制，以保证对职业经理人的约束。

（四）制定合理、科学的薪酬福利机制

薪酬福利一直是企业用于激励职业经理人和吸引外部职业经理人加盟的有效杠杆。

“外部竞争性、内部公平性”是企业设计薪酬体系的一般原则。职业经理人由于是在行业里各个企业间流动，其市场价值更多地取决于行业水平，即“外部竞争性”。职业经理人，尤其是优秀职业经理人的相对固定薪酬对其激励的弹性较小，他们更多地关注通过自己工作的努力，得到与对企业贡献相匹配的可变报酬。因此，企业在确定职业经理人的薪酬待遇时，应根据其特点，采取一种较为灵活的方式，合理确定其薪酬。

（五）以事业留人，适当导入股权激励

业界通常有这样一种说法：金钱留住三流的人才，感情留住二流的人才，事业才能留住一流的人才。其实以上三种说法分别反映的是企业在不同发展阶段应采取的不同激励策略。即企业初创期，采取以结果为导向的薪酬策略符合企业发展战略需要；企业深度发展期应采取人性化为主的管理策略，同时辅之以行为为导向的薪酬策略；企业稳定期或产业突破期，则应采取长期激励的留人策略。一般而言，职业经理人都有实现自我价值的强烈愿望。当薪酬的激励已经达到边际效应时，如果企业能够给经理人提供继续发展的事业平台，就能让经理人大展拳脚。

股权激励被认为是对职业经理人更具激励效果的一种激励方式，不管是股票期权，还是内部持股，股权激励都在一定程度上将职业经理人的利益与企业长期利益联系起来，鼓励他们在经营管理过程中，更多地关注企业的长远目标，而不是将注意力集中在短期财务指标上，从而有利于降低代理成本。

（六）营造诚信的企业文化

很多企业一谈到诚信，只讲职业经理人对公司的忠诚，企业根本不反省自己对职业经理人、对其他合作伙伴是否诚信。其实诚信是一种平等的互利双赢模式。企业与职业经理人之间，忠诚应该是相互的、双向的，而且企业对职业经理人的忠诚处于基础地位。企业对职业经理人的忠诚包括很多方面：企业的信用、对职业经理人的授权、充分信任、人文关怀等。职业经理人的流动性本质，使得其比其他员工更需要企业的忠诚。由此可知，职业经理人对企业的忠诚度是职业经理人应尽的义务，而企业言而有信、坦诚对待职业经理人也是责无旁贷。这就需要打造一种诚信的企业文化，把忠诚度或诚信当成企业、职业经理人个人的立身之本，从日常一言一行做起，充分体现诚信的文化内涵。试想，职业经理人面试时约定工资为一个数额，在发放时只发了一部分；根据企业明文规定的业务提成办法可提佣金为一个数额，在兑现时只发了一半甚至更少，这样会换来职业经理人的忠诚吗？所以，诚信是一种文化，是一种导向，不仅要对职业经理人进行引导，企业更应以身作则，树立典范。

（七）以感情留人

钱财是很物质的，制度是很冰冷的，而感情则是火热的。企业领导要让经理人知道他们是被人尊重的，只要领导投入的感情到位，职业经理人对企业就会忠诚。

第六章　中国国际货代业发展与外贸相关产业链的相关因素研究

第一节　中国国际货代业发展现状及趋势

一、中国国际货代业发展现状

伴随着全球经济一体化程度的逐渐加深，国际贸易发展当中存在的贸易壁垒逐渐减少，并且世界各国之间的商品交易、商品服务贸易得到了显著增长，增长比重明显超过了国内生产总值。全球化的推进不仅代表着贸易增长，同时也代表着全球商务活动的频繁，这种商务活动涉及的范围早已超出了本国领土的限制，致使整个世界经济结合到一起，在这种情况下，贸易企业为了能够在激烈的市场竞争中获得优势就必须在业务与交易方式上变得多元化、多边化，可以不考虑国界限制，与其他各国开展商业竞争。我国自从加入了世界贸易组织以后，逐渐开始融入到了经济全球化的大浪潮当中，开始与世界各国开展国际竞争。为了能够对战略做出科学的规划，及时获取国际竞争信息，就必须对我国当前国际货代行业发展现状有深入的了解。

我国自 20 世纪以来，国际货代业发展历经了漫长的演变，是一个逐步开放的过程，下面本书将从国际货代业主管、经营主体等方面详细分析我国国际货代业的发展情况。

二、中国国际货代业发展的基本情况

（一）中国对国际货代业的行业管理

自我国改革开放以来，相关部门先后下发了外贸运输条例，对各项外贸运输

活动进行了约束与规范，外贸运输实行船、代分开制，按照行业归口管理的原则，我国对此明确规定："所有货代运输管理条例、方针、法规、政策以及各项统计调查全部由国家的经贸归口部门负责；而货船企业或者是船商代表的管理方针、政策、法规、统计则全部由国家的交通管理部门负责。"

与此同时，为了尽快摆脱计划经济的弊端，减少阻碍市场良性发展的诸多因素，我国开始逐步实施"开发式的货代与船代，允许存在多国共同竞争的局面，进而提升货代服务质量"的决策。这一决策一经出台就将条例分割与部门货权垄断的局面打破了，进而实现了我国货代、船代与承运人之间的公平竞争，并加速了企业市场转型，大大增强了企业服务质量，还能够有效配合全国外贸业的发展。

近年来，我国外贸领域的立法条例构建速度在逐渐加快，对于约束货代业发展，提高管理效率有重要作用。1995 年，我国颁布实施了《国际货物运输代理业管理规定》，对国际联运在内的全部货代业务管理内容做出了明确规定；1996 年，该法规又进行了一次重新修订，并在此基础上出台了《外商投资国际货物运输代理审批标准》，对相关内容做出了重申；从这一年起，国内所有国际货代企业全部推行了年度审核制度；进入 21 世纪以后，经贸部又颁布了《国际货物运输代理业务管理规定细则》，对行业管理环境做出了进一步的规定。上述几项法律法规的出台代表我国行业管理规定开始向市场经济方向靠拢。

20 世纪 80 年代末，我国外贸部门出台了《对外贸易运输条例》，条例中明确规定了以下内容：接受货主方委托的代表称为货运代理，主要负责办理货物的报关、交接、仓储、调拨、检验、包装、转运、订舱等工作，货运代理与货主存在相互委托的关系，在业务办理上，货运代表要使用自身权利按照业务操作标准提供合法劳务，并要向货主方索要代理费用，最终完成代理业务。

我国在 20 世纪 90 年代初期就颁布了《国际货物运输代理规定》，在规定中对国际货物运输代理业的内涵做出了明确定义："国际货物运输代理业是指受相关责任人的委托，以货物委托的名义为货物托运人办理相关业务并收取行业标准报酬的过程。"我国在《国际货物运输代理业管理规定实施细则》中对国际货代代理人以及经营者的经营活动做出了明确的规定，具体内容如下：

（1）可以在合法条件下揽货、预订货船，实现货物的托运、仓储以及包装。

（2）可以对货物分装、集装、卸货等做出监督，提供货物分拨、中转等特定的服务工作。

（3）可以针对货物运输情况开展报关、报检、报验并为货物运输提供保险。

（4）签发相关运输证件、移交运费、结算各项杂物费用。

（5）国际联运、集中运输。

（6）国际快递运输。

（7）咨询业务。

上述内容虽然在诸多方面存在不足，但是却标志着我国货代业已经逐步与国际接轨，在发展上又迈上了一个新的台阶。

（二）中国国际货代业的经营主体

自新中国成立以来，贸易政策一直都是统筹制的，并且对外贸易经营活动都是由国家垄断的，如何更好地完成进出口货物运输工作并保证货物运输更加畅通，是我国外贸发展面临的一个重要问题。自20世纪50年代起，我国就有非常多的贸易公司或者贸易机构相继成立，比如，天津海外运输公司、中国海外运输公司、中国陆运贸易公司等，这些公司的成立大大推动了我国国际货代业的稳固发展，为巩固我国国际货代业在世界中的位置奠定了基础，这些公司与传统的报关存在较大的差异，货物的运行路线较广，一般都超越了国界，主要开展的工作安排有国际货物运输、负责进出境报关与报检、货物的验收等。这些公司的存在能够充分履行国际货运总代理的职责，确保了外贸业的稳定、顺利开展，很多运输工具都在其他国家负责的情况下，最大限度地维护了国家的权益。

在20世纪80年代以后，我国为了能够最大限度地适应外贸业的迅速发展，开始将外贸业的管理权交给了外经贸部，负责一些事项的决定。到了20世纪90年代，我国先后下发了《关于进一步规范国际海洋运输管理工作的通知》，通知中明确规定了可以自由经营运输事业的相关事宜。到了21世纪，在我国外贸部门的批准下，国际货代企业已经发展到了2000多家；在这些企业当中，有60%的企业在发展过程中转变为了国有，中外合资企业也占40%左右；从企业的地区分布上看，沿海省份的外经贸企业占绝大部分，比例为80%。当前，我国出台了相关政策对外经贸企业的开办资格进行了约束，提出了更高的门槛限制，通过这种限制，使那些没有准入条件的资本流入到了民营资本市场，杜绝了挂靠形式混入二级市场，扰乱市场秩序的行为；另外，使先前进入到市场中的企业得到了保护，这些企业完全可以依靠高额的回佣金开展经营，但是过于粗放的经营容易使企业错过了现代化的发展浪潮，有利也有弊。

按照当前国际货代业所属的性质、经营利弊、成立时间与背景可以将我国国际货代业划分为以下几类：

（1）中外运输以及控股企业，这类企业拥有的资金通常非常多，运输网络较广，业务人才较多。

（2）原外贸专业总公司、工贸下属的国际货代企业，这类企业是由总公司储运部门在不断发展下产生的，其优势在于单笔货物的处理上方法较多，但是缺点是经营的规模有限、管理水平较低、专业人才稀缺。

（3）运输业主下属的国际货代企业，这类企业是指船舶公司、航空公司、铁路运输部门下设的国际货代部门，这些部门都是在近年来得到发展的，为此，市场竞争力非常强，在掌握航运信息动态上有较多优势。

（4）专业国际货代企业，这些企业的成立结合了原来的仓储业务型企业，在获取利润的基础上为货主提供更加方便、高效的服务，经营的资格要经过外经贸部门的审核，这些企业因为在发展当中积累了非常多的经验，能够非常好地承运货物、熟练办理更为专项的业务。

（5）中外合资国际货代企业，这些企业就是由国外的一些货代公司与国内的外贸运输公司联合开展业务的，在联合经营下，能够充分利用外商雄厚的资本以及规模化的经营模式，使国际货代网络变得更加广泛，专业化的人才会更多，并具备国际一流水平。

（三）中国国际货代业协会

伴随着国际货代业的飞速发展，为了使行业经营秩序得到规范，使行业利益得到维护，就要构建出行业自律组织，对行业行为进行规范与约束。我国自 20 世纪 90 年代开始就在上海成立了货代协会，作为我国第一个由民间自发形成的货代企业，其发展为我国以后的货代业协会发展奠定了基础。当前，我国已经在 20 多个省市建立了地方货代协会。伴随着各地成立的货代业协会逐渐增多，并在政府部门的大力支持下，使我国国际货代业得到了健康发展。到了 21 世纪，中国国际货代业协会正式成立，标志着我国国际货代业有了新的发展。

中国国际货代业是沟通政府部门与会员间的重要桥梁，开设以后始终奉行以下原则：努力协助政府部门强化国际货代业在当前以及未来的发展，努力维护企业经营的市场秩序，使会员之间的交流与沟通更加畅通无阻；努力维护行业利益，使会员的合法权益得以充分保护，进而推动我国对外贸易的稳定发展。我国在加入了世界贸易组织以后，伴随着国际货代市场的逐步升级与开放，货代协会的作用越来越大，并推动着政府职能的转变。与此同时，中国货代业协会也开始代表国内的货代企业利益参与制定国际标准，开始在国际上崭露头角。

（四）中国国际货运代理业发展中的各个阶段

中国国际货代业从产生到发展经历了漫长的过程，历经了从独立经营到全行业竞争的过程，按照我国国际货代业发展地位的演变，可以将其发展过程划分为以下几个阶段：

1. 货运总代理控制阶段

这一阶段的发展时间在 1955~1992 年。与我国 1984 年以前中外货运总公司的独家经营的外贸体制相匹配。从 1984 年开始，中外货运总公司、外轮代理公司分别代表着国际货代业发展的大格局。在这一发展阶段，市场中所有的进出口货物流通都要经过这两个部门代理负责，这期间两个公司能够赚取高额订舱费用。

2. 承运控制阶段

这一阶段的发展时间在 1993~2000 年。伴随着国际货代业的稳定发展，我国国际货代业从 1993 年将发展模式调整为开放式的市场竞争。国际货代企业在这一年逐渐增多，已经由原来的屈指可数发展到了 1600 多家，国际货代市场出现了空前的繁荣景象。同时，在这一发展时期，市场控制权由承运人全权负责掌控。其原因是：国际货代企业的数量在不断增加，使之成为了承运人的卖方市场，在这一阶段，承运方将佣金的比例降低了，这样就促使国际货代企业需要使用更多的利润差价向承运人索取更低的舱位价格，以从中获取到更多的差价利润。另外，国内的大型运输企业也开始设置自己的代理机构，外资下的船货公司也有资格设立下属的货运代理机构，这就在名义上取得了经营资格。各个承运人开始纷纷向货主索要获取，这种货物招揽形式在运价上有较大的优势，是其他代理商不能达到的。并且，代理商获取利润的主要方式就是靠舱位与订舱的回佣，这样却使代理中间人的利益受损，渐渐失去了市场的经营主导权，并使经营环境日渐恶化。

在这一时期，我国国际货代业在国际市场中有了显著发展，尤其是在业务内容上发生了演变，从 20 世纪 70 年代开始，引进了集装箱运输形式，这是联运业务发展的一个起点，并推动了航空货代业的发展与兴起，为后来的快递行业兴起奠定了基础，此外，国际展览品运输在这一时期也开始兴起，成为了国际货代业务的重要组成部分。

3. 分化时期

进入 21 世纪，中国货代业开始走上了市场分化，市场当中的每一个企业都在分化市场中寻找着发展方向与目标定位，而这一年正是市场分化的开始，历经的变化主要体现在佣金制度发生了转变。

自 2000 年 7 月开始，国内的一些班轮公司在市场中开始发生变化，以上海为首的诸多货代企业先后将上海到东南亚各地区的运费佣金取消了，并且正式宣布上海到世界上其他地区的佣金全部下调，由原来的 2.7%降低至 1.2%，这一举措足以证明货代佣金制度地位已经不稳。

上述佣金事件不仅是一个简单的事件，标志着国际货代企业市场地位逐渐弱化，为此，随着行业运价的调整，赚取差价日渐变得公开化，货代企业赚取差价的时代已经过去，再加上佣金制度逐渐失去威慑力，更加威胁到了货代企业未来发展。而对于船货公司来说，鉴于自身已经具备了货代能力，将不再依赖公共代理，将佣金制度取消成为大势所趋。此外，出现佣金事件还有一个重要原因就是承运人一体化销售模式，这一销售模式的出现将货代中间环节取缔了，成为我国货代业市场转型的一个关键要素，为此，货代企业要想在市场竞争中获得优势，就要构建出核心竞争力，找到更强的发展模式，进而推动我国货代业市场的分级发展。

（五）第三方物流发展

在 2000 年，第二方物流发展是我国货代业发展的又一重要事件，并且在这一年中，国内的很多企业都开始制定物流发展目标，比如，中远、中外、中海等企业。即使物流业不能完全代表货代业的发展趋势，但这却是物流行业发展的重要途径，尤其是在第三方中间人逐渐消失的形势下。第三方物流在开展中显示出其独特的优势，在市场中发挥着重要价值，逐渐成为了企业二次创业的首选途径。此外，还做到了从货主的利益出发，将货代代理人经营理念放在了首位。

（六）WTO 开放的承诺

2000 年，中国已经将发展眼光放在了 WTO 上，为了顺利实现“入世”，我国货运业开始逐步开放，比如，国内的铁路货运业务顺利实现了外资企业与铁路系统的密切合作与经营。鉴于企业在发展当中存在较多问题，我国的货代企业在发展当中依然面临着诸多阻碍，货运代理市场分化并不是代表着货运代理业开始走下坡路，而是表示国际货代业正在经历着重塑。为此，货代企业要认清发展形势，逐步朝着创造市场价值的趋势发展。

三、中国国际货代业在发展当中面临的问题

上文对中国国际货代业发展历程以及发展现状进行了深入分析，可见，随着历史因素的演变以及国际货代业市场的不断调整，中国国际货代业虽然取得了一

定的国际地位，但是在发展当中依然存在较多的问题。本书将对中国国际货代业当前面临的主要问题进行深入解析，进而提出未来发展途径。

（一）规模较小、资金不足

当前，我国很多国际货代企业的行业准入资金非常有限，一般注册资金都在200万~700万元，这些资金不仅要使用在业务的周转上，还要投入到基础设施建设当中，导致企业在发展上较为迟缓，很难树立起行业形象。图6-1显示的是我国国际货代企业规模分布状况：

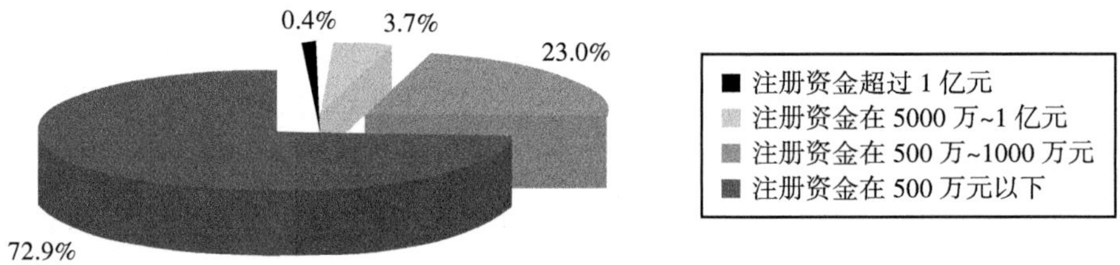

图6-1　中国国际货代企业规模分布

（二）网络构建不够完善

国内很多国际货运企业都集中在沿海港口地区，业务辐射区域仅限在本省范围内或者是周围的邻近区域。仅有一小部分企业能够开展全国性的贸易服务，这部分企业被称为“三大家”，包括中外运、中外代以及中远。这种服务结构层次仅能实现一站式服务，不能实现FOB货载服务，更不能将FOB货载作为主要货源。鉴于我国在国际市场当中充当着加工基地的角色，FOB货载量的增多是必然趋势，为此，我国国际货代企业的可持续发展将受到阻碍。

（三）企业服务功能不够完善、系统

当前，国内的大部分货代企业依然存在服务功能简单、服务形式单一的问题，仅能开展简单的订舱、报关、报险等传统服务模式，很多业务只集中在拼箱、仓储等单一的业务环节上，很多业务不能充分发挥其作用，知识充当着“中间人”的角色，并不能实现多式联运经营。

（四）缺少对信息技术的投资

国外很多大型货运代理企业对货主委托的相关事宜非常重视，例如，美国联邦快递公司能够为客户提供网上跟踪功能，使客户能够及时掌握货物运输动态。国内的货代业企业则缺少全球化信息网络，很多中小型的国际货代公司仅在一个地方使用单一的通信工具进行业务交易，随着网络时代的来临，很多地区基本上都配置了网络，但是其他高新通信技术的使用率依然非常低。

（五）专业人才非常匮乏

随着国际货代业的发展，货代业务辐射的面积在逐渐增大，市场对从事国际货代业的人才有了更高的需求，比如，了解国际贸易、国际运输的人才，营销管理类人才，海关检验人才，电子商务人才等。鉴于国际货代业的飞速发展，很多新兴业务层出不穷，市场竞争将变得日渐激烈，为此，企业中原有的业务人员要不断更新自己的业务知识，企业的管理人员也要不断加强老员工的培训，使其具备更多现代化的业务知识。

四、中国国际货代企业面临的挑战

（一）竞争格局的变化

首先，我国出现了很多外贸船公司，这些公司在发展过程中建立起了自己的货代公司，有权力控制货源，直接参与市场竞争。从1995年开始，我国国内的大型航运公司就开始建立自己的货代公司；到了1997年，我国中海集团开始在本部设立了20多家子公司，业务面积进一步扩大，能够直接向货主索要货物；同年，包括美国总统轮船在内的5家海外公司开始设置独资集运公司，公司享有的权益较多，包括报关、揽货、使用货代发票等资格，并能够在全国范围内开设子公司。中国的货代市场开放程度进一步增大，对公共的货代公司海外业务代理造成了非常大的影响。此外，上述公司还经常使用竞争手段挤压国内货代公司的正常生产经营，比如，在向出口人报价过程中会把给货代的运价故意调低，甚至会使用到付运费的手段抢夺货物，进而达到占领市场的目的；还会以指定货代的方式将国内的货代架空，使国内货代失去了存活价值，变为简单的操作代理机构；在与国内货代企业签署相关协议过程中，会刻意增加限制性的条款，使国内货代企业的支出成本大大增加。

其次，中外合资的货代企业在发展过程中逐步走向了独立。很多在“入世”前就进入我国货代业市场的外资公司受相关政策的制约，只能以合资的方式进入中国市场，其目的不仅是熟悉中国市场，也是为了在中国培养本土人才，时机成熟以后就会从合资的队伍中脱离出来，开始独立经营。

（二）中小型货代企业处于劣势地位

当前，国内的货代业发展现状可以用以下几个字概括，分别是“小”、“少”、“弱”、“散”。其中，“小”指的是资产规模小、经营规模小；“少”指的是服务功能非常少，专业人才非常稀缺；“弱”指的是企业的竞争能力以及融资能力弱；“散”指的是企业服务质量较为分散，缺少系统化、网络化管理，致使企业经营秩序缺少规范性。我国的很多中小企业的发展起步均较晚，并且业务模式单一，以简单的代理服务业为主，业务范围非常狭窄，不能充分满足客户需求，在很多配套服务上不能让客户满意，这些企业的经营规模不能与发达国家相比，在管理以及人才数量上都与境外企业相去甚远。一些国际货代企业虽然在外商的办事处仅有经营的权利但是并不能对制度、经营战略进行调整，因此在市场竞争中处于劣势地位。

（三）人才与技术竞争非常激烈

随着货运市场竞争变得日渐激烈，企业综合实力的竞争无疑是人才的竞争，在我国加入 WTO 以后，人才竞争会变得更加激烈。国外很多货代企业由于实力雄厚会为员工提供更为丰厚的工资待遇，并且在国外能够接触到最前沿的技术与管理经验，国内很多人才都会源源不断地流入国外企业。

随着信息技术的高速发展，货运服务业作为一种增值手段迅速发展起来，并将 EDI 与互联网作为网络信息技术支持得到社会上诸多行业的广泛使用。过去传统的服务模式最终被电子商务所取代。国外发展较好的货运代理企业均掌握了非常全面、系统的电子商务技术，国内信息领域的技术则有待提高与学习。

五、江苏沿海地区国际货运发展现状

我国国际货代企业产生与发展的起点是我国的沿海地区，作为流通业的重要组成部分，国际货代业的发展与我国的外贸业发展存在密切联系，作为最具发展潜力的服务行业，其市场竞争非常激烈。下面本书将以江苏沿海地区的国际货代业发展现状为例，深入探析当前我国国际货代业发展当中面临的机遇与挑战。

（一）江苏沿海地区货代业在发展上的优势

1. 得天独厚的地理位置优势

江苏沿海地区位于我国重要的贸易口岸，其范围涵盖了三个市，分别是连云港、南通以及盐城，该地的海岸线总长为 856 公里。位于我国沿海、长江、岩陇海兰新线的主轴交会处，是我国长江三角洲地区的重要贸易口岸，资源丰富、地理位置独特。

此处，有两个非常大的口岸，分别是连云港与南通港，货运吨位达到 1 亿吨，足以凸显其在欧亚大陆桥中的地位，能够实现东西贸易区域中心的联动。南通港与连云港的联动，更加凸显了上海国际航运中心的重要地位。在这种南北互动、江海联动的独特优势下，迅速崛起了世界级的物流基地。

2. 政策支持

自 2004 年，商务部就制定并出台了《国际货代企业备案办法》。该办法明确规定了货代企业的经营由原来的审批制转变成备案登记制，在这种转变下，原来的经贸部门将不再受理货代经营资格的审批，申请人只需要在备案地点进行登记便可，这种低门槛彻底改变了货代行业发展缓慢的局面，为我国货代业自由发展创造了条件。

江苏省为了能够实现经济的稳定、持续发展，在金融危机爆发以后，迅速出台了《关于促进沿海开发的若干意见》，并在此基础上制定了项目政策措施，加大了对沿海港口的建设力度，将连云港作为港口建设的重点，为货代业的发展提供了支持。

3. 外贸经济增长的带动

在 2011 年，江苏沿海地区的经济生产总值达到了 8256.4 亿元，在近几年，该地区的生产总值持续增长，最高增长到 19.5%。同年的进出口总额也有所突破，达到了 356.1546 亿美元，在 2012 年更是突破了 300 亿美元。总体来说，经济指标增长幅度明显高于本省的苏南、苏中等地区，更高出了全省的平均水平，可见，在新时期，该地区货运业持续发展，创造出了非常高的经济价值，推动了外贸运输业的稳步发展。

4. 集疏运体系在不断完善

该地区的沿海口岸基本形成了主枢纽港、组合港口、产业港，这些港口之间能够实现优势互补，共同推动该地区货物运输业的发展。为此，在发展的基础上，该地区又加大了对国际性枢纽港与集装箱干线的建设，使连云港港口货物运输量在 2012 年达到了 1.78 亿吨，同比增长的幅度非常大，为 10.23%，集装箱的货运量更是突破了 400 万标准箱。同年，南通港的货物吞吐量也突破了 1.78 亿吨，凭借这一成绩，使之成为江海地区的亿吨大港口。此外，该地区的所有港口全部被打造成特色产业港口，并全面开展了“一港四区”建设。地区交通运输体系在不断建设与完善，基本建成了 204 国道、沿海高速公路、临海高速公路等，这些公路贯穿整个江苏省的南北区域。随着沿海交通建设的不断推进，东陇海铁路、宁启铁路复线、新长铁路改造工程等得到了顺利开展，而且沪通铁路方案最终也得到了审批与落实，正式启动了连盐铁路建设。此外，在该地区，盐城机场迅速建成，并成为我国一类口岸，开通了直飞中国台湾的航班，货物运输业依托便利的陆地、海上、空中交通线路正慢慢实现繁荣。

（二）江苏沿海地区货代业发展面临的主要问题

1. 核心竞争力匮乏，盈利过于单一

江苏沿海地区的国际货代业发展依托的是建设全面的港口优势，能够承办的业务有：进出口货物的揽货、订舱、报关、报检等综合性服务，虽然承接的业务非常多，但是在代理的观念上依然较为保守，业务开展的效率不高，不具备转型的供应链战略服务思路，更缺少提供增值服务的能力，不能真正满足客户的需求，服务类型缺少创新与突破，不能吸引客户目光。此外，在盈利方式上也非常单一保守，只依靠运费差额赚取利润必然不能很好地在市场中立足。货代企业合并、兼并或者是收购的现象非常常见，严重阻碍了该地区货代业的稳定、可持续发展。

2. 企业的经营规模较小，货代网络没有形成

截至目前，江苏省的锦城物流网络公司已经开始运营，这种形式的物流公司在江苏省非常多，南通有 200 家、连云港有 852 家、盐城也有 62 家，三个不同区域的货代公司数目已经远远超过了江苏本省的货代公司数目。截止到 2012 年，在所有的货代公司中有 10 家最具发展潜力，还有 8 家已经在连云港注册了分公司，南通与盐城分别有 1 家。除了这部分公司具备市场竞争实力以外，其他公司的市场占有率非常低，发展较为缓慢，伴随着日益深入的全球一体化区域，只有不断调整发展战略，转变发展观念，才能为客户提供更加全面的服务。

3. 市场秩序不够规范，恶性竞争非常普遍

在金融危机的大背景下，江苏基于贸易港口发展起来的大部分货代企业出口订单数量锐减，业务量大幅度降低，出现了资金紧缺、风险增大等局面。很多中小型的货代企业开始纷纷抢夺市场资源，在营销策略上努力构建合作关系，通过削弱货代佣金的方式获得更多的市场份额，尤其是面对大客户，市场资源的竞争更加激烈；还有一些中小企业只能依靠关系网勉强在市场中存活，甚至不惜使用不正当的手段谋取市场资源，还出现了“返还佣金”等不良现象，严重损害了外贸企业的商业利益。

（三）江苏沿海地区货代业发展的对策

1. 不断完善传统的货代业务，对功能与延伸服务进行完善

作为全球货代市场中的一员，江苏沿海地区是支撑我国货代业发展的重要力量，凭借其地区优势、政策优势、交通优势等不能仅开展单一的代理业务，要能够找准市场方向，明确自身的发展优势，基于传统货代业务不断对功能与服务进行延伸，从而最大化满足物流市场的需要。

相对于传统的中小企业来说，要不断引导其从单一的报关、报检代理业务向多样化的服务模式转变，进而实现市场的细化，推动企业走上专业化的经营道路，努力创新业务模式，做到发展上的特色化、精细化；针对大中型的货代物流企业，要不断鼓励其加大对资产的投入，使业务经营范围实现扩张，使网络布局更加合理，使供应链服务战略建设速度增快。

2. 不断占据主动位置，构建出网络化联盟

面对日渐增多的市场对手，江苏沿海地区的货代企业必须学会抢占市场先机，面对激烈的市场竞争，要善于主动出击，可以采取与大型货代企业建立联盟关系的方式共同应对强劲的对手。这种网络联盟针对的是不同类型的货代企业，大型货代企业也可以在世界其他地区设立下属或分支机构，而中小型企业则要不断在国际环境中寻求有利时机，抢占先机与海外的代理商合作，与其结成一个网络联盟，这样才能使中小企业有更多的机会开拓海外市场。

国际货代企业在不断寻找海外代理商进行合作的同时，首先要将目标代理商的资料收集齐全，然后再对其进行全面的评价。在合作代理商的选择上要遵循一定的原则，要选择在资源利用与竞争优势上能够互补的代理商；要能够与代理商在文化、发展前景规划上保持一致，认清合作的日的不是依附，而是要在发展当中建立起共担风险、共享利润、共享发展成果的合作关系；寻找资信良好的代理商，如果合作的代理商信誉度低，客户资源将不断减少，一旦失去客户，企业将面临经营上的危机。为此，中小型企业要充分考虑到上述几点标准，才能实现双赢。

3. 加强市场的规范与引导，推动货代市场的有序发展

货代企业要想在国际货代市场中立足，自身发展是一方面，而另一方面，加强市场的管理与约束则能为企业发展营造出有序、健康的环境，是企业健康发展的前提。企业在经营过程中，首先要不断约束自身在各个环节的行为，不断加强行业自律性，更要严格按照国际货代企业协会的相关要求，按照市场的竞争法则开展行业竞争。

此外，政府部门也要加强对企业的监管，不断取缔市场当中诸多违法或者是非法倒运货物的行为。其中，非法货代主要是指一些没有经过合法注册的小货代公司私自注册，并挂靠在合法货代公司下，开展违法经营的行为。这些非法的货代企业往往存在投资少、经营规模小、经营成本低的弊端，收益不高还会经常出现逃税漏税的行为。为此，这些私营小货代公司具有足够的空间对运价进行私自调降，甚至以赚取回扣的手段来吸引客户，这样才能够获取更多的货物。针对这

一类企业，相关部门要做好监督与检查，及时发现、及时制止。此外，政府部门还应该出台并完善货代业管理规定，按照国际规范实施统一的业内服务，还应通过政府的网络信息系统，加强对货运代理经营需要注意的问题的宣传，及时告知货主市场中合法的企业有哪些，提高货主辨别真假的能力；与此同时，还要加强对货主企业合法货代提供的服务进行引导，加强对不法货代的教育与管理，进而营造出和谐、有序的市场经营环境。

通过上述对江苏沿海地区国际货代业发展现状的描述，我们能够充分了解到在该省的沿海地区，货代业凭借独特的地理位置优势、政策优势、交通网络优势得到显著发展，在国内货代市场中占有了一席之位。但是这些沿海地区港口货代企业在发展当中仍然面临着非常多的问题，这同时也说明，我国很多地区货代企业发展都面临着同样的问题，为了使我国国际货代得到更加有序、健康的发展，要认清形势、明确自身定位、加强与其他货代业在发展上的合作与联系，还要不断对自身行为进行约束，实现规范化的发展。

六、中国国际货代业发展趋势

通过上文的论述可以了解到我国国际货代业发展历经了漫长的过程，每一段发展时期都呈现出不同的发展特征，随着全球化程度的增强，我国国际货代业在发展过程中面临着非常多的机遇与挑战，也出现了非常多的问题，阻碍了我国国际货代业的进一步发展，这些因素都会影响到我国国际货代业未来发展走向。我国国际货代企业要针对上述发展现状制定出市场竞争战略机制，以获得更多的市场竞争优势，此外，企业还要明确自身的优势与劣势，使未来发展规划更加科学、合理。

（一）规模化经营趋势增强

我国国际货代企业历经了漫长的发展过程，在不断发展与演变过程中，逐渐形成了规模化的经营状态，在这种经营状态下，企业能够更加合理地对资源进行配置，实现企业的可持续发展。在经济全球化的大浪潮当中，全球资源的高效配置成为全球化的本质，在这种背景下在世界范围内进行产业结构调整与优化，最为常见的一种表现就是企业的合并、收购以及重组，这些情况很多企业都会面临也不可避免。

比如，对于航运业来说，企业间存在相互收购的现象，一些收购案例屡见不鲜。并且，近年来鉴于航运市场日渐活跃，企业的经营业绩也在不断攀升，主要动因是世界经济的稳定、持续发展以及航运业兼并收购规模的进一步扩大。

下面是一组货代企业在经济全球化背景下奋勇争先、勇于突破，不断探寻未来发展道路的案例，通过案例能够使人们更真切地了解到我国货代企业未来发展的大趋势。

中外货运总公司是中国国际货代业发展的先锋，具有发展最早、发展初期规模最大、未来发展潜力最高等优势，该企业在 1997 年曾与一家咨询公司合作，并在此期间制定了《企业未来发展战略》，在战略中对产业进行了重塑与定义：公司准备用 4 年时间完成产业升级与转型，对物流核心产业流程进行改造并构建出以市场为中心的服务信息系统，不断对财务运行体系加强管理，顺利实现企业转型。在各级行政部门的支持与鼓励下，公司制定出了全新的企业发展战略，对下属各级公司、分支机构进行统一经营与管理，最终，取得了非常好的效果。

规模化是货代企业在加入 WTO 以后对企业进行资源有效整合的必然要求。因为我国长期受计划经济制约，传统的单一经营体制依然存在，再加上管理不够严格，我国代理市场逐渐出现了“无处不代理”的情况，而随着货运市场的开放程度逐渐增强，大批货运代理企业加入到货代市场当中参与竞争，一些仅依靠传统经营模式发展的货代企业将逃脱不了被兼并、收购的结局。为此，很多企业会抓住发展时机，构建出完善的经营机制，强化管理手段，充分利用政策优势，推进规模化发展；将投资与经营效益作为联合的纽带，冲破地域、行业限制，将空运销售代理、海运订舱等代理方式作为业务重点，实现规模化、集约化的资源配置。在财务管理上，要充分利用集中融资、吸引外资等方式为企业发展提供源源不断的动力，为规模化经营奠定基础。不断对岗位竞聘机制、年薪制度、职工持股方式进行优化与创新，实现货运代理的横向兼并与联合式的发展，实现企业规模的壮大。

（二）物流化趋势逐渐增强

鉴于经济的持续稳定发展，物流服务模式开始变得多样化，并且企业在资源配置上有不同的优势，为此，物流服务模式也呈现出不同效果。

1. 以提高服务附加值为目标的基础物流服务

货物的运输、仓储、包装、分拨处理等都是最为基础的物流工作，但我国很多企业在处理这些工作上存在诸多不足，业务处理较为分散，不能进行有效的整合，可塑性非常低。我国大部分货代企业要认清发展形势，抓住发展时机，要认识到国外的物流公司在中国本土的投资机会较少、劳动力成本低这一优势，加强对基本流通服务、劳动附加值等基础物流服务的开发，使业务能够与国际接轨，促进物流业务开展的标准化与规范化，成功抢占国内市场。在这种背景下可以为客户提供更加便利的服务，使客户既能够以分包商的身份经营，又能够制定更全面的物流发展策略。

2. 以培育新客户为目标的个性化物流服务

客户对于物流产业发展来说有着重要意义，是使物流企业能够获取到更多利益的前提条件。客户对于运输以及物流有着个性化的需求，并且这种需求也呈现出多样性的特征，尤其是一些中小型客户，由于资金实力不足、经营规模有限，其需求会更加具有特殊性，但是未来的发展动力却非常足，这一部分人群成为了最具潜力的客户群体。为这些客户群体提供仓储、货运、商务等服务能够表现出物流服务的灵活性与多样性，能够支撑货运企业的稳定、可持续发展，使收入增加。

此外，国际运输设计的环节非常多，并且运输一批货物需要办理的手续较多，其中海运业务的开展对技术要求更高，无论是订舱、跳箱、报关还是保险都要按照既定流程进行，任何一个环节都不能出现差错。但是，在烟酒、食品方面的运输，则在报关、保险上面需要做多项检查，通关环节会浪费掉非常多的时间，进而影响到了货运正常出运以及到达的时间。鉴于这种状况，货代企业就必须制定出一套合理、优化的业务流程方案，落实针对性强的服务，凭借某一点优势与货主建立起永久合作的关系，不断为货主提供更为全面、周到的服务。能够使企业的主动性增强，减少出现货主提出需求，企业照做的被动模式，使企业能够在激烈的市场竞争中获得优势。

3. 产业发展逐渐向第三方物流服务靠拢，逐步实现系统物流化

曾有专家指出，中国的物流产业发展虽然总能创造出惊喜，但是第三方物流发展确实有些缓慢。按照相关统计显示，很多跨国公司物流产业发展离不开第三方物流企业的发展与演变，并且世界上发展较好、发展规模持续扩张的企业背后都有一个强大的物流公司提供服务支持。比如，国内的戴尔公司、宝洁公司等都与特定的物流公司保持着长期的合作关系，这说明第三方物流公司无论是在服务上还是在业务开展的效率上都满足企业需求。第三方物流公司能够为所服务企业提供更加广泛的服务与业务，甚至能够设计、运作一个企业的分销或者物流系统。由此，第三方物流被称为“承包物流”、“第三方供应链管理”。第三方物流公司与一般的运输公司或者供应链公司的区别在于：第三方物流将基本信息与知识作为最大的附加值，而不是简单地依靠廉价服务。第三方物流服务的供应方的任务能够不断满足服务用户的物流需要。提供物流的目的则贯穿于原材料到产成品的整个供应链服务。综观国内外的物流产业发展，要想使服务得到企业的满

意，第三方物流需具备以下几点能力：

第一，具有强大的核心能力与规模化的经营效益。在供应链当中，至少要有一个环节具有竞争优势，这是第三方物流公司得以存活的关键。

第二，具备先进的信息技术。要想建立起具有世界标准的供应链物流企业就必须依靠信息技术，还要具备使用供应链管理软件的能力，通过运行这些软件，使公司在市场中具有更强的竞争优势。

第三，具备广泛的服务性。服务性功能是物流企业非常重视的一项功能，也是物流企业的一个最主要特征。很多客户为了能够使合作物流供应商数量减少，就会增加广泛物流服务的机会。很多传统运输仓储公司都会与客户建立起密切的关系，进而使客户的成本得到转移。

第四，全球化的地域覆盖。伴随着全球化趋势的增强，供应链也随之增多，大大推动了第三方物流的发展。对于第三方物流来说，不断扩张其业务是非常重要的，也是自身得到发展的基础。这是因为，国内外的客户能够得到源源不断的开发，并且这些客户会不断开发国外销售市场与采购渠道。在我国成功加入WTO以后，上述这种趋势变得更强。

第五，灵活多变的业务导向与企业文化。对于很多第三方物流公司来说，其最重要的优势就是具有企业文化。在企业文化的引领下能够使企业发展迈上一个新的台阶，而企业文化的制定则需要依靠员工，为此，企业不断引进专业素质高、综合业务能力强的人才是非常关键的。

第六，不断对互联网系统进行开发。除了做好供应链成员在各个环节的联系以外，更要实现其有效的沟通，互联网在其中起到的作用是非常大的，其强大的信息传递功能与共享功能正逐渐显现出来。很多跨国物流系统都是建立在互联网基础上的，并由此作为物流信息传递的主要平台。

第三方物流是现代化物流发展的重点，其发展对于货运代理业企业的优化升级有着重要意义，能够推动货运代理企业实现竞争力的提升，并培育出更多的利益增长点。按照第三方物流服务的人才、设备、网络需求，需要结合我国货运代理业的发展现状与物流发展动态，进而明确我国货运代理业在物流体系中的重要地位。物流产业在我国已经不是一个最新的产业，并且国内外的客户需求也不同，要能够结合本国发展实际状况与国情制定物流发展战略，这样才能更适应市场需求。此外，鉴于我国货运代理企业在发展层次上有非常多的差异，并逐渐由低层次的粗放型经营状态向开放型的经营状态转变，但是系统的组织能力依然非常低，再加上缺乏网络化的支持，导致管理出现了瓶颈。为此，我国货运代理企业在发展过程中要从全球的战略上考虑，不断加强资源的融合与高效配置。此外，还要能够对物流需求有大致了解，寻找到业务突破口，使企业能够更好地融入全球化的物流产业链中，加大对不同层次物流服务的开发，使企业能够在物流产业中获取到更大的收益。

我国的国际货代企业开展的第三方物流案例已经屡见不鲜，其中，中国外轮代理公司是我国发展较早的货代企业之一。该公司能够充分结合自身发展实际状况，将高额附加值的产品作为物流服务的重点，并充分结合高科技技术，实现了物流信息获取的及时性。在总结发展经验以后，制定了“稳扎、稳打、稳发展”的项目发展战略。将资源有效开采、优化使用作为服务客户的前提条件，制定出整体性的发展方案。

但是，需要注意的是，要想使上述工作顺利实施，还要能够充分结合国内外发展的实际情况，明确市场的最终定位，充分将资源优势、人员优势、管理优势结合到一起，设计出综合化物流服务产品，实现生产竞争能力的增强。

上述内容是货代企业在未来发展的一个大趋势，在经济全球化的大背景下，货代企业未来发展形式将更加多样、更加全面，上文提到的只是我国国际货代企业未来发展趋势当中的主要方面，规模化经营趋势与物流化趋势两者间能够相互结合、相互促进，规模化经营是基础、物流化是最终归宿。对于实力较弱的货代企业，在资金、人员、企业文化等方面的限制发展上会非常慢，会将全部的精力放在一项核心业务上，在未来的货代市场当中，只有服务更为专业的大型公司或者是某一项业务较强的货代公司才能够在市场竞争中存活下来。

第二节　中国国际货代业的发展策略及前景

一、货代企业面临的一般外部环境

战略管理对于企业发展来说有着重要意义，能够达到企业与所处环境间的协调。货代企业发展环境包含了内部环境与外部环境，两种环境都会影响货代企业的发展与进步。内部环境通常是指与企业发展较为密切的各个要素，比如，员工、管理制度、企业文化、发展战略等内容。企业的内部环境是处于不断变化当中的，下面将针对企业不同的发展环境下，对发展产生的影响进行分析。

外部环境分为任务环境与一般性的外部环境，主要包含的内容有：法律、政治、经济、文化、制度、科技、国防等。任务环境则是指与业务开展较为紧密的要素，这些要素能够与组织产生非常强的关联性，并能最终影响到企业的正常经营与生产活动。比如，销售业绩、顾客数量、供应商、行业竞争形势、劳动力市场变化等。

（一）法律、政治环境

从中国货代业的发展历程上看，法律、政治环境会对货代企业业务开展产生非常大的影响。早在 1987 年以前，国内的货代公司非常少，仅有两家，这两家就是中国对外贸易运输公司与中国远洋运输总公司。1998 年 2 月，我国正式出台了货代业发展的相关规定，明确规定："所有船舶的代理业务、其他形式的货运代理业务都必须实施多家联合经营的形式，经营权由货代公司自己选择，政府以及其他部门不能随意干涉或限制。"在随后的货代企业发展过程中，都明确了国家出台的各项规定，并且在国家的支持下先后成立了多家货代公司，截至 1992 年，全国已经成立了 1500 多家货代企业，到 2002 年 7 月，我国国际货运代理企业已经突破到了 2500 多家，在随后的几年中，更有超过 3800 家货代公司经过了国家的资格审批，成为了民营企业。到 2005 年底，我国正式将货代企业审批制度取消，取而代之的是备案制度，这些制度的出台，实现了我国国际货代业在发展上的大繁荣。此外，国家在这一年还对其他一些制度进行了全新的修订，比如，无船承运人制度、检验制度、通关制度等，这些制度的修订对我国国际货代业发展起到了推动作用。

（二）经济环境

经济环境对我国国际货代业发展影响深远，不同的经济发展环境会对货运代理企业产生不同的影响，这种影响是不可避免的，是企业不得不面临的发展环境。伴随着我国对外开放程度的进一步加深，尤其是我国在"入世"以后，逐渐成为了世界贸易中心、世界运输中心以及产品加工制造中心。在这种环境下，企业将有更多的机会参与物流市场竞争，物流市场的潜力将非常大，货代企业为了使发展空间进一步扩大，正不断寻求发展途径，对企业发展模式进行创新。

据相关统计显示，我国在 20 世纪初期，港口的外贸运输量已经突破了 5 亿吨，到了 2005 年，外贸吞吐量已经达到了 10 亿吨，同比增长了一倍左右；在所有外贸种类当中，集装箱吞吐量增长最快，已经从 2334 万个集装箱增长到了 5353 个集装箱，呈现出了翻倍式的增长；同年，我国国内生产总值也实现了突破，位居世界前十位。按照我国的"十一五"规划纲要，截止到2020 年，我国国内生产总值将比2000年的生产总值增长两倍。中国外贸进出口总额也增长了两倍，可以达到3万亿美元。在这种发展速度下，我国的货代业以及物流市场规模也将进一步扩大，我国凭借着成本优势、巨大的市场潜力以及廉价劳动力优势成为了世界最大的产品加工基地，并逐渐成为了世界物流集散中心。可见，我国货代物流的市场潜力是巨大的，货代企业在这种环境下将会有更多的发展机会与发展空间。

（三）国际环境

当前，鉴于国际形势的不断变化，货代企业要认识到自己在复杂形势中的位置，对国际趋势有一个更加深入的了解，同时也要不断探寻国际形势变化为企业带来的机遇。通常来说，国际形势的变化不仅会对本国政治产生较大的影响，同时也会对本国的经济、社会产生较大的影响。尤其是我国加入到世界贸易组织以后，货代服务市场进一步开放，并且对国际货代业也造成了较大的冲击，预计在今后的几年当中，随着国际市场竞争模式的转变，国际货代企业也将面临巨大的冲击。

（四）科技带来的影响

任何一个国家的发展都离不开科技的支持，科技变革不仅会对人们的生产产生影响，也会给某些行业的发展带来机遇。在科技的不断进步下，能够改变过去单一货代业发展格局，国际货代市场会重新定位，重新制定新的竞争规则，可见，科技带来的改变是非常多的。例如，随着信息技术的飞速发展，锦程国际货代企业就认识到了计算机在未来的发展潜力，借助网络技术开展各项业务，顺利将传统的国际货代企业转变为了电子商务型的国际货运企业。应用网络技术完成对企业内部信息的改造以后，又使用合作、联盟方式继续进行扩张，从而不断在市场中吸收资金，积累经验，在不断合作与改进之下，该货代企业规模迅速扩大，并在年度的国营国际货代评比中获得了好评，市场知名度进一步提高，为其他企业的发展提供了借鉴。

二、货代企业面临的任务环境

通过上面的论述可以了解到，企业发展过程中将会面临各种各样的环境，外部环境是企业无法改变的，是多种因素共同作用下产生的一类环境，其中的经济环境、科技环境、国际环境、法律政治环境等外部环境虽然不能直接对企业经营造成影响，但也会间接影响到企业发展。而下文中企业面临的任务环境则是指能够直接影响到企业经营的诸多要素，包含顾客、竞争者、供应商、劳动力市场等，这些要素结合到一起便组成了一个完整的任务环境。下面就对这些要素进行具体分析：

（一）顾客

顾客是企业接触最多的一类人群，顾客的满意度会直接影响到企业的最终收益与未来发展。顾客就是指从企业中购买产品或者服务的组织或者人员，相对企业来说，顾客更是一个概念的总称，这种概念会随着企业的发展而不断延伸为新的内涵。但是，货代企业最初将顾客定义为市场定位分析。货运代理人会以代理人的身份负责货物的装卸、储存、安排、运输等，在这些业务的深入开展下，货物代理人转变成业务佣金代理人。但是，20 世纪 90 年代，伴随着国际贸易的快速发展以及规模的不断扩张，我国的货物运输方式变得日渐多样化。

当前，我国的货运代理业已经能够在运输当中发挥重要作用了，所提供的业务涵盖了订舱、清关等基本业务，还能够开展整个运输阶段的所有工作，在不断发展中已经能够看到未来物流产业的雏形。

1. 物流产业潜力大

中国的货代市场潜力无穷，并且规模也在不断扩大当中，2005 年我国 GDP 排名第 6 位，并与大规模的外贸市场紧密结合到一起。同年，外贸进口总额达到了 534 亿美元，并首次超过了日本，成功迈进世界前三的行列。此外，我国在 2005 年的物流市场规模已经非常大，据相关统计显示，我国的物流总费用在 2005 年已经达到了 25621 亿元，同比增长了 16%。运输费用也是一笔非常大的消费，其中，水路运输费用为 2144 亿元，同比增长了 10.2%。

2. 市场的离散性较高

我国货代市场还有一个非常显著的特点就是离散性较高，而这种分散性强弱取决于产业集中度，如果产业集中度强则分散性强，如果分散性弱则产业的集中强度也会变弱。我国在 2010 年，经济总量已经超过日本，仅次于美国，位居世界第二位，但是世界 500 强的企业依然少之又少，仅有 15 家企业，在这几十家企业当中，具有发展潜力的物流企业更是屈指可数。而我国的一些传统工业企业早在 2005 年就已经进入世界 500 强，比如，中国一汽集团、宝钢集团等制造业强的企业，但是发展市场依然集中在国内，并没有将发展趋势延伸至世界其他国家和地区。当前，我国顺利进入世界 500 强的企业已经比 2005 年多出很多，大大推动了我国市场经济的繁荣，但是能够在世界市场竞争中占据优势的企业依然非常少，通过调查显示，我国 500 强企业的营业额收入仅为世界 500 强企业的 8.6%，排名第一的企业营业额仅为世界 500 强企业的 7.6%。由此可见，虽然我国在改革开放以后，企业数量不断增多，但是企业的经营规模与发展模式依然与世界其他各国存在差距，市场离散度较大，导致了货代企业存在地域性的发展缺陷。

3. 顾客的现代化物流观念较为落后

顾客的购买强度直接影响着企业的营业额数量，并且随着市场经济的不断变化，时代的不断进步，顾客现代化物流观念也在发生改变，逐渐呈现出自办物流趋势，对企业的依赖性有所减少。鉴于顾客对物流这一第三利润渠道认识不够，并且深受“大而全”、“小而全”观念的影响，很多企业逐渐失去了对顾客的掌控，面临选择困境，一方面，企业不想失去销售与采购的主导权；另一方面，又担心市场利润被其他企业赚取，失去市场竞争力，为此，企业会在内部自己筹办物流系统，而不是寻找新的物流服务公司。据相关统计显示，我国已经有很多企业花费非常多的时间去筹办物流系统，浪费了时间与人力；与此同时，企业内部的物流成本也在商品价格中占较大的比重，为 30%。由此可见，物流理论中描述的：“实施物流外包形式，能够为企业赚取更多的利润。”人们对这一理论依然没有充分的认识，实施这一手段的前提是要能够结合企业的实际发展情况以及市场趋势，而不是盲目照搬理论中的内容，一味地模仿，这样只会使企业浪费掉更多的时间与金钱。此外，据相关调查显示，我国当前的第三方物流业务仅占企业营业额的 15%~20%。所有这些问题都会影响到企业业务的顺利开展，对集群空间的扩张也存在较大的阻碍。

（二）竞争者

企业在发展当中不仅会面临激烈的市场竞争，更会面临同行业、同领域之间在相似产品或者服务上的竞争，参与这种竞争的企业就称为行业竞争者。同行业间的竞争往往存在一定特点，具体包括以下几点：

1. 来自班轮公司的最激烈竞争者

当前我国出现了大批外资班轮公司，这些公司在发展过程中纷纷在内部建立起了自己的货代公司，直接参与货运业务的开展，对货流量进行控制，同时也在货代市场竞争中占有一定优势。与国内企业的轮班公司相比，在货代机构的设立上，一些海外的班轮公司不断获得货代的经营权，并开始设立独立公司，直接享有揽货、报关等一些货代经营业务的专用发票资格，更在全国其他地区设置了多家分支机构。与此同时，这些班轮公司市场竞争手段非常多，不断压榨国内货代企业经营的空间。比如，经常以远低于市场价格向出口人报价，很多客户面对低价诱惑纷纷与其合作，进而成功抢夺了我国货代企业的原有客户群体，收益受损。借助海外市场竞争基础以及国际网络的便捷渠道，在信用凭证上标明了“指定货物”，将我国的货代业务架空；在与我国货代企业签署订舱协议过程中，经常无故增加限制性的条款，对我国海运货代业务的正常开展造成了影响。为此，我国在加入 WTO 以后，在保护期间就已经有非常多的外资班轮企业开始参与货代业竞争，极大地减少了对货运代理的依赖，而作为中间环节的传统货代企业将很可能面临出局的危险。

2. 货代业将面临现代物流业带来的强大挑战

早在 20 世纪末，我国货代业就已经得到了显著发展，面对频繁的市场重组与资源流动，给企业发展带来了巨大冲击，出现了机遇与挑战并存的局面，并逐渐成为了我国外贸运输体系的一支重要组成力量。但是，在全球一体化趋势下，全球的投资与制造资源逐渐开始向国内转移，增加了我国外贸进出口的比重，生产规模也在进一步扩大，分工开始明确，所有这些观念的改变都为物流理念的形成奠定了基础。但是，现代物流却会给货代业的形成与产生带来巨大的挑战，这种挑战表现在：能够将货物的供给方与消费主体有机地结合起来，进而为客户提供更为系统化、更为规范化的服务。业务涵盖的内容非常多，包括产品的加工、包装、装卸、仓储、运输、报关以及其他服务，这些环节能够逐步渗透到加工的各个环节当中，比如，物流、资金流、信息流等环节。现代化的物流发展形成的内涵与内涵的延伸都是货代业所不能比拟的。

（1）管理理念先进、经营模式强的外资货代企业对中国市场有着强大的渗透力。

一方面，很多外资货代企业将发展阵地转移到了中国市场，另一方面，原有的中外合资国际货代企业开始走向独立经营。我国在加入 WTO 以后，外资货代公司的经营变得更加自由、独立，尤其是在内地，运输服务、集装箱服务更加独立、自由，这直接影响到了我国货代公司的发展与业务开拓。外资企业开始不断觊觎我国的内地市场，其在我国投资策略是先合资，构建出“入市桥头堡”，再利用企业合作的机会逐渐了解我国的市场走向，一旦时机成熟，便会脱离合作商，开始走上独立经营的道路，逐渐占据我国货代市场。

（2）国内中小货代企业多，竞争处于无序状态。

综观我国当前的货代业市场，各种类型的企业不计其数，但是，综合评估这些企业的资源、网络、服务等真正具有发展潜力、具有竞争力的企业非常少，整体呈现出“小”，“少”、“弱”、“散”的特点。“小”指的是经营规模小、“少”是指市场份额较少、服务功能也少，并且高素质的人才非常少，“弱”是指竞争力弱、融资能力弱，“散”指的是货物资源不够稳定并且结构较为单一，缺少正常的经营规范性。市场中还经常面临非法货代现象，这些非法货代为了能够生存下来就不得不依附货主，这样一来，将使市场的竞争空间进一步缩小。

（三）供应商

供应商是指向其他企业提供生产原料、零部件、服务等的一类企业或者单位，对于货代企业来说，供应商要对其提供内陆运输、货物堆放、装卸、报告检查等服务。

鉴于产业一体化趋势的增强，远洋运输服务的供应商已经逐渐脱离货代业供应商的行列转变为综合性的运输服务供应商，在行业中的竞争实力非常强。同时，一些中小班轮公司以及其他类似的近洋运输者则对货代保持着长期的需求。

可以说，内陆公司行业竞争力非常强，并且市场中参与竞争的企业非常多，这种状态下将造成竞争的无序、规模的缩小。随着国家对超限控制与管理的增强，内陆运输业利润上升空间开始缩小，市场将面临又一轮的重组与洗牌。

同时，对于货代企业来说，在面对重大的行业改革过程中，也能够享受到规范性与快捷性的报关、报检服务，通关服务费用将进一步降低，同时，顾客对货代业的依赖程度也在降低，对于中小企业来说，融资难也是一个相当大的发展屏障。

（四）劳动力市场

我国在国际中的竞争优势之一就是强大的劳动力市场，对于货代业来说同样具有这种优势。一方面，我国各大高校每年都会向市场输入大量的劳动力，从而不断满足货代业对劳动力的需求，能够为货代发展提供源源不断的劳动力，与此同时，鉴于就业形势紧迫，毕业生的就业压力较大，劳动力报酬长期维持在一个较低的水平上，这对货代业来说同样是一个较大的优势；另一方面，鉴于货代市场的离散性较高，货代业务人员掌握的客户信息存在不对称性，一旦雇主不能满足雇员提出的要求，将使客户资源流失，逐渐形成了一种独特的、人员流动性强的局面，非常不利于货代业的正常发展。

三、中国国际货代企业面临的竞争环境

我国在加入 WTO 以后，货运代理与物流业发展需要遵循以下原则：

首先，我国的公路货运行业与其他服务行业允许外商在华从事公路货物运输工作，这一承诺要从“入世”以后即刻实施，在实施一年以后，外资控股可以顺利落实；在实施三年以后，可以允许外商独立开办企业，并且，外资企业在我国

享有与本国企业相同的待遇。

其次，在水路运输当中，国际海上运输业包含的内容有货运与客运，所有内地企业都必须无条件允许外商在华设立合营的船舶公司，但是外商所占比例不能超过35%，并同时享有与其他企业相同的待遇；允许外商在我国设立合营企业，这类合营企业需要承担船舶代理相关业务，并允许外商控股的合营企业从事一些装卸与集装箱服务。

最后，在我国正式加入WTO以后，不仅上述两个货物运输业要遵循外商来华发展的原则，仓储行业也要允许外商独资经营。鉴于上述承诺的严格履行，我国货运代理市场变得非常繁荣，外资与本地企业相互竞争的局面正式拉开，但是对于处在发展初期阶段的企业来说将是一场冲击。

（一）加入WTO后我国货运代理企业发展面临的机遇

加入WTO以后，我国的国际投资贸易额在不断增长，在2004年顺利迈进仅次于美国、日本的贸易强国行列，为货代业发展创造出了巨大的空间。首先，在2005年，国际贸易环境得到了显著改善，利用外需拉动经济增长已经成为必然趋势，并且势头非常强劲；其次，全球生产力的转移也加速了我国贸易增长，并且国际工厂的形态已经初步显现；再次，国内的经济出现了新一轮的增长，为货物的出口创造了条件；最后，随着“入世”以来市场发生的变化，以及“入世”效应的存在，货物的出口配额将逐步取消，实现了产业升级，增强了我国的外贸出口能力。通过上面的论述可以了解到，我国货运代理企业未来发展将会面临非常多的机遇。

加入WTO以后，加速了我国货运代理企业的变革与结构调整，并且，很多外资企业与国内企业将会更为广泛地参与到货代市场竞争中，但是，在面临不公平的竞争机制下，我国的货运代理企业要不断调整自己的产业结构、服务模式以及区域结构，所有这些都是货运代理企业必须要经历的。

加入WTO以后，国内的货代企业有更为便利的条件引进国外资金、技术以及人才甚至是管理经验。通过实践证明，我国对外开放的程度越高，行业发展就会越快，比如，我国的酒店业、食品业以及家电业等都是伴随着对外开放发展起来的产业。

加入WTO以后，推动了我国货代企业走向世界。国际货物代理企业有非常强的市场竞争力，并且发展空间较大，按照我国的《服务贸易总协定》当中的规定，真正实现了“各国待遇平等”。近年来，我国的批发零售产业、信息产业等都已经变得国际化、商业化，开始逐渐摆脱本国限制，主动参与世界竞争。我国在加入 WTO 以后，虽然很多外商开始与本国的企业抢夺市场资源，但是国外市场的机会依旧非常多，我国的货物代理行业在未来将形成极具竞争力的品牌，更好地融入服务贸易市场当中。

（二）加入 WTO 后我国货运代理企业发展面临的挑战

鉴于我国货运代理业市场准入机制的确立，我国在加入 WTO 以后，很多大型的跨国企业开始将发展方向锁定到我国，我国原有的货运代理市场被迅速占领，致使我国货运代理市场的竞争变得更加激烈。国外货代企业会在我国布设信息网络，并在此基础上大力开发技术、人才以及管理优势，更增强了其在我国货代服务市场中的主导位置。无论是在管理经验上，还是资本的规模上都比我国同行业的企业有优势。因此，市场当中这两类竞争者在一开始就不处于一个水平线上，在发展过程中距离将越来越大。

近年来，我国货物进出口量明显处于增长的趋势，但是，这种增长是建立在国外企业在中国加工贸易或者是三资企业的进出口贸易上。大部分的货物在出口前都已经被委托给了国外经济实力雄厚的货代企业，导致我国本土的货代企业失去了市场主导权。即使市场进一步扩大，但是我国货代企业在市场中所占的份额依旧非常少。

对国内货代企业人力资源造成的冲击与影响不容忽视。当前，面对日益激烈与复杂的市场竞争环境，企业人才与资源成为企业竞争的实质性内容，特别是国际货运代理企业中的人员流动性较大，要想提高市场竞争力就要提高对人才的依存度。国外有很多大型的企业为了壮大市场，就会想尽办法抢夺优秀的行业人才。

当前，国内很多外资企业开始纷纷在企业内部建立自己的货运代理公司，凭借货运代理公司直接参与市场竞争，这些在企业内部建立起来的货运代理公司与国内船货公司设立的货代机构相对立，海外很多船货公司开始具有货代经营权，具有独资公司设立的权利，并同时享有报关、揽货专用发票的使用权，具有在全国设立分支机构的权利。由此可见，外资船公司建立自己的货运代理公司对我国海运货代业务的冲击是非常大的。

通过分析上述我国加入 WTO 以后货运代理企业面临的机遇与挑战可以了解到，在加入 WTO 以后，鉴于服务行业的市场准入进一步扩大，必定要将我国的货代企业融入全球化的物流产业集群当中，实现物流产业的国际化、集群化、大型化，与此同时，我国将面临竞争日趋复杂的货运代理市场。尤其是在大量的船公司与航空公司纷纷拓展业务的过程中，将进一步控制货源。这类公司能够直接对大货主进行控制，致使国内的货物进一步流失。可以设想到，在未来，开展物流业务的船公司与航空公司将只增不减，甚至铁路、仓储、生产以及外贸企业也开始结合自身发展优势与便利的地理位置和交通参与物流竞争。由此可见，随着竞争主体的不断涌现，竞争将变得异常激烈，国内货代企业发展空间将变得萎缩，未来发展将受到威胁。

（三）电子信息建设有利于提高货运代理企业竞争力

当今时代已经是信息化时代，在竞争激烈的物流业务当中，电子信息化的管理优势逐渐显现出来，并成为当今最有效的竞争手段。本书以海程邦达国际货运代理公司的发展为例，对信息化建设的重要作用进行描述。

海程邦达国际货运代理公司成立于 20 世纪 90 年代，隶属于邦联集团，在当时是我国一家顶级的货运代理公司。公司开展的主要业务有海运业务、空运业务、报关报检业务、私人行李运送、运输展览、国内运输、快件运输等专业化的物流项目专区，企业每年的营业额能够达到 6 亿元人民币，内部员工数量也在不断增加，已突破 500 人。

1. 构建公司电子网络系统

海程邦达国际货运代理公司在 2005 年先后在青岛、济南、淄博、临沂、烟台、北京等地设立了 VPN 联网。通过使用 VPN 联网能够与全国各地的业务代理商取得联系，建立起沟通关系，并将数据库中心设立在了青岛，实现了业务的全面覆盖。这一新系统的运行使数据连续性与及时性基本实现，并会避免造成数据录入时发生重复，使业务成本进一步降低。

2. 建立物流信息平台

在 VPN 顺利联网以后，就能够将过去分散的信息全部集中起来，统一将其整合到青岛中心数据库中，而基础信息则由中心库的人员统一进行维护，这样便能够确保数据的准确性，还能将数据的冗余量大大降低，设置了权限控制以后，还要制定出一些业务准则作为约束，确保业务数据以及财务数据能够得到总部的有效控制。而报关、仓库、AMIS 系统、SHIPPING 系统能够顺利整合完整，并最终实现财务数据的统一核算，业务信息要能够一级一级地传递下去，使全公司的人员都能够及时获取到准确的信息。为此，海运进出口、空运进出口、报关报检、仓储物流等综合性的信息平台已经基本构建出来。该平台与电子数据交换平台、B/S 物流信息发布平台、邮件系统、仓库监控系统等一起构成了海程邦达先进的 IT 技术系统，确保了信息能够在企业内部高效地流动。

3. 构建电子数据交换平台

在外部客户数据交换过程中，该企业构建出了信息交互平台（Electronic Data Interchange，EDI），在这种平台下，能够将企业当中的横向流程与纵向流程全部整合起来，还能够将客户资源、合作商流程组合到一起，形成一个前端化的整体结构，使贸易双方能够以最便捷、最科学的方式开展贸易业务，提升了物流信息传递的速度，使合作双方能利用好各方面的资源。

此外，这种平台的构建能够不断满足用户诸多个性化的需求，比如，在空运进口的整个过程当中，完全可以在网络上查询运输的全部流程，并能够为客户提供更为详细的清单，包括货物信息清单、报告信息清单、账务清单等。

4. 构建传真中心

随着市场竞争的日趋激烈，客户需求变得日趋多样化，如果企业能够及时调整发展战略，制定出正确的反应机制，才能成功在市场中立足。要想实现上述目标就要做好管理工作，就要制定出科学的管理策略，管理控制也要及时到位，随着货物流动信息的大量涌现，信息在整个运输系统当中起到的作用开始逐渐显现出来。海程邦达每天接收的传真达到上千、上万件，用来维修传真设备的费用逐年增高，集中管理存在难度，已经不能充分满足客户的需求。

企业在使用了传真系统以后，取得了以下几方面的显著成效：

工作环节得以简化，成本得到了进一步节省，大大提高了工作人员的效率。应用电子文档直接传真的方式，节省了资金与时间。在接收传真过程中，省去了中间环节，能够将文件直接传输给收件人，使传递的时间大大缩短，真正做到了及时接收、及时处理。

使用数字传真卡片则更加方便，一般来说，一个 E1 接口能够同时接通 7 个左右的传真，并且传真通道能够共同使用一个专区号码，更加方便了用户对号码的记忆，可以随时与公司相关人员取得联系。此外，通过使用传真资源共享能够使传真通道顺利实现分配，并由此使系统利用率得到提高，确保信息传递过程中能够更加顺畅。区域内传真文件间相互转换与传递也能够使工作效率提高。

使用全方位的传真服务 TraFax Server 与 Email-to-Fax 网关能够使传真的收发变得更加及时、方便，无论是在办公室还是在家里都能够随时进行传真的收发。表 6-1 是运输业发展背景下货代企业 SWOT 分析，进而为企业发展战略的制定提供依据。

表 6-1　以运输业为背景的货代企业 SWOT 分析

内部资源	优势（Strength） （1）具有非常多可用的物资条件，有稳定的客户资源 （2）具有国情丰富的实践经验，员工知识丰富，并且容易将其转换为丰富的管理经验 （3）具备非常便利的交通优势，众多的网络与社会关系网	劣势（Weakness） （1）市场规模小，市场的占有率非常低，没有规模化的经营效益 （2）服务形式单一，增值业务能力较差，盈利能力有限 （3）物流基础设施较差，流通非常慢，不能充分满足企业多样化的需求 （4）管理体制秩序将制约企业规模化经营
外部环境	机遇（Opportunity） （1）经济增长为企业发展提供了基础，创造了条件 （2）WTO 为企业提供了更为广阔的经营市场 （3）很多大型化项目的建设，为企业发展创造了空间 （4）基础建设变得日趋完善	威胁（Threats） （1）在加入 WTO 以后，市场竞争变得日趋激烈，使盈利空间进一步降低 （2）受管理体制的制约，货物流通不够通畅 （3）受技术限制，交换成本增加 （4）信息技术的制约使信息传递变得更加缓慢 （5）人才成本的增加使经营风险进一步增大

四、中国国际货代企业战略选择

（一）传统的货代企业经济战略

运输代理、报关、报检工作都是非常传统的货代企业经营方式，但是随着货代业的发展，这些业务已经不是唯一的经营方式了。为委托人提供的类似上述业务虽然都是最基本的，但是企业必须能够不断扩展才能推出更加新颖的业务产品，进而将承运人的依赖性降低，由此确立起货物运输的主导地位。货代企业在整个运输环节起到了重要作用，能够以多种身份开展业务。

首先，要能够以设计者的身份为托运人设计出最为经济、最为快捷、最为安全的运输线路，使成本得到最大限度的控制。

其次，还可以咨询师的身份处理各种业务，鉴于传统的货代企业能够获取整个货运业务当中最大的一个链条，能够完全凭借自己的实力与经验开展进出口、仓储、包装、海关手续、港口操作、集装箱等业务，能够为客户提供全方位、多角度的解决方案，这样一来，货代企业的身份将发生改变，由原来的执行者变为了业务的顾问与专家。

再次，还以业务开拓者的身份，在结合了市场需求动态的基础上，不断对市场、运输航线进行深度发掘，进而为整个货代业运输提供参考，为其注入源源不断的生命力。

最后，以情报员的身份为客户提供信息增值服务，包含产品流通全过程信息、市场反馈信息、订货、返货信息、库存信息等。

（二）以运输业为依托的货代企业的经营战略

交通运输业是现代物流行业当中的一项重要组成，也是物流业的一个核心内容，是最为重要的组成内容，决定了物流发展的趋势与特点。运输时间、运输次数、运输的安全性与可靠性、网络技术、运输方式的衔接、信息获取的准确度等都是非常重要的影响因素，直接影响着物流服务水平与质量。但是，满足货物转移的最佳途径是几种方式的有效组合，而要想实现优质化的服务，就必须依靠信息技术、通信技术等科学手段，将这些科学技术结合到一起是实现优质化服务的重要保证。

有很多货代企业都将承运人作为业务开展的背景，但是服务却是最为薄弱的一环。企业要在市场竞争中取得优势就必须实施个性化的服务，不断满足用户的多样化业务需求。基于这种因素的影响，货代企业不能仅仅将服务的延伸性作为唯一的个性化服务战略。仅仅实现营销一体化式的服务模式，只为用户提供单一的承运服务、代理服务是远不能满足客户需求的。沿着纵深方向实现服务的专业化、精细化是非常重要的。要想在供求关系不断发生变化的市场当中获得优势，就要对承运人提出更高的要求，承运人要提高对市场的认识，适当降低代理人的身份，这样才能吸引到更多的用户需求。

美国的一家轮船公司曾做过一个调查，调查显示：托运人往往将是否能及时交货当成第一考虑要素，而代理全面负责则位列第二。调查足以说明，在货运市场当中，客户往往对稳定、可靠、全方位的服务有更高的需求。一旦承运人所设立的货代企业缺少舱位价格与运价的优势，将不能为客户提供个性化服务，相反，如果具有这些优势，将赢取更多的市场份额。

货运代理业属于服务行业当中的一种，为此，客户资源是企业最为重视的，同时，企业的服务质量也是客户对企业的一个选择指标，为此，企业可以采取以下手段提高服务质量：

（1）增加全过程的服务时间，要想使全过程的服务时间得以增加，就需要货代企业在选择航运公司时进行多方面考虑，合理对接货、提货做出安排，还要合理安排好联运与转运业务，涉及的内容主要有班期的频率、密度等。

（2）要提供更为多样化的货箱服务，要明确操作站中各种设施的工作情况、区域内交通的便捷情况等，还要明确公司业务是否有一定的智能化，是否存在使用 EDI 报关业务的情况。

（3）做好文件的制作与审核。货代企业在开展各项业务过程中需要制作的单据有通关单据、后期的报关单据、退税单据等。为了确保提单能够具有时效性与准确性，要对后期的报关单、退税单时间长短做出综合考虑。所有这些工作都影响着企业利润的赚取，如果不能做好这些单据的制作还会引发非常多的经营风险。文件的制作不仅是为了满足业务需求，更是确保企业能够稳定发展的关键，在文件制作过程中还能够体现出公司员工的业务素质以及责任心，直接影响着客户对货物服务企业的选择，也影响其对企业信誉度的判断。

(4) 客户服务。客户服务是一项综合性的服务工作，并贯穿于整个企业业务开展的始终，优秀的客户服务会直接影响客户对企业的选择。其服务包含的内容非常多，包括舱位的预定、货物运输当中的看管等，而业务人员是否能够对突发事件做出正确的判断、实施有效的处理方法也是需要考虑的内容，付款条件是否优惠、是否能及时查找货物动态、电话询问是否能够热情和到位也是需要考虑的内容。可以说，企业间的竞争本质上就是客户服务的竞争，企业如果具有系统化、全方位的服务就会吸引到更多的客户。

(5) 做好后期服务。后期服务包含的内容较多，主要包括定期回访，为客户提供最新的价格或者是航行通告，这种服务同时也是客户服务当中的一项重点内容，是培养忠实客户群体的重要方式。

(三) 中小货代企业的经营战略

首先，比起诸多中外合资的货运代理企业，国内民营企业无论是在发展潜力上还是在服务水平上都存在一些特征：大部分的民营企业都存在资金不足、经营规模有限、人才不足、网络建设不健全、融资能力差等缺陷，而且大部分的资源在分配上也不够均匀，客户群体不够稳定。针对上述问题，中国货代企业要不断更新自己的观念，不断加强企业间的战略联盟，不断推出特色化的经营模式，只有这样才能使货代市场进一步开放。此外，外资企业的并购也是有效解决国内货代企业广泛存在的“小”、“散”、“弱”等弊端的方法。在未来货代企业的发展中，规模化与规范化已经是一个趋势，但是对于中小企业来说却是一个挑战。随着市场竞争的加剧，伴随着竞争式的发展，必然会出现“皮包”式的货代公司面临市场淘汰的局面，而市场当中存在自由、分散的局面也会使企业面临经营上的阻碍，被外资企业并购则是一种无奈的选择。外资企业以并购的方式重新设立其新的独资企业则能够使企业更为深入地了解市场行情，更好利用市场当中的可用资源，实现经营的最大化。无论是联合经营的方式还是交互的方式都是资本市场的并购手段，这些方式将会打乱货代市场秩序，使国内存在诸多不良的竞争格局。

其次，国内大部分的货代企业都能够在经营过程中加强对市场变化趋势的研究，能够更为深入地了解市场消费者的需求，这样才能推出更加符合市场需求的产品与业务，采取特色化的经营能够使企业成功找准定位。

最后，要提高对人才的重视度。外资企业要想成功在国内的市场立足，不仅要依靠技术、管理经验，还要有综合性人才的支持，无论是业务开展还是市场的开拓都需要大批的专业人才，这样一来，将使货代市场的竞争进一步加剧。国内货代企业是否能够成功招募到有能力的人才将成为企业可持续发展当中的决定性因素。是否能够成功将人才留住，使人才真正能够为企业所用更是关系到企业创新发展与管理体制的变革。如何才能使货代企业顺利实现股份改造，使持股方案得到优化，更关系到货代企业人才的驻留。

（四）发展现代化物流是中国货代企业最佳的选择

对于我国货代企业来说，对物流体系做好角色定位是非常关键的，也是增强企业核心竞争力的关键，能够成功将企业最具特色的业务展现出来，将不利于企业发展的内容剔除。成功做好人才的培养，获取更多的市场份额是最关键的，中国国际货代企业在此过程中要不断对市场进行充分的发掘，不断为市场当中的消费者提供更加多样化的服务，增强自身的现代化物流管理经验，不断对物流业务进行变革与创新，这是成功化解市场复杂化与多样化需求的关键。

货运代理是功能性物流服务的一种。能够为货主提供更为便利的服务，还能够按照货主的委托需求开展各项业务，比如订舱、报关、存储、包装、分拨、转运等。我国大部分的货运代理企业都能为货主提供类似的业务，但是普遍存在的问题是技术水平低、边际利润非常少，行业贸易壁垒等同于没有，很难在市场当中生存。

但是，物流被形象地称为第三利润资源，有很多的生产商与销售企业开始关注货物流通的各个方面，比如，货物流通的经济性、多样性等。国际化的货物运输是国际物流发展的核心内容与关键，并且在现代化的国家物流业务发展的大环境下，具有诸多经营上的优势。这些优势不仅体现在运输、包装、配送上，还体现在满足客户多样化需求上，一个系统性强、专业化水平高的国际物流体系要能够成功贯穿于各个物流业务领域，实现交易双方信息流的全面覆盖。

大部分的物流企业中，都设置了非常多的部门，比如，货物代理部门、船代理部门、海运代理部门、陆运代理部门、空运代理部门以及多部门联合的职能部门等，为国际上不同的客户提供综合化的服务，满足不同客户群体对物流服务的需求。如果进一步对这些传统服务部门进行细分，并做业务上的拓展，货运代理业还能够被开发出更多优质的服务领域与利润增长空间。在现代化的物流管理理念下，货运代理企业业务可以分为以下几个具体方面：

（1）咨询：物流方案的咨询、仓库设计咨询、物流设计咨询等。

（2）装卸：包含了货架到货架的装卸全部过程，还包含了从货物运输的起源地到装卸搬运地的全部过程。

（3）运输：多部门联合的运输方法，实现了门到门的运输模式，还有在不同运输方式下的单一运输方法。

（4）包装：储存包装、运输包装以及再包装等都是常见的包装方法。

（5）配送：配送的方法也非常多，常见的有货物及时配送、信息配送等。

（6）报关报检：通关检验、商业检验、卫生检验、法医检验以及动植物的免疫检验等。

（7）信息：信息管理、信息联网查询。

（8）增值服务：信息流通加工、附加值服务。

（9）培训：培训的方法也较多，包括高级管理人员的培训、基层业务人员培训等。

由此可见，现代化物流功能多样，并且都是综合性强、一体化程度高的物流形式。使实物流动拓展、运输包装、仓储、配送、通关、保险、销售链条式服务基本实现，能够充分满足客户群体的需求。这一理念还能够将企业的生产、货物流通、消费等不同业务环节组合到一起，顺利实现生产计划、原材料加工的有效开展，充分满足用户对产品的各项需求，这种信息化技术与网络技术的使用能够将所有生产环节联结到一起。运输是物流业务得以顺利开展的前提，也是物流体系当中的重要一环，为运输结构、货物流动效率创造出了更广阔的空间，使单一的运输管理模式得到转变，物流管理水平得以增强。此外，随着计算机技术的使用，网络市场已经基本形成，致使物流与运输间的关系变得日渐紧密，综合化的物流服务已经成为一种趋势。

（五）对我国国际货代行业未来发展的建议

国际货运代理业在我国已经有非常悠久的发展历史，并且在国民经济中扮演着重要角色，发挥着重要作用。通过调查显示，我国外贸货物 70%的流通都可以通过国际货运代理来实现。在我国，国际货运代理行业已经不再是一个新兴行业，而是一个具有一定发展规模的老牌行业。

随着我国国际贸易增长速度不断加快，货物运输变得日渐宽松，并且随着政策的出台，物流市场将进一步扩大，为来自世界各地的物流企业带来巨大的冲击与挑战。这就促使国内的货代企业必须要能够扬长避短，不断调整自己的经营发展战略。

不同业务性质下的货代企业，其政策也存在差异。大部分的传统货代企业经济实力通常较为雄厚，并且市场网络构建得较为齐全，专业性更强，但是，在经营规模上较为单一，必须要充分对差异化的产品进行考虑，进而为客户提供更加专业化的服务，实现多样化的经营模式；而对于以承运人为背景的货代企业，则要在销售运价上充分发挥自己的优势，并始终坚持“量体裁衣”的特色化经营服务理念，始终将客户满意度作为经营的中心思想，充分对市场与客户进行细分；对于资金不足、经营规模较小、网络化建设不完善、融资出现困难、货源少的货运代理企业，可以采取结盟、特色化经营等方式寻求发展。

无论是哪种经营形式的货运代理企业，都要勇于探寻，勇于冲破传统观念的限制，逐渐将发展方向向物流领域靠拢。现代化的物流在未来将创造出更大的效益，如创造空间效益与时间效益，并在此基础上成为供应链活动的重要平台。原料供应厂家、仓库、后勤人员、客户等都是物流体系当中不可或缺的主体，运输节点则是连接这些主体的重要纽带，物流在整个系统中扮演着流动载体的角色。但是，在整个过程当中，运输需要借助空间位移，只有将产品价值最大化才能真正满足客户需要，为此，物流活动是货代企业未来发展的最终归宿。

五、中国国际货代企业的发展前景

（一）中国货代业市场将进一步对内开放

随着市场经济的进一步发展，中国国际货代业入行的门槛逐渐增高，但是政府并没有对国际货代开放持肯定态度，对自然人直接设立国际货代企业没有下发允许的文件。在我国加入 WTO 以后，各行各业对内开放力度与广度不断增加。而且中国进出口的经营权也在逐步放开，对于注册资金在 100 万元以下的企业无论是否构建了经济体制，都给予一定的开放、进出口资格，政府在此过程中实施核准制度。基于以上内容，我们能够预测：在未来，政府对国际货代将持对内开放的态度。截至 2016 年，我国相关部门仍在对市场进行调研，将决定是否允许自然人直接持有国际货代企业的股份。如果国内的所有自然人都被允许持有国际货代企业的股份，货代市场将进一步被引爆。

（二）行业间将发生裂变与整合并存的局面

随着全球一体化趋势的增强以及 WTO 承诺开放时间的来临，货代与物流业将逐步实施新的行业准则，并将严格按照市场的准入规则进行行业整合与裂变。在此基础上能够判断出整合与裂变的方向分为两种：

一是推行包装上市。当前，我国的中外运与中远在不断发展中，形成了庞大的物流体系，企业内部有物流板块的上市公司。还有一些规模较大的物流公司，比如，国内的中铁系统、中邮系统等都在积极开展物流资源的整合，在不久的将来也能以物流作为核心业务上市。二是网络化经营已经成为不可逆转的发展前景。中国货代企业与大部分的物流公司一样在网络化技术方面较为薄弱，缺少这方面的资金投入，导致在国内没有一家货代企业在海外驻扎成功，构建出自己的代理网络，只有一小部分公司仅在小范围内建立起代理网络，并依靠结盟将网络化经营范围扩大。传统下的“大而全、小而全”的经营模式已经不能适应当前货代市场的发展，尤其是中小型的企业，必须要在找准了市场定位的基础上发展特色业务，走专业化、服务化的经营路线，使某一个领域的核心竞争力得到增强。通过以上内容我们能够做出判断：在整合与裂变以后，货代业与物流行业内将出现新一批的专业化、网络化、特色化的货代公司。

（三）外资公司、国有企业、民营企业三足鼎立格局产生

通过对市场的观察可以了解到，国外很多知名的大公司都已经成功进入国内市场，比如 DHL、FedEx、Shenkers、Eagle、Bax、Nippon、中铁等企业。以上所有企业都是以中外合资形式成功进入中国市场的，并且这些企业之间相互配合较为密切，即使全面推行独资，但很多企业间依然保持着合作关系；有一些企业会随着国家政策的逐步开放，对发展战略进行适当的调整，进而成为独资公司。在当前的货代市场上，中外合资企业、中外控股企业以及外商独资企业相互融合的局面已经形成。其中，国有货代企业是中国市场当中的主流企业，发挥着支撑市场的作用。而中外运、中邮、中海等大型国有企业也牢牢抓住了市场开放的机遇，成功转型为现代化的物流企业，并组合成了具有国际竞争力的货代企业团队。而民营企业则是所有企业当中最具发展活力的。我国曾在十六届三中全会中鼓励了非公有制经济的发展，并成功推出了国际货代自然人开放政策。由此可以判断，在未来，我国将出现更多的物流企业与民营货代企业，这些企业能够做到产权一致、体制构建完备，并具有旺盛的生命力。由此可见，外资公司、国有企业与民营企业在市场当中形成了三足鼎立的局面。

（四）货代物流市场的发展潜力大

我国独有的经济形态决定了我国货代业与物流市场的投资形式。2014 年，面对国内外复杂的竞争格局，党中央、国务院带领全国各族人民牢牢把握发展大局，始终坚持走稳中求进的路线，全面推行市场化改革，创新宏观调控形式，不断激发市场活力，培养新的经济增长点。在党和国家的带领下，我国 2014 年全年 GDP 突破 60 万亿元，同比增长了 7.4%。第一产业增加值为 563261 亿元，增长了 4.1%；第二产业增加值为 271392 亿元，增长了 7.%；第三产业增加值为 306739 亿元，增长了 8.1%。我国进出口总值在 2014 年为 26.43 万亿元，同比增长了 2.3%。整体来看，我国外贸产业增长平稳。通过上面的数据分析可以发现，我国隐藏着一个巨大的外贸市场，其成本优势与劳动力优势决定了我国世界性大型加工厂的地位，这样一来，我国将成为世界性的物流集散中心与贸易中心，我国未来的物流市场潜力将是巨大的。另外，我国亟待解决并提高货运物流基础设施差这一问题。政府要充分发挥自身宏观调控的优势，对物流区域的规划做好指导，尤其要加强对我国珠江三角洲地区与长江三角洲地区的物流调控与规划。各地区政府部门也要提高对物流规划重视度，可以兴办物流产业园区，这足以显示货代与物流市场将成为中外联合投资的热点。

（五）以湖南地区为例分析我国国际货代业的发展前景

1. 湖南地区货代业发展的外部环境介绍

（1）湖南地区独特的资源优势。湖南地区的农业资源较为丰富。其中，农业作物以棉花、油料、淡水农产品为主，其产量居全国第二位，并且，湖南素有“有色金属之乡”与“金属矿之乡”等称号。全球已有的 150 多种矿产品中，在湖南就已经发现了 142 种，很多稀有矿产品储藏量都列全国第一位，综合科技实力列全国第五位，航天技术、杂交水稻、转基因工程技术都领先于国际水平。湖南的人力资源较为丰富，且劳动力素质较高，各个行业的人才总量为 365 万人，技术型的劳动力数量接近 200 万人，每年新增的高校毕业生数量也能够达到 10 万人以上。凭借各种资源优势，湖南地区成为了中国南部沿海地区与长江流域开放口岸的结合地带，在沿海地区产业开始逐渐向内陆转移的情况下，湖南地区占据着承东启西、贯通南北的战略地位。以上所有因素都为湖南的外贸业发展创造了有利条件。

（2）外贸发展状况良好。湖南地区商务经济规模在逐渐增大。据调查显示，该省进出口总值已经由2006 年的 60.1 亿美元增长到 2010 年的 146.6 亿美元，年平均增长率为 20.1%。而实际可利用的外贸额已经由 2005 年的 20.6 亿美元增长到了 2010 年的 51.9 亿美元，年增长幅度为 20.1%。在“十一五”期间，外资额累计达到了“十五”期间外资额的 2 倍。机电产品、科技技术产品的出口比重也在逐步增加，截至 2010 年，两部分产品所占外贸出口比重比 2005 年增长了4.5个百分点。到2010年，完成的合同营业额为4.36亿美元，同比增长了60.3%，其中，创智软件、山猫卡通以及一力物流等企业已经成功进入我国100强企业行列。

（3）有政府的指导方针作为坚实的后盾。“走出去”是国家对外开放政策当中的一项重要内容。对外经济合作能够彻底改变原来劳务合作的形式，并且将业务扩充到资金、技术与境外开发等领域；资金密集度高、技术含量高、技术研发成为了主导业务模式；而对外投资则是从投资方设立企业到企业独资、参股、并购等多种形式并存的发展模式，进而获取到更优越的资源战略型的对外投资，增强了对东盟投资的力度，湖南省的泰国工业园区也已经建立得非常完善，是工业发展中的一个重要标志。此外，湖南省还成功举办了“中国杂交水稻技术对外合作部长级论坛”，大大推动了农业的发展与农业培训，促使湖南省真正落实了“走出去”战略。华菱集团、中联重科等企业开始在国际上开展并购，产生了非常大的反响。比如，中联重科成功并购了CIFA，顺利为该企业搭建了跨国事业的框架，为企业的国际化发展创造了条件。

（4）基础设施建设不断完善。湖南地区在近几年构建出了现代化的综合交通体系，并在“十一五”期间加大了基础产业的投资力度。交通建设是基础建设内容，湖南地区优先对其进行建设与规划，逐渐增加了铁路、港口、机场、公路的建设力度，形成了内外联通的交通网络格局，真正构建出了对内循环，对外开放的交通体系。长株潭建设了全省最大的开放性立体交通网络，成为了全国综合性的交通枢纽，交通网络路线为：衡阳、邵阳、怀化；岳阳则建设成为区域性的航运枢纽；常德、益阳建设成为水陆交通枢纽；娄底、石门建设成为铁路交通枢纽；永州建设成为地区性的铁路、公路交通枢纽；还有一个地区性的公路交通枢纽是吉首。所有这些区域性的交通枢纽能够相互协调、相互衔接，成为一个完整的对外交通体系。加强公路、铁路、港口、机场等交通网络建设，极大地推动了该地区国际物流业的发展，为货运代理企业业务开展创造了条件，使货物的运输变得更加顺畅，打破了传统形式的代理人界限，实现了企业第三方物流的发展。此外，该地区还构建出了良好的通关环境，海关进口货物税收的优惠政策使企业的成本得以最大限度地降低；积极鼓励企业创新，进而大大提升产品的核心竞争力，促进该地区的产业转型。相关领导人表示，长沙海关将会在未来的工作中积极争取与其他城市的合作关系，并与上海、重庆、武汉等地签署了货物进出口的中转协议，这一举措标志着长江流域的进出口转关货物运输模式已经正式启动，转运路线为：重庆—宜昌—岳阳—上海。

2. 前景展望

货代企业的产生与发展是时代发展的必然结果，虽然在发展中面临着诸多的困难，但同时也存在发展契机。为此，国内的货代企业要始终保持旺盛的发展动力，保持高度的自信，认清发展现状，因地制宜地制定特色化发展战略，而这一过程必然少不了政府的扶持。

（1）政府法令的支持。政府部门对湖南地区的货代业发展给予了非常大的关注，并为其创造出较为宽松的发展环境。货代企业代理报检资格认证的取得较难，企业必须要培养出 8 个报检员才能取得代理资格，还不能与实际的规章相违背；在省内的物流与货代税收制度上也要适当地调整与改进。总之，在政府的扶持下，湖南省的货代业在未来的发展将更加顺畅，货代企业无论是在制度还是在管理上都将不断完善。

（2）通关环境得到改善。一般情况下，外贸货物的进出口运输，检验合格以后才能通关，每一单运输的货物都要进行检查与收费，行业人员都要严格遵守这一制度。如果通关站的工作人员提供的服务能够更加人性化、服务更为周到、多为客户考虑则能收获更多的信任。此外，还要不断对信息化系统进行完善，构建出信息化的通关口岸，确保信息验证、查询能够更加及时、准确，在适当增强口岸的整体竞争力的同时，加强管理与监督，将制约的门槛降低，这样才能确保货代物流行业发展更加稳定、持久。

（3）企业要坚持货物代理专业化的道路。湖南地区的货代企业以中小型的企业为主，这些企业在供应链上占据着重要的地位，对经济也存在较高的依存度。虽然中小企业规模小、适应性低、风险的抵抗能力弱，但却能够与客户保持密切的联系，掌握最新的市场信息，并能及时依据市场信息做出发展战略的调整，适应市场需求。对于货代市场来说，大、中、小货代企业都能够相互竞争、相互借鉴发展经验。虽然大型货代企业在规模与资金上占有较大的优势，但是中小企业在调整发展战略上更加灵活，在提供特色化的服务上有更多的资源，长期下来，也能够在激烈的市场竞争中立足。而受资金与人才的制约，要想实现网络化与规模化的经营将面临诸多的阻碍，并不是最佳的出路。专业化的经营是培养企业核心竞争力的重要基础，对中小型企业来说，只有立足于专业化经营才能将企业发展动力凝聚到一起，提高整个企业的抗压与抗干扰能力，使企业收获到更多“凝聚利润”。

货代企业的发展是历史的必然选择，虽然湖南地区的货代企业发展面临着诸多阻碍，但是凭借着地区优势与政策、资源优势等，有一部分企业仍克服了诸多困难，已经能够在国际货代企业竞争中立足，在该地区外贸业的进一步扩张发展下，货代行业得到了壮大。通过上述对湖南地区对外贸易发展的概述，也可以映射出我国货代企业未来的发展前景，在国家的支持与全球物流行业的快速发展下，我国货代企业未来发展前景将非常光明。

第三节　外贸相关产业链的主要内容

一、产业链的内涵

产业链是产业经济学当中的一个重要概念，是各个产业部门之间经济性与技术性的关联。产业链包含的内容有价值链、企业链、供应需求链、空间链四个维度概念。在这四个维度相互作用、相互权衡之下最终形成了产业链，在产业链的内在运行模式当中“机制对接”效应较为显著，并且以一种客观存在的形式影响着事物发展规律，就如同一只“无形的手”影响并掌控着产业链的产生与发展。

产业链的本质是对企业当中某种内在联系的描述，是一种相对于宏观的概念，其属性为产业结构属性与产品价值属性。在产业链中存在着非常多的上下游价值关系，这些关系之间能够开展价值互换，通常来说，上游环节要为下游环节提供产品与服务，而下游环节则要为上游环节提供信息与意见的反馈。两者在相互作用下完成价值供应。

（一）产业链的形成

随着社会经济的稳定持续发展，企业的迂回生产程度日渐加深，在生产过程中被划分出了彼此关联的环节。分工与交易存在一定的复杂性，并影响着经济的流通，联结哪种分工与交易活动成为关键性问题。企业组织结构处于不断变化当中，并且在不同时期，发展呈现出了不同的特征，发展的递增性逐渐增强。为此，企业找到一种既能够节省交易费用，还能够促进企业分工的业务方式显得非常重要，相比较生产当中潜力的递增性，寻找一种新的企业组织结构则更加有价值。企业不能更好地应对日渐复杂的分工与交易，就要依靠相互的关联作用，找到最优的组织结构动力与实践，推动产业链的产生。

如图 6-2 所示，产业链的产生是社会分工下的必然选择，在交易活动的不断开展下，交易机制会发挥自身作用，推动产业链组织不断加深。在图 6-2 当中，C1、C2、C3 表示社会分工程度，在这些标准中，其相关关系为：C3>C2>C1，表示社会分工程度在不断加深；而 A1、A2、A3 则表示市场交易程度，其关系式为：A3>A2>A1，表示市场交易程度在逐渐加深；B1、B2、B3 表示的是产业链发展程度，其关系式为：B3>B2>B1，表示产业链开始出现延伸，并且关系变得日趋复杂化。社会分工程度、产业链发展程度、市场交易程度三个要素间存在相互联系、相互作用的关系，三个坐标相交的原点为 O，表示产业链的初始状态，没有社会分工、没有市场交易，也没有出现产业链。

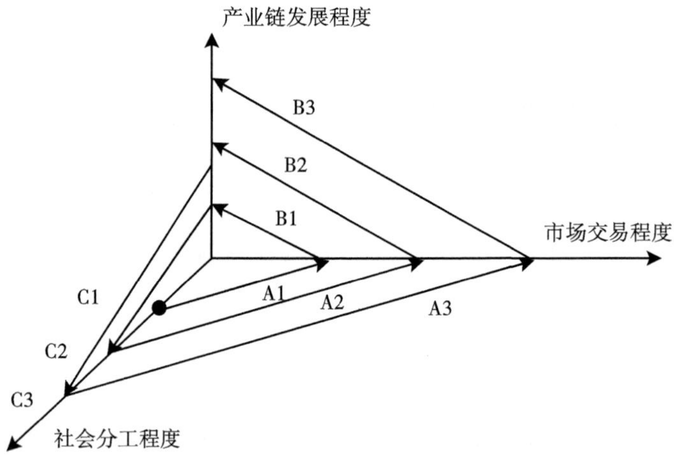

图 6-2　产业链与企业活动之间的关系

从 C1 开始逐渐出现产业链趋势，却不是从原点坐标开始，这就表示社会分工才是市场交易的初始点，在产业链的初始点位置，社会分工 C1 能引导交易程度 A1 的产生，在 A1 的作用下，要借助 B1 产业链完成对 B1 产业链的对接，进而促进社会分工能够进一步发展，由此，社会分工就从原来的 C1 发展到了 C2 状态。对应地，在 C2 作用下，市场交易程度不断加深，从 A1 发展到 A2，推动产业链从 B1 发展到 B2。遵循同样的规律，B2 推动 C2 发展到 C3，C3 推动 A2 发展到 A3，A3 又推动产业链从 B2 发展到 B3，以此往复，促进了产业链的逐步产生与完善。

产业链的出现是产业价值实现的最重要途径，也是根本措施。不管是哪种产品，只要通过消费就能实现产品价值，不然，中间产品就不会出现。与此同时，产业链也能够体现出产业价值的分割状态。伴随着产业链的不断发展与完善，产业价值最终将由不同的部门分割出不同的节点，其本质能够体现出“1+1>2”的价值增值效应。这种增值效应主要来源于产业链的乘数效应，就是指产业链当中的某一个节点效益在出现变化时将导致产业链中其他的关联产业也随之发生变化。产业链创造价值有一定的内在要求：生产效率大于或等于企业内部生产效益的总和；与此同时，交易成本小于或等于企业内部交易成本的总和。企业间的这种价值关系也能够创造出一定价值。价值链所创造出的价值往往取决于这种关系链当中企业间的投资。不同企业间的关系甚至能够影响到企业投资效益，进而影响到价值的创造。通过对企业做出鼓励，能够长时间地维持有意义的投资，关系得以维护就能够创造出更大的价值。

（二）产业链的分布特点

1. 完整性

产业链是相关产业活动的集合，构成单元有相关关系经济活动的集合，具体是指不同的产业部门或者是产业环节；而产业环节则是指企业当中所有从事经济活动的群体。从事相近业务或者是经济活动能够为企业创造出更多的价值，使企业获得更大的效益。为此，企业会不断寻找自己在开展经济活动中的优势。在“循优推移”的过程中，企业为获取到更多的经济效益，会聚集到适合自身发展与成长的区域内，来自不同地区的企业为了共同的经济目标聚集到一起就出现了“企业扎堆”现象；而且，企业中的各个产业部门为了获得最优的分工效益，鉴于不同的经济特点与不同的需求在空间区域上日渐分散。这样一来，产业链系统中的企业部门在“循优推移”空间效应的推动下，产业链中的各个环节会布局并分配到经济区域的特定地点。如果经济区域划分得范围较大，比如经济发展区或者是流域经济区，产业链则更能够表现出完整性；相反，如果经济区域划分得较小，比如，县域、城区产业集中发展区，其地域范围不会将产业链中的各个环节包括在内，而对于特色化的经济区域，产业链更能表现出连续性。

2. 层次性

产业链能够对产品进行层层累加，使之成为一个连续的整体，连环的累加过程是不断对上一环节追加劳动力、资金投入、技术投入进而获取附加值的过程，如果链环呈现出下移趋势，资金与技术的密集程度将愈加明显；链环如果呈现出上行趋势，资源的加工、劳动密集性程度将越高。为此，我国一些欠发达地区与发达地区的区域划分往往依据劳动地域分工角色来判断。一般来说，欠发达地区从事资源开发、劳动型的经济活动技术要求较低，附加值会随之降低；而发达地区经济活动则主要以产品深加工、精加工为主，技术含量要求较高，附加值相对较高。为此，区域类型与产业链层次间存在相互作用的内在关系，欠发达区域处于产业链的上游位置，而产业链的下游则布局发达区域。

3. 指向性

该特征具体表现在以下几个方面：首先是资源禀赋的指向性，产业环会不断加强对优区位的追求，在此过程中会加深对区域资源禀赋的依赖性，而空间的非集中性则会促使产业环的空间变得分散。其次是劳动地域分工的指向性，劳动地域分工会加速转变专业化的发展方向，产业链在对专业化分工效益不断追求下会使产业空间的分散性增强。最后是区域传统经济活动的指向性，这种指向性能够体现出区域经济特色。

（三）产品整合

1. 产品整合的本质

产品整合的本质就是对贸易分离状态进行集中、调整、优化、组合，使之成为一体化的产业结构。产业链在整合过程中能够对产业链内部的供应关系进行同步协调。产业链的整合分析可以从以下几个方面进行研究，分别是产业视角、微观视角以及宏观视角三个方面。产业链整合是关系到产业链优化的主要因素，其中的某一个主导企业通过调整、完善与优化使企业关系变得更加和谐、一致，进而使整个产业链的运作更加有效率，使企业竞争实现优化。

2. 产品整合的模式

产业链可以按照企业在当中所处的不同位置，分为横向整合产业链、纵向整合产业链以及混合整合产业链三种形式，每一种产业链都具有自身的特点与优势。横向整合是指通过产业链上的相关要素使企业之间的关系变得更加密切集中，有利于市场势力的扩张，从而增加对市场价值的控制力度，使企业获取到更多的垄断利润。纵向整合是指产业链中的企业借助上下游企业的约束力，使企业获得一体化的合约，还能够通过产量的价格对纵向的产业利润最大化进行控制。混合整合又被称为斜向整合，在这种整合下能够对企业做出一体化组合或约束，包含了横向整合与纵向整合，能够将两者相互结合到一起进行优化。可以对涉及的股权转让、股权并购进行整合，能够对战略联盟进行拆分。股权并购作为产业链整合中的重要一环，是指主导企业通过股权并购或者控股对产业链上的关键企业进行控制，从而构建出通畅、稳定、完整的产业链整合模式。而拆分是指将原来产业链环节中的某一个环节或者是多个环节从企业当中剔除，使企业分工转换为市场分工，进而提高企业的竞争力与专业化水平。战略联盟产业链是指主导企业产业链上的各关键企业结成同盟关系，进而使整个产业链与企业核心竞争力得到提高。

二、国际贸易与产业链的构建

（一）贸易结构与产业结构

传统意义的国际贸易理论表示，在开展国际交易活动当中，一个国家比其他国家的交换比例高，并且高于交换比例就会产生贸易。而实际上，这一理论只适合于追求利润最大化的企业与厂商间的贸易往来。对于一些欠发达国家或地区，进出口商品在结构上缺少韧性，不能按照固定的贸易条件对进出口商品的构成进行规划与调整。为此，一个国家的贸易结构不仅是由贸易条件的优劣决定的，更是取决于该国的产业结构。如果一个国家的产业结构能够优化、高效，就完全可以凭借自身的优势创造出更多的竞争优势，能够有更多的机会参与国际贸易竞争。

（二）对外贸易对产业结构变动产生的影响

1. 对外贸易结构能够影响到产业结构的开放部门

鉴于不同产业要素之间存在的依赖性不同，对外贸易结构会对产业要素供给弹性造成一定影响，致使国内禀赋产业得到更持久的发展。同样的道理，鉴于各国产业间贸易依赖性的差异，对外贸易的结构会发生改变，使产品需求弹性出现改变，使受国内市场容量影响的产业出现规模化的经济效应。

2. 对外贸易结构将影响到产业结构投入与产出的关系

对外贸易的结构能够与国内贸易流程相互结合，进而影响到国内的供求关系。国内的需求结构与产业结构会存在功能与作用上的差距，但是却能够得到对外贸易结构的补充，这是因为对外贸易能够借助产业需求影响到产业结构的供求关系。按照这种影响规律，如果产业结构开放性越高，与其他产业结构相互关联的程度越高。这种关系下也能够使国内产业间的投入产出关系出现变化。

3. 进出口贸易对产业结构升级起到了推动作用

进出口贸易结构与产业结构间存在着密切联系。进出口贸易能够对地区经济发展起到促进作用，其业务的开展不仅局限于国际收支平衡上，还能够充分发挥进出口贸易对地区经济发展与技术进步的推动作用，实现区域产业结构的优化。

（三）产业结构变化会影响进出口贸易结构

1. 对外贸易结构的确立是由产业结构状况决定的

一方面，一个国家的产业结构能够借助对外贸易结构赚取到更多的利益，另一方面，产业结构又能够通过对外贸易结构反射出竞争能力。

2. 借助产业结构升级能够提高我国的外贸增长率

产业结构升级带来的影响不仅体现在贸易结构变化上，还体现在提升国际市场竞争力上。由此，一个国家或者地区必须要转变产业结构的发展方向，由传统的单一结构转变为技术含量高、附加值大的产业结构，并且要拥有创新能力、自主研发能力，这样才能使国际竞争力增强，使竞争优势增加。日、韩等国之所以能够在国际贸易中占有重要地位，就是因为这些国家能够不断对产业结构进行调整，在产业升级过程中，实现了经济的可持续发展，其国际分工也越来越明确，增强了自身的竞争优势。

（四）中国加工贸易模式与产业链

1. 中国加工贸易产业链面临的主要问题

（1）加工贸易国内配套能力不足，缺少发展后劲。据相关资料显示，1996~2005 年，中国加工贸易链上所占资金已经从 30.23%下降到了 17.3%，下降的幅度进一步增大，内资企业生产力则主要集中在制造业的中低端，零部件与原材料大都依靠进口，且国内各项配套设施配备不够完善，生产企业以外资居多。

（2）加工贸易长期处在产业链的底端，并且盈利空间有限。中国大部分的加工贸易主要集中在劳动密集型行业，这一模式能够长时间存在，但是盈利却不能体现出可持续性。即使是在国际上有成本优势的行业也只能供给过剩行业。通常都是将“低成本”、“低价格”、“低档次”作为维持竞争的主要手段。

（3）加工贸易的增值率较低，利润大都外流。据相关调查统计显示，在对原料进行加工过程中，中方企业所获得的出口总额当中，有 6%左右为工料费收入。产品的增值部分大都被外包方占据了，比如，我国制造一个汽车玩具，国内加工贸易企业仅收获 32 美分的利润，而美国等境外公司则能获取 28 美元的利润。

2. 延伸中国加工贸易产业链，提高其增值率的有效手段

（1）制定出加工贸易的战略规划。要想使我国贸易产业链增强自身优势、提高增值率，首先要将“引进来、扎下根、本土化”作为不同时期发展需要始终坚持的目标与任务，进而推动产品、工序的转型与升级，并为技术进步创造条件。其次，还要将加工贸易转换为加工制造，不断由原来的单一发展模式转变为采购、加工制造、分销服务、售后服务、信息资讯的发展模式，而要想实现这种战

略发展就要加强对综合性人才的培养，提高机制建设。最后，在转型或升级未来加工贸易过程中，要与科学发展观的相关理论一致，不断朝着可持续发展方向转型，坚决抵制不良的投资、生产、服务。

（2）完善政策，提高外资加工贸易企业配套程度。要将加工贸易进口中间品从境外保税进口转变为加工区外保税进口。加强与各个国家的贸易往来与合作，借助各国的人才资源、产品资源实现产业升级与优化，增强企业的国际竞争力。还要不断对加工贸易管理方式进行创新，注重专业人才的培养，使其自身价值得到最大限度地发挥，为企业创造出更多的利益。

三、以制造业为例，对国际贸易与国际产业链的互动效应分析

（一）概念提出

按照《国际贸易标准分类》中的划分，制造业可以分为劳动密集型、资本密集型与技术密集型三种。自改革开放以来，我国一直处于劳动密集型的制造业结构体系当中，随着全球一体化趋势的增强，学术界对我国未来制造业结构的选择有了更进一步的研究。有专家认为，中国制造业在未来一段时期的发展要以技术密集型与资本密集型为主。还有专家表示，通过调整工业产业结构，工业结构在资源配置与生产上都能够与我国的工业禀赋相匹配，由此，加大对轻工业与劳动密集型产业的发展成为我国未来工业结构选择的重点方向。随着知识经济时代的到来，影响我国制造业结构选择的主要因素不仅有资源禀赋、技术、国内产业结构现状，还有现代化的科技支持。为此，中国未来一段时间在制造业选择上会以知识性劳动密集型产业为主。

知识性劳动密集型产业概念提出的基础是我国在国际产业链上的地位，当前，世界经济的走向依然被跨国公司所掌控，全球约有 30%的产出量、有 50%的贸易额、60%的技术转让都来源于跨国公司。截至 2003 年，跨国公司加工贸易进出口额占加工贸易进出口总额的 70%。跨国公司通过合资、独资的方式能够将自身的影响因素渗透到不同的国家和地区，由此可以看出，中国产业结构与外资引进之间存在密切的关联性。在这种发展格局下，中国要能够从“中国制造”转变为“中国创造”，而要想实现这一目标，就要选择可以顺接的跨国公司走产业转移的道路。通过顺接关系，企业借助低成本的劳动力优势，能够实现显著的发展。通过一些调查显示，当前，我国的制造业平均工人成本已经接近 1100 美元，只占到发达国家的 4%左右，亚洲“四小龙”各国也只占到 7%，同样占据人口优势的印度也只占到 9%。即使我国在未来一段时间，员工工资能够有所增长，但

是劳动力成本优势依然是明显的优势。中国要抓住这种比较优势才能有所突破与创新。

早在20世纪七八十年代，亚洲“四小龙”各国就是借助这种比较优势，实现了经济的快速增长，并在短时间内建立起了工业园区。与此同时，中国还要密切关注国际产业转移情况，不断对制造业结构做出及时调整。当前，国际产业转移逐渐发展成了产业链中各个环节与工序分解、重组、配置的过程。国际转移产业当中包含的内容较多，既有传统的劳动密集型产业环节，又有高新技术下的劳动密集型环节。面对新一轮的国际产业转移，中国不仅需要模仿过去亚洲“四小龙”的单纯发展劳动密集型产业的模式，更要发展低成本、能够顺接国际产业转移的产业。

到了20世纪90年代，印度软件产业就顺接了美国的高新技术产业劳动力密集型环节，并在此基础上使该国的软件开发市场需求进一步扩大，使印度成为了世界五大软件供应国之一。在全球的软件开发市场当中，光印度就占据了市场份额的17%。

例如，印度软件业是以高新技术为主的劳动密集型产业，对劳动力、技术有着较高的要求，劳动力只有经过专业化的培训才能胜任各岗位的工作。由此，印度软件产业实际上是知识性劳动密集型产业。知识性劳动力密集型产业是指在丰富劳动力资源的基础上，借助劳动力的低成本优势，通过强化人员的知识学习，使之在掌握到先进的技术、知识基础上开展各项生产的产业化过程。

（二）模型构建

中国劳动力资源较为充足，从各项统计中显示，我国在1990~2002年，全国的就业人口从原来的6亿人增长到了8亿人，并且大部分的劳动力资源都集中在地产业当中，只有25%集中在第三产业，这一期间的失业率为3.0%。而同时期的英、法、美、德等发达国家，第三产业的就业比重为70.2%、66.2%、71.5%、76.4%，失业率分别是4.3%、5.1%、5.6%、9.6%。中国当前的经济发展水平与发达国家仍存在较大的差距。但是，不管是第三产业的就业率还是城市化水平都低于发达的工业化国家，到21世纪，我国在改革开放下初现经济发展成果，已经能够达到工业化国家城市化的60%~85%的水平。随着城市化的进一步推进，极大地推动了我国市场经济的繁荣。按照罗斯托的理论描述，中国经济高速增长是顺利度过中国起飞阶段的重要条件，按照奥肯定理的描述，我国失业率每上升1%，经济增长就会下降2%。中国失业率长时期都没有回升的可能。为此，即使我国劳动力资源较为丰富，但是就业形势严峻，技术依然替代不了劳动力优势。

本书需要探究的问题不仅集中在资本、技术替代劳动力上，还需要明确要素的投入是劳动力与资本；在资本要素始终不变的情况下，用 Y 代表产出，K 代表资本，L 代表劳动，由此，劳动密集型产业函数关系式可以表示为：

$$Y = F(K,\ L) \tag{6-1}$$

$$\frac{\partial Y}{\partial L^2} < 0 \quad \frac{\partial^2 Y}{\partial L^2} < 0 \tag{6-2}$$

劳动投入的增长，必然会导致产出有所增长，速率可以用 n 表示。

随着经济的增长，会存在一些企业有能力进行追加投资，但是因为资本不能替代劳动力，所有追加的投资会全部集中在劳动力生产要素当中，不断对劳动力进行教育、培训，使劳动力的能力提高，进而提高人力资本水平的累积，提高生产效率。在这种情况下，劳动密集型产业就逐步转变为知识密集型产业，如式（6–3）所示：

$$Ye = F(\bar{K},\ L,\ E) \tag{6-3}$$

在式（6–3）中，E 表示劳动效率，代表着一个国家随着经济的发展，劳动力生产技术的改进完善效果与经济发展的健康状况，随着劳动效率的提高，产出会不断增长，增长率的公式如式（6–4）所示：

$$\frac{dYe}{Ye} = 0 + \frac{dL}{L} + \frac{dE}{E}$$

$$\frac{\Delta Ye}{Ye} = 0\frac{\Delta L}{L} + \frac{\Delta E}{E} \tag{6-4}$$

假设$\frac{\Delta L}{L} = n$，$\frac{\Delta E}{E} = g$

在资本永恒不变的条件下，只要是受过专业教育或是训练的劳动力都能够产生 $n + g$，g 表示技术进步效率，也能够表示人均产出增长率。

有专家认为，在发达的市场化经济下，经济增长依靠的是劳动力、资本增长率与技术的创新，这三种要素对经济发展的贡献率非常相似，但依然存在一些差异。在技术创新始终不变的情况下，劳动、资本对产出的贡献率分别是3/4、1/4，产出的方程式为：

$$\frac{\Delta Y}{Y} = \frac{3\Delta L}{4L} + \frac{\Delta E}{4E} \tag{6-5}$$

伴随着教育、科研开发程度的不断加深，技术在不断进步，这样一来，劳动力、资本对产出的增长率会有所减少，分别减少至 1/2，另 1/2 是在技术进步下产生的，具体方程式如式（6–6）所示：

$$\frac{\Delta Y}{Y}=\frac{1}{2}(\frac{\Delta K}{K}+\frac{\Delta L}{L})+\frac{1}{2}\frac{\Delta E}{E} \tag{6–6}$$

在上述公式当中，式（6–6）能够反映两方面的变化，首先，劳动力要素价格开始呈现出增长的趋势。因为式（6–5）代表着某一阶段劳动要素的密集程度，这种劳动力要素当中的供求关系将最终影响到价格；其次，资本的边际效率呈现出了递减的趋势。为了更好地适应上述两方面内容，使产品得到进一步增长，就要尽量将报酬递增的目标提升，进而实现技术进步，并带动总产出增长，实现人均增长的目标。

普通的劳动密集型产业一般不需要进行人力资源的累积，这时的技术进步率可以表示为：$g=0$，因此，不会造成人均产出的增长。知识性的劳动密集型产业不需要技术、资本替代的情况下能够实现技术的进步，而如果通过人力资源的积累则能够替代物质资本积累，实现劳动增长型的技术进步，这种产出与就业的关系将促使整个技术进行的过程发生改变，但同时也使产出水平、经济增长效率大大提升；另外，还能够为就业创造充足的条件。

（三）经验分析

知识性劳动密集型产业可以当成是一种依靠劳动力要素投入，借助劳动力成本低的优势，进行的人力资本的累积，进而迅速提高劳动力效率，实现产业增长。劳动力投入的增加、技术的进步都是劳动密集型产业内的变量因素。技术进步是指企业经营行为的变化，不需要政府部门的介入和干预。由此，这种背景下的技术进步是指内生技术的进步。

内生技术进步涉及的内容较多，有知识特性、人力资本的累积、创新等模型，也可以作为知识性劳动密集型产业存在的验证。

有专家曾认为，企业借助投资能够增加成本的存量，这种行为同时也提高了知识水平。而知识这一非竞争特性，代表着即使增加了一些使用者，边际成本也不会有大幅度的增加。知识还具有一定的外部效应。企业如果将投资增加了，前提就必须提高知识水平，这时，企业不仅能够实现收入的递增，还能够通过知识的延伸带动企业全员提高知识水平，进而使原有的劳动密集型产业的知识价值提升，不断发展成为知识性密集型产业。表 6–2 能够充分反映出企业逐渐注重知识与科学技术的过程，还能够间接地反映出企业有增加科学技术投入的能力，真正实现了使用知识推动经济发展的目标。

表 6-2　大中型企业科技经费筹集额中小企业资金所占比重

单位：%

年份	2005	2006	2007	2008	2009	2010	2011	2012
比重	72.3	75.1	81.2	82.4	85.2	86.4	90.1	92.4

（四）结论

人力资源概念从提出到发展，促使人们对劳动力在提高产品附加值、提升市场竞争力上的重要作用有了更为全面的认识。知识性劳动比起一般性劳动在提高产品附加值上有着显著的效果。

随着全球化进程的进一步推进，从国际产业转移与就业形势上看，中国能够顺应时代发展趋势及时对产业结构做出调整，在这种背景下成功进入中国外资市场的行业有农业当中的生物能源领域，农产品加工、制作领域，还有制造业当中的石油化工、冶金、机械加工、组装领域；服务业中的金融、电信、旅游、零售业领域。以上所有产业当中大部分都是劳动密集型产业，对劳动力的需求较高，因为知识性要求较高，由此属于知识性劳动密集型产业。鉴于知识性劳动力的教育程度、业务能力要求高，为此，能够在生产过程中最大限度地提高产品的附加值，使产业增长的路径偏于集约型，改变了过去以粗放型为主的投资生产模式，其最终结果就是推动了总产出的增长，实现了个人收入的增加。内生技术下分为四个主要模型，分别是知识特征、资本投入增加、创新与干中学，通过一系列的调查数据显示，中国已经具备了大力发展知识性劳动密集型产业的能力。

中国商品出口的结构发生了极大的改变，适当地对制造业进行调整与转换，能够为知识性劳动密集型产业发展创造条件，使中国能够更加积极地参与国际分工，提升我国在国际产业链中的重要地位。中国的出口贸易能够持续稳定发展，并在世界贸易发展中占有重要地位，致使贸易摩擦不断增加，民间贸易壁垒逐渐加剧，从另一个侧面反映出了提高产品附加值、提高产品研发设计水平、增强企业品牌力量是非常重要的。

四、新时期“一带一路”国际贸易产业链的思考

2013 年，我国国家领导人就访问了周边多个国家，如哈萨克斯坦、印度尼西亚等国，与这些国家针对未来贸易发展进行了探讨，并在访问中提出了“丝绸之路经济带”与“21 世纪海上丝绸之路”的外贸战略构想，随着这一战略构想的出台，得到了国际社会的广泛认同和高度反响。“一带一路”如果能够顺利实

施将成为贯穿欧亚大陆、连接太平洋与印度洋的重要贸易通道，成功打通我国自西向南的开放通道，构建出统筹陆海、贯穿东西的全方位开放格局，是实现欧亚地区双向联动发展的重要纽带。当前，“一带一路”已经成为我国的一大贸易战略，新亚欧大陆桥在该战略的引领下成为了“一带一路”的核算战略通道，线路周围分布着综合性的交通区位与节点城市，为这些城市带来了历史性的发展机遇。下面将具体探讨在“一带一路”贸易发展战略的引领下，国际贸易产业链的发展机遇。

（一）“一带一路”战略构想的主要内容

“一带一路”战略构想是古丝绸之路的延续与升级，借助古丝绸之路的相关理论，并在此基础上构建出新的经济发展区域，将全世界的经济圈连接到了一起，东边邻近亚太经济圈，西边紧邻欧洲经济圈，其整个线路囊括了 30 多个国家与地区，涉及 100 多个城市，城市人口超过 30 亿人，为此，被形象地称为“世界最长、发展潜力最大的经济贸易走廊”。在“一带一路”战略的引领下，将使世界经济朝着更加系统化的方向发展，世界经济将联系得更为紧密，最终改变世界经济版图。

（二）大陆桥对“一带一路”战略产生的现实意义

新的亚欧大陆桥贯穿了世界多个国家与地区，东起我国连云港，西至荷兰鹿特丹，南北两条线路途经阿克斗亚、切利诺格勒、彼罗巴甫洛夫斯克纳，并途经莫斯科、布列斯特、华沙、柏林、阿雷西、伊列次克、布良斯克、布列斯特、布达佩斯等重要的贸易口岸城市，对环太平洋经济圈的繁荣与协调起到了积极的促进作用，更使世界经济联系得更为紧密，将城市的距离拉近了，对亚太地区与欧洲的经贸合作产生了重要意义。

以亚欧大陆桥为基础，不断加强对铁路、公路交通的完善，以成功将经济带沿线陆上运输要塞打通，最大限度地降低世界各国贸易往来的往返运输费用，使各项交通成本得到最大限度的降低，这是亚欧国家贸易运输最为经济、方便的路径，成功将西欧、东亚连接起来，并贯通了中亚、东欧，辐射范围囊括了东南亚、南亚、南欧等地，构建出了区域性的联动网络。

（三）大陆桥将成为沟通“一带一路”沿线的主动脉

大陆桥通道增强了亚欧经贸格局竞争力。通过分析“一带一路”的经济区域贸易通道，大陆桥运输过程中逐渐显现出了诸多优势：首先，大陆桥能够使亚欧间的货运距离缩短，相比西伯利亚大陆桥在货运距离上缩短了 2000 公里，如果从日本出发，途经韩国再到欧洲，通过新亚欧大陆桥运输货物水路全程只需要1.2 万公里，而绕印度洋与苏伊士运河水路则要额外增加 1 万公里。由此可见，大陆桥通道能够最大限度地缩短东亚至欧洲的贸易运输距离，降低运输费用。其次，还能够使东亚、东南亚、中亚间的货运距离缩短，同样是日本、韩国到中亚其他五国，两个运输路线相比存在较大差异，即使在海上距离相近，但在陆上距离上却依然相差很多。最后，因为在运输距离上能够最大限度地缩短，由此在运输时间与运输费用上也有所减少，这样将更加有利于海运互通与竞争。另外，大陆桥的东端桥头堡有着较为优越的自然条件，并且位置居中，气候也非常温和，无论处于哪种季节，都能够不间断地支持运输，但是东方港与海参崴每年都会有较长的冰冻期，不利于货物运输的可持续进行。但是，当前的大陆桥中段部分路段较为狭长，这样便增加了换装成本与运输时间，再加上周围国家关税壁垒的复杂化，需要综合考虑“一带一路”沿线国家的经济发展状况与合作态势、与我国的经济往来情况、国际货品过境情况等。有专家分析，未来大陆桥通道将能够辐射更为广阔的区域，主要包括四个层面：一是中国与中亚五国的经贸合作；二是我国与北亚的部分经贸合作；三是我国与西亚地区、中欧地区、南欧地区的经贸合作；四是东亚、东南亚与中亚在部分过境贸易上的合作与往来。由此可见，这 18 个国家组成了大陆桥国际贸易的辐射区域。

（四）东西双向贸易为大陆桥沿线区域带来了新的发展机遇

1. 东、西区域经贸互补结构

从资源的分布与利用上看（见图 6–3），“一带一路”大陆桥所辐射的区域已经包含了全球最大的战略资源供应基地，使区域内的资源互补性大大增强了；从比较优势上看，沿途有一些具有不同禀赋优势的发展中国家，这些国家的发展潜力大，并在能源、科技、交通、化工等方面有较大的发展空间。

经过不断的分析与研究，“一带一路”的大陆桥辐射区域内的资源主要以矿产资源、矿物制品、粮食、皮毛初级原料资源为主，机械设备、电子电器、交通运输工具与生活耐用品成为主要消费品；比起内陆大部分区域，经济发展较快的东亚、东南亚则将电子电器、机械设备、交通工具等工业成品、金属原材料、塑料化工初级品作为主要消费品。从不同区域的贸易互补性上可以分析出，大陆桥沿线产生的国际贸易承载机会将非常多，其中有大约 36 类贸易货种，涉及 12 大贸易领域，其贸易价值是不可估量的。具体如表 6–3 所示。

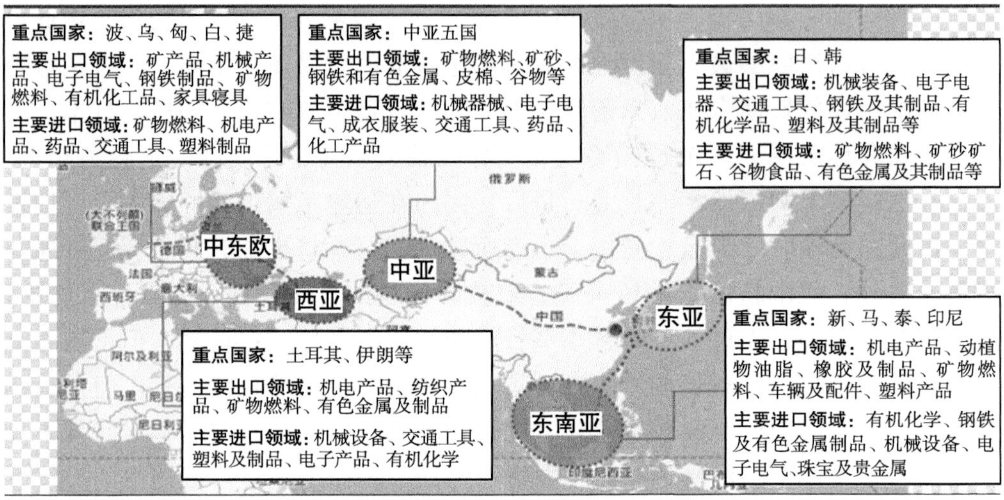

图 6-3 “一带一路”大陆辐射区域内资源的分布

表 6-3 大陆桥辐射贸易区域内资源种类及流向

商品大类	商品细分及流向
粮食与食品、饮品	生肉及其制品（东向）、鱼及制品（西向）、饮品及酒类（东向）、谷物类（双向）、可可咖啡（西向）
矿物产品	有色金属矿物（东向为主）、有机矿物（双向）、硫磺及石料（东向）
化工产品	有机化工产品（东向为主）、药品（西方）、日用化工品（洗涤用品、香料及化妆品，西向）、有机化学品（双向）
布料、毛料、纺织服装以及衣着物	棉花（东向、东南亚是主要需求国）、生皮及皮革制品（东向）、地毯等毛纺织品（东向）、成衣鞋帽（西向）、针织品（西向）、棉线及布料织品（西向）
木制品、纸制品	木材及制品（西向和南向）、纸及印刷品（西向为主）
矿物燃料	油气及制品（以西方为主）
钢铁以及有色金属制品	钢铁制品、铜铝镍镉锌锡等（双向）
电机电器	电子产品、电机、电器产品以及零部件（西向为主）
运输工具	车辆以及车辆零部件（西向为主）
建材家具	家具及其制品（西向）、灯具（西向）
其他	橡胶制品（西向）、塑料及其制品（双向）

2. 东、西区域贸易现状结构与发展趋势

通过我国 2012 年的国际贸易数据显示，内陆大部分区域货物运输都是以向东部区域运输石油、化工、钢铁、有色金属以及电子产品为主；而向东部地区输入的货物主要以机动车、橡胶、精密仪器、动植物油脂为主。表 6-4、表 6-5 显示的是内陆国家主要的货物流具体输出量与输入量。

表 6-4　内陆国家货物流输出量对比表

单位：万吨

品种＼主要的出口地区	西亚	中东欧	中亚	总计	所占比例（%）
石油产品	17012713	442519	—	17455232	52.91
化学工业及其相关工业产品	2705566	612811	30277	3348654	10.15
钢铁、有色金属及其制品	117523	1260932	1468880	2847335	8.63
机电产品	—	1254582	2426	1257008	3.81
谷物	93049	880457	1917	975423	2.96
车辆、航空器、船舶及相关运输设备	12689	394932	84	407705	1.24
食品、饮料、烟酒	140087	228791	1461	370339	1.12
贵金属	18848	100332	136730	255910	0.78
木料及其制品	—	243475	—	243475	0.74
塑料及橡胶	—	195726	54	195780	0.59
光学、精密仪器及设备	—	170502	347	175396	0.53
玩具	—	170502	—	170502	0.52
纺织原料及纺织品	70702	—	12285	82987	0.25
矿产品	7143	54465	2	61610	0.19
纸及印刷品	—	40252	5406	45658	0.14
建材陶瓷玻璃	6926	29925	2	36853	0.11
毛皮及皮革制品	—	—	1350	1350	0
其他	1222625	3752892	84435	5059952	15.33
总计	21407871	9838145	1745656	32991672	100

表 6-5　内陆国家货物流输入量对比

单位：万吨

品种＼主要的进口地区	西亚	中东欧	中亚	总计	所占比例（%）
机电产品	2244728	8545027	514832	11304587	17.40
交通运输设备	898072	2457024	1837323	5192423	7.99
光学、精密仪器及设备	268966	3384178	1467	3654611	5.63
塑料及橡胶	1266310	1580636	199807	304600	4.69
动植物油脂	1235048	750755	47811	2033614	3.13
钢铁、有色金属及其制品	510151	84171	57792	652114	1.00
化学工业及其相关产品	178976	360884	8836	548696	0.84
纺织原料及纺织制品	307399	2440	53168	363007	0.56

续表

品种＼主要的进口地区	西亚	中东欧	中亚	总计	所占比例（%）
石油产品	175256	20820	2421	198497	0.31
家具灯具	—	89977	17	89994	—
矿产品	—	—	—	—	0.12
纸及纸板纸浆	68760	—	2220	70980	0.11
食品饮料烟草	14708	15264	20882	50854	0.08
木及木制品	44763	—	—	44763	0.07
鞋靴制品	—	30533	—	30533	58.02
其他	18824347	16710489	2071582	37694666	100
总计	26037488	34112755	4818158	64968401	

通过对东、西区域经济发展情况与消费水平的对比可以看出，内陆大部分国家未来消费主要倾向于耐用消费品、基建设备、机电类产品、电子消费类，同时，对这些产品的需求也在不断增加，进而促使资源加工类、农产品消费品的需求不断增加，表 6–6 显示了不同区域经济发展状况与人均 GDP 情况。

表 6–6 "一带一路"大陆桥辐射区域经济发展状况对比

区域	人均 GDP（美元）	发展状况	判断
中西亚	2400	经济发展处于工业化初中期阶段，消费水平已经从温饱型转变为进取型	初级原材料与农产品输出为主；日用品、家电产品输入为主
中东欧	4000	经济发展处于工业化后期阶段，消费水平为进取型	重工业产品与材料输出为主；耐用消费品与科技产品引入为主
东亚	3000	经济发展处于工业化后期阶段，生活方式为现代化，高档耐用消费品得到了普及	能源、原材料需求为主；技术密集型产业输出为主
东南亚	5000	经济发展处于工业化后期阶段，消费水平为进取型	重工业产品与材料输出为主；耐用消费品、科技产品引入为主

（五）各领域经贸互动催生的服务需求

通过对重点贸易货种以及货种需求的分析可以了解到，大陆桥沿线区域内包含了三大服务需求体系：

国际物流需求："一带一路"沿线国家间商品贸易运输的物流网络体系、物流设备与物流技术需求，通过这种需求能够使货物流动与交换变得更加高效，结合物流节点通关、仓储、货物联运设施服务的要求，选择最佳的运输路线，进而使费用与风险降低，能够使货物的运输变得更高效，满足需求国对货物的需求。

产品加工需求：在贸易活动开展过程中，为了最大限度地满足产品加工、组装的需求，会按照贸易国的产品诉求或者货物本身的特异性，将原材料与零件组合到一起，借助本国的技术优势对货物进行加工与处理，最后将其运输到需求国，大陆桥沿线贸易承载了多项业务，按照不同的业务需要划分，分为原料的深加工、精加工、技术合作、协作生产等。

外贸促进需求：外贸活动开展过程中会存在一定的市场化需求与服务需求，而高效、科学、便捷的服务体系成为了吸引客户的重要条件，“一站式”服务就是最好的体现，包括通关、集成化、完善外围配套设施等服务。比如，国际贸易中的货物采购、贸易金融、跨国结算、专业市场、商贸展销、贸易旅游、电子商务等诸多贸易种类。

（六）构建出“一带一路”国际贸易产业链

经过上述“一带一路”战略的实施，很多专家提出了“打造国际贸易产业链”的新构思，主要内容为：借助大陆桥节点城市枢纽的便利条件与货物运输优势，在诸多特色资源基础上建设起全新的产业链，实现对经贸促进平台的搭建，使合作共享机制得以创新与完善。始终将“一带一路”作为中、西、东贸易的主流，成功打造出以国际物流服务、产业加工服务、商业促进服务为核心的国际贸易产业链。

按照对东、西部区域贸易产品的特点以及不同货种承载的可行性，大陆桥在沿线一些省市初步设计出了几个重点的公共平台项目，包含了金属材料精加工项目、智能电器设备组装项目、有色金属交易市场项目、国际多式联运中心项目、丝路经贸企业总部办公平台、国际贸易电子商务平台、进出口商品展示交易平台等项目。通过提升对这些项目的设计，能够使区域贸易间的联系更加密切，使贸易产业链得到长久的维持。

“一带一路”国际贸易产业链能够成功构建出受诸多因素的影响，其中有两方面的影响因素是关键：一是国际经贸合作机制与政策的不断创新与尝试，各项制度勇于突破与创新，比如，外汇结算、签证管理、企业登记备案、货物备案的管理制度等，这些因素的影响能够使跨国贸易沟通的障碍消除，还能够使政治领导层的人流、物流、资金流联系得更加紧密，实现这些因素的便利化；二是要建立起货物的吸引力，使“一带一路”的各方参与度变得更高涨，引导各要素之间实现协调发展。

第四节　外贸相关产业链的相关影响因素分析

一、基于加工贸易视角，产业链与价值链视角的国际比较

加工贸易是我国国际货代贸易当中的一项重要贸易形式，加工贸易的产生与发展是经济全球化下的产物。其理论研究包含了优势理论、产业内贸易理论、公司内贸易理论等，这些理论结合到一起形成了加工贸易理论的基础。从实践上看，国外经济体的历史经验为我国的加工贸易转型与升级提供了依据，其核心内容是，加工贸易要遵循由“进”到“出”的贸易规律，并且加工贸易的升级也要依靠市场的调节与政府的政策指导。

加工贸易产业链实际上是一种基于全球产业链、价值链开展的全球分工与交换过程。“二战”以后，伴随着多边贸易体系构建的逐步完善以及贸易自由化的演进，跨国公司在国际分工中的地位逐渐加深，并在全球迅速扩张，加速了对生产网络体系的构建与强化，传统意义上的独立分工与产出逐渐被跨国企业集群贸易所替代。尤其是在战后经济体出现变更以后，国际产业加速了转移，部门内、产业内、企业内都在对外包业务实施拓展，加工贸易成为了企业内分工的重要产物，逐渐成为了国际贸易的核心内容，大大推动了我国在战后经济的繁荣。此外，在这种背景下，发达国家跨国公司成为了主宰战后经济格局的重要力量。与此同时，随着亚洲“四小龙”、“四小虎”的出现，全球生产网络出现了拓展延伸，这些国家趁着发展时机，提前走进了国际加工贸易的队伍中，实现了工业化的不断突破之路，推动了亚洲经济的腾飞。随后一段时期，中国又与周边越来越多的新型经济体达成了合作关系，与这些国家共同加入到产业链分工体系当中，通过不断承接国际产业转移，实现了加工贸易的发展，以及制造业的跨越式发展与升级。

（一）战后国际贸易方式不断演变下的加工贸易

加工贸易作为一种国际分工与贸易方式，其每一个阶段的发展与转型都引领着时代发展趋势，同时也影响着时代背景与理论渊源。“二战”以后，即使全球经济有了新的复苏，但是国际分工与贸易依然被部分发达国家主导，借助资源的优化发展，这种原始的单一发展模式将影响到国际分工的有序性与持续性。具体

来说，这一时期，参与国际贸易的国家仅依靠单一的资源优势，并且产品加工与制作仅限于小的范围内完成，比如，农产品、矿产品的制造仅在本国完成，大部分都是由单一企业独立完成的，产品出口过程中都会将进口成分剔除。产品间的分工与贸易成为了主导要素。概括来说就是不同国家各自发挥自己的优势，生产不同种类的产品，在此基础上参与国际分工与货物交换，从而获得更多的利益，将余缺消除。

（二）基于深化的比较优势理论的加工贸易

“二战”后期，国际经济在治理过程中建立起三大经济体系，大大推动了国际分工的不断加深与贸易间的自由化程度，由传统的独立国家独立加工变为了部门内、产品内的分工贸易，在这种发展背景下，加工贸易产生了。这一时期的优势集中表现在同一个部门生产同一个产品的环节上，以及不同国家开始参与同一个产品的制作与加工，在相互合作下构建出了“相互依存、相互制约”的产业格局，在众多的出口产品中进口成分占据大部分比重，按照关贸协定当中的内容与规则，出口商品中还可以享有报税待遇，这也是加工贸易产生的根源。为此，加工贸易是在深化比较理论中产生的。战后的亚洲“四小龙”与其他经济体的出口导向战略，都是建立在深化比较理论基础上的，该理论的主要内容为：在全球制造业产业链中，发达国家会借助资金、技术、销售渠道、品牌等诸多方面的优势进行产品的研发与设计，还能够担任关键零部件的加工与营销，而经济体则在劳动密集型生产环节中承担分工角色，充分发挥自身的资源优势。

（三）产业内贸易理论与加工贸易

早在 1984 年，美国就有经济学家提出了“产业内贸易学说”。在该学说中，对贸易结构做出了重新的定义，指出了贸易结构不仅会受到资源优势与禀赋的影响，还会受到规模经济的影响，各个国家在不断对规模经济追求的过程中，必然会将国际贸易引出。加工贸易就是在产品制造工业上下游环节分工贸易下产生的，是一种水平方式下的分工与贸易方式。产业贸易理论在 20 世纪七八十年代的贸易发展中得到了验证，这一时期，产业内分工得到了显著发展与进步，并最终成为了国际分工的主流趋势，为新兴的经济体参与的国际分工创造了有利的条件，各国能够共同分享全球分工成果，实现贸易的优化发展，并为产业结构升级提供理论上的指导。

（四）公司内贸易理论与加工贸易

“二战”以后，跨国公司相继进入了发展的繁荣时期，并成为世界经济发展的主导，掌握着世界经济发展的命脉，为了加速全球业务扩张，跨国公司出现了，公司内贸易成为了跨国公司理论当中的重要组成。尤其是进入 20 世纪 90 年代以后，人类才真正进入了全球化经济时代，跨国公司才开始正式开展全球性的资源配置与业务的深度拓展，最终形成了产业链、价值链，并推动产业链在世界范围内的优化与布局，致使越来越多的产品制造商加速了在子公司的分工与生产，不同的生产贸易公司之间形成了交集关系，公司内贸易成为了加工贸易的核心内容，跨国公司的这种贸易加工特征也彰显了加工贸易的本质。

（五）产业集群理论与加工贸易

随着经济全球化的程度不断加深，国际分工也变得越来越明确，国际贸易的融合程度日益加深，还有一些新的贸易理论已经能够从企业自身去研究贸易因素，美国贸易学教授波特曾提出“产业集群”理论，该理论能够真实地反映出跨国公司在资源配置上、产业群的高度互动上的新形势，还能够体现出加工贸易产业链与价值链的延伸过程。自此以后，产业集群理论成为了贸易理论的一个热点内容。传统形式下的单个企业制造模式僵局被打破，但以跨国公司为核心的产业集群分工合作体系成为了当前的主流贸易形式，基于规模经济、范围经济与技术管理成为了国际竞争的主导，同时也成为了各国经济战略制定的重要参考要素。而全球产业集群的供应链体系也在迅速扩张，成为了加工贸易转型的方向标。

（六）动态竞争优势理论与加工贸易

在诸多经济体取得了显著发展的同时，也会发现中国仅依赖静态比较优势会陷入发展的瓶颈，并且不能及时对技术进行革新，致使经济失去了稳定、持续的增长动力，经济学家在这种背景下提出了动态的优势竞争理论。最终得出的逻辑结果为，随着经济的持续发展，很多发展中国家会在产业结构上进行重新的调整，这种产业结构上的变化是持续进行的，由此，就出现了动态优势比较。在相关的理论中显示，发展中国家的资源禀赋并不是决定产业结构变化的唯一要素，边生产边学习也能够使企业的外部经济出现动态比较优势。与此同时，优势比较通常不会直接转化为竞争优势，而需要在一定的制度或者政策支持下转换出来，只有具备了竞争优势，企业才能真正在产业结构调整中获得更多的利益。为此，为了减少出现随意性的发展趋势，发展中国家必须加强对竞争优势的把握，加强在技术上与生产上的创新，进而不断提高自身在国际上的地位。全球加工贸易在总体发展趋势上，始终呈现出跨国公司为主导的竞争形势，由此，发展中国家不能仅限于借助贸易活动中“技术外溢”、“干中学”效应的优势，而是要将重点放在产业转型当中，不断利用自身的资源优势与劳动力优势构建起本国的动态竞争优势。为了能够最大限度地使风险与成本得到控制，就要加快对规模经济竞争优势与产业集群优势的培养，加快发展国内贸易与国际贸易，推动国内经济与世界经济的融合，最终实现产业链、价值链的成功转型。

二、欧美发达国家的加工贸易

（一）美国是现代加工贸易的创始者

美国一直都是主导世界经济发展趋势的强国，在世界上占据着第一贸易大国的位置，同时也是现代加工贸易活动的开创者。早在20世纪30年代初，美国就开始着手制订自己的海外装配计划，计划中明确部署了要借助本国的资源优势在海外装配产品生产中获得关税上的优惠，使成本得到进一步降低，这种方式实际上就是一种出料加工形式。自“二战”以来，美国战后经济复苏的速度比世界上任何一个国家都快，并且长期处于世界上贸易强国与制造业强国的地位，目前美国仍然是世界上当之无愧的制造业大国。伴随着全球经济一体化趋势的增强，美国制造业当中的部门内、产品内以及公司内贸易成为了贸易发展的核心力量与主导内容，大大推动了全球加工贸易的飞速发展。20世纪80年代，美国的零售业革命爆发了，极大地促进了本国加工贸易的发展，该国的沃尔玛超市等大型企业为使进货的成本进一步降低，在全球建立起了海外供应商体系，合作商分布全球，进而成为了世界加工贸易采购方的龙头。

（二）欧美跨国公司成为战后全球分工更为深入的加工贸易主导

正如本书前面提到的，发达国家的跨国公司毫无悬念地成为了经济全球化的主导者与推动者，更是利益的最终获得者。“二战”以后，世界经济逐渐呈现出一派生机勃勃的景象，世界贸易更是史无前例的繁荣，其增长速度远远超过了全球经济的增长速度，成为了名副其实的世界经济发展助推器。更为重要的是，世界贸易由此出现了巨大的变化，已经逐步由原来的集群式发展模式演变为跨国、跨地区的发展模式，而加工贸易作为产品内、公司内的集群发展交集，更是成为了加工贸易的主导者，发达国家以及本国的跨国公司则成为了利益的获得者与市场竞争秩序的确立者。从全球贸易制度的制定到全球生产网络的构建，再到一次次的产业转移浪潮，全球的制造业外包与供应链体系已经基本形成，到了20世纪90年代，国际生产网络体系构建已经相当完善，并且渗透到了世界上的很多国家，在全球掀起了加工贸易发展的浪潮，无论是以哪种形式演变，都离不开美国各大跨国公司的支持，它们始终是国际加工贸易的主导者。跨国公司的内贸易是一种较为常见也是较为典型的加工贸易形态，伴随着加工贸易的不断演变与发展，其成为了世界贸易的主体。通过相关调查数据显示，在1983~1993年，美国的跨国公司向外部子公司用于加工贸易出口的份额占到了总贸易额的35%~48%，进口的贸易比重占到了33%~56%；同期，外国的跨国公司对美国的子公司进出口加工贸易比重分别由80%、55%逐步上升到87%、78%。按照OECD的统计，成员国间的贸易额已经接近了跨国公司内部商品贸易的总额；美国的各地子公司之间的贸易额也能够占到出口额的50%左右。

（三）欧美加工贸易监管模式有所不同

美国的法律明确规定了本国的自由贸易区与加工贸易区都是贸易的主要构成结构。而从另一个角度上看，美国的制成品贸易是指广泛意义上的加工贸易形式，这是由于美国不实施增值税制度，进而导致关税率较低，美国成品出口有很大一部分是包含进口料成分的，只是不需要设置专门的保税政策罢了，企业对其也没有过多地关注。但是欧盟各国则不会这么做，这些国家不会针对专门的区域做出限制，而是实施了关注开放方法，不仅区域内的进口料件加工产品可以享受关税减免或者增值税的优待，还可以实行后征后退的模式，对出料的加工、串料加工、临时的进出境等待遇做出了明确的规定，为加工贸易创造了更为宽松的发展环境。

（四）美国的外贸加工区的监管模式

美国的加工贸易组织形式是对外贸易加工区，而对外贸易加工区同时作为公共设施进行独立经营，在每一个外贸港区都要设置一个这样的外贸加工区域。美国的外贸加工区法案已通过了对港内或者相邻特别行政区内建立其他封闭区的审批，并将其作为关税外贸区来看待，而外贸区实际上就是这种形式下的贸易区域。为了确保关税与贸易法能够保持统一性与协调性，美国专门设立了海关监督机构，并且这一机构的设立对美国各项贸易活动的开展起到了一定的监督与管理作用，外贸加工区域内的经营者必须定期支付海关监督管理活动的相关费用。企业也可以借助外贸加工区延迟交付的关税，顺利避开国外原产标记的相关规定，进而获得低税率，还能够避免出现双重征税情况的产生。美国设有专门的外贸加工区委员会，为本国的贸易发展提供了保障。

（五）欧盟加工贸易监管模式的特征

欧盟的加工贸易一个显著的特点就是要由海关执行各项管理事宜，这样能够更加方便地对企业进行管理，还能够准确地对贸易负面风险做出控制，但是却不是全面意义上的产业贸易政策，对其调整没有过多的限制。

欧盟的管理模式分为保税与退税两种体制，其中，保税是指可以允许一些非欧盟国成员的货物在进境过程中不用缴纳各项税费，但是这种优惠只是暂时的，并且该优惠政策仅限于那些进口时能够确定其加工后在欧盟可以顺利销售的产品或者物料；退税方式是指可以允许货物在进口时保留加工后出口退还已经征收的税款数额，这种方式对那些对进口加工产品是否能够销往境外不明确的料件较为适用。欧盟深加工的结转登记要进行有效的管理，可以允许有加工许可证的企业在有加工记录的基础上，由下一个生产环节的主体承担相应的生产责任。报税加工的产品在完成了关税与滞纳金的上缴以后，就可以正式转为进口产品，可以顺利地进入市场进行流通。除此之外，相关的政策法规还允许这类加工产品出口到境外其他国家或地区。

三、日韩加工贸易

日本的加工贸易产生得也较早，其产生得益于贸易立国战略的出台及其战略的不断调整。“二战”期间，日本的经济受到了重创，战后，日本本国出现了资源短缺、外汇匮乏的局面，政府基于这种现状，将加工贸易政策与国内产业政策紧密结合起来，在不断发展的过程中，在结合了本国的发展现状基础上，将有发展潜力的产业纳入出口产业行列中，这些产业得到了政府的高度重视与扶持。国内产业贸易与产业的协调发展，使日本迅速进入了有国际竞争资本的大国行列。20 世纪 80 年代以后，随着日元在国际货币中升值，日本抓住时机，迅速做出了战略转移与产业调整，在加工贸易中将技术含量高的产品附加值提高，将传统的资源与劳动力密集型的加工贸易产业转移到了国外，这样一来，国内的经济结构顺利转型与升级。与此同时，外贸政策也进行了相应的调整，逐渐改变了过去鼓励出口、限制进口的策略，大大提升了其在国际贸易中的地位。

韩国的加工贸易起源可追溯到 20 世纪 60 年代，其发展战略与日本非常相似。鉴于国内资源的匮乏、外汇的紧缺，韩国先是引进先进的技术设备，再借助本国廉价的劳动力资源，与政府的扶持政策结合到一起，生产并加工出有一定市场竞争力的外贸产品。20 世纪 80 年代以后，随着各大新兴国家的迅速崛起，韩国也将面临发展的选择，韩国的劳动力密集型的产业开始逐渐转移到了国外，从此开始实施加工贸易的转型与升级，出台了金融财税政策，作为鼓励企业自主研发的动力，不断提升产品在国际贸易中的地位，构建了自主品牌，加大了对关键零部件国产化的扶持，选择了汽车、船舶、半导体、计算机等重点行业作为重点培养的产业，推动了这些产业逐步走上了价值链的顶端。

基于加工贸易，对产业链与价值链视角的各地区贸易发展的比较，能够使我们了解到加工贸易是一种全球产业链、价值链的水平分工与交换方式。各国从加工贸易的产生开始就在不断调整自身的贸易战略与产业结构，使自身能够不断适应国际贸易的发展趋势，能够借助一些优势在国际贸易竞争中立足，其中，政策的扶持以及能否抓住发展契机成为了各个贸易发展的关键。为此，中国国际货代企业要认清以上不同地区与国家的加工贸易发展现状，在深入研究与分析了以上不同国家的贸易发展历程以后，要能够从中得到一些启发，进而结合本国的发展现状，制定出新的国际贸易发展战略。下面，本书将对我国的国际货代企业新兴产业链的构建进行深入研究，从而找到整合的方法，使企业得到发展上的创新与优化，提升国际地位。

第五节　战略新兴产业链的构建整合方法

一、产业链的横向构建与整合

货代企业在不断发展中，逐渐演变出物流发展趋势，物流产业发展成为了企业当前的核心发展要素。为此，货代企业开展物流服务的水平直接影响着企业在国际竞争中的地位，决定着企业发展，必须不断提高企业物流服务的能力，具体措施如下：

实现资源的优化，实施专业化运作。当前，大部分的货代企业存在发展上的“散”、“弱”、“小”等不足，面对这种情况，可以将业务类似、职能相近的企业整合到一起，对机构重叠的企业资源进行重组与整合，进而构建出一个有相同职能与服务的新机构，使自身的竞争实力得到强化，最终落实对外统一、对内协调的发展战略，能够为企业提供更为专业化的服务创造条件，实现规模化的发展与经营，获取更多的利益。据相关调查显示，很多货代企业中的人员在工作了很多年以后能够积累到非常丰富的经营经验，便凭借这些经验开办货代公司。但是这样的货代公司经验管理上都不强，不能形成核心竞争力，经常以“窝里斗”来赚取差额佣金，这种企业就要通过整合、重组来转变发展模式，增强自身的竞争实力，使获利变得更加规范、符合行业标准。

构建网络化的经营。随着电子商务的出现，极大地提升了货代企业物流服务的水平，使业务开展变得高效化、及时化以及科学化。企业要想实现规模效益，就要构建出物流机构与系统的货运网络，不断对本国的网络布局进行优化，不仅要在国内构建出供应链结构，还要为不同国家与地区提供全方位的物流服务，并努力使国内的物流网络成为全球供应链网络当中的一部分。将信息作为基础，加快开展网络建设，通过各项业务的协调运行，比如，订舱代理、企业间的合作、协议运作、指定代理等实现货代企业货源规模的扩大以及程序的规范。

对创新管理与服务进行变革。长期以来，我国的国际货代企业开展的业务都仅限在船、货物、订舱、报关、转运之间，这种单一的服务模式不能随时适应市场变化，并且在经营上会不断受到来自不同竞争方的冲击，为此，创新成为企业寻求发展出路的重要途径。要不断对市场进行创新，市场创新实际上是指从客户的需求出发，充分考虑各方的方案策划，进而为客户提供专业化的服务产品，最终将投入与定价确立下来。货代企业可以通过业务延伸，发展特色的业务与服务，进而实现服务的多元化。货代企业逐渐成为了可以提供多方面服务的机构，能够最大限度地满足客户需求，解决国际物流方面存在的诸多阻碍。比如，货代业不仅要在质量上实现“零缺陷”，还要在服务上做到“零抱怨”。此外，货代企业还可以通过开展市场调研来决定具体在哪个领域开展物流服务，进而为某个领域提供更为专业的“一站式”服务。

功能分类法的企业能力整合。功能分类法就是将企业不同职能部门当中的功能整合到一起，使企业分工更加明确，完成任务的效率更高，最终实现企业经营的整体目标。具体如表 6–7 所示。

表 6–7　功能分类法下的企业能力整合

公司管理	信息管理	研究开发	生产制造	营销	分销与促销
财务控制系统、战略控制能力、领导能力、各部门间的协调能力、公司价值观定位、有效的激励	沟通协调能力、信息管理系统、知识管理能力	基础研究能力、新产品开发能力、新产品开发的速度	生产系统规模与效率、改善生产流程的能力、灵活快速反应能力	品牌管理与推广能力、对市场变化的反应能力、构建并维护企业声誉的能力	销售渠道的管理能力、分销速度、促销和人员推销能力、客户服务能力

二、一个有效的模式：产业集群

（一）产业集群与功能

产业集群是指某一个领域或者是产业中，与大量产业关联密切的企业在特定条件下，在一定空间与时间聚集下产生的竞争优势的网络结构。从产业组织角度上看，产业集群是在一定的空间范围内大型企业间的纵向一体化发展；从产业结构与产业组织相结合的角度出发，产业集群是产业成群、集聚的发展模式，在一定的区域内与区域之间形成的某种产业链与产业链系统。产业集群和产业链间的关系如下：

1. 产业集群与产业链迂回

21 世纪，产业链之间的竞争更多地表现出一种交融关系，就是将产业链中的某个有发展潜力的环节作为竞争的核心，在产业链的某些环节之中则以合作的关系为主。比如，国际货代企业产业链上处于生产环节的企业间能够建立起技术上的合作与联盟。伴随着产业关系合作的进一步演进，再加上产业链分工逐渐明确与深化，产业链迂回环节的次数不断增加。出现产业链迂回有以下两方面原因：一是企业生产活动需要借助加工工序来完成，还要借助不同的设备在处理完多道工序以后积累的功能，并不是一次完成所有生产活动；二是不断分工细化的过程，进而实现生产效率的提高，确保每一个生产阶段都能够各施所长，进而形成了产业链的迂回。产业链这种不断迂回的方式已经成为了现代产业重组的一个较为显著的特征，随着产业链的不断迂回，产业链能够在同一个空间发生迂回，如果一旦出现了竞争的外延，就会形成产业集群特征的空间组织。

2. 产业集群结构

一个成熟的产业集群结构需要一个纵向关联与横向关联的企业群作为支撑体系。产业集群的纵向关联企业群包含了产业链的上下游企业群，上游企业群是指原材料、零部件或者是机器的专门供应商，而下游企业群则是为上游企业产品提供运输、销售平台的销售商。横向关联企业群是市场中的竞争品、互补品以及各种副产品生产厂商。而相关机构则包含了政府部门、金融部门以及第三产业服务机构、行业协会、中介机构等，这些机构能够为企业培养出更多专门人才，这些纵向关联与横向联系的企业群间能够相互影响、相互交叉，进而构建出一个交错型的价值链网络。集群内企业间鉴于空间接近，分工较为专业，生产商与纵向关联的上下游企业间能够形成供应商与顾客的合作关系。横向关联的企业间有竞争也有合作，进而为产业集群构建出一个良好的外部发展环境，实现产业集群的良性发展。而从产业集群的结构上看，产业集群的形成是产业链纵向构建与整合的过程，也是产业链横向构建与整合的过程，成为了产业链构建与整合的一个有效模式。

（二）中国国际货代企业产业集群的组织结构选择

产业集群网络化结构是由生产网络与社会网络两方面构成的，其中，生产网络是核心内容，主要表现为两种形式，一种是核心企业或者配套企业的经济联系，另一种则是跨产业间的技术或者经济合作。社会网络处于产业集群网络结构的最外层，主要包括生产网络提供的技术支持、公共服务支持、技术以及常规文件的支持等。产业集群的组织结构形式是其网络特征决定的，因而，产业集群的组织结构形式较为复杂。作为中间性的体制组织，产业集群内的企业关系要依靠合作、信任等维持，进而实现市场的稳定。

为此，中国的国际货代企业要借助各方优势，加速开展产业集群式的发展，下面将以江苏连云港中小国际货代企业集群的发展为例分析我国国际货代企业增强产业集群优势的对策。

1. 充分发挥政府在集群中的促进作用

政府对促进中小企业集群形成有着重要作用。在构建企业集群过程中，要始终将外部环境作为构建的核心，并要结合本地区的资源条件、运输条件、充分的能源供应条件等，加强基础设施建设。外部环境建设需要依靠政府的管理，只有借助政府的监管，才能使外部环境得到优化与改善，这样，集群的规模才能进一步扩大，集群的内部结构才能更加合理、稳定。我国早在 2009 年，就出台了《江苏沿海地区发展规划纲要》，文件中明确对江苏沿海地区发展的指导思想、原则、战略定位等做出了重申。连云港地区将这些规定一一落实，进一步提升了该地区港口群的核心竞争力，推动了连云港跟上了上海航运中心北翼的建设步伐，逐步对铁路、公路、航运、水利、电网等体系进行完善，成功将连云港打造成了江苏地区开放程度最高的、配套设施最完善的，连接南北、沟通东西的经济枢纽。

2. 逐步推进业务流程管理

集群产生的一个重要结果就是区域网络被构建出来，集群内产业间的联系、合作变得非常密切与频繁。如果企业间仍然按照传统流程操作，将浪费掉更多的时间、人力与资源，而业务流程管理则能够确保网络中的企业流程实现“端到端”的整合发展。在对业务流程进行设计规划时，必须要将网络中的所有流程当成一个统一的整体去考虑，而不是将其作为一个组织边界。业务流程的准确切入能够使企业流程顺利进入到一个端点当中，进而形成了企业间的流程结合点。

3. 加快信息化构建与发展

随着信息化时代的来临，各行各业的业务开展已经离不开信息化的支持，国际货代业的发展同样也离不开信息技术的支持，但是连云港地区中小企业较多，信息化工作依然存在诸多不足。最为突出的问题就是将信息化当作办公自动化，但自动化的范围仅限于公司内部行政业务的开展，而信息化则不止这一方面。市场上缺少 CRM 与业务的治理工具。对于企业集群来说，集群内部的资源非常有限，更不能自主研发新技术，再加上业务模式较为单一，企业间的业务交集多，在建立单独的系统时会浪费更多的资金。为此，可行的方法就是找到一个适合的ASP（应用程序服务提供商），企业通过ASP能够为集群提供统一的信息系统。因为这种信息系统是模块化的，各个企业可以按照自己的需要定制模块，并组装成适合企业发展的信息系统。这样不仅有利于信息化的充分发挥，更方便了企业对流程的集中管理。

4. 塑造连云港独特的货代企业文化与品牌

连云港地区的货代业正处于高速发展阶段，但是相关物流理论与技术依然处于初期发展阶段。一个好的企业文化能够充分调动企业员工的生产积极性，为企业营造出良好的发展氛围，并能够帮助企业在国际上树立地区威望，而一个大众认同度高的品牌则是企业成熟的标志。为此，连云港货代发展要牢牢抓住发展机遇，树立起自己的行业品牌，依靠品牌的力量实现跨越式发展与突破。

通过以上的论述我们可以了解到，产业集群的实质就是在一定区域内形成某种关联产业链与产业链系统。产业集群的形成是产业链混合构建下不断整合的结果，足以体现产业链的强大力量。随着我国国际货代企业的发展，要进一步培育货代产业集群，依据不同地区的禀赋选择适合地区发展的产业集群地，推动我国国际货代业的可持续发展。

第七章　中国国际货代业的未来发展趋势

第一节　实现中国国际货代战略转型

中国加入世界贸易组织，为中国的经济向世界经济市场延伸提供了有效途径，使中国的经济有了更为广阔的发展空间。中国自加入世界贸易组织后，对外贸易快速发展。但是，世界经济一体化，使得经济竞争越来越激烈，但中国经济如果依然按照传统的国际货运代理运作模式，所能够提供的服务多为简单的货物运输、保险等，还会根据业务需要提供转运服务和仓储服务。从目前的国际货运代理情况来看，在具体运作过程中，中国的国际货运代理企业起步相对较晚，虽然中国有很多代理运输企业，且能够运用自己的运输工具完成货运服务，但是货运代理受到中国市场发展的影响而发展缓慢。中国的国际市场竞争力不够，主要在于没有将全球化的经营管理模式建立起来，使得国际货运代理的业务范围狭窄，与国际大型物流供应商竞争总是处于货运产业链的低端。面临中国国际货运代理的困境，要提升国际货运代理的行业竞争力，就要实现中国国际货运代理的战略转型，使得原有的国际货运代理向多功能集成物流方向转型。

一、建立物流系统网络

（一）国际货运代理的概念

国际货运代理（International Freight Forwarding Agent），是国际运输代理行业中的一个分类，作为与货物运输相关的业务，是指国际货运代理从业组织或者有关机构接受进出口货物的发货人、收货人或者相关利益方的委托，以委托人或自己的名义，有偿为委托人办理国际货物运输以及相关的经济活动。

国际货运代理虽然目前在国际经济领域中被广为应用，但事实上早在公元10世纪就已经随着各种跨国业务的展开而存在。特别是港口的建立，使港口所属城市成为建立公共仓库所在地，而且跨国海上贸易量逐渐增多，货物的运输和相关技术发展起来，并逐渐完善。当时的国际货运代理为发货厂家、商人的佣金代理。在国际货运代理初建之时，主要是依赖收取佣金作为获得利润的渠道，开展各项经营事宜，主要包括货物的装卸、结关、储运、销售、收款等。

在意大利文艺复兴之前，欧洲的海上商业日趋繁荣，特别是中海西岸地区，商业交换频繁，手工业更是非常发达。国际货运代理首先出现在意大利与希腊的城邦，这里不仅航运便利，而且属于地中海沿岸经济发达地区，而后逐渐扩展到西欧各个国家。这些国家的商品所有者，从自身角度出发，根据业务需要而建立起较为规范的国际货物运输体系，通过签订各种合同、契约来完成货物委托。逐渐地，国际货物运输组成了专门经营海上运输的组织。鉴于海上贸易危险系数较高，且运输速度较慢，消耗时间长，商人们为了安全起见，也为了更好地完成货物运输工作，通常不会选择亲自出海，而是将货物或业务交由专业的货物运输代理人托运，代理人还为货物办理投保，以使货物能够安全有效地运输到指定地点。货物运输代理由此不再依附于发货方，而是发展成一个独立的行业。

中国对于国际货运代理的界定，在1995年颁布的《中华人民共和国国际货物运输代理业管理规定》中就已经有所规定。所谓的“国际货运代理”，就是代理商接受收货人、发货人的委托，或者以自己的名义，或者以委托人的名义，为委托人办理国际货代运输或者储存业务，并相应地收取一定的服务报酬。随着世界经济的发展，国际货运代理所覆盖的范围越发广泛，除了传统的进出口服务活动，诸如托运、仓储、揽货、订舱、包装、分拨、报关报检、货物保险等业务之外，还基于国际贸易需求发展了新的服务业务，包括国际多式联运、国际快递、物品运输、第三方物流等。物流在近些年来发展迅猛，在国际贸易中发挥着越来越重要的作用。随着国际货运代理的发展，一些代理运输企业已经开设运输通道，使用自己的运输工具开展国际贸易运输业务，使得国际或与代理逐渐转向第三方物流发展轨道，实现多功能集成物流转型。

（二）中国传统的国际货运代理特点

国际货运代理行业是国际贸易充分发展的产物，根据经济运行范围的扩宽，国际货运代理的覆盖面也更为宽泛，包括大型的工业贸易企业、物流以及货物运输业等，并基于各项业务的整合与发展，形成了产业链运作模式，国际货运代理提供了多种形式的服务。

中国传统的国际货运代理有符合中国国情的运行规范，由传统的货物代理企业发展而来，初期是向贸易商提供货运服务，根据贸易商的需要提供陆地运输、船舶运输和航空运输等。

随着国际贸易的多元化发展，传统的国际货运代理伴随着贸易商越来越多样化的货物运输服务需求，虽然具有较强的核心业务能力，但是在货运代理业务的各项服务上却明显竞争力不够。传统货物运输代理的核心业务包括集货、订舱、报关、检验等，包括费率的洽谈在内，都已经形成集成化管理模式，确立了固定的管理流程，使货物运输在船运港口、海关以及机场等都可以高效通关。按照传统的国际货物运输代理，货运代理商与承运人之间的业务开展是建立在良好合作关系的基础上的，为了提升集货能力，就需要开设多种市场营销渠道。

此外，中国传统货运代理不仅经验丰富，而且货运代理硬件配备完善。由于传统的国际货运代理已经形成了系统化运行体系，工作人员不仅业务熟练，而且对于相关知识的了解更为扎实。中国传统货运代理企业在开展运输服务中，由于了解法律知识、经济制度以及社会风俗习惯等，通过为客户提供集成化服务而安全高效地完成运输。但是，随着运输网络化管理的发展，虽然传统货运代理会制定最优运输方案，且能够选择最为方便快捷的工具，但是主要是依赖于长期的业务发展经验而将相对完备的货物运输网络建立起来，包括货运运输过程中所涉及的每一个环节，即承运、代理、运输途径、海关、仓储、检验、包装等。通过运输网络化管理，可以跟踪掌握货物运输情况，当在货物运输过程中存在偶然事件时，可以及时做出处理方案并诉诸实施。

中国传统货运代理在行业中存在一定的竞争力，主要是代理企业拥有专业货运代理人才，可以为货运代理提供无形竞争力。传统货运代理是基于中国国情而建立和发展起来的，已经适应了中国市场经济运行态势，从而积累了雄厚的资产，且具备了一定的规模。有关国际货运代理的硬件设施，包括仓储、转运以及资金垫付能力等都较为完备，使得传统国际货运代理具有进一步发展的实力。

（三）中国国际货运代理尚没有适应网络经营环境

国际货运代理业在中国起步较晚，虽然已经在中国运行多年且形成了一定的规模，但是由于发展存在着滞后性，因此国际货运代理业对于中国而言，依然属于新兴产业。从目前中国国际货运代理业的发展状况来看，不仅企业数量多，而且业务类型多样化，但是按照产业周期理论，中国的国际货运代理业依然处于成长期阶段，其发展没有跟得上市场需求且呈现出服务的滞后性。与国外的货运代理业相比，中国的国际货运代理业虽然已经发展到一定的规模，但是，普遍为纵深化发展而使得业务领域覆盖面相对狭窄。由于国际货运代理业没有形成行业集中度，使得企业竞争力和行业抗风险能力都不够强大。

随着计算机数字化技术的发展，网络已经渗入到各个领域中。现代化物流正由宏观发展向网络化、集成化发展，所涵盖的内容包括实体网络、信息网络等，特别是电子商务在货物运输代理行业的普及，使得企业运行效率迅速提高，且有效地实施了跟踪管理。这就意味着，要推进国际货运代理企业适应世界市场环境而快速发展，就要基于运营网络而将基础性资源做大做强。

从目前的国际货运代理运行状态来看，各项业务都基于网络而建立起来，但是，货物运输的网络布局难以符合各项工作需求，包括空运货物的分担、海运货物的集结以及快递业务的配送等，要整合到网络体系当中，不仅要建立严密的网络运行体系，更需要投入一定的人力、财力才能够使得各项业务有效运行。通常具有综合货运代理服务能力的国际货代企业，要在世界同行业中具有极大的竞争力，就要扩展经营规模，运用网络化管理布局，将各项业务覆盖全球各个领域。国际上具有一定知名度的美国联邦快递、德国邮政等，都将成为国际货运代理业需要覆盖的范畴，通过提升网店数量而建立运营网店的衔接，同时建立信息化网络，与有形网络建立统一对接。信息化网络使国际货运运输代理企业的各个网点形成有机的整体，执行一体化运营模式，加之专业化运营，将国际货运代理的网络运作优势发挥出来。

中国现阶段的国际货运代理网络运营虽然开展起来，但是尚没有适应网络经营环境。国际货运代理的实体网络建立起来后，着眼于规模化发展，使得与网络覆盖面难以相互融合，经营相对分散，特别是资源配置能力不够、产业结构不够合理，加之行业重组现象严重，国际货运代理局限于基本业务的展开，而使网络一体化经营模式相对缓慢，即便网络已经扩展到国外，也多为自主经营，难以形成有效的网络支撑。

（四）建立物流系统网络，实现中国国际货运代理的战略转型

1. 建立物流系统网络的必要性

中国国际货运代理业虽然存在一定的专业化水平，但是从目前的物流网络系统管理情况来看，中国国际货运代理并没有将集中优势建立起来，导致代理业的核心竞争力不够。这主要是基于中国的市场经济运行状态是在管理机制指导下建立起来的，导致货运代理业务受到局限，且占有较低的市场份额。以中国货运代理业的货物运输业务和转口业务情况来看，要使相关的货物运输业务都集成到货物运输代理业务中，就要建立物流系统网络。国外货运代理业已经根据经营业务需要占据集装箱、散杂货业务和空运货物业务，其中集装箱业务和空运货物业务超过 90%由国外的代理企业经营，而 70%的散杂货业务则由国外货运代理企业经营。

2. 中国国际货运代理要将物流系统网络建立起来

国际物流系统网络是实体网络和信息网络的集合体，由收发货的“节点”和信息流动网络所构成，可以扩大国际贸易范围，与世界其他国家广泛交流，以尽快提升国际市场竞争优势。另外，国际物流系统网络还可以跨越时空的限制，使得关乎货运的多个工作环节都能够在信息传输的基础上提高运行效率。信息技术的充分运用，使得资金周转迅速、商品的国际流动速度快，库存降低。运用信息技术可以将中国国际货运代理平台建立起来，建立物流信息管理系统，使得物流信息、物流管理以及银行网络都能够在商务平台上有效连接。电子商务平台具有开放性特点，包括企业的信息以及委托人信息等，都可以在网络上公布，货运代理商、托运人以及承运人能够在商务平台上进行协商交易事项，并将物流运输合同订立下来。物流系统网络与银行网绑定，实现网上支付，这种便利支付更为省时省力，而且提高交易效率。在运输过程中，托运人可以登录网络平台，在查询系统中就可以查阅货运状态、货运位置，这种实时掌握货运信息的方式能够确保双方有效合作。

3. 建立物流供应链的必要性

国际货运代理业的企业经营业务涉及多方面、多领域，并形成集成化管理，但是中国国际货运代理企业所提供的服务权限于每一个运输环节而缺乏同质化，使得企业经营业务各个环节包括订舱、集港、仓储等都极具专业性，但是，将基于企业整体性发展而整合成为服务链之后，国际货运代理业的服务链效应就难以获得提升。

在国际货运代理业的企业经营过程中，对于营销策略的运用要考虑到服务的差异化，而不是传统地依赖社会关系扩展营销范围。只有适应市场竞争环境从而不断地强化经营手段，才能够促进企业功能，通过增值服务使得企业的运营利润提升，降低服务替代率。国外的一些国际货物代理业务基于发展需要已经建立了第三方物流的经营模式，中国的经营模式虽然实现了网络化管理，但是基本经营理论并没有摒弃传统的国际货物运输代理模式。比如，中国的国际货运代理业中的无船承运业务，使得发展多式联运与国际行业运行相比无法形成比较优势。中国的国际货运代理企业采用网络化管理，主要的目的是实现各项业务资源的整合，通过实现多元化经营，使得多种经营业务被开拓出来。但是，中国国际货运代理的复杂化，使得客户以及资金运用都难以相互匹配，货运代理的各项业务形式化整合，但没有实现有效的融合。

中国传统的国际货运代理以其专业化、规模化发展而在目前的市场运营中存在着一定的优势，但要使企业能够长期在市场环境中发挥引导作用，就要不断地从满足客户高质量需求的角度出发，建立集约式经营方式，以形成竞争效应。这就需要将一体化运作模式建立起来，注重市场开发，强化团队建设，使中国国际货运代理的各项经营业务形成供应链管理模式。从满足客户需求的角度而言，高端客户已经不再拘泥于单纯的货运代理服务，而需要能够同时获得物流服务。中国的国际货运代理企业没有适应世界行业市场环境而快速转型，其中的一项重要原因就在于没有将产业集群的集约化管理纳入其中。国际上的一些货运商之所以能够在短时间内快速转型，主要是由于货运代理与物流服务功能整合，形成集成化的物流服务，由国际货运代理商转型为跨国物流商，由此提高了货物代理效率，获得更高的利润。中国国际货运代理业虽然发展缓慢，但是具有良好的基础，通过建立供应链，将现代物流纳入其中，使得能够满足客户个性化需求的综合性货物代理服务被建立起来。目前，国际货运代理商对物流需求程度越来越高，就需要将多个供货商连接起来，形成国际货运代理与物流的整合，以实现战略转型。这样做需要发挥时间效应和资金运作效应，才能够促使一揽子物流服务得以形成。国际货运代理的专业化程度提高，向客户提供的货运代理服务不再拘泥于陆运、海运、空运以及报关等各项传统服务，还能够从客户的角度出发提供多种物流管理服务。物流系统网络的建立，形成国际货运代理的供应链管理，就可以通过唯一的联络点，提供高效率的管理服务。比如，在退料管理（RMA）项目中，对于退料进行科学检测是退料服务中的必要环节。从管理到退料，在发挥客户服务功能的同时，还要安排好退料处理、退料安排，并将退料运输到仓库或者客户指定的库存地点。为了能够节省运费开支，退料要保留在原产地，进行再次包装处理，重新贴上条码，从而能够满足新订单的要求。这样，就可以减少退料管理进程。

4. 建立综合服务运输体系的重要性

中国国际货运代理建立了物流管理系统，就要相应地将综合服务运输体系建立起来。国际货运代理业的未来发展趋势就是通过建立综合运输服务体系，优化运输资源，提高运输效率。世界运输发展进程中，联运服务越来越受到重视，将联运服务中心建立起来，将各种运输服务方式与专业货物运输业相衔接，使得物流运输更为省时省力。物流运输过程中，缩短距离是节省货物运输时间的关键。

根据运输实际情况，可以将铁路运输转为水陆联运，铁路以中长途运输为主。运输方式的优化，使得多种运输模式根据业务需要而发展起来，由此来提高运输效率。货物运输联营可以使货运更为通畅，并使散装化运输、集装箱运输等的损耗率都有所降低。

要提高国际货运代理的综合运输效益，还要开展多元化服务，以适应多元化的市场发展态势。随着客户需求的多样化，就要针对客户的需要而开展个性化服务，从而能够快速地解决有关物流方面的各种问题。特别是中外合资企业和外商独资企业对物流运输所提出的服务需求，更需要从服务行业特点的角度出发，有针对性地提供相应的服务。第三方物流的兴起，意味着该种物流运行模式能够更多地满足客户需求，且适应了市场经济环境。在提供服务的过程中，要认真选择服务对象，对于相关的各项指标，包括人、财、物以及服务水平等，都要综合性地考虑，使得自身的优势在运行中得以充分发挥。

处于经济一体化环境中，中国传统的国际货运代理业务存在着优势，但是很难满足客户多样化的需求。中国的国际货运代理业务要建立综合性较强的服务运输体系，就要将物流运输纳入到国际货运代理服务体系中，使得中国国际货运代理的各项工作能够顺利展开。中国国际货运代理业务中货物运输业务的运作机能要有所提升，就要强化国际货运代理内部建设，使得中国国际货运代理向物流综合运输转型。通过优化外部资源，而建立完善的国际货运代理运营体系，更能够提高货物运输竞争力，以创造更高的经济效益和社会效益。

二、建立综合运输服务体系

（一）国际货运代理与物流业的融合是基于运输服务而实现的

国际货运代理在信息技术的支撑下发展起来，特别是与物流业充分结合后，依赖于现代的交通业，在现代商业以及制造业基础上建立起综合性产业。中国的铁路业发展非常迅速，这也是促进国际货运代理发展起来的重要因素。特别是经济发展相对滞后的地区，在中国铁路和物流业的带动下，实现了区域经济逐渐繁荣。铁路和物流共同支撑着区域经济发展，也为完善中国市场经济做出了巨大的贡献。随着区域经济的发展，中国国际货代业随着物流业的建设发展而兴起。

国际货运代理在物流业的促动下发展成为建立在信息技术基础上的综合性产业，实现了跨区域、跨行业、跨部门的发展，各项业务的开展都离不开信息化、系统化与仓储现代化的结合，涵盖了从原材料到产品有效流动的全过程。物流业虽然发展已久，但是从专业化、系统化的角度而言，物流产业尚属于新兴的产业，特别是中国的物流，是在运输逐渐发达的基础上发展起来的，物流以其较强的渗透力与国际货运代理相融合，使得国际货运代理业务不断扩展，从而使物流业辐射面更为广阔，成为经济蓬勃发展的“加速器”，对于稳定社会创造了有利环境。

（二）综合运输服务体系的建立依赖于发达的运输服务

国际货运代理与物流业的融合，使国际货运代理呈现出新的发展态势。物流业不仅各项业务的成本相对较低，而且以其较高的渗透性而深入到各个行业中，由此而确立了继物资资源和人力资源之后的第三利润源。物流可以帮助企业节约成本，使得企业在货物运输方面处于低成本运行状态，由此而促进了企业的经济效益的提高。

2008 年以来，受国际金融危机的影响，经济发达国家都不同程度地受到了重挫。虽然中国市场经济没有在金融危机环境下遭受到巨大的波动，但是很多行业也不同程度地受到了影响。物流业却反其道而行之，成为了这一时期的振兴产业，推动经济快速复苏。

中国作为地区资源丰富的国家具有极大的经济发展潜力。诸多的国外企业都不断地发掘中国市场，希望能够在中国市场中开拓新的发展空间。中国的铁路运输为国外企业来中国发展以及与中国企业合作提供了便利。中国国际货运代理适应经济环境而不断地完善管理，依赖于物流业的调整而实现各项经营业务的整合。虽然中国国际货运代理与物流业融合，但是并没有适应区域经济发展需要而完全实施系统化管理，使得流通组织处于分割的局面，中国国际货运代理在过于分散运行的状态下导致货物运输代理混乱。

无论是国际货运代理还是物流，都离不开运输，依赖于发达的运输服务，将综合运输服务体系建立起来，需要对国际货运代理所服务的区域围绕着物流中心进行规划。比如，物业的发展需要有铁路的支持，那么，国家铁路建设过程中，就要合理规划交通，并以“物流中心”向四面八方辐射，逐渐形成物流运输网络。国际货运代理则基于发达的运输网络而发展起来。国际货运代理的发展离不开物流基础设施建设，由此而需要从国际货运代理发展的角度对物流方式以预见性建设，根据货运代理需要建立运输路线，设计“物流基地”的衔接方式，使物流方式在国际货运代理服务中发挥优势。

（三）区域运输服务体系运行现状

不同的行业都有其自身的发展优势，但是都要处于一定的环境中，以环境为载体才能够将优势发挥出来。国际货运代理通过与物流业融合，适应中国目前的市场经济和世界经济发展态势而快速发展起来。但是，两者都离不开发展的运输服务体系。区域经济的发展，不仅要将物力资源优势充分地发挥出来，还要注重人力资源的发展。区域运输服务体系已经在物流业的带动下发展起来，区域内的各项资源，包括信息、资金、专业技术、人才和特色商品等都随着物流发展方向而发生转移，在促进了产业格局更为繁荣的同时，还推进了当地的商贸旅游业的发展，由此而从物流中心逐渐向周边地区辐射，逐渐形成符合区域物流发展的运输服务体系。

1. 运输服务体系的发展是推动区域物流发展的关键

物流业建立在区域运输服务的基础上，不仅为运输体系的建立营造了良好的环境，而且该运输体系的独立运行与动态发展，还为物流业创造了发展契机。国际货运代理为物流业的发展规范了系统化发展方向，物流业对于运输服务体系的建立具有一定的指导意义。这就意味着国际货运代理与物流业的融合，需要运输服务体系才更为完善。

中国的铁路已经延伸到一些经济欠发达地区。比如，自 2006 年以来，中国西藏就采用了铁路运输方式运输货物，而且运输速度的成倍增长，也使西藏物流被推向了新的发展阶段。西藏具有丰富的资源，包括物质资源、旅游资源等，将这些资源充分地开发出来，合理利用，对于西藏经济发展非常有利。西藏物流得益于青藏铁路的开通，其解决了西藏物流运输问题，满足了社会交通运输，确保了西部地区的交通运输能力均衡。

青藏铁路作为西藏地区运输服务业的主脉，带动西部地区的物流发展进入到新的发展阶段。中国国际货代业务随着物流业的发展而渗入到西藏经济发展中，充分利用具有时代性特点的物流信息系统，随着交通网络覆盖面的逐渐扩大，逐渐建立具有本地区特点的中国国际货代业务运行体系，在此基础上，符合于中国国际货代业务和当地物流业发展的立体化综合运输体系形成。西藏运输成本因青藏铁路的通车而大大减低，物流逐渐趋于合理化。

对于西藏区域运输服务体系的了解，要通过对青藏铁路的交通路线来分析，交通沿线经过藏北高原的大部分地区，这里矿藏资源丰富，延伸到西藏自治区省府拉萨市。青藏铁路经由青海省延伸到内地，与青藏铁路相邻。青藏铁路的交通路线为物流建设提供了良好的环境条件。中国国际货代业务要在西藏地区得以繁荣，就要基于物流业的发展，并在物流业的带动下建立符合西藏区域经济运行的个性化运输服务体系。由此而将区域运输服务体系建立起来，其所发挥的作用不仅是货物运输，更多的是对于周边地区的影响力，在物流业的快速发展的环境中，运输服务体系会从物流的角度出发去完善运输路线设计，并提供必要的辅助服务项目。自青藏铁路通车以来，国民生产总值逐年递增，原有的货物运输大量消耗，货物运输成本已经随着物流运输业的快速发展而降低。根据有关统计数据显示，在青藏铁路通车以来，西藏的货物运输超过一半以上的成本都是在运输上消耗的。与全社会的货物运输平均水平相比，物流成本要高出 1/5。物流业务基于青藏铁路运输而建立起来，在降低运输成本的同时，还能实现物流运输的均匀分配。

由此可见，运输服务体系的发展是推动区域物流发展的关键，国际货代业的发展，则需要在物流业的带动下实现。在物流的作用下，铁路运输还会打破局限，逐渐向中国的其他地区的物流集散地辐射。比如，西藏物流业的发展，使得省会城市拉萨成为物流基地。铁路运输也会有单一的交通枢纽向多个中心转型，将区域范围内的交通和信息通信枢纽建立起来，形成现代物流资源加工转换中心。

2. 运输网络建设成为重要的区域经济发展支撑

区域经济建设对当地的运输具有一定的依赖性。由于建立了发达的运输服务体系，使得地区的经济发展不再局限于区域范围内，而是随着运输网络的扩展而不断地寻求发展机会。特别是沿海地区的边贸城市，都离不开以物流为载体的国际货代业务。在运输行业中，公路网建设和铁路运输都是支撑区域经济发展的关键。根据中国国际货代需求，将立体三维运输网络建立起来，使交通更为便利，以进一步发展国际货代业，促进区域经济繁荣。

此外，运输网络还可以将物流旅游路线开通，以使运输路线进一步完善。通常旅游运输路线是沿着区域旅游区而展开的，以物流中心为旅游物流路线的中心位置，与当地铁路衔接，沿途经过旅游风景区，让旅客在途经之地，就可以观赏当地风光，这种以物流带动旅游经济发展的方式，对于促进西藏地区的经济发展具有重要的作用。通常，各地区的物流集散地都要设立在铁路途经区域，通过旅游而将当地的资源呈现在游客面前，以吸引投资商的目光。丰富当地资源是主要的物流资源，将运输网络建立起来，设立旅游路线，不仅可以让更多的人对于当地的资源有所了解，还能不断地挖掘运输发展潜力，将当地资源运输到内陆以及外海各地区。此间，国际货代业以物流为依托，成为当地经济发展的关键，促进了周边国家与中国的贸易合作。

运输网络建设还需要当地的政府部门认识到其重要性，特别是物流网络的建立，不仅可以带动区域经济发展，还能发挥物流的作用，实现经济扩散，以物流网络为载体发挥经济中心城市的辐射作用。运输网络的充分利用，旅游业的发展，都需要政府给予必要的支持，以吸引更多的投资商来投资。特别是国外企业来华投资，需要提高物流信息质量，更需要加大政府主管部门的审核管理力度。为了能够促进物流企业的发展，就需要中国国际货代业在保留传统国际货代业优势的同时，还要从发展的角度出发，适应目前的市场经济运行态势，考虑到当地区域经济发展需求而调整和完善中国国际货代业的各项业务，使其对当地的区域经济发展起到良好的促进作用。

三、建立多元化服务网络

进入信息化时代，计算机网络深入到社会各个领域当中。为适应时代发展的需要，中国国际货代业也将相应的网络化管理体系建立起来，并根据业务需要对网络化管理体系不断地调整和完善，实施系统化的运营。中国国际货代业与物流业相融合，实施网络化管理，就要基于双方业务的有效展开而建立多元化服务网络，从中国国际货代业的未来信息化管理趋势的角度而言，要促进更为合理化的产业运行状态形成，就要对中国国际货代业的服务网络化机理进行研究，并构建实现的途径。

（一）中国国际货代网络化运行

1. 中国国际货代网络化运行适应了信息环境

人类的文明步入了知识经济时代，信息技术成为推动社会经济快速发展的重要动力。计算机信息服务向各个行业渗入，使得市场竞争越来越激烈。在网络经济的环境之下，中国国际货代业务的展开，就有必要适应市场经济的需要而建立属于自己的网络体系，不仅可以运用以互联网支撑的新的中国国际货代管理模式，还能够将分散的国际货代资源有效整合。特别是相关的物流业务，其信息资源原本呈现出分散态势，通过网络信息平台实现了整合，使物流企业之间不再受时间和地域的限制，而是以计算机网络为载体，实现了虚拟空间中的相互交流、协作。中国国际货代与物流业通过互联网运行实现了优势互补。

2. 网络经济环境下的中国国际货代服务

（1）对网络经济的理解。对于网络经济的理解，从技术的角度而言，是计算机通过介质实现了一定区域内的信息网络连接。网络用户通过网络协议登录到信息平台，就可以有权参与资源共享。随着电子商务的发展，一些商业活动可以在网络虚拟空间中进行交易。在网络空间下，地域和时间界限都被打破，在计算机信息化服务平台上实现了商业一体化服务。

（2）网络平台的功能性服务。当计算机技术发展到一定程度，网络适应社会的需要应运而生。网络平台是在计算机数字化网络上建立起来的可供信息共享和互动交流的数字化虚拟空间。通过信息化网络，可以将大量的数据信息储存在小小的网络平台上，以数字化的方式展示出来。计算机数据挖掘技术，可以使用户在使用信息平台的同时，对于有效信息进行筛选，从而提高信息搜索和使用的效率。在世界经济高速发展的今天，网络服务变得日益重要起来。打开网络，就可以知晓天下事，这就是计算机网络技术的魅力。计算机网络主要是通过协议服务，在网络平台上共享信息资源，并相互交流和沟通。随着具备信息时代特色的网络经济模式的建立，网络服务作为一种经济形态逐渐得以完善。

建立网络平台的主要目的是要实现各种功能型服务，并根据服务需要而相应地完善计算机的网状配置系统。为了使信息网络更具有适用性，就要完善各项功能。当多个节点相互连接时，就要使各个节点的优势互补功能得以实现，使网络的各项服务功能更为完善、更为实用，更符合社会的经济服务需要。

（3）中国国际货代服务的网络信息化运作。中国国际货代服务虽然已经实现了网络信息化运作，但是，并没有真正意义上摆脱传统的运行模式，随着物流服务网络平台的建立，加之中国国际货代与物流业的合作，为了促使双方之间有效衔接，就要通过网络化管理实现中国国际货代服务和物流服务过程的整合，优化整个服务过程中的各项元素，并通过开发多样服务功能，满足服务使用者的需要，同时做到高效益、高精确度地向客户提供服务。

将中国国际货代网络建立起来，就是适应信息技术环境而建立起基于物流网络、服务网络的中国国际货代信息化网络服务体系，以适应网络经济的需求。在中国国际货代服务中，网络服务体系的建立是重要的发展模式。网络服务体系、服务网络的完善，就是将网络服务体系由实体网络运行进一步地向信息网络延伸，实现以经济服务为主导的网络综合服务体系。那么，网络服务，网络化管理的意义就在于，网络技术环境下，中国国际货代服务网络化运行是发展的必然趋势。但是，与美国、英国等经济发达国家相比，中国的国际货代网络化只有在近几年才真正意义地运行，还没有形成一定的规模，但是这种新型的网络技术正在逐渐地向物流服务体系延伸。中国国际货代与物流服务融合，根据物流信息网络服务的特点，使得中国国际货代形成了应用性体系。中国国际货代服务由原来的规模化、综合化逐渐基于物流信息网络而实现信息自动化管理。

（二）中国国际货代服务网络化运行的机理

1. 中国国际货代实现网络化运营的基本因素

计算机信息技术的普及推动中国国际货代服务网络化运行。网络化服务体系的建立是基于信息服务为基础而建立起来的，要求在网络技术的支持下，与中国国际货代服务相关的各项信息资源、投资成本等实现优化整合，使系统中各项元素互动运行，具有很强的综合性。相应地，物流系统中的各个环节，包括采购、销售、配送服务等都是在物流网络系统上完成。中国国际货代实现网络化运营与物流网络系统合作运营，可以为用户建立良好的服务，同时还降低了成本，缩短了各项业务的运行周期。

2. 在网络市场环境中强化服务能力

中国国际货代实现网络化服务是为了适应市场需求而产生的。但是，中国国际货代服务的运行以传统的服务项目为主，尚处于低水平状态。虽然中国国际货代按照市场的要求已经向物流服务领域延伸，但是，在具体运行中并没有实现真正意义上的结合，更没有根据中国市场运行状况而对服务管理模式加以创新，因此，导致中国国际货代和物流管理都不同程度地滞后于时代发展的速度。

当中国国际货代与物流服务融合，实现网络化运营，就可以对于双方资源进行整合、优化，简化产地与消费地之间的物流传递程序。处于世界经济一体化环境下，中国国际货代更需要按照全球化发展趋势运行，实现与国际同行业接轨。现代化物流体系的建立，时代的物流产业供应链以计算机网络平台为载体得以实现。对于中国国际货代服务以产业供应链方向发展，可以使得整体优势被充分地发挥出来。在网络化的组织架构中，产业供应链的每一个环节都要在运作的过程中从宏观的角度考量。企业要提高竞争力，除了提高产品质量之外，更要提高服务能力，以网络运营的方式而形成产业供应链。原有的中国国际货代服务运行模式经过网络实现系统化整合之后，原有的注重规模发展的粗放型模式逐渐向集约化模式转变，使物流资源在信息网络的作用下，进行重组、整合，并且优化配置。在这种网络信息系统环境中实现综合性运作，不但提高了工作效率，而且大大加强了行业市场竞争力。

3. 基于物流服务网络化机理构建中国国际货代网络化服务

在信息技术的带动下实现物流服务网络化，使得不同地区的物流领域获得整合。物流的区域局限性被打破，还要建立健全一系列配套设施，将物流企业的网络化框架建立起来，目前的市场经济使得物流网络的整体服务能力有所提升。随着物流相关设备的改善，物流网络化体系使得整个物流运行加快。特别是以区域为单位形成物流一体化的格局，区域范围内的市场需求就会发挥主要的导向作用，这就意味着物流服务体系还要根据本地区的产业特色和经济发展状况来设计。

从物流企业的角度而言，要根据企业的实际情况策划和构建物流服务网络，包括物流服务的网络化构架、企业网络服务系统都要不断地完善，同时还要将企业间的网络服务联盟建立起来，并以此为开端，协调物流各部分，优化物流资源配置，以扩展物流服务领域，提升物流服务能力。

基于物流服务网络化机理，要将中国国际货代网络化服务构建起来，就要在物流服务网络化的基础之上将中国国际货代的网络信息系统建立起来，选择适合自己的网络策略。中国国际货代的发展与城市发展存在着相关性。从城市的规划到交通布局以至生态环境建设，与中国国际货代服务水平之间都存在着直接或间接的关系。运用电子信息技术建立中国国际货代服务，就是要通过网络平台实现信息的采集，对于所收集到的信息运用大数据挖掘技术进行筛选、技术处理，所有的信息在网络平台上流通于各个企业之间，都要按照统一的规范来执行，为用户提供标准化的服务。

中国国际货代服务离不开物流，物流业的市场竞争力直接关乎中国国际货代服务质量。对于委托人而言，接受代理的中国国际货代企业建立良好的物流运行机制，不仅服务质量好，而且还可以降低运输成本。从物流成本报价的角度对物流配送优势进行分析，为了降低物流配送成本，物流企业往往是就近配送，即在线性市场的范围内为消费者提供最快的配送服务，其中所涉及的运输成本也会相对降低。物流的费用即为消费者所在的位置与物流厂商距离的物流价格加上商品重量所需承担的费用总和。

中国国际货代企业所承接的代理服务项目为两个生产同质商品的厂商，分别处于线性市场的两端。在两个厂商所投入的边际成本相同的情况下，企业所在位置处于线性市场的两端，分别为 A_1、B_1，厂商所提供的商品价格分别为 P_1、P_2。商品消费者在线性市场范围内均匀分布。如果消费者要购买两个厂家的商品，就要付出一定的物流成本，即为购买承担一定的效用损失。承担商品物流配送的企业有两个，所提供的物流配送成本报价为（t_1、t_2），其中涵盖着路程计价与配送的商品重量的总和。

在线性市场的区域范围内，两家厂商按照自身优势将地域进行平分，企业就会处于零利润。建立在物流成本基础之上的利润，成本与配送距离存在正相关性，配送货物的距离越近，成本就会越低，相应地，厂商能获得更高的利润。虽然两家厂商所需要配送的为同质产品，却可以根据物流成本的高低水平而对产品定价，基于物流服务而提高产品的服务竞争力，由此扩大市场影响力。这足以说明，企业想要发展，物流是需要考虑的重要环节。

中国国际货代企业承接地货物运输代理为进出口货物运输，为了降低物流成本，就要从国际物流市场的角度建立同行业的协同合作，以在竞争的基础之上适应行业市场需要，中国国际货代服务的网络体系就是在此基础上建立起来的。同样，中国国际货代网络的设计以及运作方式，与厂商在物流服务范围内的空间分布状况存在正相关性。推动中国国际货代企业与物流企业充分融合，实现中国国际货代企业服务的低成本、高效率运行。特别是处于信息技术高速发展的今天，物流服务网络化成为了必要的选择。通过建立计算机网络服务体系，可以将中国国际货代企业的各个环节形成高效的服务链，以规模效应提高市场竞争力。由此可见，提高中国国际货代网络化服务水平，成为了获得市场竞争力的必要条件。

（三）运用物联网技术建立智能化中国国际货代服务系统

信息技术被渗入到物流系统中，基于物联网技术而建立起智能物流系统。中国国际货代企业要在信息社会中实现可持续发展，就要实现智能化发展。西方经济发达国家的国际货代企业运行已经实现了智能监控，通过提高物流运输效率而扩展物流服务规模。国际货代服务的一系列活动都是运用于物联网的智能化系统，对于各项服务的运行状态实施远程监控。现代生活的快节奏使得人们对于效率提出了更高的要求，国际货代企业要最大限度地满足各方面需求，就要不断地完善物联网服务，运用无线传感器将货物运输信息传输到互联网的服务器中，用户只要登录指定的服务器，就可以了解国际货代系统的运行过程。国际货代企业要搭建科学合理、高效运行的网络信息传输平台，就要将智能物流系统建立起来，并利用网络快速运行的优势提高国际货代服务质量。

1. 物联网技术

将国际货代企业的物联网运行体系建立起来，就要对物联网的体系结构和网络设计有所了解。物联网的体系结构分为感知层、网络层、应用层三个结构层。感知层是短距离无线通信网络的物理连接，具体操作中，是接收所能够感知到的信息，包括网络系统运行状态以及各项信息的控制，感知层经过对相关信息进行分析后，会发出相应的控制指令；网络层在物联网体系中所发挥的是传递信息的作用，作为信息传输载体，网络层所发挥的功能是对网络数据信息的有效传输；应用层的功能是实现计算机与用户之间的交流，由计算机、平板电脑、手机等所构成。

物联网的网络设计上，主要由协调器、路由器和终端设备三个硬件设施组成。协调器的功能是组网的完成和维护、无线数据的传输等，当接收到相关指令后，协调器就会按照各项指令完成控制功能。协调器是物联网的核心部分，要经过 MAX232 逻辑电平转化，将数据信号传输到网上。在物联网设计中，可以采用 CC2530 主控芯片，通过 ZigBee 网络与相关服务设备建立连接，数据通过串口传输，与网关进行数据交换，运用 MAX232 以及外围电路，转化逻辑电平，在 RS232 与终端之间可以实现通信数据的有效传递。网络设计中，将路由器连接到终端设备，电路是重要的组成部分，同时还要确保路由器节点与终端设备节点相同。此外，在进行物联网的网络设计中，还要注意主控芯片与网关接口的连接，以确保数据顺利传输。

2. 基于物联网技术的国际货代智能系统的建立

（1）国际货代智能系统。国际货代智能系统是基于物联网技术而建立起来的，将信息技术与人工智能技术相结合，根据实际运行需要将智能功能深入到各个作业环节中，诸如运输、仓储、配送、装卸等，在智能系统的操纵下实现智能化管理，可以优化各项国际货代资源，使得物联网上传递短信息、国际货代所开展的各项活动、物流资源以及系统运行规范等都处于系统化运行之中，且任何一个环节都处于监控之下，随着系统运行效率的提升，物流成本有所降低。

（2）国际货代智能系统的架构。

1）国际货代仓储管理子系统。国际货代仓储管理子系统是基于物联网络而建立起来的，所采用的技术为 RFID 技术、传感器技术等。当货物信息在物联网上发布后，远程监控就会启动，包括货物信息、订购信息、流通程序等都会被监视到，并根据运行需要发出指令以有效控制。RFID 技术在国际货代智能系统中主要被用于入库管理。由于智能系统为全程智能化服务，在系统运行的过程中，还涉及无线电通信、条码，收集有关货物的信息，将信息传输到数据中心等内容。智能化的监控功能要不断完善，才能保持跟踪货物，并对于处于运输状态的货物信息以定位，以保证货物入库准确。货物入库完成后，库存数据就会自动更新。在国际货代智能系统中，RFID 技术的运用使得库存管理得以实现。其所发挥的功能还在于识别存货位置，仓库环境数据则通过无线传感器网络以获得，并将各种相关物理信息传输到物流管理子系统当中。通过网络与仓库和客户端建立联系，就可以操作智能系统实施出库管理。国际货代智能系统运行中，管理系统按照优先级顺序查询货物信息，定仓位，向智能系统调度命令，调配好货物出库。无线传感器网络的运行，实现了各个环节的智能化管理，从货物入库到出库调配完成，都可以通过货物信息的及时反馈，并将有关信息传输到物流管理系统中，确保各项操作准确完成。

2）国际货代运输管理子系统。国际货代运输管理子系统的智能化管理所涉及的内容包括智能逻辑系统、电子商务和物联网。在国际货代运输管理中，所应用的技术包括 GPS、GSM、GPRS 以及监控技术等。

GPS 全称为："Global Positioning System"，意为"全球卫星定位系统"，可以通过卫星跟踪监测对地面物质加以定位。卫星处于高速运动中，使用 GPS 进行控制网的测量，可以获得高精度的定位数据。在卫星覆盖的范围内，GPS 技术可以对货物所经路径进行定位。如果货物运输中已经超出了卫星监测范围，进入到跟踪盲区，就可以采用 GSM 技术结合 RFID 技术加以定位。

GSM 全称为："Global System for Mobile Communication"，意为"全球移动通信系统"，其接口所采用的是时分多址技术，设备占据全球蜂窝移动通信设备市场的 80%。所有的用户只要签署漫游协定，就可以与运营商自由漫游。作为移动电话运行上的数字系统，其信令和语音信道都是数字化的。用户可以从更高的数字语音质量和低费用的短信之间做出选择。国际货代企业在运行信息管理系统中，使用 GSM 技术，可以根据不同的客户定制他们的设备配置，要确保易操作性，以便能够接受网络运营商提供的漫游服务。用户只要在全球 GSM 网络所覆盖的地方，就可以使用移动电话上线接受服务。

GPRS 全称为："General Packet Radio Service"，意为"通用分组无线服务技术"，属于持有移动电话用户所使用的移动数据业务。GPRS 是对 GSM 的发展，传输的方式是封包（Packet）方式，但是传输并非使用整个频道，而是以其传输资料为单位计算，传输的速率可以达到 56 Kbps，甚至提升到 114Kbps。GPRS 的应用可以解决手机上网中所存在的问题，使用户可以随时随地上网。国际货代运输管理子系统中应用 GPRS 系统，可以建立新的连接，使网络永远在线，且为高速数据传输，由此而提高国际货代企业的智能化管理运行效率。各项信息的传播以短信或者语音传递为主，以交互的方式实现双向无线通信互动，同时与物流管理子系统实现双向传递。当货物在制定的路线中运输时，车辆处于行驶中，就可以通过运输管理子系统进行调配，对于物流情况进行有效监控。

3. 国际货代物流管理子系统

国际货代物流管理子系统包括三个系统模块，即决策支持模块、信息管理模块和调度优化模块。

决策支持模块的功能是针对物流情况做出物流决策，所涉及的内容包括货物的库存情况、货物的采购情况和货物的配送情况。利用职能管理系统，可以将符合物流管理的最佳物流决策方案制定出来，这就需要对商务智能、人工智能和计算机智能等进行充分利用，建立数学量化模型以求解，根据模型求解结果实施信息管理。

物流管理子系统是基于电子商务的运行机制而实现的，在国际货代服务中，要实现物流商业化服务，就要运用电子商务管理流程进行网上报价、网上下单，实施网络化一系列交易等。国际货代的智能化信息管理，则是实现网络智能化运行，以信息收集、信息处理为主，智能监控各项信息，并做好实时跟踪服务。所有的信息都是通过计算机网络发布，并向用户提供有关的物流信息服务。

国际货代业的发展，智能化管理是发展的必然趋势。基于物联网技术而建立起来的国际货代智能物流系统，可以对于物流信息以实时监控，包括货物的仓储环节、货物的运输环节、货物的管理环节等，都可以将智能化系统所收集到的数据信息，经过信息模式转换技术处理后，实施智能监控、智能管理。比如，在国际货代智能化管理系统的调度优化模块中，就会对模块中的各项资源，包括服务器、SMSP、SQL Server、GIS 等优化配置，运用遥感技术和遗传算法规划物流配送的路线，对于物流运行过程进行实时动态跟踪，并实施监控。由此可见，国际货代智能系统不仅要制定科学的结构，还要将物流服务有效运用，并延伸到电子商务、物流咨询、方案规划以及系统设计等各个技术领域中，突破传统的国际货代运行系统的局限，实现国际货代物联网技术的时代性发展。

四、建立电子商务的“云物流”

（一）云计算

在信息化网络技术快速发展的环境下，云计算作为一种新型的计算模型，具有强大的计算能力。特别是在数据的存储方面，不仅高效便捷，而且安全可靠。所谓的“云”，就是网络上所提供的资源，存在于服务器的集群之上。本地的计算机要获取信息，则要通过网络提出请求，那么，网络上所连接的计算机就会将大量的相关资源提供出来，并将结果返回到本地的计算机上。云计算是基于计算机互联网而建立起来的资源体系，“云”作为对计算机群的形象表达，其对于数据资源的存储工作和计算工作提供了应用性的服务，是网络资源的核心。对各种所需的数据资源进行计算，根据计算结果操作计算机的浏览器。在云计算环境下，用户所需要的应用程序都需要通过互联网接入到“云”端才能够操作。采用云计算技术，可以降低资源成本，还能有效整合分散投资，对各项资源优化配置，满足资源服务多元化需求，推动信息系统逐渐完善，并快速成长。

云计算成功地实现了共享资源库的整合，随着软件环境的整合，资源得以快速调配，应用的管理配置工作也不断地完善。运行环境的整合，使得应用服务器软件和 Web 服务器得到统一。多种技术的集合，虚拟机技术的运用，可以将分布的多种资源集中到一台服务器上，诸如网站和信息系统，都可以在一组服务器上集中运行，由此实现了信息资源的有效配置。从运行效率上来看，X86 服务器的利用率往往处于 5%~20%。由此可见，数据环境整合的同时，不仅满足了用户的多种需求，还使得资源成本降低了。

（二）电子商务平台

电子商务平台是网上交易平台，是商家与企业基于网络技术而建立虚拟的业务空间，启动相应的管理模式实施商务活动。在电子商务平台上所展开的各项商业活动，主要是在网络上对商业信息资源予以协调，不仅可以充分满足用户的服务需求，还可以与用户建立充分的沟通，以确保电子商务的各项经营活动顺利展开。在电子商务平台运营过程中，所涉及的流动资源包括信息流、资金流和物质流。这些流动资源在网络环境下按照电子商务平台上的规范运行，对于资源配置予以优化，同时还向用户提供了资源的开放，实现资源共享。电子商务平台向用户提供了网上交易活动的空间，为了确保交易运行安全可靠，就要制定必要的安全保障措施，从而对电子商务平台实施有效的管理。

（三）建立“云物流”网络运行体系

互联网技术运用与物流管理中的一大贡献就是促进了物流信息资源的整合。但是在物流信息运行效率上来看，中国物流网络信息管理系统与其他国家相比仍然存在着滞后性，其中一个重要原因并不在于中国物流业起步较晚，而是由于在物流网络信息管理系统运行的同时，并没有从市场的角度出发实施必要的营销手段，更没有基于提高竞争力而调整产品结构，从而导致物流网络管理体系更新缓慢，且在具体运行中，中国依然按照固有的模式而没有将人性化管理内容注入其中。

将云计算应用于物流网络信息管理中，建立“云物流”网络运行体系，就是通过互联网将物流资源输入到云中储存，包括物流网络信息系统所使用的操作系统和浏览器都被接入到云端，与云端数据库连接。用户只要采用云接入的方式，网络运行的各项功能都会被转移到云端来完成，从而使用户的终端被大大地简化了。在云计算环境下，将物流管理资源库建立起来，在充分运用云计算能力的同时，将资料数据存储在互联网的数据中心，节省了个人电脑的存储空间，而且还不会受到时间和地域的限制，实现了随时随地储存、提取和处理信息。物流信息系统的网络化管理中，由于所呈现出来的连接布局比较分散，甚至需要跨区域连接，如果依然采用传统的网络连接方式，就会出现信息孤岛或者是应用孤岛的现象。利用云计算建立物流信息管理系统网络基础架构，将“云物流”建立起来，实施统一的数据库存储和各种应用性服务。

“云物流”的数据库整合，通常所采用的数据库环境为 SQLServer、Oracle、MySQL 等，这些数据库环境不仅可以对外提供，而且还能够对数据统一备份，以避免数据丢失而造成严重的后果。

将云计算技术应用于物流中，建立“云物流”管理模式，就是要将“云物流”运行体系建立起来。针对中国国际货代业的网络信息系统运行，就要对物流运行模式实施管理，要求将各项业务以及每一个业务中的各个环节都在云计算服务平台上运行，将标准化的作业流程建立起来，不仅实现了信息共享，还对有关业务实施了灵活管理。通过云计算技术可以在有效控制好物流运行的每一个环节的同时，还可以获得智能化决策支持。电子商务在网络平台上运行，为了能够满足用户的需求，将“云物流”技术应用于电子商务中，可以完善电子商务系统向用户所提供的服务，使电子商务平台的信息质量有所提高，确保电子商务平台安全可靠运行。

另外，在中国国际货代业的网络信息系统中引入“云物流”，即便是大量的订单需要处理，但是由于各项业务在云端运行，并不占有本地资源，因此，可以实现信息的有效传递和管理。

（四）“云物流”运用于中国国际货代信息管理系统中亟待解决的问题

在知识经济的环境中，云计算渗入到物流领域中，形成“云物流”运行模式，并将电子商务推向新的发展阶段，这也是中国国际货代信息管理系统新的运行发展趋势。云计算对网络上所提供的虚拟化资源加以伸缩式计算，使电子商务的运行成本降低，协同化物流得以实现，物流运行周期得以缩短，由此而优化了库存结构。基于目前电子商务与物流的高效整合，在中国国际货代信息管理系统中引入“云物流”，就是要建立三者合作体系。“云物流”技术渗入到电子商务交易系统中，使物流效率得以提高。随着物流运行规模的扩大，在商业环境中占据着不可替代的地位，运用“云物流”推进中国国际货代信息管理系统的运行，并利用网络快速运行的优势对信息以远程控制。

要通过“云物流”建立电子商务平台，使物流信息管理系统和中国国际货代信息管理系统的融合，就需要采用“云物流”运行模式，形成符合中国国际货代信息管理系统运行需要的全球化的物流管理体系，实现物流各个环节的有机结合，为用户提供技术、安全、准确的服务。运用云计算整合电子商务、物流和国际货代资源，构成集成化的信息管理模式，不仅可以实现三方之间的优势互补，还能够改善各方服务质量，推动物流的规范化发展，促进国际货代信息管理系统有效运行。但是，在具体操作中，还需要面临一些亟待解决的问题。

“云物流”环境下建立国际货代信息管理系统，其中电子商务平台的运行方面，需要考虑到信息传输速率的问题。电子商务运行只需要建立最小群集服务器即可，但是，在网络系统中，不仅需要连接网路、安装运行设备以及服务器，还需要不断地更新电子商务平台的应用软件，以加快运行速度，提高竞争力。国际货代信息管理系统运行中，与之合作的电子商务平台系统服务器要安全运行，就要提供不间断的服务。用户只要接入到云端，进入到电子商务平台，就可以共享资源，正常咨询和访问。电子商务平台上所提供给用户的信息都要实时更新，特别是用户所关注的供货信息、售后服务信息，并且需要保证信息质量，以满足用户要求。

除了电子商务平台系统更新和完善之外，物流运行体系也需要进一步发展。中国国际货代业运用物流实施管理，就是要降低物流成本，提高物流运转效率，但是从目前的物流运行模式来看，物流资源配置是为了配合中国国际货代运输，并没有实施物流外包的管理模式，使得物流运营效率受到了影响。“云物流”的作用就是要求物流企业将原有的配送模式根据现实产业运行的机制加以改变，实施供应链管理，并基于此将商业模式建立起来。虽然国家出台了相关的管理制度，但是，从中国国际货代未来发展的角度出发，还需要实施“云物流”规范化管理，通过创新管理模式，发挥其商业价值。

中国国际货代业属于综合性服务行业，它所涵盖的内容包括进出口货物运输代理、电子商务和物流产业，其中物流行业覆盖范围之广，需要将分散的资源进行有效整合，且降低成本，提高物流运行效率，将“云物流”引入到中国国际货代信息管理系统中，使进出口货物运输代理、电子商务管理和物流产业管理等各项服务都通过云计算技术来完成，以在云端实现资源整合，简化运行流程，提高运行效率，且能够跨越时间和区域界限，使客户一登录云端，就可以共享资源，享受各项服务。

第二节 运行资产化战略促进中国国际货代竞争

一、中国国际货代竞争提升策略

近些年来，中国经济的崛起在世界经济市场中已经获得认可。随着中国商品经济在国际市场上日益繁荣，国际货运企业所发挥的作用愈加重要。与西方经济发达国家相比，中国国际货运企业在发展上存在着明显的滞后性，其中的一项主要原因在于中国国际货运代理企业依然维持着“重效益，轻资产”的经营管理模式，在具体运行中，类似于物流的运营方式。中国国际货运代理企业则以中间代理商自居，虽然从事运输服务，但是并不会提供运输工具，更不会在仓储设施上加大投入。随着物流业的快速发展，中国国际货代面临着竞争压力，就要在企业的资产设施上加大投入，通过提高服务质量占领市场。

按照物流运输理论，企业要想在行业市场中具有主导市场运行的地位，就要懂得运用运输工具、具备仓储设施，这种一动一静的结合，才能够争取到客户。通常客户在对货代物流的选择上，也会以企业所具备的资产设施作为基本参考项，以做出最终的选择。从满足客户需求的角度出发，国际货运代理企业还要通过资产设施规模的扩大，提升对客户的吸引力。

首先，中国国际货运代理企业要能够确定自身的核心资产设施，以此为基础不断扩大资源规模，以促进主营业务的核心竞争力的提升，特别是一些稀有核心资源，诸如水运集装箱站场以及海陆空货物分拨中心等，都是提升企业竞争力的资本，在谈判的过程中，这些也都将成为争取到客户的资本。

其次，目前的中国国际货运代理企业普遍经营规模有限，且对于核心资产设施的投入不够重视，使得行业竞争力缺乏。中国国际货运代理企业要扩大资产设施规模，可以采用合作的方式来提高吸引力。

比如，中国外运长航集团为了提高行业竞争力，不仅在国内扩大了经营规模，而且还与国外的大型物流企业合作经营，发展为目前中国国内十大货代企业之一。自 2008 年以来，中国外运长航集团将网络覆盖到全国各地的 30 多个省、自治区和直辖市，还逐渐将货代服务延伸到海外，包括美国、日本、德国、韩国以及加拿大等地区都有中国外运长航集团所建的服务网店。为了能够将企业发展为综合服务型企业，中国外运长航集团与国外的物流企业建立了合作关系，把握住当地的核心资源，并使业务快速扩张，以实现企业的整体发展目标。

随着国际货代企业产业集群化方向发展，网络成为了促进国际货代企业间合作与共同发展的必然动力。特别是国际货代海外网络体系的建立，不仅可以实现国际货代的网络化经营，而且还可以实现企业经营模式的创新。中国国际货代要通过网络化管理提升行业竞争力，就要对企业的网络布局进行优化，将分散的资源通过物联网实现整合，并对各项资源优化配置。国际货代企业实施网络信息管理，可以突破时间和空间的限制，特别是原有行政区域界限被打破，以市场需求为导向，并根据客户需求对货物的运行方向进行调整。

中国的国际货代企业需要快速地将网络布局向国外延伸。企业可以通过网络信息管理系统的建立，与国外的货代企业合作，也可以采用投资或者共同组建的形式以合资经营，通过网络化管理，对各网点资源统一调配，以使中国的国际货代企业的运营模式从原有的以利润为中心的运行模式扩展为一体化运营，通过网络运作优势，使国际货代企业的专业化水平更为突出。鉴于中国国际货代企业在网络信息管理和运营上存在着缺陷，就需要吸引国外的国际货代企业，运用网络实现企业运营上的对接。

比如，中国海运集团总公司，在发展运输产业的同时，还组建了专业化公司，包括船舶修理、码头以及物流等，特别是码头产业，集装箱的年吞吐量可以达到 2000 万个标准箱，而且企业还将船舶修理的业务延伸到美国的洛杉矶港口和西雅图港口。海航集团下的扬子江货运公司在海航集团占有 98%的股份，中国海运集团收购扬子江公司 50%的股份，可以在一定程度上解决因揽活能力有限而造成的亏损。为了加速物流运作，中国海运集团总公司建立了中国国内的服务网络，并引进外资，以通过运行网络体系扩展客户关系，通过与外资企业合作降低成本。

二、提升核心竞争力的资产化战略

（一）战略联盟策略

中国国际货代企业处于新兴行业市场环境下，就要调整战略发展策略，以适应外部环境。所谓的“战略管理”，就是促进企业与外部环境之间的高度协调。中国国际货代企业面临中国国情下的法律环境和政治环境、经济环境、科技环境以及国际环境，就要做出战略调整。自中国加入世界贸易组织以来，有关国际货代的各项新规定相继出台，特别是中国市场经济逐渐与世界经济市场并轨，市场开放程度不断扩大，中国国际货代企业的生存和发展空间不断扩大的同时，也要调整自身的发展策略，以应对来自各方的冲击力。科学技术的发展，网络技术渗入到中国国际货代企业经营管理中，要求中国国际货代企业适应目前的外部市场环境，摒除传统的国际货代的运行模式，与物流企业合作，将业务经营建立在电子商务运行的基础上。利用网络技术实现企业间的联盟，并扩张业务范围，以通过优势互补促进行业企业共同发展。

处于经济全球化背景下，企业要发展就要改变原有的发展策略，竞争规则也要相应地有所改变。早期的竞争以对抗性竞争为主，以市场淘汰的方式将竞争对手淘汰而占领市场。采用战略同盟策略，则是通过合作的方式提高竞争力。国际货运代理企业要在目前的行业市场环境下持续而稳定地发展，就要建立同行业间的产业链，通过扩大规模占据市场主导。与此同时，还要实现纵向联盟，通过与供应商、运营商以及客户之间形成战略联盟，共同开发市场，以共担风险、共同发展。

（二）功能整合策略

1. 建立跨国综合物流企业

中国国际货代企业向客户所提供的服务具有单一化倾向。随着物流业的兴起，中国国际货代企业所面临的竞争越来越大，特别是一些高端客户会需要更多的高质量服务，这就要求中国国际货代企业采用功能整合策略以实现一揽子物流服务。

国际货代企业想要适应市场环境而迅速发展起来，就要建立在综合货代为背景的基础上，将货代的功能充分地发挥出来，并以市场要求为导向快速转型发展。中国国际货代企业服务分散，功能单一，要将货代功能发挥出来，就要以专业化为基础，最大限度地实现系统整合，由此提高中国国际货代企业的利润率，提升运行效率。

基于国际货代企业产业链运行的复杂化，为了能够满足专业化需求，就要向客户提供一揽子物流服务，这就需要国际货代企业与多个供货商合作，向客户提供库存管理、第四方物流等，以降低供货商在时间和资金投入上的成本。国际货代企业与多个供应商合作，除了提供有效的供应链管理服务之外，还要提供退料管理（RMA）项目，客户主要登录一个网店，就可以获得各种相关信息。整个的运行程序包括：接到客户所提出的退料指令，对于退料要求以处理，将退料安排到指定的仓库中，做出退料检测。对于退料的处理要及时而准确，特别是要做好重新包装，并将相应的条形码重新贴上，以送到仓库中等待新的客户下单。这样做不仅可以降低运费成本，还能简化退料环节。建立跨国综合物流企业，就是运用网络优势开展供应链业务，通过实现功能的整合促进国际货代企业的发展。

2. 建立网络信息管理体系

中国国际货代企业要更好地实现功能整合，就要将网络信息管理体系建立起来。中国国际货代企业网络信息化管理系统的运营，是对于中国国际货代企业物流信息管理系统的进一步完善，要求管理与企业运营的外部环境相符合，各个要素之间合理搭配，包括产品供应、产品运输、产品储存、财务管理、资金管理、成本管理、质量管理等，都要纳入到网络信息管理体系中，通过提升中国国际货代企业的管理水平，提升服务质量。

（1）人力资源管理。中国国际货代企业的经济效益与服务质量直接相关，为了能够向用户提供高质量服务，就要提高质量管理水平。中国国际货代企业的工作人员要具有高度的工作责任感，不仅要能够熟练运用企业信息管理系统，还要对各种信息实时检验，将眼见着实贯穿于整个物流运行过程中，并做好实时监控，以实现全面系统化管理。

中国国际货代企业的网络信息化运行，对人的管理是非常重要的。特别是实施集约化的供应链管理后，就更要做好实时监控工作。中国国际货代企业对人的管理，不仅是对企业员工的管理，还包括对客户的管理。对企业员工的管理，需要将人力资源管理模块建立起来，将企业员工的基本信息录入其中以便于查询。人力资源管理系统可以实现人力资源信息快速处理，且实现网上自助功能，企业的员工在权限范围内就可以查询到自己所需要的信息。比如，人员的专业技术培训、绩效考核以及各种福利待遇等，都可以在人力资源管理系统实现信息共享。对于客户的管理，则是从服务的角度出发，通过对客户需求的了解，在充分满足客户的同时，对客户的行为加以引导，使客户能够按照企业规范行事。

（2）成本管理。中国国际货代企业的运行态势是通过成本核算结果反映出来的。企业要强化管理，就要做好成本控制工作。中国国际货代企业实施网络信息化管理，着重于管理决策的研究，需要将成本管理体系建立起来，其中主要的环节包括成本基础设置、成本计划、成本核算以及成本分析，以降低企业投入成本，充分满足中国国际货代企业的集约化管理要求，为企业的决策层服务，实现成本管理中的预测功能、控制功能以及核算分析功能的良好作用。成本管理流程如图 7–1 所示。

在成本体系的运行过程中，成本管理流程中的成本基础设置完成后，将相关的各项费用以及成本计划的制定过程中的原始数据纳入其中，制定出成本计划。在成本管理体系中首先被录入的是成本期初余额，对于相关历史数据进行核算分

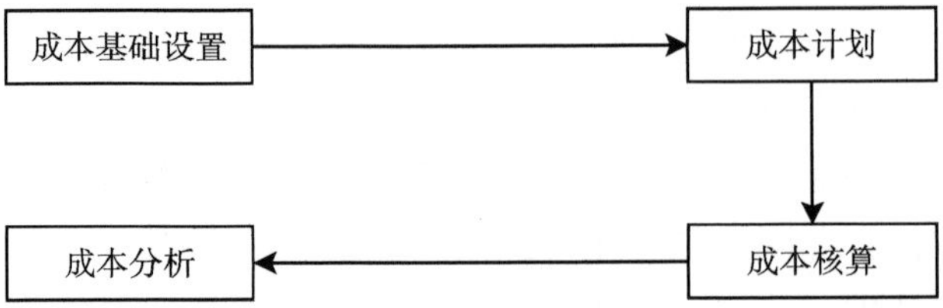

图 7–1　成本管理流程

析后，将实际消耗的成本与计划成本对比，将成本控制计划制定出来，由此降低系统投入成本。

（3）资金管理。中国国际货代企业要提高资金使用效率，就需要适应企业网络信息管理环境要求，建立财务管理系统，以对资金运行有效管理。按照中国国际货代企业传统的资金管理方式，不但无法完成大量的数据采集、处理和精确的计算，而且还会因各种数据误差以及重复劳动而导致资金管理的各个环节工作量加大，且影响企业服务质量。引入信息化管理中的企业集中资金管理，在实现企业资金统一筹划并实施必要控制的同时，还会提高资金的使用效率。在中国国际货代企业实施网络信息化管理中，实施企业集中资金管理，其优势在于，有效监控资金的流向、流量，规范企业各部门的筹资和投资的决策行为，而且规避资金风险，摒除财务风险隐患。中国国际货代企业通过网络实现资金集中管理，所涉及的内容包括资金计划管理、资金预测管理、筹资管理、投资管理以及资金的风险管理等。为了便于企业领导人预测企业在近期内的资金运转状况，资金会计要对即将发生的资金流量进行基础性处理工作。如果出现盈余的资金，就要做好资金周转工作，发现资金缺口，就要及时弥补。充分发挥信息管理系统的资金使用效率监督作用，以提高资金使用率，避免存在资金运行危机。为了实现中国国际货代企业资本最优结构，要管理好筹资渠道，调整好筹资结构，分析筹资成本，以实现资金使用结构的合理化，提高资金的使用效率。

（三）专业一体化经营策略

中国国际货代业要快速发展起来，就要打破原有的运行管理模式，单一的产品结构和落后的经营模式都成为阻碍中国国际货代业各项业务顺利开展的重要因素。目前国外的国际货代业多采用专业一体化经营模式，并形成产业链，实施集约化管理。

中国的国际货代业要实施专业化经营，就要将能够体现企业价值的业务线作为主业，注重特色发展。在具体实施中，要注重市场细分，包括产品运行和客户开发等，都要从服务的角度对资源优化配置。中国的国际货代业的专业一体化经营，要提高货代服务和物流服务，就要提高管理质量，特别是涉及行业竞争的服务，包括控制能力、组织能力和各项业务的协调能力等，都要实施专业化管理。比如，锦城国际物流于1990年创立，是中国最大的国际物流企业之一。基于"先做国内资源，再做海外资源"的经营理念，锦城国际物流已经将物流覆盖到全球。锦城国际物流的发展是建立在实体信息网络和信息服务网络的基础上的，它提供从采购、运输到"门到门"的综合物流服务。虽然锦城国际物流从事国际货运业务，但是物流是主业，通过开展"一站式"服务，已经将货代业务覆盖到全国各地的160多家分支机构，并代理国外的300多家海外货运业务。锦城国际物流在国外的一些地区设立了基本港口，从国内的各个货运港口到海外的任何一个海运网点，都可以开展海运拼箱业务。作为大型综合性货代企业，要提高服务质量，就要对货运需求市场进行细分，以专业化带动公司发展，在此基础上实施专业化管理，以实现物流一体化。

中国的国际货代业实施专业一体化经营，由于业务覆盖到全国各地，且与国外相关企业建立业务衔接，就需要完善信息管理系统。中国的国际货代业竞争力不够强，导致客户范围有限，加之物流覆盖面分散，给管理带来了困难。中国的国际货代业运用信息管理系统对各项业务实施精细化管理，可以使中国的国际货代企业在各项业务处理上提高工作效率，并且逐步地完善组织结构。

中国的国际货代业信息管理系统还要根据市场的变化不断地调整，并加强跟踪管理。目前，中国的国际货代业实施信息管理，已经在经营服务上采用了跟踪式管理方式，在网络上与合作企业对接，与客户建立直接的沟通，以通过多种渠道了解各方面信息，协调多方关系。对于中国的国际货代业运行中不符合运行规则之处，可以根据检测结果及时调整，以避免因服务质量问题给中国的国际货代业带来损失。

中国的国际货代业实现专业化一体化经营，提高管理质量是第一要务。在建立中国的国际货代信息管理系统的同时，还要提升专业化技术手段，且在采用精细化管理的过程中，建立长效机制。对于中国的国际货代而言，要实施专业化管理，就需要对各项业务细分，主要强调业务的流程，而将管理和生产的界限模糊化，以强化各部门之间的信息交流。随着管理质量的不断提高，让客户感到满意，中国的国际货代业也会因此获得更高的经济效益。为了降低中国国际货代业运行中的损耗，实施科学化、精细化管理是非常必要的。货代服务是否到位，主要体现在管理水平上。实施精细化管理，可以使货代业务专业化运营，且在运行的每一个环节做到精准化，采用科学而高效的分配方式，可以大大地降低国际货代运行中所存在的误差，并且对于各个环节的不当行为起到有效的控制作用。

在中国的国际货代业信息管理体系中，实施精细化管理，就要采用规范的操作标准，并以此为依据确保其有效执行。售后服务上要做到及时、快捷而且高效，特别是发生突发事件时，就要充分发挥中国的国际货代业精细化管理的优势，使由于操作不当而造成的损失降到最低。中国的国际货代业要实施标准化操作流程，提高货物运输服务水平和产品包装管理水平是非常必要的。

中国的国际货代业的业务流程设计合理，以客户的需求作为主要参考条件，建立起业务管理模式。在运行的过程中，还要根据服务功能不断地调整，使其运转正常。将科学规范的信息服务平台建立起来，以实现信息共享。对于中国的国际货代业务，要进行统筹协调管理，做到流程规范化，管理科学化，操作自动化。虽然目前中国的国际货代业已经建立起了系统化的服务管理体系，但是在实际操作中会更为烦琐复杂，这就需要建立起统筹协调机制，以便于对系统运作的过程中出现的问题进行有效控制，并据此进行总结，根据经验总结出规律，作为经营服务的重要参考系数。对于工作之间所建立起的逻辑关系，为了将业务流程的周期缩短，提高基础工作的管理质量，需要参照成功的同行业企业经验，并以此为指标，强化管理。

将中国的国际货代业服务管理体系建立起来，建立预控管理机制，可以有效规避货运中所存在的风险。在中国的国际货代业经营服务中，对于各个环节都要实施跟踪服务，不但可以随时了解货物运行状态，而且还可以对客户的要求有所了解，通过建立及时的沟通，一旦发现有误差存在，就要及时调整工作，将潜在的矛盾化解。对于潜在的风险，则要采取必要的预防措施，以提高中国的国际货代业专业服务过程中的危机预控能力。为了缓解国际货代企业和客户之间所产生的矛盾，可以充分地利用现代化的信息技术，提醒客户货物运输的每一个环节，也可以短信提醒，以提供跟踪服务，提高预控能力和信誉度。

（四）综合物流服务商的转型策略

中国国际货运代理企业正在向功能集成化方向发展，在业务经营上通过建立网络信息管理系统实现经营一体化。随着综合物流服务管理模式的形成，原有的单一的运行模式不仅经营规模相对较小，而且专业化程度不够，加之网络运行不够健全，造成物流运行中多种问题存在。针对物流服务商在物流运行中所存在的问题，要采取必要的对策，就要从宏观的高度将各项问题统筹管理，以提高货运代理的专业化服务水平和精细化管理水平，使产业结构和产品结构根据市场运行需求进行优化。一些综合性较强的国际货运代理企业，集陆运、海运和空运于一体。货代企业向用户提供国际海空运，需要具备订舱、报关报检、贴标、信息查询、分拣包装等各项物流核心功能，同时，还要有各种资产设施，包括卡车、仓储等，以根据自己的实力而转型。从行业市场竞争态势上来看，企业要发展，就要参与到行业市场中的供应链竞争。在国际贸易运输体系中，国际货运代理所能够发挥的是综合辅助服务。随着该项服务上升到供应链管理范畴，现代化的基于网络信息技术而建立起来的现代物流业应运而生。

要更好地实现综合物流服务商的转型，可以选择使用分层服务提供程序。分层服务提供程序（Label Switched Path，LSP）即为分层服务提供商。国际货运代理采用 LSP 运行，就是建立 TCP/IP 等协议的接口，以避免由于 Winsock 目录损坏而出现网络连接失败，使得数据丢失。在现代物流信息系统中，不仅要提供专业的服务，还要整合系统的各项功能。在一个维度的 LSP 中，涵盖着地域、时间等因素。虽然 LSP 不能够长时间运行，但是其所能够提供的物流服务是令客户满意的。在 LSP 空间运行上，可以近距离配送，也可以跨省、跨国界配送，最终使得物流服务覆盖到全球的每一个角落。LSP 的应用使得物流运行速度快，且打破了空间的界限。国外的一些国际货运代理企业正是对 LSP 有效运用，使得竞争力增强。对于中国国际货运代理企业，如果具有雄厚的资金，可以通过运行 LSP 而打破时间和空间的界限，特别是物流信息技术的升级，更需要巨大的资金投入。如果国际货运代理企业的资金运行相对紧张，就需要寻找资金雄厚的合作伙伴，发挥自己的物流优势，提供必要的技术服务。当国际货运代理企业需要跨地区，乃至跨国服务时，就需要综合性技术，建立集成化管理。这就更需要加大LSP 与企业供应链全程的紧密程度。

国际货代业因物流业的兴起使得未来发展更具有时代性，伴随着物流服务商而呈现出多元化发展态势。应用 LSP，可以促使国际货代业多元化发展，即便是发展方向与货代业没有直接的关联，也可以投入部分资金开拓新的市场。一些国际货代业的资本并不是很雄厚，对于企业中不占有经营优势的领域需要回归本业。比如，大连中远国际货运有限公司基于未来发展战略而退出了非物流市场。一些新扩展的市场，中远国际货运有限公司则应用 LSP 将“服务导向”制定出来，通过供应链服务，在固守本业的同时，发掘新的利润源泉。从物流运行方式来看，不同的竞争状态必然会产生不同的结果。国际货代业要提高市场竞争力，就要注重“服务与价格”的竞争。为了获得竞争优势，承运人要扩大规模就要通过兼并来提高集中度，形成寡头市场。从运输的角度而言，公路市场由于门槛较低而具有强大的竞争力。如果物流产品较为单一，除了提供运输服务和储存服务，还要扩展其他的市场，即便没有获得很高的利润，也会应用 LSP 的竞争战略建立策略性“服务导向”，通过服务上的差异获得更高的经济效益。

在国际货代业运行过程中，在客户供应链中引入 LSP，使得供销过程中并不会有银行组织等相关单位参与，但是金融中介现象会被取代，发挥着对供应链运行的资金监督控制功能和融资功能。信息化技术促进金融服务。在国际货代业运用 LSP 时，银行业也会深入到企业的客户供应链中，向企业提供小额金融服务，银行会为企业提供垫资功能。例如，伊莱克斯开启了赊销战略，香港汇丰银行向该公司以及供销商提供了垫资。银行所提供的融资功能，是向企业提供多种渠道的金融服务，企业则要抓住机会扩展信息营销渠道，以提高行业竞争力。否则，企业没有在业务范围内扩展自己，就会在国内市场上相对滞后，如果采用国家战略，在这种状态下运行，很容易被有实力的外资公司收购。

但是，中国国际货代业实际上并没有将本土的 LSP 品牌化发展，更没有使服务领域有所扩展。从目前的物流发展状况来看，虽然国外的一些物流企业对于中国物流市场普遍看好，但与中国的多数国际货代业却没有积极合作，而是满足于目前的发展状况，从而导致物流服务实力匮乏。中国国际货代业要扩展在行业市场中的生存空间，为了避免由于实力不足而被其他企业收购，就会妨碍到未来发展，这就需要从国际战略的角度制定发展策略。中国市场随着国外物流企业的入驻，市场份额就会越来越小，原有的行业优势逐渐弱化，就需要寻求合作使企业拥有更多的市场发展空间。

随着国际货代市场的变化，物流企业的服务对象也相应地出现了变革，特别是基于信息技术而建立的信息系统，使得传统的供销渠道发生了根本性的改变。电子商务的供销模式使得原有的供销模式被打破，建立了供应链运作模式，实现了多个业务环境、多个领域的合作。全球化的国际货代市场向供应链转向，使得客户更为关注物流的服务质量和一体化的运行程度。这就需要国际货代业采用物流战略时，要注重从客户需求的角度出发，以市场为导向开发专业物流和特种物流。

近些年来，国内的国际货代企业为了拓展获利空间，不断地扩展项目，包括设备物流、特种运输以及展会物流等。一些民营的国际货代企业为了提高行业竞争力，对市场进行了细分，通过提供专业物流服务而不断地开发领域。随着中国进一步深化改革开放，中国的国际货代企业面临新的发展趋势。全球供应链服务可以适应时代的需要建立跨地区、跨领域、跨国经营，于是，“与客户共成长”

的发展战略被提出来。本土企业建立 LSP，就要寻求海外的合作伙伴，以将本土的发展向国外延伸，形成物流网络。中国的国际货代业要发展起来，不仅需要完善硬件设施和软件设施，还要强化内部管理，不断地开拓外部市场，通过转型寻求新的发展途径。

第三节　中国国际货代业务的未来选择

一、中国国际货代业务现行环境

（一）政治环境

中国国际货代业，特别是诸如中远国际货运有限公司在内的企业，要适应新的行业市场环境，获得竞争优势，就要制定新的企业发展战略，对企业实施战略管理。中国国际货代业要在目前的市场环境中使得外部环境与内部环境有效协调，就要对影响企业发展环境的各项因素加以分析，并根据战略发展需要进行整合。中国国际货代业想要快速发展起来，就要积极争取政府的支持，政府的改革管理体制尤其重要。政府要从中国国情的角度出发，根据中国国际货代运行特点制定行之有效的管理制度，不仅可以对市场加以整顿和规范，同时还可以推动行业健康、有序地发展。此外，还要适应国外的国际货运发展趋势，对于中国国际货代业进行研究管理，诸如国际货运代理资质改为注册备案制，推进民营企业发展国际货代服务。政府在对国际货运代理市场加以规范并有效清理的同时，更多的是对货运委托人以及受托企业合法权益进行维护。

比如，中国国际货代企业代理中国棉花的进出口货物运输业务。中国作为世界棉花进口国，平均每年进口的棉花总量已经超过了世界棉花贸易量的 30%。中国国际货代企业在棉花进出口运输上存在一定的优势，主要在于成本较低。但是，要能够真正意义地将这一优势发挥出来，还需要采用联合谈判的方式，包括运输工具、运输途径、各种风险因素以及所采取的措施等，政府要发挥调整配额制的作用，制定相关的政策以发挥优势资本的作用。企业则要将自身所具备的资本应用于谈判中，充分地发挥优势，以起到主导谈判结果的作用。中国国际货代企业要能够获得运输权，就要摆脱对国外物流的依赖性。此外，要实现进口棉花渠道的多元化，中国国际货代企业要对棉花市场深入了解，评估运输成本，然后才能够以协议的形式确定货运关系。可见，中国国际货运业务要能够顺利展开，就需要政府执行相应的管理政策，以创造良好的政治环境来发展中国国际货代企业。

（二）经济环境

1. 中国持续增长的贸易值为中国国际货代业提供了广阔的市场空间

中国的国际货代业是建立在货物运输的基础上的，要获得更为广阔的市场空间，就需要依赖于中国良好的货物贸易环境。中国贸易政策的调整对于中国国际货代业具有一定的影响力。国际贸易市场只有当供给和需求达到平衡时，才能够处于平稳运行状态。中国国际贸易要趋于稳定，就要根据国内需求量相应地提升国际货代的质量，以避免在国际货代市场上缺乏竞争力。在中国的贸易环境下，由于进口产品需求增多导致中国的国际货代企业面临着经营压力。政府从政策上给予一定的支持，就可以使中国的国际货代低成本运营。根据海关所提供的统计数据显示，中国的贸易总值呈现逐年递增的趋势。自 2009 年以来，中国的贸易总值平均每年以 20%以上的高增长率递增。2010 年，中国的贸易总值已经跃居第一，总额超过 3 万亿美元。2012 年，中国的贸易处于低位增长，贸易总值位居第二，总额较美国略低，差额为 150 亿美元。如果中国的贸易继续增长，且假设以每年 10%的增长速度，当进入 2020 年，中国将发展为世界第一大货物贸易国，也是最大的贸易运输国。可见，中国的国际货代要稳定发展，就要从中国外贸环境增长这一经济环境不断学习，并充分利用逐渐扩展的市场空间。

2. 经济多元化格局为中国货代企业提供新的发展空间

随着世界经济多元化，中国国际货代适应时代环境下的市场运行态势，就要从市场需求的角度出发，制定外贸市场多元化战略，提高贸易区域集中度。但是，自 2008 年美国金融危机以来，中国国际货代受到了影响，导致贸易集中度下降。面对世界经济格局的多元化发展，国际物流的需求也相应地发生变化。特别是越来越多的国家到中国来投资，为了更好地合作，就需要启动信息管理系统，使合作企业在网络平台上沟通，以寻找新的发展契机。

3. 经济全球化发展使得中国的国际货运代理服务向国外转向

经济全球化促进了各国经济的合作，使跨国公司迅猛发展起来。网络化发展，实现了跨国公司的全球采购，使得跨国公司的内部贸易量增加，生产策略也随之调整。国际货运代理企业为了获得更多的客户，采用贸易订单的方式，但是，跨国公司从运输成本的角度考虑，通常不会随行就市，而是运用全球综合网络选择国际货运代理商。跨国物流企业通常都是跨国公司的首选，主要在于企业不仅能够负责获得的承运，而且还能够提供各种低端服务，包括报关检验、仓储、卡车运输，从而降低成本。当货物运输流程进入到国外运输阶段，就需要国际货运代理商承担这一服务。从中国贸易所占比重来看，中国的加工贸易以外资为主导所占比重之大，甚至可以超过 50%，导致国内的离岸价（Free On Board，FOB）运输方式的货物激增。

离岸价是国际贸易中常用的贸易术语。进行离岸价交易，接运货物由买方来负责，卖方则需要按照合同中所规定的港口装货，且在规定的期限内将货物装上买方指定的船只。整个过程都要及时与买方沟通。当货物被装上船只之后，风险则由原来的卖方承担转为买方承担。

在货物运输过程中，FOB 条款所占比例会超过 50%，如果这一决策权向境外进口商转移，就会影响到中国的国际货运代理，导致海运外汇收支失去平衡，还会导致海运欺诈等风险行为存在。

经济全球化的发展，还使得物流分工逐渐细化，为了加快国际货运代理的运营，就需要对资源进行优化配置，并根据业务需要重新整合。比如，非核心的运输配送可以采用供应链外包的形式，以适应现代物流发展的需要。由于跨国公司对于物流服务质量的要求越来越高，特别是全球采购体系的建立，就需要货运代理服务对于各项服务功能整合，转变为现代综合性物流。但是，从中国国际货代企业的运行状况来看，不仅承运的专业化程度低，而且多数企业还存在单一化发展的倾向，且没有形成全球服务网络化管理，使得物流竞争力不够，难以与大型跨国货代企业竞争。

（三）科技信息技术环境

1. 国际货运代理服务通过建立科技信息环境实现信息交互传输

国际货运代理服务所应用的承运工具伴随着科学技术的发展而提高了运输效率。随着物流运输效率的提高，应跨国公司发展的要求而启动了多元化的运输方式。特别是近些年来，航空、铁路以及海运越来越发达，可以承运大型货物和重型货物，铁路和海运则采用集装箱运输。随着中国经济与世界经济的接轨，中国与国外企业的贸易网络日益密切，国际货运代理服务快速发展起来，其中的一项关键环节就是实现了国际快递、国际航空货运等多种联运经营。特别是国际快递业的崛起，面对新一轮的全球经济增长，就需要依赖先进的信息管理系统支撑货物运输效率快速发展。

网络信息平台对于国际货代服务的开展发挥着载体的作用，实现了由单纯的信息数字信号传输转变为有形传输，所传输的信息给人以直观的感觉。国际货代服务运用网络信息平台进行运作，是采用数字计算机技术或者信息处理器进行信息传输，包括视频、图像以及声音等信息传播，使得电子信息单向传输转变为双向互动传输，特别是人机互动的形式，使得国际货运代理服务发生了深刻的变化。

国际货运代理服务运用网络信息平台，主要强调信息传递过程中的交互性。对于信息的处理采用计算机的“处理机”来完成。当国际货代服务处于运行状态时，客户对于有关信息进行查询，可以获取有形信息，以触觉的方式实现人机交互。同时，还可以这种方式与商家有效沟通，随时跟踪货物运输。

2. 国际货运代理服务运用信息管理技术建立智能仿真系统

随着越来越多的高端技术渗入到信息管理技术中，包括感觉媒体（Perception Medium）、呈现媒体（Presentation Media）、传输媒体（Transmission Medium）、表示媒体（Representation Medium）、存储媒体（Storage Medium）等，使人对于信息能够通过感知感觉到。当信息在传输时，信号传输就会在电信号和感觉媒体之间发生转换，通过所呈现的媒体设备，就会接收到信息。信息的传输通过光纤、电话线等传输信道来完成。在信息传输的过程中，还需要对信息进行加工、处理、存储，当信息格式符合传输要求之后，就可以有效传输。

将信息管理技术运用于国际货运代理服务中，就是对各项信息通过信息处理系统来完成。目前，计算机仿真技术逐渐在应用领域普及，国际货运代理服务在建立网络信息管理平台的同时，开发仿真技术，可以通过系统模拟将货物运输过程中的某些行为抽象化。被模仿的对象可以通过硬件系统接收数据信号，可以获得同样的信息传输效果。国际货代理服务中运用仿真系统，就是由信息化逐渐向智能化发展的过程。由于货物在运输的过程中存在着诸多的不可预测性，也会由多种不确定因素而使得货物运输存在风险，即采用仿真技术，可以对整个运行过程建立仿真模型，模拟运行过程，通过计算机系统将真实的经济系统演示出来，应用仿真系统研究国际货运代理服务在系统中的运行过程，对于其在外部环境各种因素的影响下的运行态势充分了解。如果在仿真建模的开始阶段还没有建立起先验理论，可以将一些既有的信息，包括专家的假设在内，经过集成处理后，将智能体的局部行为规范确定下来，通过模型构造框架的选定，运用观测数据估计参数，然后将系统的同构模型建立起来。之后就进入到系统的行为级建模阶段。根据这一模式将仿真方案确定下来，通过对于仿真系统的数据观测，针对该系统的行为取向展开研究。

对于国际货运代理服务的业务经营情况进行建模仿真，除了外在环境之外，还涉及交互规则和通信方式等。建模仿真是基于规则状态而建立起来的，具有自治性、反应性、可通信性和能动性。通过计算机的模拟系统将业务经营过程的行为以及交互刻画出来，与环境之间建立关系，形成仿真实体，通过模型将各种服务行为描述出来。从技术的角度而言，主体建模仿真的过程，事实上就是主体仿真特征的计算机进程。在所构建的模型中，由于主体是按照仿真精度进行实体抽象的，因此，使得主体在不同程度上实现了智能化。国际货运代理服务的各项业务的展开运用模型建立仿真系统，就是在主体之间建立起联盟，在系统中被设置为具体的主体之间交互方式，从而获得了系统模型。在系统运行中，环境是最为重要的。由于环境居于业务经营领域之外，在与系统内部运行实现互动的同时，还受到规则的局限，这就需要运用通信的方式，通过信息交流来探知国际货运代理服务各项业务经营的运行状况。

3. 信息技术在国际货运代理行业的渗透

信息技术带动国际货运代理行业进入到新的发展领域，其是以信息技术为载体，建立网络化信息管理系统，国际货运代理业务经营的各个环节都融入信息管理平台中，实现了无纸化办公，使得合同签订效率有所提升。当需要租赁运输工具或者订舱、报关等时，在网络信息技术环境下运作，可以更为快速而准确地完成各项任务。对于货物运输管理，通过采用 GPS 定位，可以做到全程跟踪，并对于货物所到位置实施监控，直到货物被顺利签收。高端信息技术被用于物流服务中，已经成为提高行业竞争力的关键因素，不仅可以提高企业运转速度，还做到了操作的准确无误。目前世界上的一些大型国际货运代理已经在信息技术研发领域投入了大量的资金和人力，以开发出适合于本企业有效运行的信息管理系统、网络监控系统。比如，美国联邦快递公司，对于网络监控的研发投入了大量的资金，研制出无线监控网络并投入使用，可以灵活而准确地监控物流运输的各个环节。所有处于运输过程中的货物、各种包裹以及文件等，通过监控系统都可以进行有效监视，由此而提升了企业的信誉度。随着信息技术的引用和物流服务质量的提高，使得行业竞争力有所提升。

鉴于信息技术的应用能够提高国际货运代理企业的运行效率，中国的国际货代企业就需要注重物流软件的开发，特别是适合于本企业运营的信息模式，对于提高企业运行效率非常有利。目前物流采用各种先进技术对货物运输的整个流程进行监控，主要的目的就是提高服务质量，与客户之间建立持久的往来关系。比如，GPS 全球定位系统、VMLL3 供应商管理库存、EDI 电子数据交换技术、条形码等在物流领域中的应用，开启了现代物流新的发展领域，推动物流快速发展。

二、中国货代业务的未来发展途径

（一）按照供应链理论与发达国家的货运企业合作

中国进一步深化改革开放，国际货运代理行业日益激烈。在信息技术的带动下，国际货运代理企业呈现出跨越式发展，并进入新的发展领域。中国的市场经济运行轨道受到世界经济的影响，使得电子商务融入全球经济发展轨道的同时，行业市场竞争呈现出新的特征。在这样的市场环境下，国际货运代理企业靠一己之力很难满足客户的多种需求。为了谋求市场竞争中的稳定、可持续发展，行业市场细分化，且相互协作的战略性发展途径应运而生，使得国际货运代理的业务经营更为细化。建立供应链合作方式，就是促进企业之间的合作关系，扩大企业运营规模，实现功能上的优势互补，从上游企业到下游企业形成链条式管理模式，以实现企业的服务价值。

企业供应链的建立，意味着企业之间的竞争不再是区域行业的竞争，而是基于网络信息技术形成的世界性竞争。中国国际货代企业为了满足客户的多种需求，就要不断地提升信息技术运作能力，基于此而提升服务质量，促使经济节奏加快。随着电子商务的迅猛发展，国际货运代理企业运用电子商务平台与客户进行商务交易，为了能够最大限度地满足客户的需求，并在行业市场上获得先机，就要启动供应链管理模式，通过协调运作发挥引领市场的作用。所有的这些条件都意味着传统的单一的运行模式已经不再适应现代物流市场发展，取而代之的是供应链合作方式。鉴于在国际货运代理企业网络运行中，各个供应链节点企业之间所存在的矛盾关系必然存在，且会受到客观因素的影响，供应链风险存在是不可避免的。这就需要采取行之有效的措施，防止各种风险对于供应链合作关系的影响。

外部环境对国际货运代理企业的影响是极大的。根据外部环境制定发展战略，以推动货代业务快速发展。

比如，美国国内最大的重件货空运货代 Eagle 公司收购了美国老牌货代 Circle 公司，美国老牌货代 Circle 公司已经经营了一个多世纪，随着在达拉斯宣布并购完成，使得物流规模扩大。Eagle 公司原本是国内的承运单位，经过并购之后，一跃成为世界上领先的国际货运企业。英国的 Ocean 集团在世界空运货代排名前 10 位，Exel 公司是英国空运（MSAS）的母公司，两个企业合并后，构成了欧洲领先的综合物流服务公司，并在全世界拥有 1400 多个办事处，到目前为止，平均每年的营业额都会超过 50 亿美元。

行业内企业之间的合作是信息时代企业发展的必然趋势。介入经济发达国家的货代行业，可以带动中国货物运输代理的发展。对于经济实力强大的中国国际货代企业，要提高经营运作能力，可以通过制定跨国经营战略来运营。启动供应链管理模式，可以使供应链上的强者带动弱者，使得整个供应链协调运行。中国国际货代企业中，多数规模较小，经营控制能力较弱，在供应链中多处于末端环节，因此，更多的主导权被经济发达国家的国际货运企业所控制。比如，中国的棉花贸易要获得更大的发展空间，就要依赖于具有强大实力的中国国际货代企业，且与强大的企业合作，才能够在供应链中获得行业主导权，以获取更大的发展空间。在中国国际货代业中，要获得发言权，就要提高服务质量，以更为完善的服务推进业务发展。中国的国际货代企业要介入经济发达国家的货代行业，就要拉近两者之间在时间上和空间上的距离，实施网络化管理，提高服务质量，才能够建立竞争优势。通过为经济发达国家的国际货代供应链控制者服务，建立竞争优势，以推动在中国货代领域的发展。

（二）基于网络信息技术，使中国国际货代转为第三方物流

中国国际货代企业处于竞争发展中，要占有绝对的市场优势，就需要实施战略合作。对于资金不够雄厚的中国国际货代企业而言，由于资金短缺，加之网络信息技术应用上受到限制，而面临着被其他的货代公司所兼并的危险。为了在激烈的行业市场中求得生存，就需要采用扩大规模的方式。提升信息化管理水平，以网络为载体与更多的同行业企业建立合作关系，特别是大型的货代企业，通过合作而提升市场地位。对于大型货代企业而言，离散性的市场需要更多的货源支持，这就需要走联合发展道路。企业从自身发展的角度选择合作对象，并能够将自身的优势充分发挥出来，突破固有的规模歧视，不再被所有制限制，并在合作的过程中，共同探讨具有可行性的战略性发展策略。

基于网络信息技术，使中国国际货代转为第三方物流，就是企业为了使自己的比较优势充分发挥出来，通过将主业放在产品的设计、生产和产品的加工上，而后将货物运输业务委托给物流公司。企业与物流公司通过网络信息平台建立联系，采用信息化跟踪的方式，从而实现对物流运行整个过程的监督控制。第三方物流作为一种现代化的物流方式，又被称为“合同制物流”。与国际货运代理企业有所不同，第三方物流有一定的独立性，从第三方的角度运用计算机网络和信息技术对货物运输进行运作，与委托人形成一种长期的战略合作关系。

将中国国际货代企业转型为第三方物流，可以将物流企业的运作纳入其中，采用物流发展策略提高货运代理的竞争力。比如，近年来，中远国际货运有限公司、中国外轮代理公司、中国国际海运集装箱以及华润集团等都提出了物流发展战略，也正在向这一发展趋势努力。从国外的物流公司发展状况来看，都是从国际货代企业发展而来，这是企业发展的必然，也是适应市场发展的需要。由国际货代企业发展而来的物流公司，继承了货代业务，在此基础上发展综合物流业务，实施信息管理和供应链管理，以通过第三方物流服务的运作提高服务能力，使企业的核心能力增强，由此而获得市场价值优势。从目前的经济发展形势来看，中国国际货代企业发展为第三方物流，将成为中国国际货代企业的主要发展途径。与国外的物流企业相比，中国的物流企业起步较晚，加之外部环境的局限，使得企业难以树立健康的物流观念。要实现国际货代企业向物流企业的转型，就需要国际货代企业有充足而稳定的货源，这就需要建立供应链管理模式，并完善相关的配套设施，以使企业在运作的过程中能够提供综合性服务。当中国国际货代企业发展为第三方物流，就需要将与企业发展相应的网络信息系统建立起来，形成一体化的网络经营模式。此外，中国国际货代企业还要建立专业化的人才队伍，不仅要具备一定的基础知识，还需要接受过专业的训练才能够操作，并能够使中国国际货代企业转型为第三方物流过程中所遇到的难题得到有效解决。

中国国际货代企业转型为第三方物流，原来的海、陆、空等运输方式综合运用，根据货物运输需求搭配，实现了物流产业集群化发展。比如，Danzasaei、Panalpina、MSAS、K&N 等公司都在向物流公司转型，以能够最大限度地满足客户需求。这些公司能够顺利转型，主要在于已经具备基础网络信息管理设施，无须大量投入就可以在短时间内实现。从货物运输的角度而言，由于是基于国际货代而建立起来的，对于货物流通的各项内容以及运行环节都较为熟悉，只要将业务领域继续向物流企业延伸即可。这样，就可以有效控制货物流通，且经过整体设计，并实施网络信息管理，提高各个运行环节的驾驭能力，由此而节约了货物运输时间。

三、发展第三方物流

20 世纪 90 年代，国际货运代理企业应用网络运作，主要是单项运作。随着信息技术的高速发展，各种高端技术被研制出来，并运用于应用领域中，推动物流业务兴起。国际货运代理公司面对日益发展的物流企业，面对规模较大的货代公司的各种完善的服务，甚至与电子商务合作，在网络上完成订单、订舱、运费支付以及库存管理等，特别是运用跟踪器实现网络跟踪服务，使得国际货运代理企业竞争压力与日俱增。国际货运代理企业实施供应链管理的主要目的是为客户提供增值服务。这就意味着，国际货运代理服务的竞争在实质意义上是向客户提供信息服务的竞争。现行物流提供网上追踪服务功能，是从服务的角度出发，一方面对于货物运输给予有效管理，另一方面完善了货物服务质量。从业务的角度而言，国际货代企业可以为用户提供海、陆、空货物运输服务。对于货物运输的选择，则需要制定一体化的物流解决方案，从客户的行业特点角度出发，将供应链网络建立起来，以根据成本目标规划生产流程，在业务上提供精益化服务。管理内容则要通过实施供应链管理，对于企业资源和业务流程优化，且提供高附加值的信息反馈。国际货运代理企业要完成这些转变，就要在维护货物运输代理业务的基础上，引入物流管理，实现国际货运代理的战略转型。

（一）保留中国传统货运代理的核心竞争力

自中国加入世界贸易组织后，对外贸易迎来了新的发展机遇，但随着近些年来世界经济一体化的发展，中国的国际贸易快速增长的同时，也面临着日渐积累的竞争。传统的国际货运代理运作模式，能够提供的服务多为简单的货物运输、保险等，还会根据业务需要提供转运服务和仓储服务。但是，在具体运作过程中，由于中国的国际货运代理企业起步相对较晚，受到中国市场发展的影响而发展缓慢，导致国际市场中竞争力不够，特别是没有建立全球化经营管理模式，使得国际货运代理与国际大型物流供应商相比处于产业链的低端。

随着世界经济的发展，国际货运代理的覆盖面越来越广泛，除了传统的进出口服务活动，诸如托运、仓储、揽货、订舱、包装、分拨、报关报检、货物保险等业务之外，还基于国际贸易需求发展了新的服务业务，包括国际多式联运、国际快递、物品运输、第三方物流等。随着国际货运代理的发展，一些代理运输企业已经开设运输通道，使用自己的运输工具开展国际贸易运输业务，使得国际货运代理逐渐转向第三方物流发展轨道，实现多功能集成物流转型。在国际贸易的发展环境中，国际货运代理行业应运而生，并提供了多种形式的服务，服务范围包括大型的工业贸易企业、物流以及货物运输业等，形成了产业链运作模式。初期的国际货运代理由传统的货物代理企业发展而来，以提供货运服务为主，包括陆地运输、船运和空运等。随着国际贸易的多元化发展，国际货运代理业所提供的服务业越来越多样化，但是这并不意味着传统的货运代理业务会遭到摒弃，而是依然要保存其优势，以便在行业市场中发挥竞争力，特别是货代企业所提供的集货、订舱、报关、检验等，包括费率的洽谈在内，都属于货物代理企业的核心业务。

传统的国际货运代理国际货运经验丰富，相关专业熟练，且知识范围广，在开展运输服务的过程中，由于拥有法律知识，对于经济制度以及社会风俗习惯都有所了解，可以为客户提供集成化服务。为了能够安全高效地完成运输目标，传统货运代理会制定最优运输方案，选择最为方便快捷的工具。人力资源是企业发展的最大资本，传统货运代理拥有专业货运代理人才，为货运代理提供了无形竞争力，加之传统货运代理资产雄厚，不仅具备一定的规模，而且仓储、转运以及资金垫付能力等硬件配备都较为完备，这使得传统国际货运代理具有一定的行业竞争力。

随着运输网络化管理，传统的货物运输代理更是依赖于长期的业务发展经验，而将相对完备的货物运输网络建立起来，包括货物运输过程中所涉及的每一个环节，即承运、代理、运输途径、海关、仓储、检验、包装等，都要跟踪掌握，当在货物运输过程中存在偶然事件时，可以及时做出处理方案并诉诸实施。随着货物代理业务按照集成化管理模式展开，实施流程化管理，使货物运输在船运港口、海关以及机场等，都可以高效通关。货运代理商与承运人之间基于此建立良好的合作关系，开设多种市场营销渠道，以提升集货能力。

（二）中国国际货运代理面临发展困境使得第三方物流转型成为必然

1. 国际货运代理业在中国起步较晚，且没有规模化发展

国际货运代理业虽然在中国已经运行了多年，但依然属于新兴产业。从目前中国国际货运代理业的发展状况来看，不仅企业数量多，而且业务类型多样化，但是按照产业周期理论，国际货运代理业依然处于成长期阶段。国际货运代理业规模相对较小，且没有形成行业集中度，使得企业竞争力和行业抗风险能力都不够。由于资源配置能力不够，使得国际货运代理企业各种经营资源相对分散，这种行业特征意味着国际货运代理业产业结构不够合理，存在着行业重组现象。

2. 国际货运代理业信息化网络不健全而经营方式落后

现代化物流正呈现出网络化发展的趋势，不仅包括实体网络，还包括信息网络。为推进国际货运代理企业快速发展，要以运营网络作为支撑，将基础性资源做大做强。但是从目前的国际货运代理的运行状态来看，由于所有的业务都离不开网络的支撑，使网络布局难以符合各项工作需求，包括空运货物的分担、海运货物的集结以及快递业务的配送等，要纳入网络体系中，都需要投入一定的人力、财力才能够有效解决。以具有综合货运代理服务能力的“巨无霸”为例，其极大的竞争力就在于其各项业务已经覆盖了全球，形成网络化管理布局。包括美

国联邦快递、德国邮政等网店数量超过 500 家，覆盖海外网络。这就意味着网络经营要对国内外的相关运营网店进行衔接，同时建立信息化网络管理，与有形网络建立统一对接。各个网点形成有机的整体，执行一体化运营模式，充分地发挥专业化为基础的网络运营优势。从中国现阶段的国际货运代理网络运营情况来看，虽然已经将实体网络建立起来，且信息网络初具规模，但是仅仅只能够满足国际货运代理的基本业务，运行网络一体化经营模式相对缓慢，而且经营相对分散，即便网络已经扩展到国外，也多为自主经营，难以形成有效的网络支撑。

3. 国际货运代理业缺乏核心竞争力

目前，中国国际货运代理业所存在的最根本问题就是专业化程度较低，没有形成集中优势，使得代理业的核心竞争力缺乏。存在这种现象的原因在于，中国长期以来处于管理机制指导下的市场经济状态，导致货运代理业务受到局限，且占有较低的市场份额。从中国的货运代理业来看，在货物运输业务和转口业务中，国外货运代理业已经占据了集装箱业务、散杂货业务和空运货物业务，其中集装箱业务和空运货物业务超过 90%由国外的代理企业经营，而散杂货业务的国外货运代理企业占据 70%。

从国际货运代理业的企业经营业务内涵来看，中国国际货运代理企业所提供的服务缺乏异质化，而且这种权限存在于每一个运输环节中。从现行中国国际货运代理情况来看，无论是订舱、集港、仓储，其单一功能都能够凸显优势，但是，整合成为服务链之后，却难以提升服务链效应。

从国际货运代理业的企业经营手段来看，由于营销策略中没有考虑到服务的差异化，而仍然依赖社会关系扩展营销，且不断地强化价格竞争，导致营销手段相对落后，没有提供企业功能继承的增值服务，使得企业的运营利润受到影响，从而使服务替代率有所增加。

从国际货运代理业的企业运营组织形式来看，国际货运代理业专业化程度较低。中国的国际货运代理虽然建立了第三方物流的经营模式，但是没有开展无船承运业务，使得多式联运发展难以跟得上国际行业运行。造成这种现象的原因在于，中国的国际货运代理企业采用了多元化经营，开拓多种经营业务，导致网络资源分散，包括客户以及资金运用都难以相互匹配，由此导致货运代理运营中无法形成合力。虽然中国传统的国际货运代理依然存在优势，但是要与世界其他国家的国际货运代理商形成竞争效应，就要在市场开发、团队建设以及经营运作模式上选择集约式经营方式，提高一体化运行程度，以满足客户所提出的高质量需求。

（三）中国国际货运代理向第三方物流转型的策略

在业务性质上，第三方物流与国际货运代理存在着共性，在实际运行中，国际货运代理内容已经被囊括于第三方物流业务中，除了承担货物运输服务之外，还要承接进出口单证制作、进出口报关等业务。第三方物流所提供的服务业务实现了进一步延伸，在承担货运代理服务的同时，还承揽货物的加工、包装、装拆箱、配送、分拨，以及必要的软件服务等。一些服务设施的有效利用，为客户提供了更为完善的硬件服务。比如，第三方物流向用户提供运输工具、机械设备以及仓储设施等，都可以获得一定的附加效益，并提升行业附加值。

国际货运代理适应行业市场的需求而承担第三方物流业务，会受到诸多因素的影响而难以如第三方物流一样运作自如。作为基础条件的国际货运代理，第三方物流要顺利展开，就要维护国际货运代理的传统优势。从国际货运代理向第三方物流转型的情况来看，从事过国际货运代理业务的企业对于物流企业更为运用自如，且能够对于物流业务应客户的需求而不断完善。由此可见，国际货运代理具有良好的业务基础，更是社会分工逐渐专业化的结果，它能够很好地适应货运市场竞争的需要。

国际货运代理发展为第三方货运代理。从经营模式来看，中国的货运代理服务由于经营模式相对简单而无法提供增值业务，对于客户难以形成足够的吸引力。从国际货运代理的盈利方式上来看，以赚取佣金和差价为主。为了适应经济发展的需要，很多专门代揽货机构成立，使得货运代理的利润空间变得狭窄，加之经营范围存在着局限性，就很难发挥货运代理服务的竞争力。

中国自中共十八大召开之后，进一步深化改革开放，对外政策逐渐放宽，为越来越多的外国企业提供了开拓中国市场的机会。外国企业看准中国的商业发展空间，将货运代理业务扩展到中国，同时还获得了各种优惠政策，给予中国货运代理业务极大的冲击力。国外的货运代理企业虽然进驻到中国市场后，对于市场环境不甚了解，致使货运代理工作举步维艰，但是国外的货运代理企业会以自己的竞争优势占领行业市场的主导地位，比如降低出口货物的报价，利用互联网实施货运代理服务等。中国市场开放式经营，迎接世界八方的竞争对手进入中国市场。国外的货运代理企业不再受到经营限制，它们进驻到中国的行业市场，会进行市场调查、调研分析，掌握行业市场运行规律，使得国外货运代理企业在中国的货运代理市场上占据主导地位。

四、中国国际货运代理战略转型

（一）中国国际货运代理建立物流供应链

随着经济快节奏发展，高端客户已经不再拘泥于单纯的货运代理服务，而是需要能够同时获得物流服务。国际上实力较强的货运商能够实现货物运输在短时间内快速转型，主要是基于货运代理与物流服务功能整合，形成集成化的物流服务，由国际货运代理商转型为跨国物流商，货物代理效率提高了，利润也有所提升。中国国际货运代理业发展至今，可以通过建立供应链与现代物流的整合，形成综合性的货物代理商，以满足客户的物流需求。面对目前的国际货运代理商提出的越来越多的物流需求，就需要联结多个供货商，虽然在时间和资金运作上要花费一定的成本，但是，一旦形成国际货运代理与物流的整合，就可以顺利地实现战略转型。这种建立在专业化国际货运代理基础上形成的一揽子物流服务，不仅可以向客户提供陆运、海运、空运以及报关等传统的货运代理服务，而且还能够提供多种物流管理服务。通过唯一的联络点，就能够对供应链提供高效率的管理服务，还可以提供相关的退料管理项目。在退料服务中，对于退料进行科学检测是必要的环节，从管理到退料，不仅要将客户服务功能发挥出来，而且还要协调好退料处理、退料安排，并将退料运输到仓库或者客户指定的库存地点。为了能够节省运费开支，退料要保留在原产地，进行再次包装处理，重新贴上条码，以能够满足新订单的要求。这样，就可以减少退料管理进程。

（二）中国国际货运代理要将物流系统网络建立起来

国际物流系统网络是实体网络和信息网络的集合体，由收发货的“节点”和信息流动网络所构成，它可以扩大国际贸易范围，与世界其他国家广泛交流，以尽快提升国际市场竞争优势。另外，国际物流系统网络还可以跨越时空的限制，使得关乎货运的多个工作环节都能够在信息传输的基础上提高运行效率。信息技术的充分运用，使得资金周转迅速、商品的国际流动速度加快、库存降低。运用信息技术调控，可以将中国国际货运代理平台建立起来，物流信息管理系统，物流信息、物流管理以及银行网络都能够在商务平台上形成有效连接。电子商务平台具有开放性特点，包括企业的信息以及委托人信息等，都可以在网络上公布，货运代理商、托运人以及承运人能够在商务平台上协商交易事项，并将物流运输合同订立下来。物流系统网络与银行网绑定，实现网上支付，这种便利支付更为省时省力，而且可以提高交易效率。在运输过程中，托运人可以登录网络平台，在查询系统中就可以查阅货运状态、货运位置，这种实时掌握货运信息的方式能够确保双方有效合作。

（三）中国国际货运代理也要建立综合运输服务体系

在世界运输发展进程中，综合运输服务体系是一个重要的发展趋势。将联运服务中心建立起来，将专业货物运输业与其他运输方式联合，物流距离缩短，节省了货运时间，通过这种运输资源优化的方式可以提高货物运输效率。比如，铁路运输转为水陆联运，而铁路承担中长途运输，运输方式的优化必然提高了运输效率。在此基础上，还需要发展多种运输模式，包括散装化运输、集装箱运输等，以降低损耗率。货物运输的联营方式，使得货运更为畅通。建立综合运输服务体系，就意味着中国国际货运代理要开展多元化服务，使中国国际货运代理能够满足客户需求提供多种服务。中国国际货运代理要提高服务效率，在扩展服务项目、充分满足客户的各种需求的同时，还要结合企业需求开展具有针对性的个性化服务，以解决国际物流方面的种种问题。在世界经济一体化环境下，中国传统的国际货运代理业务存在着一定的优势，但对于客户多样化的需求仍难以满足。物流运输没有被纳入国际货运代理服务体系中，使得中国的国际货运代理难以适应时代的要求而发展。实现中国国际货运代理的物流综合运输转型，不仅要满足国内物流的需要，还要针对外商独资企业以及中外合资企业对于物流方面所提出的要求，要从服务行业特点的角度出发，具有针对性地提供相应的服务。开展第三方物流服务的过程，也是强化国际货运代理内部建设的过程，使得外部资源得以优化，随之，货物运输的运作机能也会有所提升。建立完善的国际货运代理运营体系，需要认真选择服务对象，对于人、财、物以及服务水平都要综合性地考虑，以提高货物运输竞争力，将自身的优势充分地发挥出来。

五、扩展第四方物流

自 20 世纪 90 年代以来，企业的供应链方向发展，使得管理技术进一步发展，促进了上游企业和下游企业之间的分工与合作，以提升供应链的效率，降低成本。国际货运代理企业在与第三方物流供应商合作中，对于物流运营商的管理需要花费大量的时间，物流服务成本也相对提升。要对国际货运代理企业与物流之间进行有效协调，就需要整合供应链，并确保供应链的流动性。第三方物流要协调好这些关系，都需要专业的部门和专门的人员来管理，对于企业的供应链运行状况发挥监控作用，使得供应链的上游企业和下游企业之间得以协调。为了提高企业管理质量，发挥供应链设计优势，就需要对第三方物流企业加以整合，第四方物流企业应运而生，不仅提高了物流运作的效率，而且还为客户提供了更具有价值的服务。

(一)行业竞争促使第四方物流产生

第四方物流(Fourth Party Logistics,4PL)的产生是利益驱动的结果。对于物流管理的每一个运作环节进行分析,就会发现在物流管理的起始阶段,就已经意识到降低物流的采购以及销售阶段成本的重要性。但是,并没有形成系统化的认识,使得物流运作依然以第一方物流的运行模式为主。物流企业要获得更高的经济效益,就要提高服务质量,越来越多的企业意识到,最大限度地满足客户的需要,是提高物流运行质量的根本。基于第二方物流而建立起来的物流运行模式,以粗放型管理模式为主,对于物流管理供应链的认识,物流企业逐渐打破了局限于企业内部的运行模式,不断地提高专业化程度。企业对于商品的蓄水池的观念得以改变,是因为采用了提高经营管理水平的方式,以将物流的作用充分地发挥出来。企业为了降低运行成本,将非主业从企业中转向第三方管理,即第三方物流承担货运服务,通过发挥专业特长,提高竞争力,使物流成本降低,由此而提高经济利润。这样的企业运行模式促进了第三方物流企业的规模化、专业化发展,越来越多的物流企业转向第三方物流。中国国际货代企业为了获得利润空间,就需要市场运行态势向第三方物流转向。但是,处于越来越大的竞争压力下,物流的利润空间不断压缩,使得越来越多的企业开始向规模化方向发展。物流企业开始寻求供应链管理模式,通过企业之间的整合,对于整个运行流程加以优化,扩大利润空间,第四方物流诞生。对于供应链企业而言,第四方物流的市场需求巨大,可以获得更为丰厚的利润。由此可见,竞争加剧是第四方物流产生的直接原因。在物流企业单一方向发展期间,竞争为企业之间的竞争。在物流企业供应链管理上,这种竞争就转变为供应链的竞争。为了发挥供应链的整体优势,就需要提供物流系统优化服务,满足企业越来越高的服务需求。建立供应链模式对物流系统加以规划,使得供应链的物流运作成本降低,整体物流服务响应能力有所提升。虽然第三方物流实现了物流专业化发展,但是缺乏实际应用,使得企业在物流设计上存在一定的局限性。而第四方物流可以更好地满足物流供应链需求。

(二)第四方物流的运行模式

第四方物流主要发挥三个方面的功能,即供应链管理功能、运输一体化功能和供应链再造功能。供应链管理功能,是指物流管理覆盖供应链的整个过程,从货主到用户,从托运人到顾客。运输一体化功能,主要强调的是各项业务的衔接与协调,诸如运输公司与物流公司之间的业务关系等。供应链再造功能,是对于供应链实施战略化管理，通过满足货主的需求，对各项服务进行完善，向客户提供个性化管理，以提高供应链运作效率。

第四方物流又被称为总承包商，作为供应链集成商，对于不同资源进行整合，以提高技术能力，建立供应链解决方案。将第四方物流引入物流管理当中，用其供应链管理能力提高管理附加值。

物流系统基于第三方物流和第四方物流的合作而建立起来，针对各项问题，利用双方的能力和市场来制定解决方案。第四方物流综合整理了第三方物流的各项能力，对于技术和能力综合管理，使继承的一体化规划和供应链方案更为符合客户的要求。与第三方物流相比，第四方物流已经成为继承多个服务供应商，融合多种服务能力的纽带。其为多个行业以及上下游的客户提供供应链解决方案，提高行业利润。通过制定良好的运作策略，提高供应链的运作效率。

从理论的角度而言，第四方物流可以通过供应链的影响力提供综合方案，为客户创作更高的价值。在此基础上，对物流信息以及社会资源加以整合。中国自加入世界贸易组织之后，跨国物流公司想要提高竞争力，就要通过第四方物流以实现，通过国际互联网网络平台实现最大物流资源的整合，减少信息不对称，最终实现物流产业整合。第四方物流要实现高效运行，存在三种运行模式。

第一，协同运作模式。第四方物流与第三方物流合作，建立合同式联盟，共同开发市场，且第四方物流向第三方物流提供供应链策略、技术策略、进入市场和项目管理的能力。第四方物流作为第三方物流组织内部的一部分，管理思想和管理策略都是通过第三方物流得以实现的，为客户提供令其满意的服务。

第二，方案集成商模式。第四方物流为客户提供供应链的解决方案，以确保供应链的运作和管理。第三方物流的各项资源和技术都要通过第四方物流来管理。第四方物流所提供的供应链方案是基于第三方物流的客户而建立起来的，为客户提供服务。第四方物流可以将多个服务供应商的能力和客户的能力集成。

第三，行业创新者模式。第四方物流所发挥的重点工作是将第三方物流加以集成，对供应链进行整合，对行业客户进行开发，以向下游的客户提供解决方案。这其中，第四方物流所需要承担的责任是将第三方物流的上游和下游衔接起来，发挥纽带的作用。第四方物流不再附属于第三方物流，或者对第三方物流加以扩展，而是市场多元化市场环境实现了创新。只有这样，才能够实现资源整合，以做到低成本高运作。由于第三方物流在供应链运作上缺乏跨区域性，没有实现战略上的整合，第四方物流则可以从战略专业技术的角度出发，在任何一个领域都实现最佳组合，且不会受到任何约束，能够更好地为客户提供良好的物流服务，由此而制定最佳的供应链管理方案。

第四节 中国国际货代业产业集群的集约化管理

2013 年 8 月，经国务院批准，中国上海自由贸易试验区建立。上海自由贸易试验区的设立，标志着中国在全球化经济贸易发展上，正呈现出新的发展态势，并根据区域性经贸发展实际实行积极主动的开放战略。上海是中国第一个物流产业集聚地。2014 年 9 月，李克强总理在上海的自贸区物流企业考察，提出了上海物流企业发展的指导思想，即长江经济带加速发展。通常而言，中国的物流企业要形成产业链，就要注重现代物流装备的运用，也是推动生产性服务业的重要环节。仅从物流业发展的角度而言，中国的物流存在着严重的滞后性。高端设备和先进技术的引进，对于中国的物流发展起到了一定的促进作用，但是物流管理以及物流专业人才缺少仍然是有待解决的问题。建立战略合作联盟，可以为物流业的发展提供智力支持，注重专业人才的培养，可以为物流的发展提供人才保障。

一、物流产业集群

近年来，中国物流行业快速发展起来，越来越多的物流企业挤进物流市场中，促进了物流市场的活跃，但是并没有适应时代经济发展需求强化核心竞争力，其中主要的原因就在于，物流企业固守着传统的运行模式，没有建立企业发展的长效机制，导致物流企业发展定位模糊。要促进物流企业的良性发展，就要将物流企业的核心价值充分体现出来。在中国进一步深化改革开放发展时期，各种贸易限制正逐步取消，且各种关税相对降低。世界上其他国家的企业要抓住这一商机进入中国市场，把货物放到自由贸易区进行集散周转。在这样的经济环境下，自由贸易区的企业数量和种类越来越多，贸易和物流量也随之增加。对于中国的物流企业而言，这是一次巨大的发展契机。自由贸易区的物流企业业务量攀升，对于自由贸易区的多元化的功能也提出了不同的发展需求。为了适应目前的竞争环境，自由贸易区内的物流企业就要改变传统的运行模式，推进企业向集约化转型，实现综合性物流企业运行模式。

（一）物流产业集群的含义

物流产业集群具有区域性，是针对特定的区域，根据区域特点对物流资源加以整合、优化，其核心内容是科研开发组织、交通运输枢纽设施和管理部门等，其中的运输枢纽设施与运输途径相对应，包括公路枢纽、飞机场、港口以及铁路货运站等，科研开发组织所承担的项目是针对物流技术以及信息管理平台进行研究开发。第三方物流企业的专业化水准相对较高，其所拥有的物流基础设施相对完备，主要包括装卸、仓储、包装、运输、加工配送、物流信息等，相关的流通企业和产品制造业在业务上也会与第三方物流建立衔接，形成集聚现象，使物流在运行中，更多地体现为分工协作，充分地发挥优势。物流产业集群作为一种经济现象，同时体现为社会现象，主要的表现形式就是物流园区。作为物流专业化分工，通过充分协作，使物流产业集群能够按照一定的经济规律自我发展，且在发展的过程中，按照经济原则和社会经济现象自我调整。

物流企业要集约化发展，就要提高产业集群持续竞争力以扩张竞争优势，其中所涵盖的内容包括物流产业的专业化方向发展、根据产业需要持续创新、物流发展区域的集中化、物流发展要素的集约化，此外，物流企业还要发挥品牌效应，实现品牌扩张和集群生态化。对于产业集群化发展中所存在的不足，还要有正确的认识，以不断地调整内在结构，提高自主创新能力。针对社会化中介服务体系不健全以及物流产业集群运行中所存在的风险性，构建创新体系，从而对社会服务体系不断地完善，培育新的经济增长点。在全球价值链运行中对中国的物流企业加以重新定位，从生态经济的角度出发，建立物流产业集群的风险预警机制，以促进产业集群的生态竞争力的提升。

（二）物流产业集群的特征

1. 物流产业集群的网络化特征

物流产业集群的界定虽然没有从学术的角度加以统一，但是从概念的理解上都是以物流企业为主，多个物流企业在同一区域内集聚，建立业务往来，以构成企业的集合，使物流服务形成产业链。由此可见，物流产业集群的特征主要体现在空间的聚集性上，每一个物流企业都有专业的分工，处于相同的社会文化背景中，建立了共同的价值观念。物流产业集群植根于区域，相互建立业务上的衔接，明显呈现出网络化特征。

2. 物流产业集群的差别化特征

中国大力发展服务业，且向着服务业产业集群方向发展。物流产业集群化发展，建立在派生需求的基础上，依赖于区域范围内企业的整合。物流企业的运行在很大程度上依赖于区域基础设施建设而展开活动。因此，物流产业集群的发展在一定程度上要受到区域基础设施的影响。物流集聚的目的，除了促进不同物流企业之间的相互合作，还对相互之间的差别有所突出，并形成各自的企业优势，由此而促使物流企业以产业集群为载体，在实现整合的同时，还实现了竞争关系。

（三）物流产业集群的形成

1. 物流产业集群的形成因素

产业集群（Cluster）是各种机构和组织所构成的行为主体，在区域范围内具备特定产业，经过分工合作后，形成具有一定规模的经济组织形式。区域内不同行业之间所建立的是网络关系。对于产业集群概念的思考，从政策的角度可谓是一种新的思考方法，通过对政府以及企业所扮演的角色加以准确定位，将企业与政府以及企业之间构建合作关系，以促进经济增长。产业集群化发展所具备的优势，并不仅仅是合作，而是以合作促进竞争。从整体出发将产业集群中的企业优势挖掘出来，突破单一的产业边界，以特定的区域为研究对象，对企业之间的合作和竞争关系加以研究，通过优化组合和专业分工，形成区域内的竞争机制。这种从社会经济关系和区域协调发展的角度对区域内企业之间的竞争优势进行研究，摒除了地理空间的局限性。政府对于产业集群加以宏观调控，是为了鼓励区域范围内的企业竞争，以竞争带动生产力成长，从而推进了集群产业的创新能力，提升了产业集群的竞争效率，由此而使企业在区域范围内规模化发展，繁荣了地方经济。以企业集群为基本条件的产业集群所形成的产业集聚现象是区域性的，要求必须要具备一定的社会经济条件，还要具有支撑产业集群持续稳定发展的资源。这些资源主要包括自然资源、人才资源、区域产业资源和市场上对第三方物流的需求。

（1）自然资源。产业集群所形成的自然条件包括地理条件和环境条件。对于地方经济发展路径和发展方式起到决定性的作用。物流产业集群在特定的地理空间内，充分发挥自身的资源禀赋，以带动区域内产业发展，并逐渐向周边地区辐射。在特定的区域范围内形成物流园区，主要是建立交通枢纽，这里是各种运输的交会点，也是物流活动的平台，依托交通枢纽设施，物流活动将难以展开。

（2）人才资源。支撑物流正常运行和快速发展的主要是人才资源，包括物流企业家和具有专业技术水平的物流从业人员，这些人才所构成的群体成为了推动物流产业发展的核心动力。对于企业家而言，物流园区的地理位置是非常重要的，不仅是创业的平台，更是获取最大程度利益的关键。因此，在物流园区的选择上，通常会强调地理资源优势，或者靠近资源市场，以能够降低资源获取成本，有利于规模经济发展，发挥聚集效益。

物流园区要快速发展，就要开启“人才兴园”战略。进入到物流业的新的发展机遇期，物流园区需要围绕“产业兴园”展开，以“人才兴园”提升竞争力的优势。那么，物流园区就要逐渐转型为区域性的人才中心聚集地，将大量的潜在企业家吸引过来，根据物流园区需要开发物流专业人才资源，为物流产业集群形成和发展奠定基础。

（3）区域产业环境。物流产业集群的区域产业环境的形成，是以基础设施和配套设施构成为基础的。对于物流产业集群内企业而言，物流设施具有公共性质，且构成了良好的外部条件，运输行业包括铁路、航空、水运等，物流运行环节中所涉及的行业包括货物储备、邮政、海关、电信以及商检等。物流产业集群的运行，可以对这些基础设施和配套设施充分利用，以提高物流产业集群的管理水平。在物流产业集群中的相关行业中，货运代理行业所发挥的作用是不容忽视的，其直接关乎物流产业集群的运行能力和运行规模、运行技术含量以及货物运输代理的管理水平等。

（4）市场上对第三方物流的需求。物流产业集群的运行是围绕着第三方物流企业而展开的。物流业作为服务型产业，需要以市场需求为导向展开，才能够创造更高的经济效益。这就意味着物流园区建设中，不仅要考虑当地的经济发展状况，还要对于市场需求进行考察，以使物流产业集群能够对区域经济发展起到一定的现实性作用。处于经济一体化发展的今天，市场竞争力不断增强，推动物流业务向核心化方向发展。物流作为服务与产业中的主业分离，形成独立运行的产业，加之第三方物流需求的增长，使得物流产业集群适应市场的需求而形成。

2. 物流产业集群的形成

物流产业集群是推动物流产业发展的重要平台，只有当产业聚集效益凸显出来时，才能够对区域经济起到拉动作用。要推动物流产业集群发展，就要将相应的配套方案制定出来。制定科学合理的物流产业集群发展规划，从区域经济的角度出发，对区域内的物流运行情况进行调查摸底，分析物流运行的优势和不足，将未来的物流发展思路理清，然后聘请物流行业的研究专家对物流园区的发展情况进行分析。物流产业集群的形成，需要从自身发展实际出发，结合物流园区的自然环境和人才环境，将符合物流产业集成发展的科学化规范和标准制定出来，以形成物流园区发展的指导思想。由于物流产业集群是通过构成物流园产业网络，并实施科学化管理形成的，因此要强化“一盘棋”的思路，以对物流企业的专业化、整体化发展起引导作用。在物流园区的发展中，强有力的产业支撑是非常重要的。政府从宏观的角度出发，基于物流企业政策上的倾斜，重要企业重点扶持，以打造物流行业的龙头企业。政策扶持，要将相关的管理体制建立起来，按照发展思路制定并完善扶持政策，挖掘物流业的发展潜力，并推进信息平台建设，对进入物流园区的物流企业给予资金和税收方面的优惠，特别是贸易商税费，可以在一定程度上给予减免，从而吸引更多的物流企业入驻园区。

中国物流产业集群的形成，基于物流产业集群形成的自身因素，也是政府宏观调控的结果。物流产业集群的形成是物流市场发展的结果，作为物流企业合作的空间形态，具备物流产业的服务特征，也具有公共服务特征。但是，物流园区的建成，在基础设施的投资上相对较大，且需要较长的建设周期，在物流园区形成的过程中，需要政府对于产业集群加以合理规划，根据物流企业的发展给予一定的政策扶持。

中国物流产业集群是物流资源整合并专业化分工的产物。随着物流专业化程度的不断提升，报酬递增的空间表现形式逐渐形成，这是物流组织形态演进的结果。

初期的物流在制造业中形成，主要承担物资的采购和销售，运行仅仅局限于功能部门。随着制造业业务量的增大，物流所发挥的作用越来越重要，但是对于一个企业而言，在主业发展的过程中，物流成为了企业的“第三利润源泉”。由此，制造业更为注重自身的专业化发展，为了降低物流成本而将物流业务外包给专业的承运公司。第三方物流就是在这样的条件下形成的。第三方物流企业的大量出现，推动物流市场蓬勃发展，物流企业为适应行业市场的需要而呈集聚发展趋势。在一定的区域内不同的物流通过集聚而相互合作，发挥不同的技术优势。随着信息成本的降低，经济效益得到提高。

建立物流园区作为多种物流设施和相关企业集中布局的场所，有利于物流企业获取信息。随着信息成本的降低，企业的降级效益会有所提升。物流园区的规模化发展，综合服务能力的增强，使得物流园区中的基础设施和配套服务设施实现了共享，可以避免物流运行中的风险存在。随着物流园区中物流企业合作效率的提高，物流企业之间的互补优势，使得物流园区的整体优势发挥出来。第三方物流给物流园区提供了新的发展途径，随着越来越多的物流企业入驻物流园区，物流产业集群得以形成。

（四）物流产业集群的未来发展

1. 物流产业集群的创新能力

物流产业集群形成后，要实现可持续发展，就要对集群创新能力加以强化，这就需要对集群网络加以优化，建立良好的学习环境，对于物流集群成员的竞争态势加以重视，使集群内部的知识随着物流企业学习能力的提升而有所溢出。政府要建立物流集群知识管理平台，为物流园区中的企业与高校及科研单位建立信息沟通渠道，促进物流产业集群内的产学研结合，以提升物流产业集群的创新能力。

2. 政府对于物流集群产业的规划和引导

中国的物流产业发展迅速，物流产业集群也正向着规模化方向发展。基于市场信息不对称现象的存在，要实现物流产业集群在现今的市场环境中持续而稳定发展，就要对恶性竞争严厉制止。政府对于物流市场要发挥宏观调控作用，要对产业布局加以规范，在对市场发挥主导作用的同时，还要强化政府的引导作用。政府对于物流集群产业所发挥的是产业规划作用。政府出台的产业政策是物流发展的指导方向，还要根据物流企业的发展现状以及未来的发展趋势制定产业集群发展战略，在此基础上将产业集群规划做好，对物流企业的发展起到规范和引导作用。此外，政府在对物流产业集群加以引导的同时，还要促进互惠合作，推进物流企业的有序竞争，使物流园区能够将周边的服务也带动起来，发挥集群效应，促进区域经济发展。

3. 强化协作的同时还要促进物流园区内部竞争

物流产业集群的可持续发展是建立在一定的发展成熟度的基础上的。集群效应通过协作而产生，其中的竞争元素是不可或缺的。在物流园区内，众多的企业以集群的形式相互协作，为促进物流企业优势的发挥，还要塑造竞争环境，以使物流园区的企业在空间环境中集聚，还存在着专业化分工，以获得更大的绩效。物流园区中的企业要产生集群效应，仅仅依赖于地理环境上的集聚是不够的，更需要促进集群中各个物流企业之间专业能力的融合，以提升集群功能效应。政府部门所应该发挥的作用，就是将科学的物流园区发展规划制定出来，对物流企业的分工合作加以引导，使得物流产业集群的集群效应充分地发挥出来。

二、国际货代业向物流产业集群演化

世界经济发展进程中，国际货运代理企业为提高竞争优势，呈现出规模化发展趋势。比如，Eagle 公司作为美国国内最大的重件货物空运货物代理公司，已经宣布对发展了100多年的Circle公司进行收购；英国的Ocean集团和Exel公司合并，成为欧洲排名前10位的综合物流服务公司。随着世界上越来越多的货代公司向物流公司转型，客户需求也逐渐多样化起来，特别是基于网络优势而建立起来的货代公司，基础设施得天独厚，为货运代理公司向第三方物流转型提供了有利条件。现在国际货代公司在业务上逐渐实现了信息化网络运行，且适应市场需求朝精益化方向发展，国际货运代理的核心业务也相应地发生转变。国际货运代理业向物流企业转型之后，就会在发展方向上与物流发展同步，走产业集群的集约化发展路线，并注重相关知识和人才能力的培养。随着附加值高的咨询服务陆续建立起来，国际货运代理在未来的发展中，将形成“知识型货代”。这就说明，目前的国际货运代理在完善物流设施和先进的配套设施等硬件的基础上，对于诸如从业人员的培训、提高货代管理人员能力等的管理软件开发上更为重视，随着国际货运代理企业向现代化物流发展，客户的多种服务需求得到了保障。比如，货物的识别系统采用了高端科技成果，对货物的质量以及特性加以有效识别，通过信息网络的动态跟踪管理，用户也会登录信息管理平台对跟踪信息以共享，不仅发挥了货物监督职能，还向用户提供了高质量的服务，在节约成本的前提下，使企业与用户都获得满意的结果。

（一）产业集群环境下中国国际货代业与物流一体

目前，货物运输所采用的中国国际货代具有第三方物流运行模式。在产业集群中，如果企业规模较小，就会存在资金运行不畅的局面。于是，企业就将涉及货代的部分外包给第三方物流，其自身的发展则将主要精力用于主业的经营上，以促进自身免疫力的增强。

产业在集群环境下，会对分散的企业资源加以整合，在一定程度上对行业和核心竞争力具有重要的作用。企业可以将物流专业引入产业集群，形成物流链。中国国际货代业物流链的形成，主要强调的是在竞争中合作，逐步推进中国国际货代业和物流企业形成战略性全面伙伴关系。21世纪的中国国际货代，最明显的转型就是将不同企业之间的经营策略，整合成合作竞争环境中的企业合作模式。

供应链各节点企业在选择合作伙伴时，都会考虑到弥补自身的不足。特别是在处于动态且多元化的市场运行态势中，传统企业的纵向管理模式很难适应市场竞争。从优势互补的管理思想出发，建立供应链合作伙伴关系，就是将供应链各节点企业的各项资源，包括资金、技术以及人力资源综合衡量，相互补充，使企业的核心业务能力在行业市场中占有绝对的竞争优势。不同的国际货代企业，首先要以市场为中心，然后把原有的粗放经营状态细化。

中国国际货运代理分项的物资流通，通过采取物流战略，使得中国国际货运在提高竞争力的同时，降低物流成本，提高竞争力。在中国国际货运代理中，无论是宏观的管理方法，还是企业管理的核心内容，都要采取市场培训。中国货运代理企业要增强竞争忧患意识，就要缩小中国国际货代企业同发达国家之间所存在的差距，构筑全球化战略。对于中国国际货运代理企业而言，人才所发挥的作用是不可忽视的，对于货代企业的人才机制进行调整，进而做到人尽其才，才尽其用。

产业集群促使了网络式物流链形成，相关的辅助性产品的制造商扩展出来。中国国际货运代理在货物流通中，促进了中国国际货代业向物流一体化方向发展。中国国际货代业运行中，物流运输是其中的一个环节，同时现代的物流业中又涵盖着国际货代业务。由于物流运作中，存在着跨地域中转，如果依然保持各个地区物流运行的独立性，就必然会在频繁中转的过程中出现运行中断的现象。中国国际货代业与物流一体化，运用产业链管理方式将各个企业之间的业务运行建立起链接，使得产业集群的整体竞争力增大，企业间的紧密合作和统一管理，使得各个企业管理的专业化运行与统一管理的和谐度更高，提高了各个企业的经济效益。

（二）产业集群环境下中国国际货代业综合多样性发展

产业集群化发展具有一定的阶段性。中国国际货代业在这样的环境下，就需要利用阶段性特点对于各项货代业务加以整合。从物流的角度而言，当中国国际货代业与物流一体化发展之后，相互之间在业务运行上就会实现优势互补，物流企业运行中所涉及的零散物流活动以及运行中的离散现象，通过与中国国际货代业实现一体化之后，就会由本地一体化物流方向国际物流一体化运行轨道趋近。物流的流向由毫无明显方向的散状辐射，经过业务衔接之后，会相互贯穿着向供应链上下游流动发展。

虽然从理论的角度而言，产业集群的形成存在着一定的规划性，但是在具体运行中，是由多种因素的影响而自然形成的。产业集群的地域性特点充分说明了大量物流的产生是市场需求的结果，按照市场运行的态势实现了中国国际货代业进入到集群产业链中，由此而催生出产业集群环境下的中国国际货代业，在与物流企业合作的同时，市场现代物流市场的需求向多样化方向发展。

产业集群是规模化发展的一种运行模式，主要是从国际货代物流的分散性和各个企业的独立性，从市场需求的角度出发促进业务的整合。因此，中国国际货代业在产业集群环境下的发展规模需要经历一个从小到大的过程。在国际货代物流进入产业集群环境之后，在企业运行中，还要经历优胜劣汰，缺乏竞争力的企业必然会面临淘汰，不适应市场环境或者经营不善的业务就需要不断调整和完善。可见，产业集群的规模效应，并不是简单的企业合并，而是要经过整合发展发挥规模效应，使得中国国际货代业的供应链运行模式科学化发展，且适合现代物流运行环境。产业集群使得地域范围内的相关企业聚集，注重专业化和经营项目的整合，在提高经营水平的基础上实现规模化发展。不同企业的业务运行水平有所不同，在货代服务和物流管理方面也存在着差异性，从综合多样性管理的角度出发，在强化中国国际货代与物流活动一体化发展的同时，还要对每一个集群企业实施供应链管理，将物流方面的活动内容向外包模式发展。中国国际货代以及物流活动都具有跨域运行的特点，产业集群模式的建立是对现代行业市场的适应性，并逐渐由区域一体化向跨国一体化发展。

（三）产业集群环境下中国国际货代业大规模定制化发展

产业集群环境下中国国际货代业大规模定制化发展，要求中国国际货代业在运行的过程中，充分考虑到客户的需求对市场进行细分。将先进的信息技术运用于中国国际货代管理中，对国际货代与物流业务整合，可以丰富管理经验，提高物流运行效率，促使中国国际货代成功转型，通过与物流功能的重新整合提高产业集群的运行效率。

中国国际货代业大规模定制化战略，需要将相关的信息管理平台建立起来，所涉及的因素包括信息技术、企业管理能力以及对物流的需求等，如果没有形成相对成熟的大规模定制物流战略的条件，就无法建立产业集群发展空间。产业集群的运行，主要是运用集群效应所产生的大规模物流需求，促进集群内部的竞争，以竞争促进发展，增加第三方物流需求。

产业集群内之所以会产生竞争，重要的一点就是同质产品企业的存在。企业要在行业竞争中占有优势，就要不断地完善管理，实现技术上的创新，通过竞争获得生存环境。当企业集中精力发展企业，并不断地提升核心竞争力时，就会更为注重主业的发展而将物流以外包的形式由专业的企业来承担。中国进出口贸易的发展，使企业的产品与国外建立往来，并适应中国经济国际化运行轨道而不断扩大规模，中国的国际货代业务成为中国物流的未来发展方向。随着中国国际货代业务的运营模式逐渐向物流方向发展，通过两者之间的合作扩大市场发展空间。从产业集群发展的角度而言，产业分工的精细化和市场分工的细化需要集群企业专业化分工，形成弹性生产体系，以在集群内部发展规模经济，将集群范围内的经济效应发挥出来，集群竞争力由此而形成。对于集群企业而言，采用这种专业化分工可以在保留物流服务差异性的同时，呈个性化发展，却又不是业务运营中的整体协调性，从而使物流的定制成本降低，有利于推进大规模定制物流发展的实现。

三、产业集群与国际货代业交互

（一）产业集群对国际货代业具有推动作用

产业集群带动专业化服务，使集聚企业所需要的服务项目更为符合行业运行要求。国际货代业所服务的对象以制造业为主，目前商业企业作为重要的服务对象，对于物流需求增多。国际货代业要适应时代的要求而发展起来，就要在集聚区对国际货代业加以集中，逐渐地形成物流园。国际货代业的发展有赖于企业的支撑，产业集聚将国际货代业带动起来，顺应行业的发展而逐渐向物流业转型，推动国际货代业向着专业化运行轨道前行。产业集聚的升级，对于国际货代业提出了更高的要求，促使物流企业对于自身的经营不断改进，根据企业运行情况而扩大规模。在产业集群中，每一个企业都有自己的产业特点，都能够为企业提供专业化的服务，这也是企业提供自身竞争力的关键。产业聚集区物流产业的发展在推动国际货代业发展的同时，也使国际货代业对自身发展的不足有所了解，根据物流建设而完善硬件设施。美国国际货代研究专家针对美国国际货代向物流产业转型的问题提出了自己的看法，即制造业所存在的优势与物流运输往往存在着密切关系。城市密集的铁路网络本身就是区域内制造业处于支配地位的产物。

（二）国际货代业促进产业集群化演化

国际货代业向产业集聚演化的一个重要因素，就是降低成本，其中运输成本是最为重要的。专业人员通过建立函数模型对此进行详细说明。对于制造商选择集聚中心以外的区域所获得的利润为 K，当 K>1，意味着企业可以获得较高的利润，但是无法形成产业集聚。当 K<1，意味着企业不会获得较高的利润，但是可以形成产业集聚。当 K=1，意味着企业不会获得较高的利润，但是可以形成产业集聚。地理环境因素并不会影响到制造商，也不会因为地点而影响到利润。当国际货代产品进入到运输环节，假设运输后剩余的部分为 τ，随着 τ 的降低，运输成本会相对提高，当 K>1 时，企业无法形成产业集聚。随着 τ 的逐渐增大，运输成本会相对降低，当 K<1 时，企业无法获得较高的利润，就会形成区域产业集聚。当 τ 值逐渐增大，K 逐渐趋近于 1，就意味着货物运输成本在降低，货物可以向外地销售，随着规模经济的形成，企业从行业市场需求的角度出发逐渐实现区域集中。

此外，中国国际货代业向物流转型，物流网络结构形成，并根据企业运行时机对于结构加以调整，由此而使得运输成本降低，推动产业集聚快速发展。中国国际货代业的结构性转变，使运输规模也相应地发生变化，原材料资本投入和成品输出成本都会有所降低，运输成本也会逐渐下降。中国国际货代业向物流转型，专业化水平有所提升，制造业采用物流外包的形式，集中于主业的发展，使得企业的专业化水平有所提高。产业集群实现不同企业和不同部门相互贯穿，形成产业链而覆盖至全国各地，市场范围扩大。产业集聚之前，供应链是网状分布的，产业集群建成后，整个供应链结构就会发生变化，从原有的原材料供应到产品的销售，都由中心向周边扩散。

四、集群环境下物流管理

（一）集群环境下建立供应链合作关系

集群环境下的物流是中国国际货代业的未来发展趋势，所采用的是供应链运行模式，在企业间建立供应链合作伙伴关系。所谓的“供应链合作伙伴关系”（Supply Chain Partnership，SCP），是供应商—制造商（Supplier Manufacturer）之间所建立的协议关系，也可以建立为卖主（供应商）—买主（Vendor（Supperlier）–Buyer）之间共同获利的关系。集群环境下中国国际货代向物流方向发展，主要是基于供应链关系而取得共同利益，以此为目标在合作环节实现信息共享、风险共担的合作关系。集群环境下，中国国际货代业向物流转型期间，面临新的竞争环境，从利益的角度出发提高竞争优势，就要将库存水平降低。信息共享可以促进企业间交流，降低供应链成本，且能够建立长期的合作伙伴关系。在集群环境下，还会针对共同目标保持合作伙伴之间的操作惯性，实现共担风险，解决共同面对的问题。企业之间要建立供应链合作伙伴关系，就需要保持相互之间的信任，在合作形式上力求资源有效整合，采取灵活多样的形式，以实现更深层次的合作。

集群环境下供应商与制造商之间的合作关系是较为普遍的，可以建立合作伙伴之间的实体交流。从供应商的角度而言，供应链合作体现为物料属性，制造商则为市场属性，在应用领域中两者之间实现合作关系，供应商可以将物料分为一般物料、重要物料、战略物料以及瓶颈物料几个层次。供应链合作则可以将合作形式分为普通合作、重要合作、战略合作和瓶颈合作四类。

一般物料是价值不高且在市场上容易获得的小件物料。当产品存在问题时，企业可以在市场上尽快寻找到替代品。风险度相对较低，供应商和制造商之间是基于单纯的买卖关系而建立起来的。

重要物料价值昂贵，需要较大的库存成本。产业集群化环境下，市场供应充足，物料供应具有较低的风险度。供应商无须花费大量的时间向制造商提供物料，也不需要建立合作关系，只需要普通的合作关系，就可以获利，而且在采购上可以共担风险。

战略物料是价值昂贵且直接影响到企业产品质量的物料，具有很大的需求量，但合格的物料紧缺。企业需要与物料供应商建立长期的合作关系，以获得质量可靠的物料。在合作的过程中，需要根据合作将战略物料的供应管理策略制定出来，以获得互惠双赢。为了规避合作风险，企业要建立相应的风险评估机制，以强化战略风险管理。

瓶颈物料是指不是很昂贵却难以获取的物料，主要是受客观条件的限制。企业如果要获得合格的物料，但物料是专利产品，或者受运输条件限制，那么，企业就要根据实际情况采取灵活策略应对，以降低物料风险。如果是专利权的供应商需要合作完成，对于缺乏运输条件的物料供应商，可以通过改善环境创造便利的运输条件。此外，还要强化物料风险监督，作为下一步合作计划的参考。

（二）集群环境下充分认识供应链合作特征

集群环境下的供应链合作具有集成性、全面性、双赢性、互补性。

供应链合作的集成性，是在供应链集成管理之下，建立宏观集成模式、中观集成模式和微观集成模式。宏观集成模式是对企业资源进行优化配置；中观集成模式是在信息共享平台上，依赖于信息的支持完成企业之间的合作；微观集成模式体现为业务职能，是对企业生产技术的集成化，各项工作的展开是建立在服务协议的基础上，还要做好后期服务工作，以控制好企业生产环节。

供应链合作的全面性，需要打破传统的企业合作关系，在引入供应链合作的同时，还要强调竞争合作，使战略性全面伙伴关系逐步建立起来，以提高供应链的成本管理、库存管理以及质量管理效率，风险防范效率也会有所提高，使得整个供应链企业的竞争实力有所增强。

供应链合作的双赢性，是企业传统的经营策略和合作竞争转变之后，企业之间实现了合作，同时还促进了相互之间的竞争，以竞争的方式促进企业之间的优势互补。当企业面对风险时，以风险共担的形式提高了风险防范力度，使各个合作方共同获益。

供应链合作的互补性，是企业在合作伙伴的选择上，要对于自身的不足有充分了解。处于多元化的市场运行环境中，纵向管理的传统运行模式难以适应社会发展，供应链合作的互补性弥补了多方面的不足。供应链合作伙伴关系不仅是企业之间业务的合作，也是从管理思想出发建立共同的战略发展理念，在此基础上促进企业间资源的整合。诸如企业的技术、从业人员以及资金等，都可以互补，通过提高企业的核心业务能力，在行业市场中占有绝对的竞争优势。

（三）集群环境下供应链合作所存在的风险

1. 合作关系断裂而导致供应链断裂

虽然集群环境下供应链合作关系建立起来，但是这种合作关系是建立在契约形式的基础上的，各个节点的企业都具有一定的独立性。在合作过程中受到诸多因素的影响，合作关系一旦断裂就会导致供应链断裂。一个合作伙伴的退出，就必然导致整个供应链断裂。对于供应链合作的规范管理，可以通过供应链网络连接优化合作资源，促进合作关系，以避免供应链运作过程中出现不必要的损耗。中国国际货代业在未来发展中，各个节点的企业都可以基于一体化整合而实现跨企业合作，使供应商、经销商、物流以及服务商形成链条，在风险环境下，当合作关系遇到风险时，会在短时间内将供应链管理秩序重新建立起来，以提高合作伙伴在供应链中的运行效率。一旦供应链被打破，就可以对人、财、物加以调整，对供应链各个节点加以重新整合，使得供应链正常运行。供应链节点企业之所以能够合作，是因为有共同的目标。出于利益考虑，如果企业所获得的利益不符合目标，就会放弃合作意向而退出供应链合作伙伴关系。供应链中的企业之所以会解除合作关系，是由于利益关系，要使供应链长期地维持下去，就要将激励机制建立起来，以促进供应链稳定运行。

2. 企业间信任关系不够而导致供应链断裂

供应链断裂的一个重要原因还在于企业间信任关系不够，导致供应链合作伙伴关系存在着风险。企业之间的供应链合作，存在着理性不合作和非理性不合作。理性不合作在供应链中属于机会主义行为，一些企业从利益角度出发而采取不合作行为，主要是奉行着适者生存的观念。企业之间虽然相互合作，但是存在着竞争性，不排除排他性的可能。因此，供应链合作中还要将监控机制建立起来，以避免市场的信息失真而导致风险存在。

3. 道德风险的存在而导致供应链断裂

集群环境下供应链合作还存在着道德风险性。由于供应链运行中，一些企业要获得竞争优势而对于不对称信息加以充分利用，对于商业机密加以保留而希望获得更高的利益。供应链合作是建立在合作的基础上的，但是各个节点的企业如果在道德的层面上没有建立合作的积极性，就会在合作上消极被动。比如，供货商不及时供货而导致项目进度难以维持，最终使产品质量难以达标。这样，供应链的合作关系就会解体，核心企业难免受到损失。国际货代业的运行中，即便是建立供应链合作关系，也是由核心企业占有核心技术，企业之间的合作会造成核心技术被窃取，技术和知识产权优势被剥夺。如果没有在法律的层面上建立供应链的合作，就会出现各种毁约事件而影响供应链正常运行。比如，企业机密被泄露、信息不对称情况下虚报信息而导致的供应链合作解体，都是由于道德方面的问题，这样必然会导致供应链瓦解。

（四）集群环境下供应链合作风险管理措施

集群环境下中国国际货代业的物流方向发展，要将集约化的风险防范体系建立起来。将供应链中的节点企业所具备的各项资源优化配置，包括人力资源、资金运行和物资等，都需要基于协作而使各项资源发挥功能。构建供应链合作风险防范体系，并不仅仅是为了防范风险，而是要促进供应链各项活动的顺利实施，并获得最优效果。那么，中国国际货代业在集群环境下建立供应链合作风险防范体系，就要发挥供应链的协调作用，突出风险防范的差异性，具有针对性地风险防范检查，以获得风险价值的最大化。供应链合作风险防范体系能够将风险防范的差异性体现出来，主要是指风险防范措施的建立要根据风险特征以及所产生的机理制定出来，同时还要考虑到合作伙伴的所属类型，在风险防范上区别对待。

1. 建立供应链合作信任机制

中国国际货代在供应链节点运行管理中，节点企业间存在着信息不对称是必然的。为了避免企业间发生信任危机，就要建立供应链信任机制。运用互联网建立共享信息平台，特别是云计算的应用，可以突破时间和空间的界限实现企业间信息的充分交流，包括供应链节点企业的产品市场信息、相互合作信息以及各项后勤服务等，只要进入到云端，就可以对相关信息进行查询，以促进供应链合作伙伴的信任关系。

2. 建立供应链合作信息交流机制

信任是建立在充分交流的基础上的。供应链合作伙伴关系基于高度的信息集成化而建立起来。如果在供应链监督管理中，发现有信息不对称现象产生，就必然首先从道德风险上体现出来。国际货代各个企业间对于相互之间的信息难以把握而处于被动地位，就会导致供应链合作失败。促进供应链节点企业之间的信息交流，是促进风险防范系统优化的基本前提。将交流机制和信息监督机制建立起来，不仅可以确保信息资源的稳定可靠性，还能确保信息及时反馈。由于在云计算管理平台上，信息在供应链合作企业之间是共享的，且可以在交流平台上针对共同的合作目标就相关的问题充分沟通，从而降低风险系数。

3. 建立供应链合作动态检查机制

在供应链运行的过程中，要确保国际货代企业之间的长期合作，特别是中国国际货代向物流方向转型，就需要对企业的运行情况建立动态的检查机制，对供应链合作中的每一个环节的运行情况进行检查。必要的时候，在供应链管理中，还可以执行分阶段合同，可以将合同执行中所存在的“资金套牢”风险降低。供应链合作动态检查机制的运行，动态合同管理方式的启动，可以使国际货代企业对供应商产品生产周期得以充分了解，对于双方合作的风险特征进行全面分析，以规避供应链企业合作中所存在的外生变量。动态检查机制可以对在供应链运行中所存在的风险加以有效监视，从而降低风险成本。在具体的实施中，中国国际货代企业可以对对方的决策动态进行观测，对方的发展状况可以在此基础上进行分析，以发挥出问题及早解决的预警作用。

4. 建立供应链合作激励机制

中国国际货代企业在产业集群环境中实施集约化管理，主要的目标是顺利地向物流转型。启动供应链合作激励机制，可以确保供应链运行长期、快速而稳定。中国国际货代企业的供应链合作管理中，激励机制包括价格激励机制和淘汰激励机制。

价格激励机制是供应链合作伙伴在进行利益分配时，更为注重对价格的关注。价格作为最为敏感的话题，所涵盖的内容是多方面的，主要包括利润分配、资源优化、企业的额外收益（损失）等。当供应链资源在运行的过程中，根据市场需要而优化的时候，就会出现利润上的变动，或者是获得了额外的收益，或者是遭受了一些损失，但是对于相应对象错位却难以辨别，这就需要运行价格激励机制通过价格实现额外收益均衡。

淘汰激励机制在供应链运行中，从企业合作的角度出发而采取激励的方式促进中国国际货代企业良性运行。当供应链系统产生危机时，为了确保供应链稳定运行，就要给区域从业人员以压力，让他们产生一种危机感。供应链节点企业从供应链管理体系出发，履行供应链管理中的淘汰激励机制，相应地承担一定的责任，全方位地负责企业成本、产品质量交货期等，以获得群体优势。采用淘汰激励方式，可以预防供应链合作的短期行为中所存在的风险。

参考文献

［1］白世贞，李楠. 国际物流与货运代理［M］. 北京：中国人民大学出版社，2009.

［2］陈平，盛亚. 集群发展的国际经验——提升我国产业集群竞争力［M］. 杭州：浙江大学出版社，2007.

［3］陈威如，余卓. 平台战略：正在席卷全球的商业模式革命［M］. 北京：中信出版社，2013.

［4］陈智刚，张垠，晏威. 国际货运代理与报关实务［M］. 北京：北京交通大学出版社，2008.

［5］何雄浪，李国平. 产业集群演进机理与区域发展研究［M］. 北京：中国经济出版社，2009.

［6］洪生伟. 汽车运输服务质量管理体系［M］. 北京：中国质检出版社，2004.

［7］蒋元涛. 国际物流运营与电子商务管理［M］. 北京：光明日报出版社，2013.

［8］杰拉希，恩德斯. 电子商务战略：通过电子商务和移动电子商务创造价值（概念与案例）［M］. 李洪心译. 大连：东北财经大学出版社有限责任公司，2012.

［9］杰里米·里夫金，赛迪研究院专家组. 零边际成本社会——一个物联网、合作共赢的新经济时代［M］. 北京：中信出版社，2014.

［10］李春富. 国际货运代理操作实务［M］. 北京：中国人民大学出版社，2011.

［11］李肖钢. 第四方物流促进块状经济转型升级机制和发展对策——基于集群网络优化视角的研究［M］. 杭州：浙江大学出版社，2015.

［12］李育蔚. 弗布克精细化管理全案系列［M］. 北京：人民邮电出版社，2015.

[13] 刘璠. 第四方物流企业协同运作研究 [M]. 武汉：武汉大学出版社，2014.

[14] 刘丽艳，李作聚. 国际物流与货运代理 [M]. 北京：清华大学出版社，2012.

[15] 刘文歌，刘丽艳. 国际物流与货运代理 [M]. 北京：清华大学出版社，2012.

[16] 刘小卉. 国际货运代理 [M]. 上海：上海财经大学出版社，2011.

[17] 鲁广斌. 国际货运代理实务与集装箱运输业务 [M]. 北京：清华大学出版社，2010.

[18] 罗辉林. 物流智联网：物流、电子商务、供应链的革命 [M]. 北京：机械工业出版社，2011.

[19] 梅赞宾. 中国国际货运代理业发展研究报告 [M]. 北京：中国物资出版社，2010.

[20] 潘海兰，王安保. 基于 Java EE 的电子商务网站建设 [M]. 西安：西安电子科技大学出版社，2010.

[21] 人力资源和社会保障部教材办公室. 物流员　助理物流师　国家职业技能鉴定指南（第 2 版修订）[M]. 北京：中国劳动社会保障出版社，2013.

[22] 孙明贺. 国际货运代理实训指导书 [M]. 北京：中国财富出版社，2015.

[23] 孙卫敏. 职业经理人综合评价体系研究 [M]. 北京：经济科学出版社，2008.

[24] 王涛. 复杂适应系统视角下中国产业集群演化研究 [M]. 北京：经济管理出版社，2011.

[25] 王文平. 产业集群中的知识型企业社会网络：结构演化与复杂性分析 [M]. 北京：科学出版社，2009.

[26] 王学锋，苏同江. 国际货运代理实务精讲 [M]. 北京：中国海关出版社，2009.

[27] 杨占林. 国际货运代理实务精讲 [M]. 北京：中国海关出版社，2009.

[28] 姚建明. 第四方物流整合供应链资源研究 [M]. 北京：中国人民大学出版社，2013.

[29] 易华，李伊松. 物流成本管理 [M]. 北京：机械工业出版社，2014.

[30] 张清，皇甫艳东. 国际物流与货运代理：理论、实务、案例、实训

[M]. 大连：东北财经大学出版社有限责任公司，2015.

[31] 章威. 区域物流公共信息平台建设设计与实现 [M]. 北京：人民交通出版社，2012.

[32] 赵忠华. 产业转型背景下产业集群演化路径研究 [M]. 北京：经济管理出版社，2012.

[33] 征程. 唐骏如是说——中国第一职业经理人价值 10 亿的职场智慧与管理真经 [M]. 北京：中国经济出版社，2010.

[34] 郑佳. 基于品牌群落演化的产业集群可持续发展理论模型与实证研究 [M]. 杭州：浙江大学出版社，2013.

[35] 中国电子商务协会 3G 发展与应用工程办公室. 2013~2014 年度中国 APP 成功案例年鉴 [M]. 北京：中国商业出版社，2014.

[36] 中国国际货运代理协会. 国际航空货运代理理论与实务 [M]. 北京：中国商业出版社，2010.

[37] 中国国际货运代理协会. 中国海上货运代理理论与实务 [M]. 北京：中国商业出版社，2010.

[38] 中国物流与采购联合会冷链物流专业委员会，中国物流技术协会，国家农产品现代物流工程技术研究中心. 中国冷链物流发展报告（2014）[M]. 北京：中国财富出版社，2014.

[39] 朱杰. 物流公共信息平台建设与运营模式 [M]. 北京：机械工业出版社，2014.

[40] Charles Kunaka. Logistics in Lagging Regions: Overcoming Local Barriers to Global Connectivity（World Bank Studies）[M]. World Bank Publications, 2010.

[41] Christopher Martin. Logistics and Supply Chain Management: Strategies for Reducing Cost and Improving Service [M]. Beijing: Publishing House of Electronics Industry, 2003.

[42] Donald Waters. Global Logistics and Distribution Planning [M]. Baca-Raton. Florida: CRC Press, 1999.

[43] Eiichi Taniguchi. Recent Advances in City Logistics: Proceedings of the 4th International Conference on City Logistics [M]. Emerald Group Publishing Limited, 2006.

[44] Jim Cooper. European Logistics: Markets, Management and Strategy [M]. Wiley-Blackwell, 1994.

[45] J-J. Laffont D. Martimort.Theory of Incentives: The Principal-agent Model [M]. UK: Princeton University Press, 2002.

[46] Manjunath Ramachandra, Manjunath Ramacha. Web-based Supply Chain Management and Digital Signal Processing: Methods for Effective Information Administration and Transmission (Premier Reference Source) [J]. Business Science Reference, 2009.

[47] Paniccia Lvana. Industrial District: Evolution and Competitiveness in Italy Firms [M]. Chehenham, UK: Edward Elgar, 2002.

[48] Porter M. E. The Competitiveness Advantage of Nation [M]. New York: Free Press, 1990.

[49] Sandor Boyson. Logistics and the Extended Enterprise: Benchmarks and Best Practices for the Manufacturing Professional [M]. Wiley, 1999.

[50] Stefan Vo. Introduction to Computational Optimization Models for Production Planning in a Supply Chain [M]. Springer, 2010.

[51] Wolf-Rüdiger Bretzke. Sustainable Logistics: Responses to a Global Challenge (Lecture Notes in Logistics) [M]. Springer, 2012.

后 记

本书为笔者承担2014年商务部中国国际贸易学会科研项目“基于产业集群环境下的海西经济区中小国际货代企业集约化研究”(编号：CHT2014008)，福建省教育厅社会科学研究项目“产业集群视域下的我国中小国际货代业集群构建与创新研究”(编号：JB12186S) 的相关内容，以及作者横向课题“天津市国际物流业状况调查与分析”的部分内容。课题承担人为闽江学院经管学院宋秀峰副教授。本书在编写的过程中，得到李秋斌院长、尹利军副院长、科研处林中燕处长等领导的大力支持，和同事们的鼎力协助，特别要感谢孙萍老师为本书收集、整理了大量资料，并对数据做了实证分析。

在本书付梓之际，衷心感谢出版社的编辑，他们的无私帮助和出色工作为本书增色不少；也感谢天津大地通物流有限公司。正是有这些热心人的帮助，才使得笔者的研究成果得以面世。